U0368243

作者简介

卓洪树，技术经济及管理学博士，研究员级高级工程师，国家电网有限公司物资管理部（招投标管理中心）主任，中国电力企业联合会电力装备及供应链分会执行会长、中国电力企业联合会电力物资供应链管理标准化技术委员会主任委员。在电网建设与运营、大型企业管理、绿色现代数智供应链管理等方面，拥有丰富、先进的理论实践成果。

主要著作包括：《电网企业内部市场化管理》《电网企业"互联网＋"资产全寿命周期管理》《国家电网公司物力集约化管理实践与创新》《电网建设工程全过程造价管控手册》等。

覃征，博士，清华大学信息科学技术学院／软件学院教授、博士生导师，北京市教学名师。现任教育部高等学校电子商务类专业教学指导委员会副主任，教育部高等学校电子商务类教学与教材研究与发展中心主任，全国电子商务教育发展联盟（"50人"论坛）理事长、论坛主席。中共中央纪律检查委员会、中华人民共和国国家监察委员会、中共中央党校（国家行政学院）等单位举办的部分省市领导干部研修班、学习班的特邀教授。

作为项目负责人，先后主持完成国家973、863重大科研项目，科技攻关计划项目，国家探索项目和国家自然科学基金项目等数十项。作为第一完成人，先后获第43届、第44届日内瓦国际发明展览会金奖，获国家发明专利47项，获教育部科技奖励一等奖3项，在国内外出版学术著作、教材十余部。

所授"电子商务概论"课程为国家级精品课、国家级平台课，配套教材为国家级精品教材，并获得"清华大学优秀教材特等奖"。近年来，在国内外重要期刊、会议发表论文数十篇，已培养博士后、博士及硕士研究生百余名，已毕业研究生遍及军队、国家研究机构、大中型企业、金融行业和大学。

作者简介

易建山，教授级高级工程师，国家电网有限公司物资管理部（招投标管理中心）副主任，中央企业电子商务协同创新平台秘书长。在电网建设与运营、大型企业管理、采购及供应链管理等方面深耕 30 多年，指挥建设青藏、川藏、藏中、阿里联网四大电力天路工程和川藏铁路供电等重大输变电工程，荣获"青藏高原系列电力天路卓越贡献奖章""国家电网公司劳动模范"等诸多荣誉。

主要学术成果包括：出版著作 14 部，公开发表论文 10 余篇，参与制定国家标准 3 项、行业标准 10 余项，获得专利授权 63 项。

帅青红，博士、教授、博士生导师，西南财经大学党委委员，西南财经大学数智商务与数实融合研究中心主任。2021 年四川省"五一劳动奖章"获得者，入选首批"光华 A 类英才"。

教育部电子商务类专业教学指导委员会委员、全国电子商务教育与发展联盟（"50 人"论坛）常务副理事长、中国人民银行支付清算总中心博士后科研工作站特聘研究员、中国银联电子支付研究院研究员、全国高校电子商务与电子政务联合实验室副秘书长、国家市场监管总局电子商务咨询专家、商务部电子商务进农村综合示范项目专家。

电子商务国家级一流专业建设点负责人、互联网金融国家级线上一流课程负责人。长期从事金融信息工程领域研究，专注于金融端云一体化信息系统建设，目前主要从事电子商务与数字支付、科技金融与监管、数字经济与管理的教学、科研与社会服务工作，专注于数字经济与实体经济的融合研究。

出版著作、教材 20 余部。在国内外核心期刊发表文章 40 余篇。主持并参与国家自科基金、国家社科基金、教育部社科基金、中国人民银行等各类项目近 10 项。

序　一

供应链是现代产业体系的重要组成部分，其发展水平是国家核心竞争力和可持续发展能力的重要体现。党中央、国务院高度重视产业链供应链工作。习近平总书记指出："优化和稳定产业链、供应链。产业链、供应链在关键时刻不能掉链子，这是大国经济必须具备的重要特征。"党的二十届三中全会提出："聚焦建设美丽中国，加快经济社会发展全面绿色转型"，"健全提升产业链供应链韧性和安全水平制度。"打造绿色低碳、安全韧性的产业链供应链，已成为践行绿色发展理念、推进中国式现代化建设的重要环节。

我国是世界最大的能源生产国和消费国，目前能源活动碳排放占比达88%，其中，电力碳排放占能源碳排放的43%，能源电力绿色低碳转型是经济社会可持续发展的重要基础，也是实现碳达峰碳中和的关键，建立在化石能源基础上的技术体系、产业体系将发生深刻变革。构建清洁低碳、安全充裕、经济高效、供需协同、灵活智能的新型电力系统，以绿色制造业为核心的产业链供应链体系是重要依托。要以"安全可靠、经济高效、智能环保、系统友好"为目标，持续提升创新能力和技术产业支撑能力，形成自主可控、绿色低碳的产业链供应链体系。

国家电网有限公司创新打造绿色现代数智供应链体系，充分发挥新型电力系统现代产业链链长和供应链链主作用，将绿色低碳技术、数智技术与供应链深度融合，以采购要素、数据要素连通供应链，推动技术革命性突破、生产要素创新性配置、产业深度转型升级，对保障我国产业链供应链安全，提升产业链供应链绿色发展水平具有重要推动作用，为构建以国内大循环为主体、国内国际双循环相互促进的新发展格局提供有力支撑。

《绿色供应链理论研究与实践》一书对国家电网有限公司打造绿色供应链体系的成功经验做了深入分析和系统总结。以标准为基础点、平台为着力点、采购为切入点、专业化协同整合为突破点，实施规范透明化阳光采购、全生命周期好中选优、数智化运营塑链赋能等八项行动。在超大规模采购交易活动中，积极推进三大融合，即：供应链管理、实物管理、价值管理的融合，绿色低碳技术、数智技术与供应链的融合，以及科技创新与产业创新的融合。形成"标准引领、需求驱动、数智运营、平台服务"的供应链绿色数智发展新业态，助力绿色产业集群和先进制造业集群建设，服务能源电力产业链供应链全链条节能降碳、绿色发展，提升供应链的资源保障能力、风险防控能力、价值创造能力、行业引领能力。

书中创新提出了"应用驱动、需求牵引"的行业企业供应链发展方法论，探索出"实物ID一码贯通供应链全环节，实物流、业务流双流驱动"等数智转型特色做法，实施阳光、绿色、创新、数智、质优等采购，运用市场驱动力，带动产业链供应链上下游企业协同开展固链补链强链延链，提升产业基础高级化、产业链现代化水平。本书的出版，对国内外企业树立现代供应链创新发展理念、推进绿色供应链创新发展具有重要的参考借鉴意义。

新一轮科技革命和产业变革方兴未艾，数字经济和实体经济、现代服务业和先进制造业深度融合，制造业高质量发展处于关键阶段。

电力是能源绿色低碳转型的核心环节，新型电力系统是实现"双碳"目标的枢纽平台。新型电力系统产业链供应链发展，必须进一步深化改革创新，聚焦服务发展方式绿色转型，围绕支撑新型能源体系、新型电力系统建设，强化科技创新、政策制度创新、商业模式创新，着力发展以高技术、高效能、高质量为特征的新质生产力，为加快经济社会发展全面绿色转型提供强劲动能，为以中国式现代化全面推进强国建设、民族复兴作出新的更大贡献！

中国工程院院士

序 二

　　党的二十大提出积极稳妥推进碳达峰碳中和，确保能源资源、重要产业链供应链安全。当前，全球供应链不畅、地缘政治冲突等因素，加深了世界各国对能源安全和产业链供应链问题的担忧，也让各国开始重新审视产业链供应链安全稳定对国家经济安全的根本影响，加快推进能源产业的低碳发展和产业链供应链绿色转型愈加重要。

　　气候变化是重大全球性挑战，全球深度推动碳减排，绿色低碳发展成为经济社会发展新动能。21 世纪以来，全球能源结构低碳化转型加速推进，可再生能源在全球能源消费结构所占份额增长至 12.2%。我国提出构建清洁低碳、安全可控、灵活高效、开放互动、智能友好的新型电力系统，在产业链供应链领域推动节能提效和绿色低碳发展，服务碳达峰碳中和目标。国家电网有限公司制订了构建新型电力系统行动方案，大力实施新型电力系统科技攻关行动计划，全面推进传统电力系统向新型电力系统升级。

　　绿色供应链研究实践不断丰富，5G、物联网、人工智能（AI）等技术在节能提效领域的应用得到长足发展，聚焦绿色化、数智化、新生态成为当下供应链管理领域最关键、最具时代特色的发展方向，ISO 14000、国内绿色采购、绿色制造等标准体系也在不断发展成熟，为企业开展绿色供应链管理提供了依据和参考。当前我国绿色供应链的发展处于探索阶段，在发挥制度政策导向、推进技术创新、完善标准评价体系、强化数字化平台支撑方面仍然存在较大进步空间。

能源产业不仅是能源生产运输的主体，也是能源消费的组成部分，在能源绿色转型中占有重要地位，因此，能源行业推动供应链绿色发展更是责无旁贷。国家电网有限公司作为关系国家能源安全和国民经济命脉的特大型国有骨干企业，建设运营着世界上输电能力最强、新能源并网规模最大的电网，是能源电力产业链供应链电工装备的最大终端用户和总集成运营商，处于能源电力产业链供应链核心地位。国家电网有限公司持续开展绿色供应链理论与实践探索，《绿色供应链理论研究与实践》一书全面总结了国家电网有限公司提出的绿色供应链"链主"理论体系，通过坚持链主理论带动、采购需求引领、云上平台赋能、评价指标推动、互信合作共赢的方法论，打造能源电力产业链供应链开放生态圈，为能源电力产业链供应链绿色转型发展提供了很好的启示与借鉴。

鲜活的理论付诸实践才能有生命力，国家电网有限公司以"链主"理论为指引，充分发挥融合力强、协同性高、辐射面广的优势，用链式思维集成链上大、中、小企业，以超大规模市场的采购需求，引领产业链供应链向绿色低碳循环、数智升级赋能协同发展，从而为电网提供更优质的产品与服务，持续增强产业链供应链韧性，为能源转型、电力保供和国家经济社会发展大局提供了坚强保障。

理论提升是为了更好地指导实践。国家电网有限公司通过市场驱动，将现代的理论、统一的标准、可靠的信息、科学的算法、合理的评价、创新的机制、阳光的流程、严密的制度、标准的合同、多方的协议，运用前沿的技术嵌入供应链、感知供应链、运营供应链，为链上企业提供全面的平台服务，聚集流量、创造价值。通过"大企业建平台、小企业用平台"的模式，向所有链上企业开放，开展公共服务平台运营，推动了资源集聚共享。以能源电力产业链供应链采购需求引领为基础，为全链企业提供优质的服务和交易，推动了现代服务业与先进制造业深度融合，满足了各类企业多样化的营销需求，运用市场化驱动能源电力行业绿色化、数智化、现代化发展。

"双碳"目标任务任重道远。在此，我向大家推荐《绿色供应链理论研究与实践》一书，相信该书的出版能够促进产业链供应链绿色转型发展、有效应对风险挑战、维护能源安全稳定。相信通过电力行业相关企业、从业人员的共同努力，深刻洞察能源电力行业发展趋势，聚焦企业重大现实问题，不断探索丰富绿色供应链理论创新与应用实践，着力推动强链补链，培育形成能源电力产业链供应链绿色低碳发展新动能，为推动能源革命、建设能源强国、助力实现"双碳"目标作出新的更大贡献！

中国工程院院士

前　言

　　党的二十大报告明确提出，积极稳妥推进碳达峰碳中和，深入推进能源革命，加快规划建设新型能源体系，构建新型电力系统。2023年中央经济工作会议提出"积极稳妥推进碳达峰碳中和，加快打造绿色低碳供应链"。国家电网有限公司（以下简称"国家电网"）在实现"双碳"目标、新型电力系统建设、能源转型和电力保供等方面制定了行动方案和战略安排，要求引领带动能源电力产业链供应链向绿色、数字、智能的现代化方向加快发展。

　　在迈向"'3060双碳'目标"的时代背景下，中国对加快发展数字经济、绿色转型，促进产业链供应链高质量发展有了更加明确的要求，促进绿色数智化供应链建设协同发展是引领中国现代化经济体系的重要举措。为深入贯彻习近平生态文明思想，党中央、国务院在提升产业链供应链现代化水平、保证产业链供应链安全稳定、建立健全绿色低碳循环发展经济体系、构建全国统一大市场、建设世界一流企业等方面作出一系列战略部署。为了全面落实国务院国有资产监督管理委员会（以下简称"国资委"）等相关部委加快绿色供应链建设、提升产业链供应链韧性等相关要求，有必要对供应链全流程进行管理，自上而下对其关键特征要素进行识别，对供应链建设成效进行动态评估，以提供相应的决策支撑，把控发展方向。

面向新时代、新阶段，供应链的创新发展已上升为国家战略，国家竞争力的重要体现已由企业间的竞争向供应链间的竞争转变。在企业供应链实际运作过程中，"链主"是绿色供应链建设中的最核心角色，在上下游企业独立运营和相互协调中都承担着重要责任。

在理论创新层面，本书基于"链主"理论，按照绿色现代数智供应链的标准引领工作安排，将设置基于客观的、具体的以绿色供应链为研究目标的描述性参考工具，制定评价指标体系与理论框架，结合生态现代化、循环经济、全寿命周期、利益相关者等国际前沿理论，将绿色集成管理、PDCA［计划（plan）、执行（do）、检查（check）和处理（act）］循环理念、生命周期评估法等供应链管理方法与技术融入 SCOR 模型（supply chain operations reference mode，供应链运作参考模型）、DDVN（demand driven value network，需求驱动的价值网络）模型等供应链运作和成熟度评估模型中，实现可持续性产业链供应链全流程管理。在实践应用层面，本书充分联系中国国情，结合行业实际发展情况提出可用于评估绿色供应链流程和实践融合与执行的数据模型，并且提炼出当下绿色供应链建设所遇到的机遇与挑战。基于以上两个层面的研究，提出现代供应链绿色数智化发展标准以及实际应用案例，从理论创新、数字化建设创新与业务创新三方面描述了绿色供应链理论的应用场景与成效，并根据产业的发展现状围绕组织管理、标准执行、数据管理、人才队伍建设等内容提出相应的保障机制。

本书旨在通过国家电网绿色供应链指标体系的建设，拓展供应链数据业务标准表库，提升数据分析应用基础能力，构建针对任意领域、任意行业、任意情景的通用指标体系。在现代智慧供应链管理体系建设成果基础上，进一步加强数字化、智能化、绿色化的基础理论研究和适应性研究，科学建立"链主"理论，分析对供应链升级的新要求，明确绿色数智化供应链下的体制机制、标准体系、管理平台、数据库、高端装备供应体系等方面的规划建设思路。同时，在模型设置中，强化关键业务场景协同交互以及前沿数字化技术的融合应用，深入挖掘供应链数据价值，整体实现跨专业、跨企业数智融合与生态圈数智协同。根据绿色现代数智供应链发展需要，从企业、行业两个层级构建供应链评价体系，分层建设供应链评价指标看板，多维度、可视化展示指标数据，动态在线发布指标评价结果，实现常态化跟踪指标趋势变化，快速反映供应链运营情况，加快引领供应链体系向绿色、数智方向升级。

本书的撰写经过多次讨论完善、相关企业走访调研，充分发挥校企资源共享、产学研结合的优势，旨在为绿色供应链理论与实践研究提供有益借鉴和帮助，同时也是企业间、行业间乃至全社会绿色供应链管理的重要参考材料。由于绿色供应链理论体系复杂、行业发展速度较快，本书的内容难免存在疏漏之处，希望各位读者提出宝贵意见和建议，我们将不断完善改进，使之更臻完善。

作　者

2023 年 12 月

目　录

第1章

绿色供应链发展概述

伴随着经济的高速增长，如何实现经济发展和环境保护之间的协调成为保证社会可持续发展绕不开的难题，因此，绿色供应链的概念应运而生。1996年，绿色供应链的概念由美国密歇根州立大学制造研究协会在"环境负责制造"（environmentally responsible manufacturing，ERM）研究中首次提出，又称作"环境意识供应链"（environmentally conscious supply chain，ECSC）或"环境供应链"（environmentally supply chain，ESC）[①]，从生产制造的角度考虑如何减小供应链管理对环境的负面影响，这一概念的提出很快就引起了国内外的广泛关注。此后，越来越多的学者开始从政策、技术、实践等方面研究绿色供应链。

1.1 发展背景

绿色供应链的产生正是环境问题、消费者需求、企业社会责任（CSR）和技术创新等多重因素共同作用的结果。绿色供应链的产生背景可以追溯到人们对环境保护意识的提高和可持续发展理念的兴起。随着人口增长和经济发展，气候变化（climate change）、资源短缺、生态破坏等问题已经成为全球范围的挑战，人们开始意识到应该改变传统的供应链模式，采取更

---

① HANDFIELD R B. Green supply chain: best practices from the furniture industry[C]//Annual Meeting of the Decision Sciences Institute Proceedings. Houston: Decision Sciences Institute, 1996: 1295-1297.

加环保以及可持续的方式来经营和管理供应链①。

1.1.1　环境变化

经济全球化和一体化使全球经济得到了持续、全面的发展，但在经济全面发展的背后却出现了许多不利于社会可持续发展的问题。人类对自然环境无休止的破坏及对自然资源的肆意索取，导致全球气候变暖、土地荒漠化、海洋环境污染、大气污染等一系列环境问题的肆意蔓延，此类环境问题的出现不仅威胁着人类的生存，而且在很大程度上制约了经济社会的发展。

1. 气候变化

全球气候变化为绿色供应链的提出与发展奠定了一定基础。随着全球经济的快速发展，社会能源消耗显著增加，过度排放温室气体导致全球性气候变化异常，生态环境受到破坏②。气候变化是指气候平均值和气候离差值出现了统计意义上的显著变化，如平均气温、平均降水量、最高气温、最低气温，以及极端天气事件等的变化③。人们常说的全球变暖就是气候变化的重要表现之一，工业革命以来人类活动是造成目前以全球变暖为主要特征的气候变化的主要原因，其中包括人类生产、生活所造成的二氧化碳等温室气体（GHG）的排放、对土地的利用、城市化等。

世界气象组织（World Meteorological Organization，WMO）发布的《2023 年全球气候临时报告》指出，截至 2023 年 10 月，全球平均温度比 1850—1900 年的平均值高出了约 1.45 ℃，2015—2023 年是自 1850 年有记录以来最热的 9 年。三种主要温室气体——二氧化碳、甲烷和一氧化二氮的浓度在 2022 年达到有记录以来的最高值，特定地点的实时数据显示，2023 年这三种温室气体的浓度还在继续上升。

---

① 杨晓辉，游达明. 考虑消费者环保意识与政府补贴的企业绿色技术创新决策研究 [J]. 中国管理科学，2022，30（9）：263-274.

② LI Q，FENG W，QUAN Y H. Trend and forecasting of the COVID-19 outbreak in China[J]. Journal of infection，2020，80（4）：469-496.

③ 什么是气候变化？气候变化的原因是什么？[EB/OL].（2015-11-27）. https：//www.cma.gov.cn/2011xzt /2015zt/20151127/2015112710/201511/t20151127_298469.html.

全球气候变暖的主要原因是人类在自身发展过程中对能源的过度使用和自然资源的过度开发，造成大气中温室气体的浓度以极快的速度增长。这些温室气体有二氧化碳、甲烷、氧化亚氮（N_2O）、氢氟碳化物、全氟化碳和六氟化硫六类。2010—2020年，全球能源消耗总量增长了近15%。在此之前，2000—2010年，增长了近25%。2000年以来，虽然风能、太阳能和水能等可再生能源也获得了巨大发展，其中水能是2021年最大的可再生能源，但仅占总能源消耗的6.3%。2021年，全球77%的能源来自煤炭、石油和天然气。尽管煤炭的相对份额随着时间的推移而下降，但截至2021年，煤炭仍然是第二大能源，占世界能源需求的25%。随着化石燃料使用量的绝对值增加，碳排放量也在增加，具体如图1-1所示。

图1-1 2011—2021年全球能源碳排放量

2016年4月，全球175个国家共同签署了事关全球气候变化问题的《巴黎协定》[①]，协定中提出要将全球平均升温控制在2 ℃以内，并对2020年后全球应对气候变化行动作出统一安排，希望在2051年至2100年全球达到碳中和[②]。但联合国政府间气候变化专门委员会（Intergovernmental Panel on Climate Change，IPCC）评估表示，21世纪末全球平均升温将达到3~4 ℃，这与《巴黎协定》的目标存在较大差距，故各国将发展目光聚

[①] 175个国家签署《巴黎协定》[EB/OL].（2016-04-23）. https://www.gov.cn/xinwen/2016-04/23/content_5067257.htm.

[②] 联合国. 巴黎协定 [EB/OL].（2015-12-12）. https://www.un.org/zh/climatechange/paris-agreement.

集在供应链绿色发展和推行绿色经济，着力打造高水平的绿色供应链管理体系。

2. 资源变化

资源变化也促进了绿色供应链这一概念的提出①。随着经济社会的发展，自然资源越来越匮乏，有的资源甚至出现了短缺的现象。资源短缺是指在满足人类社会和经济需求的同时，自然资源的供给无法满足需求量的情况。资源短缺导致了环境污染、生态破坏和能源枯竭等问题的加剧，对人类社会的可持续发展产生了严重的挑战。

能源危机在全球近 30 个国家和地区蔓延，全球天然气、煤炭和原油价格飞涨，带动电价持续飙升，引发多个国家和地区供电紧张。据《世界能源统计年鉴》统计，与 2021 年相比，一次能源消费增长放缓，2022 年增长 1.1%（6.6 艾焦），2021 年增长 5.5%（30.9 艾焦）。2022 年的一次能源比 2019 年前的水平高出 16.6 艾焦，除欧洲（–3.8%）和独联体（–5.8%）外，所有地区的消费量都在增加，如图 1–2 所示。

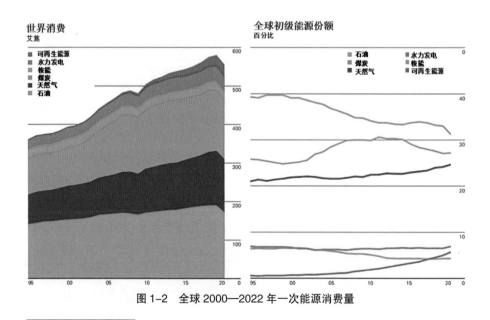

图 1-2　全球 2000—2022 年一次能源消费量

---

① 李鸿雁，何斌，范红岗，等. 国内外绿色管理研究的知识结构与动态演化 [J]. 技术经济与管理研究，2019（3）：50-56.

水资源和矿产资源短缺的问题也日益严重。首先，水资源日益匮乏。《2023年联合国世界水发展报告》指出，全世界有20亿~30亿人身处缺水困境，如果不加强这一领域的国际合作，缺水问题在未来几十年内将愈演愈烈，城市地区尤甚。报告指出，在过去的40年中，全球用水量以每年约1%的速度增长，在人口增长、社会经济发展和消费模式变化的共同推动下，预计直到2050年，全球用水量仍将以类似的速度继续增长。其次，部分矿产资源的保障程度较低。2023年7月8日，自然资源部中国地质调查局全球矿产资源战略研究中心发布了《全球矿产资源储量评估报告2023》。报告显示，全球铁、锰、铬、铝、磷、钾盐和锂资源储量丰富，而锡、铅、锌、镍、钴、铜等资源的保障程度较低[①]。

在能源、水资源、矿产资源以及各种原材料日益稀缺的背景下，传统的供应链运作方式已经无法满足可持续发展的要求，企业需要寻找替代资源，制定更加环保、可持续的供应链策略，绿色供应链的产生正符合企业实现资源的高效利用和循环利用的需求，因此，越来越多的国家、地区、企业重视供应链的绿色低碳转型[②③]。

进入第四次工业革命时代（自21世纪初至今），以人工智能、清洁能源、无人控制、量子信息、虚拟现实以及生物技术为主的技术革新，标志着人类进入绿色能源时代，这是一场全新的绿色工业革命。它的实质和特征，就是大幅度地提高资源生产率，经济增长与不可再生资源要素全面脱钩，与二氧化碳等温室气体排放脱钩。绿色供应链无疑完美契合了时代发展需求[④⑤]，并在国际供应链体系中扮演着日益重要的角色[⑥]。

---

① 我国发布13种矿产资源全球储量评估数据[EB/OL].（2023-07-10）. https://www.mnr.gov.cn/dt/ywbb/202307/t20230710_2793488.html.
② 朱庆华，窦一杰.基于政府补贴分析的绿色供应链管理博弈模型[J].管理科学学报，2011，14（6）：86-95.
③ 方陈承，张建同.绿色供应链管理对企业绩效的影响——一项元分析研究[J].科技管理研究，2017，37（24）：234-240.
④ BEAMON B M. Designing the green supply chain[J]. Logistics information management，1999，12（4）：332-342.
⑤ 缪朝炜，伍晓奕.基于企业社会责任的绿色供应链管理——评价体系与绩效检验[J].经济管理，2009，31（2）：174-180.
⑥ PORTER M，VAN DER LINDE C. Green and competitive：ending the stalemate[J]. The dynamics of the eco-efficient economy：environmental regulation and competitive advantage，1995，33：120-134.

1.1.2　意识提升

　　随着全球生态环境问题日益突出，特别是全球气候变暖、生物多样性锐减、臭氧层耗竭、水资源状况恶化等问题对人类的生存与可持续发展构成严重威胁，加强生态环境治理、守护绿色地球家园正成为越来越多国家和地区的共识[①]，同时促进了绿色发展理念的诞生，如图 1-3 所示。

图 1-3　意识提升

　　1966 年，美国学者博尔丁首次提出"绿色发展"的概念，即以效率、和谐、持续为目标的经济增长和社会发展方式。联合国环境规划署（United Nations Environment Programme，UNEP）、经济合作与发展组织等诸多国际机构陆续对绿色经济、绿色产业、绿色增长、绿色创新等开展研究，绿色发展理念在全球范围内逐渐成为共识并受到重视。1992 年，联合国环境和发展大会通过的《21 世纪议程》和《人类环境宣言》，以及 1997 年《京都议定书》等的签订，又使"可持续发展"成为广泛认同的发展理念，从而实现了发展理论研究思维的突破，将发展上升到"理念"层面。无论是绿色发展理念还是可持续发展理念，都推动了绿色供应链的产生与发展[②]。

　　1. 国家层面

　　当今世界，绿色发展和可持续发展已经成为一个重要趋势，许多国家

---

① 李包庚，耿可欣 . 人类命运共同体视域下的全球生态治理 [J]. 治理研究，2023，39（1）：28-39，157-158.
② 王凯，徐瑞良 . 标准化视阈下装配式建筑绿色供应链运作逻辑研究 [J]. 建筑经济，2020，41（8）：86-92.

把发展绿色产业作为推动经济结构调整的重要举措，突出绿色的理念和内涵。中国的政府与相关行业的组织机构一直以来积极推进绿色供应链建设，将开展绿色供应链试点工作列为中央层级高度，探索建立绿色供应链制度体系。

2006年，《环境保护》刊文指出中国经济发展要实现绿色转变，就必须制订国家绿色发展战略规划的构想[1]。同年，《科学管理研究》刊文通过分析绿色发展指数与经济发展水平的关系，建立了绿色发展指标体系[2]。

2015年，中国共产党第十八届五中全会通过《中共中央关于制定国民经济和社会发展第十三个五年规划的建议》将绿色发展理念[3]作为五大发展理念之一明确提出，生态文明建设被提高到前所未有的高度，相关政策密集出台和落地，要求积极构建绿色制造体系，绿色供应链与绿色产品、绿色工厂、绿色园区一同成为绿色制造体系建设的重要内容。2017年，党的十九大报告明确指出：加快建立绿色生产和消费的法律制度和政策导向，建立健全绿色低碳循环发展的经济体系[4]。

2021年，国务院发布《国务院关于加快建立健全绿色低碳循环发展经济体系的指导意见》[5]，将二氧化碳排放力争于2030年前达到峰值，努力争取2060年前实现碳中和纳入中国生态文明建设整体布局。2022年，党的二十大报告中也提出"推动经济社会发展绿色化、低碳化是实现高质量发展的关键环节""着力提升产业链供应链韧性和安全水平"[6] 2024年，党的二十届三中全会提出，要聚焦建设美丽中国，健全绿色低碳发展机制，加

---

① 王金南，曹东，陈潇君.国家绿色发展战略规划的初步构想[J].环境保护，2006（6）：39-43，49.
② 杨多贵，高飞鹏."绿色"发展道路的理论解析[J].科学管理研究，2006（5）：20-23.
③ 任理轩.坚持绿色发展——"五大发展理念"解读之三[EB/OL].（2015-12-22）. http://theory.people. com.cn/n1/2015/1222/c40531-27958738.html.
④ 习近平：决胜全面建成小康社会 夺取新时代中国特色社会主义伟大胜利——在中国共产党第十九次全国代表大会上的报告[EB/OL].（2017-10-27）. https://www.gov.cn/zhuanti/2017-10/27/content_5234876.htm.
⑤ 国务院关于加快建立健全绿色低碳循环发展经济体系的指导意见[EB/OL].（2021-02-22）. https://www.gov.cn/zhengce/content/2021-02/22/content_5588274.htm.
⑥ 习近平：高举中国特色社会主义伟大旗帜 为全面建设社会主义现代化国家而团结奋斗——在中国共产党第二十次全国代表大会上的报告[EB/OL].（2022-10-25）.https://www.gov.cn/xinwen/2022-10/25/content_5721685.htm.

快经济社会发展全面绿色转型。

围绕党的二十大报告及二十届三中全会要求，落实"双碳"目标，推动供应链绿色低碳转型，已成为践行绿色发展理念、建立绿色低碳循环发展经济体系的重要环节①。

2. 企业和消费者层面

除了国家高度重视绿色发展理念外，消费者对环保、健康和可持续发展的关注度也不断提高。商务部公布的数据显示，2023 年中国消费市场呈现稳步恢复态势，社会消费品零售总额 47.1 万亿元，同比增长 7.2%。其中，绿色消费的成绩尤为值得关注，例如，2023 年上半年新能源汽车销量增长 44.1%，主要电商平台家电"以旧换新"和绿色智能家电下乡销售额同比分别增长 67% 和 12.7%②。这说明，绿色消费理念在中国逐步深入人心，中国促进绿色消费相关工作取得积极进展。

消费者在进行绿色消费的同时又推动了企业进行绿色低碳转型，并将绿色转型作为一种提升市场竞争力的手段，主要表现为通过提供绿色产品和服务，满足消费者对环保和可持续发展的需求。例如，2021 年的"双11"活动中，天猫首次上线"绿色会场"为绿色认证商品打标，面向消费者发放绿色购物券，并成立了"绿色商家"联盟，多措并举吸引消费者绿色消费，2022 年，京东推出支持手机、电脑数码、家电跨品类以旧换新服务，同时针对不同的品类还推出"以旧换新享补贴"福利，实现绿色焕新，降低产品能耗③。

众所周知，产品生产是供应链中关键的一环，而生产绿色产品又涉及采购、物流、包装、废物回收等供应链的各方面。因此，从长远发展来看，绿色供应链的发展还是要依靠消费者和企业绿色意识的提升④。

---

① 徐建兵，王辉，潘仙友，等．面向能源互联网的电力企业转型问题识别及策略研究 [J]. 上海节能，2021（11）：1204–1208.

② 热点快评：上半年我国绿色消费成绩突出，消费者理念转变推动产业升级 [EB/OL].（2023–07–22）. https://finance.sina.com.cn/jjxw/2023–07–22/doc–imzcpkxx1116652.shtml.

③ 报告显示：年轻人对绿色消费的意识觉醒程度明显提高 [EB/OL].（2023–06–16）. https://baijiahao. baidu.com/s?id=1768849239475842355&wfr=spider&for=pc.

④ 张克勇，李春霞，姚建明，等．政府补贴下具风险规避的绿色供应链决策及协调 [J]. 山东大学学报（理学版），2019，54（11）：35–51.

综上可见，随着绿色发展成为全球共识，绿色供应链通过减少产品全寿命周期对环境的影响的管理方式受到高度关注，而打造绿色供应链体系则需要以绿色发展理念为指导[1]。绿色发展理念促使政府制定更严格的相关政策，推动企业关注环境保护，满足消费者对环保产品的需求，并促进企业与供应链伙伴的合作。这些努力又推动了绿色供应链的发展，促进了供应链绿色化、低碳化转型。

1.1.3　技术创新

绿色发展已成为企业高质量发展和实现"双碳"目标的必然选择，**数智化技术**[2]的出现为破解供应链绿色化转型中面临的难题提供了机遇，可以从技术效应、人力资本效应、结构效应等多个渠道产生影响，从而使企业实现产品设计、生产制造、物流配送、售后服务、废弃物回收利用等环节的全寿命周期绿色化，如图 1-4 所示。相较于传统技术，数智化技术本身科技含量高，且对生态环境影响小，在提升企业生产效率、产品品质的同时能减少企业污染排放，从而促进供应链绿色化、低碳化转型[3]。

图 1-4　数智化技术在绿色供应链中的应用

①　冯彬蔚 . 刍议绿色供应链管理在环境管理中的作用 [J]. 环境工程，2021，39（7）：255.
②　李曦珍，宋锐 . 全球信息技术应用的数智化转型 [J]. 甘肃社会科学，2021（6）：188-197.
③　刘朝 . 数智化技术助力制造业绿色发展 [J]. 人民论坛，2023（11）：80-83.

1. 大数据

2012 年 12 月，英国学者维克托·迈尔 – 舍恩伯格在《大数据时代》一书中提出了"大数据"的概念，认为"大数据"是指需要新处理模式才能具有更强的决策力、洞察力和流程优化能力的海量、高增长率与多样化的信息资产。

对于大数据的特性，业界认可度较高的是 IBM（国际商业机器公司）提出的大数据"5V"特点①。

（1）大数据量（volume）。从计量单位来看，大数据量的单位至少是 P（1 000 TB），甚至会达到 EB（100 万 TB）或 ZB（10 亿 TB）。大数据量使数据采集、存储和计算过程都发生了较大变化。

（2）数据类型和数据源的多样化（variety）。数据类型包括结构化、半结构化和非结构化，数据源包括网络日志、音频、视频、图片、地理位置信息等，数据类型多样化要求更高的处理能力。

（3）低价值密度（value）。低数据价值相对大数据量，对数据价值挖掘提出了更高要求。

（4）高速（velocity）。数据增长速度快，时效性要求高，诸如本书后续会提到的推荐算法要求实时推荐。

（5）真实性（veracity）。数据的准确性和可信赖度，即数据的质量。

当下，随着大数据时代的到来，供应链绿色化、低碳化转型深入人心，搭上大数据的快车成了企业推动绿色供应链发展和创新的必然趋势。美国是全球首个将"大数据"由商业行为上升为国家战略意识的国家，将大数据创新应用与未来数据科学家人才储备作为国家意识层面的重要举措。中国作为大数据应用方面的全球领先者，拥有众多互联网巨头的同时也不断在核心科技上寻求突破。可见，在大数据时代，将大数据技术创新融合到供应链绿色化转型的发展建设中十分重要②。

在绿色供应链中，大数据的应用涉及各个方面，如图 1-5 所示，具体

① IBM big data platform—Bringing big data to the enterprise [Z]. 2014.
② 程晏萍，赵喜洋，刘卿瑜 . 大数据时代下的绿色供应链管理研究 [J]. 现代商贸工业，2020，41（28）：49-51.

图 1-5 大数据技术在绿色供应链中的应用

包括以下内容。

（1）环境数据分析①。企业可以通过大数据技术采集并分析环境数据，了解自己对环境的影响。企业还可以通过大数据技术分析供应商的环保情况，了解其环境保护能力和水平，选择合适的供应商，减少环境污染。

（2）能耗数据管理②。大数据技术可以在生产、运输和管理中对能耗进行监控，识别出用电高峰期，对能耗进行优化，减少能源消耗和碳排放。

（3）废弃物管理③。大数据技术可以通过辅助识别生产过程中产生的废弃物类型和数量，对废弃物进行分类和回收，提高废弃物的再利用率，从而减少废弃物对环境的污染。

（4）物流优化④。大数据技术可以对物流进行优化，减少重复配送和返程空载运输，优化物流线路，降低运输损耗，减少能源消耗和碳排放。

大数据技术为企业实施绿色供应链管理提供了强有力的支持。通过大数据技术的应用，企业可以更好地了解自身的供应链绿色转型情况和供应商的环保能力，以便进行优化和管理，减少环境污染，实现可持续发展。

① 周丕健，周李哲．生态系统简化粒子群算法的优化分析——基于大数据环境的研究 [J]．环境工程，2022，40（9）：342-343．
② 马智亮，滕明焜，任远．面向大数据分析的建筑能耗信息模型 [J]．华南理工大学学报（自然科学版），2019，47（12）：72-77，91．
③ 殷小炜．关于固体废物应用大数据管理的优势 [J]．低碳世界，2021，11（3）：56-57．
④ 芦津．大数据背景下现代物流企业管理策略优化路径探索 [J]．中国物流与采购，2023（15）：167-168．

2. 云计算

2006 年 8 月 9 日，时任 Google 首席执行官埃里克·施密特（Eric Schmidt）在搜索引擎大会（SES San Jose 2006）上提出了"云计算"的概念 ①。

美国国家标准与技术研究院（National Institute of Standards and Technology，NIST）将云计算定义为："一种按使用量付费的模式，这种模式提供可用的、便捷的、按需的网络访问，进入可配置的计算资源共享池（资源包括网络、服务器、存储、应用软件、服务），这些资源能够被快速提供，只需投入很少的管理工作，或与服务供应商进行很少的交互。"云计算的基本特征、服务模式以及部署方式如图 1-6 所示。

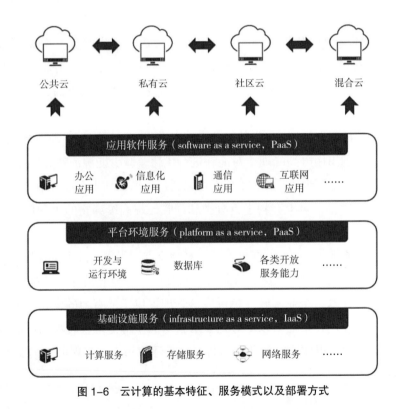

图 1-6 云计算的基本特征、服务模式以及部署方式

---

① MOLLAH M B, ISLAM K R, ISLAM S S. Next generation of computing through cloud computing technology[C]//25th IEEE Canadian Conference on Electrical and Computer Engineering. IEEE, 2012: 1-6.

云计算技术对绿色供应链的产生和发展有着重要的推动作用，提供了许多在绿色供应链中实施和优化环境友好的实际应用场景。以下是云计算技术在绿色供应链中的一些实际应用。

（1）虚拟化和服务器共享。云计算平台使用虚拟化技术将多个物理服务器合并成一个虚拟化环境，从而减少了服务器硬件的使用数量。这种共享基础设施的方式显著减少了能源消耗和碳排放。例如，谷歌的数据中心在优化物理服务器资源利用的同时，通过跨多个数据中心的负载均衡也降低了能源消耗[1]。

（2）资源弹性和能源效率。云计算提供了弹性的资源分配，使供应链企业能够根据需求大小调整计算和存储资源的使用。这种资源优化和动态分配可以减少能源消耗和碳排放。例如，亚马逊的云计算服务 AWS（Amazon Web Services）提供了自动扩展功能，根据实时需求动态调整资源使用[2]。

（3）虚拟会议和协作工具。云计算也支撑了远程办公和协作工具[3]，减少了员工的通勤以及因此产生的碳排放。通过使用云平台上的音视频会议工具和协作工具，企业能够更高效地进行沟通和协作，降低了对传统出差和面对面会议的需求。

（4）数据分析和优化决策。云计算平台提供了大数据处理和分析功能[4]，能够帮助企业对供应链中的环境影响进行精确评估和优化决策。通过云计算平台的数据分析和预测模型，企业能够识别瓶颈、优化物流路径、减少废弃和环境污染。

（5）管理监控和环境指标。云计算允许企业实时监测和管理绿色供应链的关键环境指标[5]。通过物联网传感器和云平台的集成，可以实时监测能源消耗、废水排放、废弃物的处理等，从而更好地管理和改进绿色供应链。

总之，在绿色供应链中，云计算可实现建立供应链合作伙伴和客户相

---

① 黄美娜.亚马逊、微软等四大公司"云计算"市场发展现状及比较分析 [J].电脑知识与技术，2021，17（12）：53–55，63.
② 铁兵.亚马逊 AWS 云计算服务浅析 [J].广东通信技术，2016，36（10）：35–38.
③ 潘晓明，郑冰.全球数字经济发展背景下的国际治理机制构建 [J].国际展望，2021，13（5）：109–129，157–158.
④ 涂子沛.大数据 [M].桂林：广西师范大学出版社，2012：280–283.
⑤ 李铭瑶，薛新民.云计算数据中心动力环境监控系统研究 [J].信息技术与标准化，2017（Z1）：57–60.

互访问的信息共享平台。通过云计算技术，供应链中的企业可以更好地跨越合作的壁垒，建立公平、透明的供应链体系，共同达成绿色目标。

3. 物联网

信息社会正从互联网时代向物联网（IoT）时代迈进，"万物互联"正逐渐成为现实。1995 年，比尔·盖茨（Bill Gates）在《未来之路》中提及了物联网概念的雏形。随后，麻省理工学院成立 Auto-ID 全球研究中心，提出了物联网的基本设想：把所有物品通过射频识别（radio frequency identification，RFID）等信息传感设备与互联网连接起来，从而实现智能化的识别和管理。2005 年 11 月，国际电信联盟（International Telecommunication Union，ITU）在"突尼斯"信息社会世界峰会上正式提出物联网的概念："物联网是基于互联网、传统电信网等信息承载体，让所有能被独立寻址的普通物理对象实现互联互通的网络。"作为新一代信息技术的重要组成部分，物联网是对现有多种技术的综合运用，是基于互联网技术进行的延伸扩展，如图 1-7 所示。

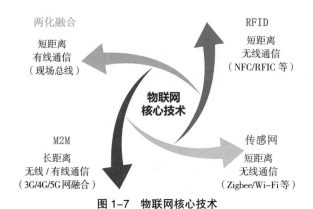

图 1-7 物联网核心技术

物联网生态是基本结构和多种要素的组合，包括：基本的"物"，表示设备和部署的嵌入式系统；"物"与"物"之间的连接，表示通信基础设施和通信设备；"物"的管理平台，表示"物"的激活、认证、计费和通信管理；"物"的分析，表示对"物"采集的数据进行分析和处理，得到的结果可以形成服务产品，或者对物联网设备、通信设备的部署和管理提供优化；"物"的服务，基于分析的数据提供服务给顶层用户。物联网生态可以看作一个分层结构，如图1-8所示。

图1-8　物联网生态示意图

工业和信息化部《信息通信行业发展规划物联网分册（2016—2020年）》指出：物联网正进入跨界融合、集成创新和规模化发展的新阶段，迎来重大的发展。2013年2月17日，国务院办公厅发布的《国务院关于推进物联网有序健康发展的指导意见》以推进物联网产业发展为目标，提出了一系列政策措施和支持政策。党的二十大报告也指出加快发展物联网，建设高效顺畅的流通体系，降低物流成本[①]。国家政策支持下，物联网技术应用进程加快，在绿色供应链中的应用则主要聚焦具体行业中。

首先是物流行业。物流市场规模持续扩大，2023年全国社会物流总额352.4万亿元，但社会物流总费用却为18.2万亿元，与GDP（国内生产总值）的比率为14.4%，运输费用增长2.8%，保管费用增长1.7%，管理费用增长2.0%[②]。因此，国内各大型企业为了解决物流成本高、物流效率低和数

---

① 习近平：高举中国特色社会主义伟大旗帜 为全面建设社会主义现代化国家而团结奋斗——在中国共产党第二十次全国代表大会上的报告[EB/OL].（2022-10-25）. https://www.gov.cn/xinwen/2022-10/25/content_5721685.htm.
② 2023年我国社会物流总额超352万亿元[EB/OL].（2024-02-07）.https://news.cctv.com/2024/02/07/ARTIACjYEXLpEGAwhUir4ArA240207.shtml.

字化程度较低的问题，引入物联网和人工智能等新技术。在物流行业，物联网技术可以帮助优化物流和仓储环节，从而减少资源消耗和降低排放。通过在运输车辆、货物和仓库中部署传感器与追踪设备，可以实时监控物流运输的状态和位置，并进行路线优化和货物跟踪。这有助于减少货物滞留、降低运输成本，并提高物流的可持续性[①]。

其次是农业。农业农村部的数据显示，2023 年中国粮食播种面积 17.85 亿亩（1 亩 ≈ 666.67 平方米），比 2022 年增加 955 万亩，产量 13 908.2 亿斤（1 斤 =0.5 千克），连续 9 年保持在 1.3 万亿斤以上。而在农业方面，物联网技术可以通过传感器和物联网平台，实时监测农田土壤湿度、温度等环境参数，提供农业生产的科学指导，减少化肥、农药的使用，提高农作物的产量和质量[②]。

物联网技术在制造业中的应用也不少。国家统计局的数据显示，2023 年工业对经济增长的贡献率达到 36%，工业拉动经济增长 1.3 个百分点，其中制造业拉动 1.1 个百分点；工业增加值比 2022 年增长 4.2%，制造业增加值比 2022 年增长 4.4%[③]。在制造业中，通过物联网技术，实现对生产过程的实时监测和管理，优化设备使用和物料运输，减少能源和资源的消耗，实现低碳、高效的生产模式。而在这些行业中的应用都可以促进供应链的绿色转型。

通过应用物联网技术，国家可以实现国家级绿色供应链的监控和管理，而企业可以优化建筑物管理、物流和仓储操作、农业生产和食品供应链等方面，从而推动绿色供应链的发展。

4. 区块链

近年来，"区块链技术"日益受到重视，逐渐在政治生态、经济生态乃至文化生态上带来巨大变革。总体来看，区块链的发展已经进入 3.0 阶段，信息互联网正逐步向价值互联网转变，如图 1-9 所示。

① 任颖洁.基于物联网技术的制造业与物流业联动发展——以陕南为例 [J]. 社会科学家，2017（9）：81–86.
② 刘大龙，庞彦和.物联网技术在农作物种子供应链可追溯系统中的应用 [J]. 植物遗传资源学报，2022，23（6）：1868–1870.
③ 赵同录：经济持续稳定恢复 运行态势回升向好 [EB/OL].（2024–01–08）.https：//www.stats.gov.cn/xxgk/jd/sjjd2020/202401/t20240118_1946725.html.

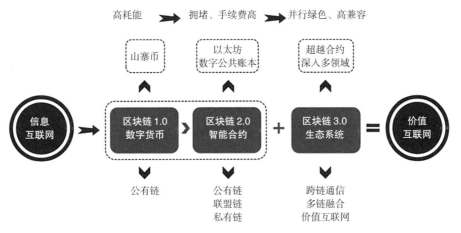

图 1-9 区块链演进历程

在区块链的设计中，不再有"中心"的概念，所有的节点都存储了数据[1]。而要篡改区块链的数据，需要有一个节点拥有强于其他节点算力之和的算力，这在实践中是几乎不可能出现的，因此数据安全性非常高[2]。这种高安全性的特性使得区块链在供应链的商品追踪、交易验证等方面有巨大的潜能。

在**政策层面**，2019 年 10 月，习近平总书记在中共中央政治局第十八次集体学习会上强调，要发挥区块链在促进数据共享、优化业务流程、降低运营成本、提升协同效率、建设可信体系等方面的作用。2021 年 3 月，全国两会审议通过的《中华人民共和国国民经济和社会发展第十四个五年规划和 2035 年远景目标纲要》明确将区块链列为数字经济重点产业。在**实践层面**，区块链应用于供应链管理已得到业界认可。诸如 eBay、天猫国际、京东等跨境电商平台均采用区块链进行产品溯源，建立客户信任和改善电商平台产品质量形象。随着区块链技术的不断发展以及政府、企业的高度重视，供应链管理领域有望成为区块链技术应用的高地，并将在推动

① Bitcoin：a peer-to-peer electronic cash system[EB/OL]. https：//bitcoin.org/bitcoin.pdf.
② WU X Y，FAN Z P，CAO B B. An analysis of strategies for adopting blockchain technology in the fresh product supply chain[J]. International journal of production research，2023，61（11）：3717-3734.

制造业绿色发展和构建绿色供应链方面发挥重要作用①。以下是区块链技术在绿色供应链中的一些具体应用。

（1）碳排放溯源②。企业可以利用区块链技术实现对碳排放的溯源和监测。通过将每个供应链环节的数据记录在区块链上，包括能源消耗、运输方式和碳排放量等信息，消费者和利益相关方可以追溯产品的整个生命周期中的碳排放情况。

（2）资源循环利用③。区块链技术可以促进资源的循环利用和回收。企业可以通过区块链记录和管理废物流向、回收过程和再利用情况，从而提高废物处理的效率、减少资源的浪费。例如，某家企业可以使用区块链技术追踪和记录废弃电子产品的回收过程，并向用户提供可信赖的回收证书，保证废物得到适当处理和再利用。

（3）供应链透明度④。区块链技术可以提供供应链的透明度，帮助企业和消费者了解产品的供应链来源、制造过程和材料使用情况。通过将供应链中的数据和交易记录在区块链上，可以减少信息不对称和供应链中的欺诈行为，增加供应链的可信度。

（4）合作伙伴关系管理⑤。区块链技术可以加强企业与供应商之间的合作伙伴关系管理。通过区块链共享供应链数据，可以更好地协调和管理供应链中的各个环节，避免"信息孤岛"和数据不一致。例如，企业可以使用区块链技术建立供应链共享平台，供应商可以共享相关的环境数据和绿色供应链措施，从而实现更有效的合作和协同。

5. 人工智能

1956 年，美国达特茅斯人工智能夏季研讨会（Summer Research Project on Artificial Intelligence）被学术界广泛认为是人工智能诞生的标志。在这

① KOUHIZADEH M, SARKIS J. Blockchain practices, potentials, and perspectives in greening supply chains[J]. Sustainability, 2018, 10（10）: 3652.
② 闫云凤，黄灿. 全球价值链下中国碳排放的追踪与溯源——基于增加值贸易的研究 [J]. 大连理工大学学报（社会科学版），2015, 36（3）: 21–27.
③ 陈晓红，胡东滨，曹文治，等. 数字技术助推中国能源行业碳中和目标实现的路径探析 [J]. 中国科学院院刊，2021, 36（9）: 1019–1029.
④ 李勇建，陈婷. 区块链赋能供应链: 挑战、实施路径与展望 [J]. 南开管理评论，2021, 24（5）: 192–192–201, 212, I0035, I0036.
⑤ 李波，于水. 基于区块链的跨域环境合作治理研究 [J]. 中国环境管理，2021, 13（4）: 51–56.

次研讨会上提出了一份提案，对"人工智能"作出定义：尝试找到如何让机器使用语言，形成抽象概念，解决现在人类还不能解决的问题并提升自己等。对于当下的人工智能来说，首要问题是让机器像人类一样能够表现出智能。

在此之后的发展历程中，人工智能经历了数次兴衰，如图1-10所示。每次低谷，都是因为算法和平台计算能力陷入瓶颈，但是每次技术上实现突破，又会迎来新的高峰。在今天，有了强大的计算力和海量的数据支撑，人工智能又呈现爆发态势。

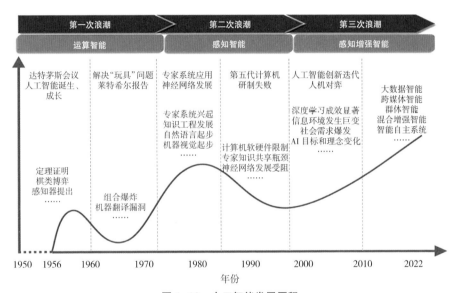

图 1-10　人工智能发展历程

生成式人工智能已成为当前人工智能的热门方向之一。2022年11月，美国人工智能机构 OpenAI 推出人工智能聊天机器人应用 ChatGPT（Chat Generative Pre-trained Transformer，生成式预训练聊天机器人），这款应用一经上市就受到广泛关注，并在不到3个月的时间内积累了超过1亿活跃用户①。随后，微软率先将 ChatGPT 模型嵌入 Bing 搜索中，改变了原有的

① 喻国明，苏健威.生成式人工智能浪潮下的传播革命与媒介生态——从 ChatGPT 到全面智能化时代的未来 [J]. 新疆师范大学学报（哲学社会科学版），2023，44（5）：81-90.

信息组织与信息检索范式。国内外企业也纷纷推出类似应用，如 Google 的"Apprentice Bard"、百度的"文心一言"等，并将其应用在多个领域。生成式人工智能在各行各业迅速落地使用，推动了生产生活的全面智能化。

ChatGPT 是一个基于自然语言处理技术的大型语言模型，通过对海量文本数据的训练，生成人类可读的文本，模拟人类的语言交流。同此前的人工智能技术相比，ChatGPT 的优势十分明显，特别是 ChatGPT 擅长的人机交互、语言理解和生成、计算机编程等能力[①]。其运行过程主要包括问题输入、语音识别、情感分析、关键特征提取、文本分类、定位索引、结果输出等，如图 1–11 所示。

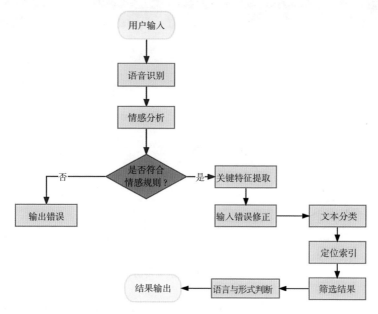

图 1–11　ChatGPT 运行流程

随着数字技术在供应链领域由导入转向拓展，人工智能构建供应链核心竞争力的作用持续凸显，日益成为驱动供应链绿色化、智能化变革的关键动能。人工智能对绿色供应链的影响是巨大而积极的。它在供应链的各

---

① 张超，张雯. 数字政府视域下 ChatGPT 模型部署的全方位审视：从微观到宏观 [J]. 金融与经济，2023（10）：19–32.

个环节都能发挥重要作用，从产品设计和研发到生产、物流和售后服务，都能够实现更加环保和可持续的运作方式①。

（1）人工智能在产品设计和研发阶段起到重要作用②。它可以利用大数据分析和模拟技术，帮助企业优化产品设计，减少资源消耗和环境污染。例如，通过算法分析产品的制造材料、构造和使用情况，并提供设计建议，以减小产品对环境的影响。

（2）人工智能在生产过程中发挥关键作用③。人工智能的边缘应用将赋能机器人更加精准、敏捷地操作关键工艺流程，提高制造过程的质量和自动化水平，而且将机器学习等技术嵌入边缘运行的业务应用程序，并利用本地传感器控制输出，可以改善生产效率并优化产量，实时监控产品质量和设备效能，及时调整或中止生产以响应突发状况，从而提升工业物联网的智能化水平。

（3）人工智能在物流和供应链管理中发挥重要作用④。它可以利用预测分析和优化算法，帮助企业优化运输路线和存储方式，减少运输成本和碳排放。同时，人工智能系统还能够提供实时跟踪和监控服务，确保产品在运输过程中的安全性和可追溯性。

（4）人工智能在售后服务中发挥作用⑤。它可以通过自动化和智能化的方式，提供更加快速和高效的售后服务，减少不必要的资源浪费。例如，利用人工智能系统的图像识别和语音识别技术，可以自动识别产品故障，并提供相应的维修建议或故障解决方案。

总的来说，人工智能在绿色供应链中的应用可以提升供应链的运作效率并优化其在环境保护方面的表现⑥。在人工智能的持续渗透下，传统的生产方式、流通体系与消费模式都在发生深刻变化，供应链体系正加速走向

① 杨继军，艾玮炜，范兆娟. 数字经济赋能全球产业链供应链分工的场景、治理与应对 [J]. 经济学家，2022（9）：49–58.
② 郑柳杨. 人工智能在产品设计中的应用与发展趋势 [J]. 家具与室内装饰，2019（1）：36–37.
③ 张喆，欧阳博强. 人工智能影响经济发展的理论机理与城市经验 [J]. 山东社会科学，2023（4）：94–102.
④ 王会. 人工智能赋能产业转型升级探析 [J]. 智慧中国，2023（8）：21–23.
⑤ 陈俊. 数字经济时代下的新型消费行为与趋势 [J]. 财讯，2023（7）：27–30.
⑥ 余姗，樊秀峰，蒋皓文. 数字经济发展对碳生产率提升的影响研究 [J]. 统计与信息论坛，2022，37（7）：26–35.

绿色化、智能化。作为技术变革的重要方向，供应链中的人工智能和数字化协同创造正在成为一种动态的商业规范。由于其对供应链变革的驱动将带来巨大的经济价值，人工智能技术及其应用拥有广阔的市场前景。

6. 元宇宙

元宇宙的概念出现于 1992 年的科幻小说《雪崩》①，但至今尚无公认定义。准确地说，元宇宙像是经典概念的重生，是在扩展现实（extended reality，XR）、区块链、云计算、数字孪生等新技术下的概念具体化。回归概念本质，可以认为元宇宙是在传统网络空间基础上，伴随多种数字技术成熟度的提升，构建形成的既映射于又独立于现实世界的虚拟世界。《元宇宙通行证》中指出，区块链技术、交互技术、电子游戏技术、人工智能技术、智能网络技术以及物联网技术是元宇宙的六大技术支柱，简称"BIGANT"②，如图 1-12 所示。

从概念到产业，元宇宙正在经历发展初期的百花齐放。环视全球市场，各大企业都在积极拥抱这一新产业。与此同时，中国政府在政策上也在快速跟进。2021 年 12 月，上海印发《上海市电子信息产业发展"十四五"规划》，元宇宙首次被写入地方政府工作报告。2022 年 11 月 3 日，武汉市人民政府正式发布了《关于印发武汉市促进元宇宙产业创新发展实施方案（2022—2025 年）的通知》。方案中提到，元宇宙产业创新发展，力争到 2025 年，高水平建成 2 个以上元宇宙产业基地、3 个以上元宇宙重点平台，聚焦重点行业领域打造 50 个以上元宇宙典型应用场景和项目，培育引进 200 个以上元宇宙创新企业，建成创新链、产业链、价值链协同发展的我国元宇宙创新发展先导区与核心区。此外，北京出台《关于加快北京城市副中心元宇宙创新引领发展的若干措施》支持元宇宙初创项目和重大项目。深圳成立元宇宙创新实验室打造数字经济发展新高地。广州发布《广州市黄埔区　广州开发区促进元宇宙创新发展办法》提供元宇宙领域产业试点经验和示范引领……中国积极加大政策扶持，力求抢占元宇宙发展先机。

---

① STEPHENSON N. Snow crash[M]. New York：Bantam Books，1992.
② 邢杰，赵国栋，徐远重，等 . 元宇宙通行证 [M]. 北京：中译出版社，2021.

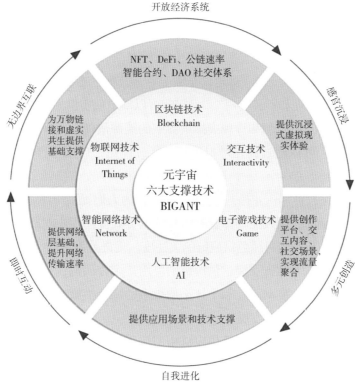

图1-12　元宇宙六大支撑技术

　　在元宇宙中，人们可以通过虚拟形象进行社交、娱乐、工作等各种活动。随着元宇宙的发展，其应用场景也不断拓宽，以下是元宇宙在绿色供应链中的具体应用。

　　（1）线上环保购物体验[①]。在元宇宙中，人们可以通过虚拟商城购买商品，这些商品可以是现实世界中已存在的物品，也可以是虚拟的数字商品。因此，购物者可以通过查看产品的详细信息，了解商品的绿色属性，如是否使用可再生能源生产、是否采用可降解的包装材料等，从而作出环保的购物决策，有助于完善绿色供应链管理。

---

① 李安，刘冬璐. 元宇宙品牌营销生态系统的重构逻辑与策略 [J]. 现代传播（中国传媒大学学报），2022，44（12）：161-168.

（2）低碳交通和物流[①]。元宇宙提供了虚拟现实空间中的交通和物流系统，人们可以借助虚拟的交通工具进行旅行，通过虚拟的物流系统进行货物运输，可以优化交通和物流系统，减少能源消耗和碳排放，如优化货物运输路径，采用低碳交通工具（如电动车辆）等，进而促进绿色供应链的发展。

（3）能源管理和资源利用[②]。元宇宙可以模拟现实世界中的能源和资源管理系统，使人们监测和管理虚拟世界中的能源消耗，并采取相应的节能措施。例如，可以通过优化虚拟建筑的能源使用，使用可再生能源供电，降低能源消耗。

（4）环保教育和认知提升[③]。元宇宙可以为人们提供与环境保护相关的虚拟场景和活动，通过互动体验和游戏化的方式提高用户对环保的认知与理解，进而提升人们对绿色供应链的关注度，促进其发展。

总而言之，元宇宙在绿色供应链的应用是多方面的，它有助于提升供应链的环保绩效，推动企业和个体采取更多的绿色措施，实现资源的可持续利用和环境的可持续发展。

综合以上所有技术在绿色供应链中的应用情况，可见供应链的未来发展趋势，必然以技术为引擎、"绿色"为方向，实现效率与效果的双赢。大数据、云计算、物联网、区块链、人工智能、元宇宙等新技术的发展，为企业打造绿色供应链提供了技术基础，让企业构建一个更智能、更高效和更可持续的供应链管理体系成为可能。

1.2 发展概况

国际上所倡导的"绿色"源于长期的经济发展和工业化进程中导致的环境污染与资源消耗问题。为应对这一问题，联合国自 1992 年起积极推广绿色生产和绿色消费。欧盟和美国等发达国家和地区作为可持续发展理

---

① 薛豆豆. 基于智慧供应链的新零售供应链风险的识别与防控 [J]. 商业经济研究，2023（16）：34–37.
② 白太辉. 整合与赋能：元宇宙促进数字经济发展的路径探索——从元宇宙与数字经济之间的关系说起 [J]. 新疆社会科学，2022（5）：54–60.
③ 牛英豪. 元宇宙时代"智慧生态人"的法律塑造 [J]. 东方法学，2023（3）：121–132.

念的先行者，自 20 世纪 90 年代起陆续从立法、市场激励、政府绿色采购等层面，推动所在国或区域的绿色供应链实践，并助力全球产业链绿色化转型。进入 2022 年，全球能源安全与粮食安全受到气候变化、新型冠状病毒感染疫情（coronavirus pandemic）、俄乌冲突（conflict between Russia and Ukraine）"3C"危机的叠加影响①，供应链领域危机频发，凸显了传统化石能源在基建基础、发电成本和供电稳定性上的优势，引发各国对加快绿色供应链建设转型的再思考②。

本小节主要从国家层面、产业层面、企业层面，由宏观到微观对绿色供应链的发展历程、现状及成功案例进行详细阐述，以此来探索绿色供应链的发展规律。

1.2.1 国家层面

随着全球环境问题的日益严重，人们对气候变化、资源枯竭和生态系统破坏等问题的关注度不断提高。绿色供应链作为一种可持续发展的供应链管理方式，能够有效减小对环境的负面影响，符合人们对环保的期望，因此受到广泛关注。许多国家和地区通过制定环境保护相关的法律法规、政策，鼓励企业发展绿色供应链。

1. 发达国家或地区

1）美国

美国是绿色供应链概念的发起者，美国政府主要通过政策性引导，制定一系列科学的法律法规，建立有效的监管体系等手段，推动本国企业实施绿色供应链管理③。作为世界上最早研究该领域的国家，美国相关的法律法规体系如今已步入成熟，同时，美国政府通过出台经济刺激措施、提供相关教育培训、实施企业自愿合作计划、建立绿色供应链联盟、加强绿色供应链管理研究等一系列措施来推动绿色供应链的发展。

---

① The UNEP. Global impact of war in Ukraine on food，energy and finance systems [EB/OL].（2022–04–13）. https://www.unep.org/resources/publication/global–impact–war–ukraine–food–energy–and–finance–systems.
② 于宏源：风险叠加背景下的美国绿色供应链战略与中国应对 [J]. 社会科学 .2022（7）；123–132.
③ 王煦 . 工业领域绿色供应链研究 [J]. 信息技术与标准化，2017（Z1）；21–24.

美国绿色供应链的发展可以分为三个阶段。

（1）萌芽阶段（20世纪60年代末）。1969年，由美国总统尼克松颁布的《国家环境政策法》（*National Environmental Policy Act*，NEPA）标志着美国环境管理体系的初步建立①。1970年，美国环境保护署（Environmental Protection Agency，EPA）成立，为美国绿色供应链管理的发展奠定基础。

（2）发展阶段（20世纪70年代至90年代末）。1976年，《资源保护与回收法案》（*Resource Conservation and Recovery Act*，RCRA）的修订，开启了美国绿色供应链管理的初步发展。该法案之后又分别在1980年、1984年、1988年和1996年进行了四次修订，其中规定了"减少包装材料的消耗量，并对包装废弃物进行回收再利用"，逐步建立起美国废物循环利用的4R（recovery、recycle、reuse、reduction）原则②。1986年，《应急计划和社区知情权法案》（*Emergency Planning and Community Right to Know Act*，EPCRA）颁布，明确了美国危险化学品事故的处理要求，加强了产品环境信息的公开透明③。

（3）成熟阶段（21世纪初至今）。进入21世纪，美国绿色供应链管理在各州和各行业逐渐形成共识。2004年，美国政府颁布《包装中的毒物》（TPCH/CONEG包装材料法规，TIP），规定了包装物中重金属的最低含量④。2007年，美国加利福尼亚州颁布了《加利福尼亚州电子废物回收法》，要求在加利福尼亚州销售的所涉及的电子设备支付处理报废电子产品的花费。2008年，美国颁布《雷斯法案》，对美国可持续林业予以保护，以应对绿色木材需求扩大的消费市场。2010年，美国新增7个州通过了电子垃圾法案，以支付可能造成毒害的电子产品回收费用。至此，美国的绿色供应链管理体系已逐步完善和成熟。

而在拜登执政时期，美国的绿色供应链又有了新的发展，具体发展概

---

① 王曦. 论美国《国家环境政策法》对完善中国环境法制的启示 [J]. 现代法学，2009，31（4）：177–186.

② 新固废法解读（3）| 从新固废法反观国际经验 [EB/OL].（2020–09–22）.https：//m.thepaper.cn/baijiahao_9296916.

③ 李一行，刘兴业. 借鉴和反思：美国《应急计划与社区知情权法案》介述 [J]. 防灾科技学院学报，2011，13（2）：110–114.

④ 美国包材法案要求 [EB/OL].（2021–03–02）. https：//www.sohu.com/a/453532928_120853081.

况如下。

（1）强调恢复美国在供应链上的全球领导地位并纳入立法和制度建设。

首先，拜登以总统行政命令形式确定供应链战略，并进行年度审查。2021年4月，拜登政府《构建弹性供应链、重振美国制造业及促进广泛增长》报告了绿色供应链的风险，提出要解决美国绿色供应链的高度对外依赖问题。2022年2月，白宫公布供应链进展，并通过动员MP Materials、伯克希尔·哈撒韦可再生能源公司进行重大投资以扩大国内关键矿产供应链，打破对中国的依赖，促进可持续发展实践。

其次，拜登政府积极把绿色供应链纳入立法。2021年11月的"重建更好未来"（3B法案）包含50亿美元的供应链投资和3 000多亿美元的清洁能源投资。2021年12月，参议院发布3B法案参议院更新版本，美国参议院和众议院对《美国创新与竞争法案》基本达成一致，该法案强调在清洁能源等领域用美国本土生产的材料。

（2）形成了绿色供应链领域的"全政府、跨部门"协调行动机制。

首先，在部门协调方面，美国拜登政府要求国防部与内政部、农业部、能源部协调，以保证国内关键材料的可持续供应并实现国内生产力的进一步"负责任的发展"。

其次，在气候和能源政策协同方面，拜登政府推进建设清洁能源需求倡议（Clean Energy Demand Initiative，CEDI）下的绿色供应链，该倡议由美国总统气候问题特使办公室和美国国务院能源局在第26届联合国气候变化大会（COP26）上提出。

最后，拜登政府确保绿色供链提供顶层计划。2021年12月，美国白宫14057号行政命令提出联邦政府应利用强大的规模和采购能力提升美国行业竞争力与创造就业，即在联邦层面将供应链韧性正式制度化，通过"购买美国货法案"下的新改革来支持美国绿色供应链领域的关键商品，从联邦角度来保证绿色供应链的韧性建设。

（3）多次强调绿色供应链关系网络，突出美西方盟友体系的韧性建设。

首先，绿色供应链的伙伴关系标志是绿色供应链俱乐部，即以美西方国家高标准的绿色供应链为核心，构建一个多伙伴参与的、围绕美国的"轴辐结构"，建立发达国家供应链韧性全球峰会机制、与墨西哥的高级别经济对话、印度洋—太平洋地区经济框架、美国—欧盟贸易及技术委员会（TTC）等一系列具体、可实施、诸边性、便于修改的绿色供应链标准体系。拜登政府强调对供应链采取"伙伴支撑"（friend-shoring）的方式，从而增强美国同盟国和合作伙伴的供应链韧性。

其次，拜登政府致力于重建紧密开放的绿色供应链伙伴关系，针对疫情防控、绿色与环境、技术、贸易与标准、安全与防务等方面提出了原则和一系列工作步骤。《美国—加拿大伙伴关系更新路线图》强调建立必要的供应链，推出关键矿物行动计划，以实现净零工业转型，零排放车辆电池和可再生能源存储，使加拿大和美国在电池开发与生产的各个方面成为全球领导者。

（4）致力于建立美国主导的政府—企业绿色供应链的网络体系。美国倡议并主导全球能源转型倡议（Energy Transitions Initiative-Global，ETI-G），旨在创建一个全球清洁资源网络，从而推动为世界各地的岛国和偏远社区开发可靠、有弹性的能源系统。为了大幅加速向低排放、低成本、安全可靠的电力系统过渡，英国、美国、澳大利亚等国电力系统还共同发起组建了全球电力系统转型集团（Global Power System Transformation Consortium，G-PST）。

同时，美国同加拿大、欧盟一起围绕民主价值观角度讨论所谓"赋予人民权力"的政府—企业—社会的能源转型倡议。在非洲，美国与撒哈拉以南非洲地区也计划建立清洁能源合作伙伴关系，以从非洲清洁能源、矿业、电力和清洁能源市场一体化的角度来支持美国—非洲供应链弹性建设。

（5）美国强化绿色供应链的金融化和标准化工具建设。

其一，标准建设，美国国务院牵头的能源资源治理倡议（Energy Resource Governance Initiative，ERGI）将为清洁能源转型所需的矿物和金属提供可靠、负责任的供应链。国务院通过近 2 500 万美元的外交接触和技术援助为倡议国家提供支持，ERGI 推动建立全球采矿业在环境、社会和治理方面的最高标准。美国也强调绿色供应链领域的可追溯性。

其二，美国正在计划中的"重建更好世界"（Build Back Better World，B3W）倡议也将与欧盟"全球门户战略"和英国的"清洁绿色倡议"对接，并将主导发达国家的全球绿色发展融资规范，确保大部分清洁能源技术在国内采购和生产，若无法实现这一目标，将从盟友那里采购和生产，保障美国的锂和钕得到全球供应的补充。

其三，从金融工具角度，美国国内供应链设施需要投资约 80 亿美元，才能满足预计每年 40 GWdc（千兆瓦直流电）的国内需求。美国提出并资助一个在全球范围内扩大清洁技术制造能力的倡议，以实现与净零承诺相关的关键清洁能源设备的大规模制造。

在地缘政治经济和气候变化日益凸显的背景下，美国政府不断调整绿色供应链战略方向，强调恢复美国在供应链上的全球领导地位。未来美国政府将更加重视供应链的本地化和自主性建设，聚焦在如何保护国内市场的自主建设，特别强调绿色供应链相关的产业、矿产、技术等因素，其采取的相关措施给未来全球供应链的发展环境带来了一定的挑战①。

2）欧盟

欧盟是绿色供应链的有力推动者。目前被广泛提及的"绿色供应链"，大都指进入 21 世纪后，欧盟倡议绿色产品所造成的供应链效应。欧盟先进国家看准供应链间环环相扣的利益关系，积极将一些环保诉求跳脱过去道德劝说的层面而开始立法，希望以欧盟庞大的商业市场为后盾，带领全世界制造业进入一个对环境更友善的新纪元②。

欧盟绿色供应链的发展可以分为以下三个阶段③，如图 1-13 所示。

（1）初步意识阶段（1990—2010 年）。欧盟绿色供应链的发展可以追溯到 20 世纪 90 年代。起初，欧盟将环境保护作为一项重要议题，并开始制定相关政策来改善环境状况。然而，其很快发现单纯依靠区域内政策无

---

① 于宏源. 风险叠加背景下的美国绿色供应链战略与中国应对 [J]. 社会科学，2022（7）：123-132.
② 谢伟，赵达维，张超. 绿色供应链结构优化模型研究 [J]. 浙江学刊，2015（2）：195-200.
③ 孙楚绿，慕静. 产品环境足迹的供应链绿色采购政策分析——欧盟的实践与启示 [J]. 天津大学学报（社会科学版），2017，19（1）：7-11.

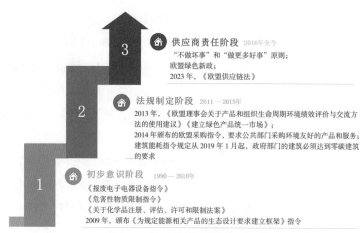

3 供应商责任阶段 2016年至今
"不做坏事"和"做更多好事"原则;
欧盟绿色新政;
2023 年,《欧盟供应链法》

2 法规制定阶段 2011—2015年
2013 年,《欧盟理事会关于产品和组织生命周期环境绩效评价与交流方法的使用建议》《建立绿色产品统一市场》;
2014 年颁布的欧盟采购指令,要求公共部门采购环境友好的产品和服务;
建筑能耗指令规定从 2019 年 1 月起,政府部门的建筑必须达到零碳建筑的要求

1 初步意识阶段 1990—2010年
《报废电子电器设备指令》
《危害性物质限制指令》
《关于化学品注册、评估、许可和限制法案》
2009 年,颁布《为规定能源相关产品的生态设计要求建立框架》指令

图 1-13 欧盟绿色供应链发展历程

法有效解决环境问题,因为欧盟是一个开放的市场,许多产品和材料是通过全球供应链制造与交易的。

1997 年,欧盟委员会发布了《环境管理和审计制度》(*Environmental Management and Audit System*,EMAS)条例。该条例要求企业对其环境管理作出公开承诺,并接受独立的第三方审计。这标志着欧盟开始采取行动推动企业在供应链管理中采用环境友好的做法。2001 年,欧盟能源使用效率指令和欧盟生态标签(EU Ecolabel)引入市场,这是欧盟首次为产品引入环境标识,以鼓励企业在生产环节中采用更环保的做法。2008 年,欧盟委员会发布了《绿色公共采购指令》。该指令要求公共机构在招标和采购过程中优先选择环境友好的产品与服务。这一举措有助于刺激企业改善其供应链环境绩效,以符合公共采购的要求。

(2)法规制定阶段(2010—2015 年)。在这一阶段,欧盟立法机构开始制定环境和可持续发展方面的法规,以鼓励和规范企业的绿色供应链实践。其中最重要的法规是 2010 年欧盟委员会发布的《可持续发展和企业社会责任策略》,其中包括通过绿色供应链实现可持续发展目标的具体行动计划,这一战略主要着眼于推动企业采购和供应链的可持续性改进。

2013 年,欧盟委员会发布了《欧盟理事会关于产品和组织生命周期环境绩效评价与交流方法的使用建议》和《建立绿色产品统一市场》,提出建立并使用 PEF（欧盟产品环境足迹）的统一方法学，旨在提供可靠且可比较的产品信息，从而在欧盟建立绿色产品的统一市场。同年，欧盟又启动了 PEF 自愿性试点计划，试点结束后将根据结果或提出欧盟标准以及相关政策促进欧盟市场产品的环境绩效[①]。2014 年，欧盟委员会发布了《绿色供应链标志指南》，以帮助企业认可并传达其对绿色供应链的承诺，该指南提供了思路和方法来实施绿色供应链，并对接触和污染环境的供应链行为进行评估与认证。

欧盟各国政府还通过绿色采购大力支持绿色供应链的发展。该举措要求政府在采购产品和服务时，确保相较同类商品在整个产品的生产使用周期对环境的影响最小。例如，建筑能耗指令规定从 2019 年 1 月起，政府部门的建筑必须达到零碳建筑的要求。据统计，欧盟各国每年政府采购额超过 2.3 万亿欧元，通过实施绿色采购，欧盟正在为推动全球供应链绿色化转型提供有力的支撑。

（3）供应商责任阶段（2016 年至今）。在这一阶段，欧盟开始强调供应商的责任和透明度，提出了"不做坏事"和"做更多好事"的原则，鼓励企业推动绿色供应链建设，并向消费者提供更多的信息。此外，欧盟还引入一些认证和标准，以评估企业的绿色供应链实践，具体见图 1-13。

2018 年，欧盟委员会发布了《可持续金融行动计划》，着重推动投资者和金融机构在资金选择与投资决策中考虑环境、社会和治理（environmental, social and governance，ESG）因素，这一行动计划旨在为绿色供应链提供更多资金支持和激励措施。2020 年 3 月 2 日，欧盟委员会发布了《走向绿色、数字化和有弹性经济：欧洲增长模式》的政策文件，是 2020 年新型冠状病毒感染暴发后欧盟首次全面阐述其应对挑战、推动经济复苏和竞争力换挡升级的政策纲要[②]。2023 年，欧盟委员会又提出了关于企业可持续性义务的法律提案——《欧盟供应链法》。它的目的是责成公司在自己的业务部门内遵守供应链流程，它远远超出国家层面的现有立法。在整个欧盟

① 吴薇群，许立杰.欧盟产品环境足迹机制及应对措施研究 [J]. 中国标准化，2021（4）：143-147.
② 新形势下欧盟绿色发展之路 [EB/OL]. (2022-03-29). http://center.cnpc.com.cn/bk/system/2022/03/29/030063830.shtml.

区域，企业组织供应链合规措施时需要以欧盟法规为指导，以应对后续的修订①。

近年来，为确保完成"2030年温室气体排放量相比1990年至少减少55%，2050年实现碳中和"的国家自主贡献目标，欧盟提出了包含能源、碳定价、交通、林业碳汇、减排责任和资金支持等在内的一系列政策，并将这一揽子政策命名为"欧盟绿色新政"（EU Green Deal）。可以预见的是，欧盟绿色新政将在全球范围内带来广泛影响。

另外，除了欧盟的统一规划外，欧洲各国也十分注重供应链绿色化的转型，德国和法国是其中的佼佼者。

德国绿色供应链管理体系的发展，离不开完善的法律体系保障和相关制度引导。1994年，德国正式通过《循环经济与废弃物管理法》，并于1996年生效实施，这是世界上第一部关于循环经济的法律。该法明确了生产者延伸责任制，要求生产者对产品全寿命周期负责，包括产品的生产、消费、回收直到最终的无害化处置强调以闭合的方式进行废弃物管理。在《循环经济与废弃物管理法》的基础上，德国还根据各个行业的不同情况，制定了监管各行业废物回收利用及发展循环经济的法规，如《废旧车辆处理条例》《废油处理条例》《废旧电池处理条例》等，强调从源头减少废弃物的产生，并规定了生产商回收再利用废弃物的责任。另外，德国还将欧盟颁布的RoHS指令（危险物质限制指令）转换成国内法，限制了六类有害物质在电器电子设备中的使用，包括铅、水银、六价铬、多溴联苯和多溴联苯醚②。2019年11月，德国通过了《德国联邦气候保护法》，计划到2030年，温室气体排放总量较1990年至少减少55%，到2050年实现碳中和。同时，德国正在逐步淘汰煤电，寄希望于可再生能源。2019年，归功于国家提供的广泛援助，约有43%的电力来自风能和太阳能等可再生能源。并且为了确保绿色电力在全国范围内使用，德国的电网也在进一步开发中。到2030年，可再生能源将占总用电量的65%。2050年之前，所有

① 欧盟供应链法，或许是严厉的新可持续发展标准[EB/OL].（2023-06-08）. http://www.logclub.com/articleInfo/NjM3NDM=.
② 徐媛. 德国绿色供应链管理得益于成熟的法律体系[J]. 环境经济，2017（18）：48-53.

发电和消费都将实现温室气体中和。

不仅德国在绿色供应链管理方面做出了很多努力，法国作为一个国际重要的贸易和制造大国，也在近年来采取了一系列的措施来推动绿色供应链的发展。在新型冠状病毒感染疫情持续反复、俄乌冲突及欧俄间展开制裁与反制裁等多重不确定因素叠加影响下，法国供应链领域压力骤增，直接制约了经济社会稳定发展，更对法国总统马克龙新任期内多项改革措施形成掣肘。对此，法国政府将"绿色转型"作为破解多重复杂困境，特别是供应链难题的突破口，希望通过"弯道超车"掌握先发优势与发展主动。一是以更积极姿态推进可再生能源发展，法国将确保到2050年实现碳中和目标，并制订了在此之前再造6座核反应堆、建设50个海上风电场、太阳能发电装机容量再增10倍等雄心目标，使法国可再生能源在2030年前的最终能源消耗占比达32%。二是以更具雄心的规划充分调动多方位资源。高效调配"法国2030"投资计划、"法国重启"经济复苏计划、"未来投资计划"等多个一揽子刺激计划与资金池，充分利用市场、资本等组合拳，重点支持核能开发、绿色能源、新型交通工具、电子设备制造、生物医药等领域获得先发优势，使法国经济重新步入良性循环，重建法国生产的独立性。三是以更前瞻性的视野用科技创新为绿色转型赋能。法国高度重视科技创新与绿色转型的融合，注重将科技领域的研发成果快速转化为促进绿色发展的助推剂，希望科技赋能可迅速使相关转型释放强大的生命力与竞争力，如2022年度的法国"VIVA TECH"科技创新展览会就聚焦移动互联、零排放、未来工作、包容性发展、Web 3.0及欧洲数字技术六大热门议题，希望以此把脉未来经济趋势，使经济与产业转型更为契合未来发展脉动。当然，除了德国、法国等绿色供应链发展较为成熟的国家外，荷兰、瑞典的供应链绿色转型成果也十分突出。

当前，面对周边地缘震荡和能源危机加剧的新挑战，以及疫情和供应链等近年来反复出现的问题，欧盟依旧将投资和改革作为经济复苏的主线，将绿色化和数字化作为产业的双轮驱动，对于能源和经济绿色转型给予更多期望。欧盟提出在未来十年，在经济脱碳和应对气候变化领域每年投资增加5 200亿欧元，达到数字化投资目标（1 250亿欧元）的4.16倍，其中，能源和气候相关政策项目投资达 3 900 亿欧元。同时，欧盟就电网、发电厂、工业部门、住宅、第三产业用能及运输部门等均提出具体投资规划，在"下一代欧盟"复苏计划和欧盟 2021—2027 年多年期预算中，要求成员国绿色化投入比重达到 37%，远高于数字化的 20%。这些规划背后显示出欧盟在经济复苏中，较数字化而言更加重视绿色化相关项目和产业的重要作用，以尝试在既有经济和能源低碳化优势下谋求更大发展。

3）日本

美国是绿色供应链的发起者和倡导者，随后认可绿色供应链的有欧盟、日本等发达国家和组织。日本通过多年的探索和发展，其绿色供应链日臻成熟，其中一个重要体现就是：以绿色供应链条的经营模式最终实现了节约资源、降低成本、提高竞争力的发展目标。这得益于政府的大力支持和完善的法律支撑。

日本的绿色供应链发展可以分为以下阶段。

（1）早期环境意识阶段（1990—2000 年）。日本在这个阶段逐渐意识到环境问题的重要性，并开始关注供应链对环境的影响。1994 年，日本绿色采购的"种子"在滋贺县悄然种下。行业协会、社会组织也积极参与，如绿色采购网络联盟（Green Procurement Net，GPN）。1996 年，日本环境省联合企业成立了 GPN，旨在推动绿色采购的发展，向相关人士提供绿色采购方面的信息与指南。

（2）政府引导与支持阶段（2001—2010 年）。在这一阶段，日本政府开始通过立法和政策推动绿色供应链的发展。同年，日本政府颁布了《循环型社会形成促进基本法》[①]，随后又出台了《固体废弃物管理和公共清洁法》《促进资源有效利用法》等，有效地促进了日本建立资源循环共用体系。2001 年，针对家电行业颁布了《家电循环利用法》，将废弃家电处理回收规定为生产厂家的社会责任，并严格执行。2002 年，针对汽车制造行业提出了《汽车循环法案》，对废旧车辆的回收处理工作进行了明确责任分工；针对建筑行业颁布了《建设循环法》，规定废弃水泥、沥青、污

---

① 日本循环型社会法规简介 [EB/OL].（2006-05-17）. http://tfs.mofcom.gov.cn/article/ba/bh/200605/20060502206495.shtml.

泥、木材的再利用率要达到100%。针对物流服务业，日本分别在1997年、2001年、2005年、2009年以及2013年先后五次颁布并修订了《综合物流施策大纲》，强调要构筑具有国际竞争力的物流市场，创建能够减轻环境负荷的物流体系和循环型社会。此外，日本还颁布了《促进容器与包装分类回收法》《食品回收法》《绿色采购法》等。

同时，日本政府还制定了详细、合理的环保经费分配政策，对建立绿色供应链和应用绿色技术的企业给予一定的资金补贴。

（3）企业自愿行动与合作阶段（2011年至今）。在这一阶段，企业开始自愿采取行动，推动绿色供应链的发展。一些大型企业制定了自己的环境政策，并要求其供应商遵守相关的环境要求。此外，企业之间也开始展开合作，共同努力解决供应链中的环境问题。

当前，推动经济发展绿色转型已经成为全球共识，世界各主要国家纷纷提出实现碳中和的承诺，绿色产业领域的竞争日趋激烈。日本发挥既有技术优势，持续推动构建集绿色制造、绿色回收、绿色能源于一体的"三绿"产业体系构建。日本政府从明确发展目标、引领绿色技术创新发展、强化财政金融政策扶持力度、加强规则制定与国际技术合作等角度出发，实施一系列绿色产业政策，引导日本企业转变商业经营模式，加大绿色领域投资。首先，政府倡导企业实施环保生产，提倡实施"3R"政策——reduce（减量）、reuse（再利用）、recycle（循环利用），将多余物资回收循环利用，并推进在生产过程中减少废物产生。其次，日本政府制定了严格的环保标准和法律规定，企业必须遵守相关的环保法规，确保采购环保材料和产品，并减少废弃物的产生，以避免对环境的负面影响。同时，政府加强了对企业的指导和监管，积极鼓励企业实施绿色供应链管理，为企业提供财政和税收优惠政策等支持。以下是日本绿色供应链发展的主要现状。

（1）绿色采购。在日本，绿色采购是指在购买产品或服务时，从环境保护和自身需求出发，选择对环境影响最小的产品或服务。1995年，日本政府制定了《政府操作的绿色行动计划》，要求所有政府机构都制订绿色采购计划，日本从此开始了绿色采购的法律体系建设之路。

2000 年 5 月，日本颁布《绿色采购法》，要求中央政府采购绿色产品，同时提出让地方政府、企业以及个人都努力购买绿色产品。之后，日本又出台了《促进再循环产品采购法》《绿色采购调查共同化协议》《特定采购项目修订清单和判断标准》等，不断推动绿色采购的法制建设。另外，日本政府每年都会修订绿色采购的基本方针，对不同产品设置相应的绿色采购标准。

（2）绿色物流。日本为了解决由物流发展而引发的环境问题，通过立法限制物流的环境影响，制定了严格的法规限制机动车尾气排放，在《新综合物流施策大纲》中明确地提出"解决环境问题"的对策，同时，提出发展循环型经济的目标，建立绿色物流的体系。日本通过制定一系列政策来控制物流污染，并加大政府部门的监管和控制作用，形成了基本法统率综合法和专项法的循环经济立法模式，要求企业、社会团体、国民注重资源循环再利用，并在循环物流建设、资源再利用的公共设施建设上进行财政支持。

日本企业也在物流方面进行了不少尝试，如推行环保包装、使用电动物流车辆、在物流网络建设中考虑最小化排放等，确保物流在整个绿色供应链体系中的可持续性和环保性。其中，日本邮便公司是绿色物流领域的领先者之一，其采用环保材料和包装，在物流过程中实现了节能减排[①]。

（3）绿色制造。绿色制造在绿色产业体系中居于基础地位。日本企业通过技术创新、提升管理能力，提高资源和能源使用效率，减少污染物和温室气体排放，始终致力于减少生产制造过程中的废弃物，不断实现绿色技术创新，积累了诸多技术。

①电动马达与蓄电池技术突出。日本在电动马达、蓄电池等电动汽车制造核心技术方面具备独特技术。在电动马达技术方面，日本电产公司生产的无刷电动马达，具有小型化、大功率、低振动、使用寿命长等优点，被广泛应用于纯电动汽车的生产之中。在蓄电池技术方面，日本的松下电

---

① 姜旭，王雅琪，胡雪芹. 以四方联动机制推动中国绿色物流发展——日本绿色物流经验与启示 [J]. 环境保护，2019, 47（24）: 62-67.

器是仅次于中国宁德时代以及韩国 LG 电子的世界第三大蓄电池生产厂商，其蓄电池产量占世界的 13.3%。

②功率半导体以及半导体原材料仍保持竞争优势。一方面，日本拥有领先的功率半导体技术。三菱电机、富士电机、东芝等日本企业的功率半导体产量占据世界功率半导体总需求的 20%，在世界处于领先地位。另一方面，日本还掌握提升半导体效率的氧化镓半导体技术。日本田村制造所旗下的半导体技术开发公司成功将氧化镓作为半导体的基础材料，研制出能够承受大电流的功率半导体[①]。

③碳循环技术快速发展。在高速固碳技术方面，日本东芝公司开发出可将二氧化碳转化为一氧化碳的"化学动力"技术，通过其自主开发的电极触媒，实现气态状况下二氧化碳的利用和转换，配合其独有的堆叠电解组件技术，大幅度提升了单位面积的处理量。在人工光合作用技术方面，丰田汽车集团开发了人工光合作用技术，利用光伏发电，将水分解为氧气和氢离子，其能量转化效率高达 7.2%，超过了植物的自然光合作用效率[②]。

2021 年 6 月，日本政府提出"面向 2050 年碳中和的绿色增长战略"，给出 14 个重点发展的绿色制造产业领域的具体发展前景。

（4）绿色回收。产品报废后的资源循环利用，不仅是绿色回收产业的主要任务，也是日本构建"三绿"产业体系的关键。由于日本国内资源有限，日本长期致力于发展绿色回收产业，促进废品材料与零部件的循环利用或再生使用。2018 年 6 月，日本政府颁布了"第四次循环基本计划"，明确提出日本绿色回收产业发展目标。日本希望以更少的自然资源投入，获取更多的经济增长。

①日本的废旧包装容器回收率很高，这体现在废纸、废铝罐、废玻璃瓶等包装容器方面。2021 年，日本废纸、废铝罐、废玻璃瓶的回收率分别为 81.1%、96.6%、71.1%[③]。2020 年，日本废塑料回收量达 822 万吨，有效

---

① 日本政府. 半導体・テロシ・タル産業戦略 [R]. 2021.

② 田正，刘云. 日本构建绿色产业体系述略 [J]. 东北亚学刊，2023（2）：120–134，150.

③ 一般社団法人持続可能環境センター.『3 R 低炭素社会検定公式テキスト』，一般社団法人持続可能環境センター [M]. 京都：ミネルヴァ書房，2020：136–144.

利用率高达 86%①。

②日本的家电回收利用体系完善。日本从 2001 年开始实施"家用电器循环利用法"，在生产者责任理念的指导下，日本家电制造企业需要承担家电的资源回收责任，家电的循环利用率得到提高。日本回收的废旧家电数量从 2012 年的 2 379 万台提升到 2020 年的 2 468 万台，回收率则从 48.7% 提升到 64.8%②。

③日本的汽车破碎回收技术丰富。日本自 2005 年开始实施"汽车循环利用法"，基于生产者责任，要求汽车生产制造商履行废旧汽车回收义务。回收废旧汽车时，首先拆解废液、废油、轮胎、蓄电池、安全气囊等汽车零部件，并由汽车拆解企业对其进行回收利用以及无害化处置，解体后的汽车骨架由专业的汽车破碎公司进行破碎回收。

④日本的建筑垃圾回收技术十分先进，尤其在混凝土回收技术上处于领先地位。例如，日本的清水建设公司开发出针对混凝土回收的"加热摩擦法"，将混凝土块磨碎后，通过再次加热与摩擦碰撞，实现水泥砂浆与石子的分离，从而使其成为制造新混凝土的原材料③。

（5）绿色能源。为实现碳中和，降低温室气体排放、增加对环境友好的能源使用是不可或缺的重要因素。日本正在发挥煤电清洁高效生产技术优势，同时强化核电和氢能等可再生能源的技术研发，推动绿色能源产业快速发展。

①日本在煤电的清洁高效生产方面具有优势。一方面，日本在煤炭燃烧领域拥有高水平清洁生产技术。日本横滨市的矶子火力发电厂运用"清洁煤技术"，从煤炭的洗选、加工、提质、燃烧、烟气净化等方面着手实现烟气净化，大幅度削减了大气污染物的排放④。另一方面，日本还拥有世

---

① プラスチック製品の生産・廃棄・再資源化・処理処分の状況 [EB/OL]. [2023-01-30]. https：//www. nef.or.jp/keyword/na/articles_ni_07. Html.

② 家電リサイクル年次報告書 [R/OL]. [2023-01-30]. https：//www. Aeha-kadenrecycle.com / pdf / report / kadennenji_2020.pdf.

③ コンクリート資源循環システム [EB/OL]. [2023-01-30]. https：/ /www.shimz.co.jp/solution / tech272 / index.html.

④ なぜ、日本は石炭火力発電の活用をつづけているのか？——~2030 年度のエネルギーミックスと CO2 削減を達成するための取り組み [EB/OL].（2018-04-06）[2023-01-30]. https：//www.enecho.meti. go.jp/ about/special/johoteikyo/qa_sekitankaryoku.html.

界最高效率的火力发电技术。日本电源开发公司从 1979 年开始研究"超临界压发电技术",可实现高压发电。

②日本正在加快核电技术研发。日本企业可根据客户的多样化需求,开发具有自主技术的小型模组化反应炉(SMR)。例如,日立公司与美国通用电气公司(GE)设立的合资公司"GE 日立清洁能源"在 2021 年收到了来自加拿大安大略省电力公司(OPG)约 3 000 亿日元的 SMR 订单。

③日本大力促进氢能的利用与供应链建设。当前,日本在氢能技术领域处于领先地位,专利数量居于世界首位。一是制氢技术。日本旭化成公司在 2020 年导入世界最大规模的电解水装置,该技术处于世界领先地位。二是储氢与运氢技术。2019 年,日本川崎重工制造完成了世界首艘液态氢运输船,可以将澳大利亚生产的低价氢气运输到日本 ①。

2021 年 10 月,日本政府制订了"第六次能源基本计划",给出了日本绿色能源产业发展总体方向。在能源供给层面,到 2030 年时要将可再生能源占日本能源总供给的比重提升至36%~38%,氢能与燃料氨提升至1%,核能提升至 20%~22% 等 ②。

总的来说,日本绿色供应链发展取得了一定的成果。然而,绿色供应链的推动仍需要各方的积极参与和合作,并面临着挑战,如技术和投资成本、信息共享和透明度等。日本政府和企业应进一步加强合作,加大推动绿色供应链发展的力度,以实现可持续发展和环境保护的目标。

2. 发展中国家

在过去几十年里,发展中国家面临着日益严峻的环境和可持续发展挑战。经济发展的背后往往伴随着资源短缺、环境污染和社会不平等问题。为了应对这些挑战,越来越多的发展中国家开始关注绿色供应链的建设和发展。而中国作为全球最大的制造业国家,其供应链的环境问题备受关注。

中国的绿色供应链相比美国、欧盟、瑞典等国家(地区)起步较晚,还处于初级阶段。发达国家(地区)对于绿色供应链管理日趋成熟,而中

---

① 『知财』で見る世界の脱炭素技術 [EB/OL].(2021–09–16)[2023-01-30]. https://www.enecho.meti.go.jp/about/special/johoteikyo/chizai_01.html.

② エネルギー基本計画について [EB/OL]. https://www.enecho.meti.go.jp/category/others/basic_plan.

国作为世界上最大的发展中国家，也在近几年相继出台一系列政策，去支持和引导企业打造绿色供应链。

中国绿色供应链的发展可以分为以下三个阶段。

（1）起步阶段（1978—2010年）。改革开放以来，我国生态环境保护法律政策制定工作进入"快车道"，出台了《中华人民共和国环境保护法》《中华人民共和国水污染防治法》《中华人民共和国大气污染防治法》《中华人民共和国固体废物污染环境防治法》《中华人民共和国节约能源法》《工业和信息化部　发展改革委　环境保护部关于开展工业产品生态设计的指导意见》《再生资源回收管理办法》《电子废物污染环境防治管理办法》等法律政策，在探索中不断完善。法律政策的制定，经历了从末端治理向源头预防、过程控制的延伸，并最终实现了产品全寿命周期管理。同时，也完成了以行政管制为主向行政管制和市场管制并重的转变。该时期，尚无法律政策以推进绿色供应链管理工作为制定初衷，具体条文中也找不到关于"绿色供应链"的描述，但部分相关规定已经调整到产品设计、生产、采购、销售、使用、回收处理等供应链的某个环节，对于企业打造绿色供应链起到一定的促进作用。

（2）推动阶段（2011—2015年）。2014年12月，商务部、环境保护部、工业和信息化部明确提出通过绿色采购带动绿色供应链建设，联合印发了《企业绿色采购指南（试行）》。2015年6月，财政部、国家发展改革委、工业和信息化部和环境保护部共同颁布的《环保"领跑者"制度实施方案》提出，"推行绿色供应链环境管理，注重产品环境友好设计，采用高效的清洁生产技术，达到国际先进清洁生产水平，全寿命周期污染排放较低"。

（3）深化阶段（2016年至今）。2016年2月，国家发展改革委、中宣部、科技部等十部委印发的《关于促进绿色消费的指导意见》提出，"鼓励企业推行绿色供应链建设……"，同年3月，《中华人民共和国国民经济和社会发展第十三个五年规划纲要》提出，"加快构建绿色供应链产业体系"。2016年4月，环境保护部发布《关于积极发挥环境保护作用促进供给侧结构性改革的指导意见》。2016年12月，环境保护部印发的《环境保护部推进绿色制造工程工作方案》提出，推进区域绿色供应链管理试点，开展绿色供应链标识管理、制定绿色供应链管理规范和绩效评价体系、推进环境信息公开等工作。

2017年10月，国务院办公厅印发的《国务院办公厅关于积极推进供应链创新与应用的指导意见》专门部署了"积极倡导绿色供应链"，包括"大力倡导绿色制造""积极推行绿色流通""建立逆向物流体系"等具体工作任务，并明确了部门分工。其中，明确要开展供应链创新与应用示范城市试点、培育一批供应链创新与应用示范企业。

2018年4月，商务部等八部门联合印发《关于开展供应链创新与应用试点的通知》，将构建绿色供应链列为重点任务，明确"发展全过程全环节的绿色供应链体系"。同年10月，商务部等八部门以《关于公布全国供应链创新与应用试点城市和试点企业名单的通知》的形式，公布了北京等55个试点城市和TCL集团股份有限公司等266家试点企业。通过不断提出和推行绿色供应链管理的方案政策，工业和信息化部推出一系列政策，颁布实施一系列文件，旨在重点围绕汽车、电子电器、通信、大型成套装备等行业龙头企业开展试点示范工作，以此来初步建立绿色供应链管理体系。

2019年，工业和信息化部发布了《电子电器行业绿色供应链管理企业评价指标体系》《机械行业绿色供应链管理企业评价指标体系》《汽车行业绿色供应链管理企业评价指标体系》，细化了三个行业的绿色供应链管理评价要求。与此同时，国务院办公厅就"绿色供应链管理"这一主题，也相继推出了各项纲要文件。

2021年，国务院发布《国务院关于加快建立健全绿色低碳循环发展经济体系的指导意见》，将构建绿色供应链纳入健全绿色低碳循环发展经济体系的重要内容。

2014年至2022年，国家相关部委已经出台多部与绿色供应链管理工作相关的文件，以及与绿色供应链各环节配套的政策（表1-1），以推进绿色供应链工作，绿色供应链的整体部署工作已经上升为国家战略。在国家的强力引导和推动下，绿色供应链实践取得了明显的成效。但相对于国外而言，还是起步较晚。大部分的国内企业对于绿色供应链管理仅仅局限于对供应商的资料整合与管理。所以，企业绿色供应链管理的普及还有待加强。

表 1-1　围绕绿色供应链各环节发布的主要文件

环节	序号	发文部门	发文时间	文件名称
采购	1	商务部、环境保护部、工业和信息化部	2014 年 12 月	《企业绿色采购指南（试行）》
生产	2	工业和信息化部、国家发展改革委、环境保护部	2013 年 2 月	《工业和信息化部　发展改革委　环境保护部关于开展工业产品生态设计的指导意见》
	3	工业和信息化部	2015 年 5 月	《工业清洁生产审核规范》
	4	工业和信息化部	2015 年 5 月	《工业清洁生产实施效果评估规范》
	5	财政部等 4 部门	2015 年 6 月	《环保"领跑者"制度实施方案》
	6	国家发展改革委等 7 部门	2014 年 12 月	《能效"领跑者"制度实施方案》
流通	7	商务部	2014 年 9 月	《商务部关于大力发展绿色流通的指导意见》
物流与包装	8	国家邮政局等 10 部门	2017 年 10 月	《关于协同推进快递业绿色包装工作的指导意见》
	9	国家发展改革委	2019 年 2 月	《关于推动物流高质量发展促进形成强大国内市场的意见》
消费	10	国家发展改革委等 10 部门	2016 年 3 月	《关于促进绿色消费的指导意见》
	11	商务部办公厅	2018 年 4 月	《商务部办公厅关于做好 2018 年绿色循环消费有关工作的通知》
	12	国家发展改革委	2019 年 11 月	《绿色生活创建行动总体方案》
回收再利用	13	国务院办公厅	2016 年 12 月	《生产者责任延伸制度推行方案》
	14	工业和信息化、商务部、科技部	2016 年 12 月	《工业和信息化部　商务部　科技部关于加快推进再生资源产业发展的指导意见》
	15	国务院办公厅	2019 年 1 月	《"无废城市"建设试点工作方案》
物流与包装	16	国家发展改革委等部门	2020 年 12 月	《关于加快推进快递包装绿色转型的意见》
回收再利用	17	国务院	2021 年 2 月	《关于加快建立健全绿色低碳循环发展经济体系的指导意见》
所有环节均涉及	18	工业和信息化部、人民银行、银保监会、证监会	2021 年 9 月	《工业和信息化部　人民银行　银保监会　证监会关于加强产融合作推动工业绿色发展的指导意见》
所有环节均涉及	19	工业和信息化部	2021 年 11 月	《"十四五"工业绿色发展规划》

环节	序号	发文部门	发文时间	文件名称
所有环节均涉及	20	工业和信息化部、国家发展改革委、生态环境部	2022年7月	《工业领域碳达峰实施方案》

中国物流与采购联合会绿色物流分会执行副会长蒋浩表示，中国绿色供应链发展最初是以绿色采购为主，后来形成以绿色采购、绿色生产、绿色销售、绿色物流、绿色回收体系为主体，绿色供应链管理、绿色供应商管理、绿色信息平台建设、绿色信息披露协同构建的系统性发展体系。特别是在国家高质量发展和"双碳"背景下，社会对企业绿色供应链的要求不再只是强调通过应用先进技术设备和管理模式实现节能、节地、节水、节材和减少对环境的污染，更强调要完善标准计量器具、提升统计监测能力、积极融入市场化机制建设，充分利用绿色金融、财税价格和投融资政策支持，形成绿色供应链发展的循环可持续市场化机制。

近年来，随着环境保护和可持续发展意识的不断增强，中国企业在绿色供应链管理和实践方面取得了显著的进展。天津、上海、东莞、深圳等城市率先开展了绿色供应链管理创新和试点工作，结合地方产业特色探索了不同的绿色供应链示范管理模式，形成了政府引导、企业参与、协会支持的绿色供应链推进格局。在行业实践方面，汽车制造、房地产、电子电器、零售、家具、物流等行业的龙头企业，通过全产业链的绿色化改造，率先开展绿色供应链实践，推动中国企业供应链绿色化改造进程，在节能减排方面取得一定成效[1]，但同时也存在以下几个问题[2]，如图1-14所示。

1）绿色物流体系不完善，基础设施整体水平较低

物流对于绿色供应链来说是不可缺少的环节，而废料等废弃物是物流环节中产生浪费现象最严重的一环。产品从生产商供应商到销售商最后到

① 本报独家！深入推进绿色供应链实施 助力加快新发展格局构建 [EB/OL]. （2023-09-25）. https：//www.cenews.com.cn/news.html?aid=1085286.
② 赵冰清，杨檬，杨宇涛. 中国绿色供应链发展面临的主要问题及对策 [J]. 信息技术与标准化，2019（7）：72-74.

图1-14　中国绿色供应链发展问题

消费者手中，不可避免地会产生废物废料，对生态环境施加压力，造成资源浪费。对于废弃物的运输处理是推进绿色供应链体系不断完善的重点把握方向。从物流企业本身来看，中国中小企业占比较高，大多数物流企业的基础物流设施都比较落后，对于水电等能源的消耗都存在较为严重的浪费现象，企业自身对于绿色升级的把握程度不高，整个物流过程中的控制碳排放水平与环保能力相对薄弱。绿色物流体系的完善，需要企业在物流发展的过程中积极探索，对基础设施建设进行绿色升级，改善资源浪费与环境污染的程度。

2）相关政策与法律法规不健全

中国物流发展速度快，但是起步较晚，尤其是大众的绿色物流意识相对匮乏，与发达国家（地区）尤其是或者同在亚洲地区的日本相比，中国有关部门以及各地政府对于绿色物流和绿色供应链的思考处于初期探索阶段，绿色供应链的观念有待进一步巩固加强，针对绿色物流发展的相关政策亟待建立和完善，影响了绿色物流在中国的推广。同时中国传统物流管理的系统呈现复杂且分散的现象，缺少整体性和统一性，造成较多重复环节，影响资源优化配置。在绿色供应链的思维模式下，绿色物流的专业化程度依然存在问题，相关制度标准及配套政策的层级划分不足，各部门的政策服务能力亟待加强。

3）绿色技术水平和成本投入有待提高

发展绿色供应链，各种社会成本是企业需要重点关注的问题，包括：资本、基础劳动力等初级要素成本以及科研设施、熟练劳动力和企业家才能等高级生产要素成本、信息数字化成本、互联网技术成本等。然而从中国发展现状来看，这些成本都存在不同程度的投入不足的情况。基础设施绿色水平不高，绿色技术信息水平较低，大数据、5G 通信及物联网等创新技术手段与绿色供应链各环节结合能力不足，绿色设计、绿色生产、绿色回收由于技术限制使得实施效果没有达到预期，造成大多数企业无法正确衡量绿色供应链带来的外部经济效应。由于可合作研发平台较少，外加中小企业自主创新能力不高，促进绿色供应链发展的核心技术仍处在研发瓶颈期，与国际前沿存在一定的差距，先进技术研发水平亟待提高。此外，专业人才匮乏使企业缺少专业绿色供应链优化的理论方法，高技术复合型人才的缺失降低企业有效利用绿色技术的能力，与发达国家和地区存在明显差距，阻碍了绿色供应链的快速发展。

4）绿色供应链管理难度大

绿色供应链涉及环境保护等多方面，这通常需要跨职能部门协商合作，在绿色供应链的构建中会成立专门的团队管理组织。很多中小企业由于自身整体实力不足，采购、生产、加工、仓储、配送等环节的绿色化管理缺乏经验，在跨企业和跨不同职能部门的管理上更是存在能力不足的问题。从城乡结构来看，城市和乡镇之间的各种资源差异较大，交通运输、绿色配送发展不平衡，在城乡供应链一体化过程中，绿色升级能力发挥不充分，加大绿色供应链管理难度。从供应链各环节来看，采购、生产、加工、仓储、运输、包装、销售等 SOP（标准作业程序）需要精准化审核考察，尤其是在正向物流与逆向物流形成的闭环过程中，绿色配送资源调整难度进一步加大，因此，需要各环节之间的协作管理，规范各环节绿色化水平的精准性。

以中国为代表的发展中国家的绿色供应链的发展状况在很大程度上受到经济、社会和环境等多个因素的影响。近年来，发展中国家在绿色供应链方面取得了一些积极进展，如意识的提升、政策的支持、国际合作与支持等，但同时仍面临着挑战，如资金和技术的不足、基础设施落后等问题。国际社会需要进一步支持发展中国家的绿色供应链，通过技术转让、资金支持和知识共享等方式，促进可持续发展和环境保护的实现。

1.2.2　产业层面

本书中所提到的三大产业是采用国家统计局使用的分类方法：第一产业包括农业、林业、牧业和渔业；第二产业包括制造业、采掘业、建筑业和公共工程、水电油气、医药制造；第三产业包括商业、金融、交通运输、通信、教育、服务业及其他非物质生产部门。

三大产业是全球经济发展的重要支柱，然而它们也是对环境影响最大的产业。由于生产和交通过程中的能源消耗、废弃物的排放和土地资源的消耗，这些产业对环境造成了许多负面影响。因此，打造绿色供应链对于三大产业来说是至关重要的。同时，三大产业各自在绿色供应链发展方面都扮演着重要的角色，采用环保和可持续的方式，可以减少对环境的影响，推动可持续发展和保护生态环境的目标的实现。

考虑碳排放量、环境影响等因素，本小节重点聚焦亟需推进绿色供应链建设的农业、工业中的制造业以及能源产业，分别进行深入分析，如图 1-15 所示。

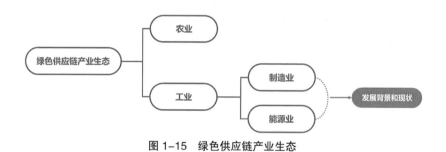

图 1-15　绿色供应链产业生态

1. 农业

1）发展背景

古代中国历代统治者都高度重视农业问题，采取"重农抑商"的国策，把农业往往放在"本"的地位。改革开放以后，党中央更加重视"三农"问题，将其提升到全党工作的重中之重的地位，惠及了广大农民，取得了不可磨灭的伟大成就。但在农业飞速发展的同时，生态环境出现了不少的欠账，农产品质量也屡次触及质量"底线"。因此，农业必须走绿色发展之路。习近平总书记指出，推进农业绿色发展是农业发展观的一场深刻革命。作为社会安定与国民经济发展的基础和依靠，中国的农业发展始终是生态文明建设的重要组成部分，既关乎国家食物安全，又与资源和生态安全密不可分。

2020 年，中国进一步提出 2030 年单位国内生产总值碳排放较 2005 年下降 65% 以上，2030 年前二氧化碳排放力争达到峰值，2060 年前力争实现碳中和的目标[①]。农业既是重要的温室气体排放源，又是巨大的碳汇系统[②]。农业生产活动产生的温室气体，通常以碳排放量估算。据联合国政府间气候变化专门委员会发布，农业、林业等土地利用部门温室气体排放约占净人为温室气体排放的 1/4，是重要的温室气体排放源。尽管目前其碳排放远低于运输和能源供应，2050 年农业产业或将成为最大的排放源之一[③]，推动农业减排是应对气候变化的重要抓手。由于各国农业发展水平和规模不同，农业碳排放量占总排放量的水平不同。据测算，在中国农业碳排放量占总排放量的 17%，但在美国仅占 7%，在全球仅占 11%[④]。因此，推动中国农业绿色发展必须推动农业减排。

同时，2021 年中央一号文件将全面推进乡村产业振兴放在全面推进乡村振兴的首位[⑤]。"十四五"规划纲要提出"走中国特色社会主义乡村振兴道路""提高农业质量效益和竞争力"的战略目标[⑥]。乡村振兴战略是推动中国由农业大国向农业强国转变的重要举措，产业振兴是乡村振兴的基础和保障，其重点是要打造高质量发展的农业现代化模式，而绿色供应链体

---

① 姜涛，刘瑞，边卫军 ."十四五"时期中国农业碳排放调控的运作困境与战略突围 [J]. 宁夏社会科学，2021（5）：66–73.
② YANG H, WANG X, BIN P. Agriculture carbon–emission reduction and changing factors behind agricultural eco–efficiency growth in China[J]. Journal of cleaner production，2022，334：130193.
③ 张晓萱，秦耀辰，吴乐英，等 . 农业温室气体排放研究进展 [J]. 河南大学学报（自然科学版），2019，49（6）：649–662，713.
④ HUANG X，XU X，WANG Q，et al. Assessment of agricultural carbon emissions and their spatiotemporal changes in China，1997–2016[J]. International journal of environmental research and public health，2019，16（17）：3105.
⑤ 中共中央　国务院关于全面推进乡村振兴加快农业农村现代化的意见 [EB/OL].（2021–02–21）. http://www.lswz.gov.cn/html/xinwen/2021–02/21/content_264527.shtml.
⑥ 中华人民共和国国民经济和社会发展第十四个五年规划和 2035 年远景目标纲要 [EB/OL].（2021–03–13）. https：//www.gov.cn/xinwen/2021–03/13/content_5592681.htm.

系是其优化的选择和模式。2021 年 9 月，农业农村部、国家发展改革委等六部委联合印发《"十四五"全国农业绿色发展规划》，提出要大力推进农业绿色供应链的构建①。

综上所述，不难发现构建绿色供应链体系不仅能助力减排目标的实现，也是实施乡村振兴战略的重要抓手。

2）发展现状

根据《中国农业绿色发展报告 2022》，2021 年全国农业绿色发展指数77.53，较 2015 年提升 2.34，农业资源保护利用水平、农业产地环境保护与治理成效、农业绿色产品供给能力均有显著提升②。同时，根据《2023 中国农业农村低碳发展报告》，农业农村领域积极应对气候变化，协同推进降碳、扩绿、增长。

《"十四五"全国农业绿色发展规划》指出，在农业生产环节，要推进品种培优、品质提升、品牌打造和标准化生产；在农产品加工环节，坚持加工减损、梯次利用、循环发展方向，统筹发展农产品初加工、精深加工和副产物加工利用；在农产品流通环节，健全农产品冷链物流服务体系，推广农产品绿色电商模式；在农产品消费环节，健全绿色农产品标准体系，加强绿色食品、有机农产品、地理标志农产品认证管理，开展农产品过度包装治理。

（1）农业生产环节。实现化肥农药使用减量和秸秆、地膜等农业废弃物循环利用是农业绿色发展的重要目标。

近年来，通过推行绿色生产方式，化肥农药减量增效持续推进，化肥农药利用率均超过 40%，使用量连续多年负增长。畜禽粪污资源化利用能力不断增强，养殖大县全部开展整县推进粪污综合利用，大型规模养殖场全部配套粪污处理设施装备，全国畜禽粪污综合利用率达到 76%。秸秆地膜利用水平稳步提升，通过推进秸秆肥料化、饲料化、能源化利用，综合

---

① 农业农村部等 6 部门联合印发《"十四五"全国农业绿色发展规划》[EB/OL]．（2021–09–09）．https：//www.gov.cn/xinwen/2021–09/09/content_5636345.htm.

② [光明日报]《中国农业绿色发展报告 2022》发布 [EB/OL]．（2023–06–07）．https：//caas.cn/xwzx/mtxw/bfd28e7e40284b4b9c4b1a19b4135583.htm.

利用率达到87%以上。同时，加强地膜生产、销售、使用、回收全程监管，回收利用率超过80%，农田白色污染治理取得了重要进展①。

2022年底，农业农村部印发《到2025年化肥减量化行动方案》和《到2025年化学农药减量化行动方案》，要求继续推进化肥农药减量使用，加快农业全面绿色转型②。农业面源污染是制约农业绿色发展的瓶颈问题，数字技术、生物技术的快速发展正在为治理农业面源污染提供全新的解决方案，生产清洁化、废弃物资源化、产业模式生态化加速推进，绿色生产未来将成为农业发展的主流趋势③。

（2）农产品加工环节。《关于创新体制机制推进农业绿色发展的意见》提出，建立低碳、低耗、循环、高效的农产品加工体系，这既是推进农业绿色发展的必然要求，也是促进农产品加工业转型升级发展的重要举措。要实现这一目标，就要牢固树立和贯彻落实新发展理念，以农业供给侧结构性改革为主线，始终坚持以绿色为导向的发展方式，节约集约循环利用各类资源，大力发展绿色加工，优化产业布局，推动农产品初加工、精深加工及副产物综合利用协调发展，形成"资源—加工—产品—资源"的循环发展模式，鼓励支持农产品加工业与休闲、旅游、文化、教育、科普、养生养老等产业深度融合，促进农业增效、农民增收、农村增绿④。

农业绿色发展，主要目的是增加绿色优质农产品供给，守护人民群众"舌尖上的安全"。随着标准化清洁化生产逐步推行，食用农产品达标合格证制度加快实施，截至2022年8月，绿色食品、有机农产品和地理标志农产品超6万个，产量占全部农产品比重的11%，越来越多的绿色优质农产品摆上了人们的餐桌⑤。下一步还应继续优化绿色优质农产品产业链，坚

---

① 以更实举措 推进农业绿色发展 [EB/OL].（2023-01-12）. https://www.financialnews.com.cn/ncjr/focus/202301/t20230112_263179.html.
② 农业农村部关于印发《到2025年化肥减量化行动方案》和《到2025年化学农药减量化行动方案》的通知 [EB/OL].（2022-11-18）. http://www.moa.gov.cn/govpublic/ZZYGLS/202212/t20221201_6416398.htm.
③ 张正炜，陈秀，黄璐璐，等. 2009—2019年上海市推荐农药名单变化分析 [J]. 中国植保导刊，2021，41（2）：79-82.
④ 建立绿色的农产品加工体系 [EB/OL].（2017-10-20）. https://www.gov.cn/xinwen/2017-10/20/content_5233265.htm.
⑤ 消费者认可度较高 地理标志农产品为啥"香" [EB/OL].（2022-08-03）.http://www.news.cn/politics/2022-08/03/c_1128885817.htm.

持绿色化生产和加工，建立绿色农产品生产基地、绿色优质农产品集配加工中心，打通绿色农产品生产端与市场间的流通渠道，进一步提升绿色优质农产品供给能力。

（3）农产品流通与销售环节。推进农业绿色发展，必须在创新农业绿色技术、推行绿色生产模式的同时，加强绿色农产品市场建设，用"卖得出好价钱"吸引农业经营主体，激发其绿色生产的原动力。必须在狠抓农产品绿色生产的同时，加强绿色农产品市场建设，打通绿色农产品从田间到餐桌的"最后一公里"，让生产出来的绿色农产品卖得出、卖得远、卖出好价钱，实现生产者和消费者"双赢"。

农产品流通体系连接生产和消费，是稳定市场供给和促进农民增收的重要载体。建立绿色农产品的流通体系是农业绿色发展的重要内容。《关于创新体制机制推进农业绿色发展的意见》（以下简称《意见》）提出，要建立低碳、低耗、循环、高效的加工流通体系。落实《意见》的部署和要求，从健全完善农产品流通体系、加强产地农产品流通基础设施建设和增强产地市场信息服务功能，推进农产品绿色流通体系建设，发挥绿色流通的先导性作用，有利于密切农业生产与市场消费，稳定农产品市场价格，加快农业发展方式转变，促进农民持续增收[①]。

在流通与销售环节，绿色供应链要求营造公平竞争的市场环境，并推动信息技术在农产品流通领域的应用。例如，通过大力发展"互联网＋电商"模式，丰富农产品销售渠道，将产销模式变为"生产基地＋消费者"。通过互联网逐渐去中介化，有效对接生产者和消费者，省去中间销售环节，大大提升流通效率，降低销售成本，实现生产者和消费者双赢格局。农村电商、视频直播等农业新业态方兴未艾，各类涉农电商超过 3 万家。根据商务部的报告，2023 年，全国农产品网络零售额达 5 870.3 亿元，同比增长 12.5%。

绿色供应链的概念提出已久，相较于国外来说，中国对绿色供应链的

---

① 农业部：建立绿色农产品的流通体系 [EB/OL].（2017–10–19）. https://www.gov.cn/xinwen/2017–10/19/content_5232902.htm.

研究起步较晚，且在实践方面，绿色供应链更多应用于工业领域，农业领域绿色供应链体系构建尚未开展。当前，中国在农业领域已经有了初步的绿色供应链实践探索，其中暴露出一些问题，如参与主体对供应链认识不足、绿色供应链的基础支撑不足、绿色供应链的抗风险性不强、供应链体系缺少利益导向机制等①。依托绿色供应链助力乡村振兴以及减排目标的实现则迫切需要解决这些问题。

2. 工业

随着全球经济的发展和工业化进程的加速，工业部门的资源消耗、能源消耗和废弃物排放大幅增加，导致了环境污染、生态破坏和气候变化等重大问题。为了解决这些问题，建设绿色供应链成为迫切的需求。通过建设绿色供应链，工业可以达到资源的高效利用、环境保护、社会责任的实现，促进可持续发展和绿色经济的建设。

2016 年，工业和信息化部发布了《工业绿色发展规划（2016—2020年）》，大力推行以资源节约、环境友好为导向的绿色供应链②。2017 年，国务院办公厅印发的《国务院办公厅关于积极推进供应链创新与应用的指导意见》，积极倡导绿色制造，鼓励开展绿色供应链管理示范。2019 年，中共中央、国务院印发了《粤港澳大湾区发展规划纲要》，明确传统制造业在绿色改造、绿色产品、绿色供应链等方面的具体要求③。2020 年，国家市场监督管理总局、国家标准化管理委员会发布了《绿色制造　制造企业绿色供应链管理　评价规范》（GB/T 39257—2020）等一系列国家标准，为制造企业的绿色发展指明持续改进的方向。2021 年，《国务院关于加快建立健全绿色低碳循环发展经济体系的指导意见》更是明确提出要构建绿色供应链，探索建立绿色供应链制度体系。

基于工业造成的资源短缺、环境污染问题以及政府的一揽子政策推动，可见打造工业绿色供应链势在必行。

---

① 赵建军，徐敬博 . 绿色供应链助力乡村振兴战略实施 [J]. 环境保护，2022，50（7）：38-44.
② 工信部公布《工业绿色发展规划（2016—2020 年）》[EB/OL].（2016-07-20）. https：//www.mnr.gov.cn/dt/ywbb/201810/t20181030_2283630.html.
③ 中共中央　国务院印发《粤港澳大湾区发展规划纲要》[EB/OL].（2019-02-18）. https：//www.gov.cn/zhengce/202203/content_3635372.htm#1.

1）制造业

（1）发展背景。根据国家统计局的数据，2021年，中国工业增加值拉动经济增长3.1个百分点，对GDP增长的贡献率达到38.1%。制造业作为工业的主要组成部分，"稳增长"是其高质量发展的前提。《中华人民共和国国民经济和社会发展第十四个五年规划和2035年远景目标纲要》提出，"保持制造业比重基本稳定，增强制造业竞争优势"，并强调"推动制造业高端化智能化绿色化"。党的二十大报告也明确要求，建设现代化产业体系，坚持把发展经济的着力点放在实体经济上，推进新型工业化。

2018年，国家统计局调整修订的《三次产业划分规定》将第二产业分为4个大门类，分别是采矿业、制造业、电热燃气及水生产和供应业、建筑业。其中，制造业包含30个产业大类，占第二产业大类的70%。制造业是中国国民经济的主导产业，品类齐全、规模庞大。通过几十年持续不断地推进工业化，中国已经建成了门类齐全、独立完整的制造业生产体系，拥有世界上最为复杂完整的各类制造产业链条。在世界500种主要工业品中，中国有超过四成产品的产量位居世界第一。从产值来看，2022年中国工业增加值39.9万亿元，其中制造业增加值33万亿元，占全球比重近30%，连续14年保持世界第一制造大国地位 ①。

制造业是中国能源消耗和碳排放的主要源头。《中国能源统计年鉴》显示，2019年，中国制造业的能源消耗量占中国能源消耗总量的55.1%，而排放量占中国总排放量的34.2%，可见，制造业是否能够率先实现碳中和对中国碳中和目标的完成尤为关键。因此，中国制造业的绿色发展必须满足"双碳"目标和"稳增长"协同推进的要求。

（2）发展现状。当前，中国制造业在发展过程中面临的比较严峻的挑战，既包括产能过剩、需求不足等结构性问题，又包括自主创新、知识产权、贸易壁垒等新兴产业发展问题，制造业的生产率与发达国家相比仍存在较大差距。同时，中国制造业在过去高速发展过程中长时间采取高耗能和高污染的粗放型发展模式，给中国的社会、资源、环境带来了巨大压

---

① 我国经济回升向好、长期向好的基本趋势没有改变 [EB/OL]. （2024–02–01）. http://www.ce.cn/xwzx/gnsz/gdxw/202402/01/t20240201_38889442.shtml.

力，且这种压力至今也没有得到彻底缓解。正是这些制造业发展中存在的问题与挑战，迫使其走绿色发展道路。

在国家政策和资金的大力支持下，中国制造业在绿色供应链领域取得了积极的成果，如图 1-16 所示。①产业结构调整取得明显成效。传统制造业在加快调整优化，"十三五"期间累计退出钢铁过剩产能达 1.5 亿吨以上、水泥过剩产能 3 亿吨[1]；先进制造业不断发展壮大，中国高技术制造业、装备制造业增加值占规模以上工业增加值比重分别从 2012 年的 9.4%、28%[2] 提高到 2023 年的 15.7% 和 33.6%[3]。②能源资源利用效率持续提升。2021 年，中国的钢铁、电解铝、水泥熟料、平板玻璃等单位产品综合能耗较 2012 年降低了 9% 以上，全国火电机组每千瓦时煤耗降到了 302.5 克标准煤，达到世界领先水平[1]。③绿色供给能力显著增强。百万千瓦水轮发电机组顺利投产发电，多晶硅、硅片、电池、组件产量全球占比均超过 70%，新能源汽车产销量连续 9 年居全球第一，LNG（液化天然气）、甲醇等绿色动力船舶的国际市场份额接近 50%。④数字化和绿色化融合水平不

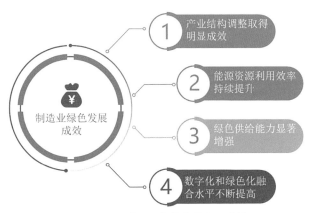

图 1-16　制造业绿色供应链发展成效

① 中国绿色发展取得重大成就 [EB/OL].（2023-01-20）.https：//www.gov.cn/xinwen/2023-01/20/content_5738122. htm.

② 工信部：十年来我国工业增加值年均增长 6.3%[EB/OL].（2022-06-14）. http：//m.ce.cn/yw/gd/202206/ 14/t20220614_37754839.shtml.

③ 攻坚克难回升向好　夯基蓄能向新而行——《2023 年国民经济和社会发展统计公报》评读 [EB/OL]. （2024-03-07）.https：//www.ynml.gov.cn/tjj/108883.news.detail.dhtml?news_id=1487475.

断提高。数字技术与制造业快速融合发展,重点领域关键工序数控化率由 2012 年的 24.6% 提升到了 2023 年的 66.2%。

截至 2022 年 3 月,工业和信息化部公布的中国绿色工厂总数为 2 783 家,绿色产品设计 3 159 种,绿色园区 224 家,绿色供应链管理示范企业 296 家①。从 2016 年国家实施工业绿色发展规划以来,工业和信息化部实施了一大批重点项目用于推动绿色制造,这其中涉及厂房、原材料、能源、废物等多个方面,目标是集约化、无害化、低碳化、资源化等,这些工程和行动卓有成效,由此陆续催生了一大批绿色工厂、绿色产品设计、绿色园区、绿色供应链管理示范企业。特别是在燃料加工行业、化学制造、非金属矿物制品业、电力生产、热力生产等高耗能行业也产生了一批绿色制造工厂。

然而,中国制造业绿色发展任重而道远,仍然面临不少问题,如图 1-17 所示:①能源结构偏煤。由于单位标准煤燃烧所产生的碳排放量高于等标量石油及天然气,分别是石油的 1.3 倍和天然气的 1.7 倍,去煤化必然成为世界各国制造业低碳零碳排放的内在要求。受资源禀赋的限制,中国煤炭长期扮演着制造业领域主要能源供应品种的角色。例如,中国电解铝生产所需电力供应仍以煤电为主,而国际上使用水电等清洁能源生产铝已成为主流。②关键绿色低碳技术不够强。以企业为主、市场为导向、产学研用深度融合的技术创新体系还不健全,整体创新效率有待提

图 1-17　制造业绿色供应链发展难题

---

① 绿色工厂"绿"意盎然 [EB/OL].(2023-06-28). https://export.shobserver.com/baijiahao/html/626892. html.

高。同时，基础研究投入仍然不足。③资源循环再利用机制不够顺畅。中国再生资源回收行业长期以小企业为主，进入门槛低，回收网点散乱，逆向物流渠道不够畅通；大部分再制造企业规模较小、设备简陋、回收利用规范化水平较低，用户认可度低。④中小企业绿色转型压力偏大。中小企业人力、物力、财力、技术实力等较为薄弱，面临着绿色低碳转型和生产成本加重的双重压力。

秉持绿色发展理念，制造企业围绕供应链的全链条，在能源使用、生产制造、产品包装、交通运输、物流配送、废物排放等多方面推进标准化、减量化、资源化、循环化，打造绿色环保供应链体系成为未来制造业供应链发展大趋势。一方面，制造企业要加强生产过程中的排放废弃物的控制、回收和循环利用，构造制造业"资源—产品—废弃物—再生资源"的物质反复循环流动的绿色供应链结构，探求制造业低投入、高产出、低消耗、少排放、循环可持续的发展道路。另一方面，要加强绿色供应链的管理，通过与上、下游企业的合作以及企业内各部门的沟通，从产品设计、材料选择、产品制造、产品销售以及回收的全过程中考虑环境整体效益最优化，同时提高企业的环境绩效和经济绩效，从而实现制造企业所在供应链的可持续发展。

2）能源业

（1）发展背景。能源作为国民经济发展的重要物质基础和动力源泉，战略意义重大。在俄乌冲突、新型冠状病毒感染、碳减排以及极端天气频发等因素的叠加影响下，全球能源供需失衡，可再生能源供应链紧张，能源市场出现剧烈震荡。全面贯彻落实党的二十大精神，立足中国能源资源禀赋，锚定碳达峰碳中和目标，深入推进能源革命，在确保能源安全供应的前提下，加快规划建设新型能源体系，助力中国能源绿色低碳转型，是中国加快建设能源强国、推动能源行业高质量发展的必然要求。

（2）发展现状。电力规划设计总院发布的《中国能源发展报告2023》显示，在能源消费方面，中国仍呈现刚性增长态势。2022年中国能源消费总量达54.1亿吨标准煤，同比增长2.9%，"十四五"前两年平均能源消费弹性系数为0.74，与"十二五""十三五"相比呈上升态势。中国能源低碳转型稳步推进，非化石能源消费比重提高至 17.5%。煤炭发挥能源保供作用，消费比重上升至 56.2%。重点领域节能降碳工作持续推进，2022 年单位 GDP 能耗强度下降 0.1%，碳排放强度下降 0.8%，工业、建筑等领域节能降碳加快推进。非化石能源消费占比达 17.5%，较 2021 年提高 0.8 个百分点，创近 20 年新高。单位 GDP 能耗强度和碳排放强度持续下降，工业、建筑、交通等领域节能降碳成效显现。这表明在保障能源安全的前提下，中国能源绿色低碳转型正稳步推进。

另外，围绕"双碳"目标下的新型能源体系建设，报告提出了三方面研判：①新型能源体系的中心环节是电力。电力系统紧密连接一次能源和二次能源，能够实现多种能源间的灵活高效转换，是供给侧和消费侧的核心按钮。②"能源 +"融合发展将是绿色低碳转型的重要举措。"双碳"目标的实现需要同步推进工业、交通、建筑等领域的清洁低碳用能。"能源 +"融合的模式可以充分挖掘新能源开发消纳潜力，减碳降碳的潜力巨大。③氢能高质量发展需重视产业链下游的多元化应用。氢能产业并不能止步于风光制氢环节，而是要包含氢能的制、储、输、用的全产业链，产业发展的关键在于经济、高效、安全地用好绿氢。

政策方面，2022 年《"十四五"现代能源体系规划》正式发布，明确了"十四五"时期能源发展的主要目标和重点任务。此外，能耗双控制度进一步完善，原料用能、可再生能源消费不纳入能源消费总量控制，包括绿证政策等，都有效推进了中国能源绿色转型的进程 ①。

同时，值得注意的是，中国电力绿色低碳转型步伐正在加快。2022 年全年，非化石能源发电量达到 36.2%。截至 2022 年底，中国非化石能源装机约 12.7 亿千瓦，同比增长 13.8%，占比提升至 49.6%，创下新高。其中，风电、光伏装机占总装机的 29.6%。电力规划设计总院电力发展研究院副院长刘强说，近年来极端气温显著推高了电力负荷，电力供需形势的不确定性进一步增大，电力安全保障压力进一步增强。根据预测，2024—2025

---

① 《中国能源发展报告 2023》：我国能源消费仍呈刚性增长态势 [EB/OL]. （2023–09–12）. https：// finance.sina.com.cn/jjxw/2023–09–12/doc-imzmmtsh4816783.shtml.

年，全国电力供应保障压力依然较大①。如何推动电力绿色低碳转型，推动电力行业绿色供应链快速发展成为行业重点关注问题。

从 21 世纪初，中国就将绿色化纳入经济现代化的认知框架内，以节能、减排为主线，以支持绿色制造产业核心技术研发为重点，勾勒出工业部门"绿色产品—绿色工厂—绿色工业园区—绿色供应链—绿色工业体系"建设格局。但如何实现工业绿色低碳发展和资源节约利用，仍需要探索和创新②。

1.2.3　企业层面

随着经济社会的发展，越来越多的企业开始认识到环境保护的重要性，并将环境责任纳入企业运营和发展中。首先，企业在制定发展战略时，逐渐将绿色供应链管理纳入战略目标和业务运营中，并将环境保护作为企业社会责任的重要方面③。其次，企业已经开始在供应链的各个环节中推行绿色实践，包括原材料采购、生产制造、物流运输以及销售与售后服务等方面④。最后，企业还积极展开绿色供应链合作和倡导，开始与供应商、合作伙伴和其他利益相关方合作，共同推动绿色供应链的发展⑤。虽然仍然存在一些挑战和难题，如成本控制、技术转型和信息共享等方面，但随着环保意识的增强和法规的趋严，绿色供应链在未来将得到更广泛的推广和应用。

本小节主要分析成功实践绿色供应链的企业案例，选取了 2023 年全球供应链 TOP25 榜单排名前三⑥的企业，以及中国农业、制造业、能源产业对应的三家大型国有企业，如图 1–18 所示。

① 报告显示：2022 年我国非化石能源发电量占比达到 36.2%，电力绿色低碳转型步伐正在加快 [EB/OL]. （2023–09–01）. https: //finance.cnr.cn/txcj/20230901/t20230901_526404363.shtml.
② 盛毅 . 中国式产业现代化的理论探索与战略选择 [J]. 经济体制改革，2023（2）: 5–13.
③ 王海兵，贺妮馨 . 面向绿色供应链管理的企业社会责任内部控制体系构建 [J]. 当代经济管理，2018，40（3）: 13–18.
④ 刘方涛 . 低碳经济发展视野下的绿色供应链建设 [J]. 中国商贸，2011（6）: 184–185.
⑤ 和征，曲姣姣，李勃 . 考虑政府奖惩的绿色供应链企业合作创新行为的演化博弈分析 [J]. 生态经济，2021，37（11）: 62–70.
⑥ Gartner. 2023 年全球供应链 TOP25 榜单 [R]. 2023.

图1-18　绿色供应链企业生态

1. 国外企业

1）施耐德电气

2023年5月25日，调研机构Gartner公布了2023年全球供应链TOP25榜（Gartner Supply Chain Top 25 for 2023）。其中，前五分别为施耐德电气有限公司（Schneider Electric，SA，以下简称"施耐德电气"）、思科（Cisco）、高露洁棕榄（Colgate-Palmolive）、强生、百事可乐。上榜公司来自《财富》全球500强和《福布斯》全球2000强企业，年营收要高于120亿美元。该排行榜根据Gartner和同行的意见，各企业最近3年的资产报酬率、库存周转水平、收入增长水平、ESG等指标，最后得出各企业的综合得分，并排出顺序。

施耐德电气是总部位于法国的全球化电气企业，全球能效管理和自动化领域的专家。施耐德电气的宗旨，是赋能所有人对能源和资源的最大化利用[1]，推动人类进步与可持续的共同发展，也被称为Life Is On[2]。施耐德电气致力于推动数字化转型，服务于家居、楼宇、数据中心、基础设施和工业市场。通过集成世界领先的工艺和能源管理技术，从终端到云的互联互通产品、控制、软件和服务，贯穿业务全寿命周期，实现整合的企业级管理。作为自我稳定供应链的一个例子，施耐德电气凭借其在"自我修复"

---

[1]　施耐德电气与华北电力大学开展战略合作 共建绿色能源未来 [EB/OL].（2020-10-22）. https：//www.cet.com.cn/wzsy/cyzx/2684588.shtml.

[2]　如何在进行能源管理的同时实现经济效益和绿色发展的双赢？ [EB/OL].（2020-11-26）. https：//baijiahao.baidu.com/s?id=1684407212232100536&wfr=spider&for=pc.

方面的工作获得了 2022 年度专业技术创新奖，并继续在定制化、可持续发展和互联互通（TSC）战略建立的基础上再接再厉。

供应链建设是一项系统工程。精益、韧性、绿色、数字化这四大建设方向并非孤立存在，而应相互支撑、互为促进。作为一流供应链建设的引领企业，施耐德电气以精益为基础，以数字化为工具，打通上下游各环节，协同创建绿色高效的供应链未来。①在精益方面，基于 EcoStruxure 架构与平台部署多样的数字化运营系统，施耐德电气中国工厂整体生产效率提升 8%~10%。②在韧性方面，施耐德电气缩短供应链条、增加供应商备份、加强与供应商之间的协同应对。③在数字化方面，通过推动定制化、可持续和互联互通，施耐德电气不断提升供应链能力，在中国共有 29 家工厂和物流中心，其中 18 家是智能工厂和智能物流中心。④在绿色方面，施耐德电气在全球拥有 65 家"零碳工厂"，在中国拥有 17 家"零碳工厂"、15 家被工业和信息化部认定的"绿色工厂"和 12 家"碳中和"工厂。通过部署多样的数字化运营系统，中国区供应链的整体能耗降低了 13%。除自身实现碳中和外，施耐德电气还承诺 2040 年实现端到端价值链的碳中和，2050 年实现端到端价值链净零碳排放。目前，其已打造涵盖绿色设计、绿色采购、绿色生产、绿色交付、绿色运维的端到端绿色价值链。

依托领先的数字化技术与可持续发展经验，施耐德电气带动上下游伙伴，不断提升能效利用及可持续发展水平。施耐德把可持续性作为其供应链战略的核心，并采用数字化技术提高可见度和预测能力，具体如下：①将可持续性视为其供应链战略的关键元素，包括使用环保材料、推动循环经济和提高能源效率等。②采用人工智能和机器学习等数字化技术提高供应链可见度和预测能力。推出了供应链风险管理计划，包括持续性的风险评估、情景规划和业务连续性计划等。③与供应商建立了紧密的合作伙伴关系，并鼓励其遵守公司的可持续发展标准。

正是凭借在供应链建设方面的领先行动，施耐德电气连续 8 年登上 Gartner "全球供应链 25 强"榜单，2023 年排名升至全球榜首。作为先行者，施耐德电气还致力于成为供应链可持续发展的赋能者。为推动供应商减碳，施耐德电气于 2021 年发起供应商"零碳计划"，旨在通过提供技术指导、咨询服务等方式，帮助全球前 1 000 位供应商 2025 年减碳 50%，其中包括中国的 230 家核心供应商。未来，施耐德电气将继续赋能伙伴开启减碳"倍速模式"，与更多生态伙伴并肩携手，共同推进产业高质量发展。

2）思科

思科是全球领先的网络解决方案供应商，在全球供应链榜单中连续 3 年保持第一的位置，在 2023 年全球供应链 TOP25 榜中位居第二，并继续专注于以各种方式适应外部和内部不断变化的环境。

思科在其全球网络内进行资源最优配置和资源有效整合，皆可归因于组织管理效率的优化，然而，支撑思科这么一家大型跨国 IT（互联网技术）企业组织管理高效运行的工具就是基于 IT 构架的供应链管理战略。首先，为了在任何时间、地点全面了解指定订单和货运状态，思科将分散的架构转变成虚拟的互联网络。通过思科的 IT 基础设施与每个第三方系统的共有接口，创建一个虚拟视图与专门的全球物流网络经理合作，以提升内部以及与伙伴间的协作效率。其次，思科将传统的"推动式"制造模式迁移到"拉动式"制造模式，不再根据主观猜测来制造一定数量的产品上市销售，而是根据客户及渠道伙伴提供的数据进行准确预测，并据此生产和储存产品。为此，思科通过虚拟数据库构建了完整的客户合作伙伴视图。除此之外，思科还专设客户价值链管理团队（CVCM），将从联合规划、产品质量、交付、本土化、订单管理等方面来提供服务，其范畴超越了传统的供应链管理，将更好地满足客户需求，并帮助客户获取全方位的质量经验。思科的这种端到端的整合方式将帮助打造客户自身价值，提升客户竞争优势。

思科供应链高度多样化、广泛且全球化。它的市场和运营模式正在通过超大规模企业越来越多地使用，其供应链运营模式也在同步发展。ESG 继续成为其关注焦点，并将循环概念融入产品和供应链的设计、运营和消费方面。同时，可持续性要求已嵌入其供应链业务流程，以帮助确保持续改进并推动有影响力的变革。2016 年，思科制订了到 2020 年温室气体减排的激进目标。在提前一年实现目标后，该公司现在为 2025 年设定了两个新目标。

（1）思科供应链的温室气体排放量减少 30%。

（2）按支出计算，思科 80% 的组件、制造和物流供应商将制订公共温室气体减排目标。思科还利用物联网、大数据分析和人工智能等技术优化全球供应链运营，并通过"Supplier Code of Conduct"倡议，要求所有供应商遵守道德和可持续性标准。

伴随思科发布的《可持续发展白皮书》，思科的可持续发展举措与当下所倡导的节能低碳、绿色发展理念联系得更加紧密。思科坚信，可持续发展将为公司和整个行业创造价值，并制订了 2040 年实现碳中和目标。为此，思科对可持续发展的关注从绿色环保的产品、解决方案延伸到经营业务的方式。在打造低能耗、低成本、高功效可持续基础设施建设及数据中心方面，减少金属布线、扩大负载的智能建筑和工作空间方面，以及未来互联网方面发力，通过融合的基础架构，同时配合合作伙伴提供的行业解决方案及生态系统[①]。例如，在计算层面，UCS X 系列产品专门针对可持续发展设计的模块化架构，可减少 40%~56% 的能耗，消耗更少的电力；在云托管能源管理方面，Nexus Dashboard 能够清晰看到数据中心所有设备的功耗，并且可以控制各个设备，关闭不必要的设备以节省能耗，从而实现全局能耗可视化及管理；在智能楼宇方面，思科面向照明、窗帘和传感器等采用 90W PoE（以太网供电）技术，实现设施运营碳中和。从思科的产品方案设计中不难发现，其可持续发展的内涵不仅仅停留在创新本身，更重要的是，思科的可持续发展理念深入用户转化中，颇具绿色效应。

针对当前的半导体短缺现象，思科正在优先发展能力，以弥补关键的业务差距。利用情景规划，思科的供应链组织已经制定了操作手册，旨在保护企业在日益动荡的环境中免受风险。这些新的能力和操作手册涵盖了多年的预测、组件级别的规划、供应商资格认证、风险采购管理以及其他有助于推动思科营收、利润和利润率增长的关键举措[②]。

---

① Cisco Live2023：化解数字经济时代的 IT 与业务管理难题 [EB/OL].（2023–07–04）. http://www.linkingapi.com/archives/14480.

② 2023 年 Gartner 全球供应链 25 强榜单发布 [EB/OL].（2023–06–11）. http://news.sohu.com/a/684460790_121119270.

3）高露洁棕榄

高露洁棕榄专门从事家庭、保健、个人护理和兽医产品的生产、分销和供应，2023 年 6 月，以 17 967 百万美元营收，入选 2023 年《财富》美国 500 强排行榜，排名第 228 位。

为综合管理其供应链，该公司于 1999 年 11 月建立了高露洁全球供应链管理系统，在该系统中，高露洁棕榄确定了三个主要的供应链战略，如图 1-19 所示。首先，推出 VMI（供应商管理库存）项目[1]，大幅削减渠道的库存和循环时间。其次，实施一个跨边界资源计划，将地域性模式拓展为全球性模式。这种模式转型可以提高企业的预测能力，减少非盈利股份，凝聚资产，平衡公司的全球业务。最后，实施一个与下游企业的协同计划程序，用来管理供应链中的市场需求和协调各项活动[2]。

图 1-19　高露洁棕榄供应链战略

近年来，高露洁棕榄重新构想了其供应链战略，重点关注数字化和可持续性，同时提供敏捷性、效率和弹性。基础是其细分战略，允许定制的供需能力来支持不同的商业需求和商业模式。为此，高露洁棕榄还投资于高级分析，以增强能力并支持其端到端的规划转型。公司宣布成功发行 5 亿欧元、为期 8 年的可持续发展债券，高露洁棕榄的计划是利用债券收益为具有特定环境或社会效益的新项目和现有项目提供资金。

---

① 钱莹. 供应链节点企业知识管理方法研究 [J]. 科技管理研究，2006（1）：128−131.
② P&G. 高露洁，把全球供应链进行到底 [J]. 计算机周刊，2002（Z2）：16.

在可持续性方面，高露洁棕榄于 2018 年发布了 P&G 2018 Citizenship Report，该报告提供了关于其供应链可持续发展措施和绩效的详细信息。报告中包含一些关键指标和成果，涵盖了供应商合规性、环境保护和劳动权益等方面[①]。近年，高露洁棕榄加强了对供应商的可持续性要求。其发布了一项新的供应商行为准则，要求所有供应商遵守环境保护、劳工权益和人权等方面的标准。通过与供应商合作，高露洁棕榄努力确保供应链的整体可持续性；同时，在减少运输碳排放方面取得了进展。其优化了物流策略，减少了运输的距离和次数，以实现更高效的运输和减少碳排放。此外，其还鼓励供应商使用更环保的运输方式，如多式联运或海洋运输，以降低对环境的影响。

ESG 方面，高露洁棕榄制订了 2030 年的可持续发展计划，致力于减少碳排放和塑料废物等，同时利用数字化技术提高供应链效率，推动物流和库存优化，采用端到端供应链分割策略和新技术提高敏捷性。并与非政府组织和供应商合作，促进负责任的采购实践，改善供应链中的社会和环境影响。

2. 中国企业

中粮生物科技股份有限公司（以下简称"中粮生物科技"）、中国石油化工集团有限公司（以下简称"中石化"）和国家电网作为农业、制造业与能源产业的绿色供应链代表企业，一方面在自身业务发展中注重环保和可持续发展；另一方面倡导产业链上各环节的绿色转型，力求推动整个产业的可持续发展。这些企业在绿色供应链建设方面具备一定的示范效应，对行业内其他企业起到了积极的引领作用，以下是具体阐述。

1）中粮生物科技

中粮集团有限公司（COFCO，以下简称"中粮集团"）是与新中国同龄的中央直属大型国有企业，中国农粮行业领军者，全球布局、全产业链的国际化大粮商。中粮集团稳步推进国有资本投资公司改革，创新市场化体制机制，形成以核心产品为主线的 17 个专业化公司，中粮生物科技便

---

① Sustainability and Social Impact Report [EB/OL]. https://www.colgatepalmolive.com/en-us/sustainability/sustainability-and-social-impact-report.

是其中之一。

2023 年 9 月 23 日，"央企 ESG·先锋 100 指数"正式发布，中粮生物科技入选"央企 ESG·先锋 100 指数"。中粮生物科技是目前国内规模及技术领先的玉米深加工企业，致力于打造提供营养健康和具备特殊功能的食品产品，以及绿色环保的生物能源和生物基可降解材料的生物科技创新型企业。经过多年的产业布局，中粮生物科技已经形成食品原料 / 配料、生物能源、生物可降解材料三大板块的业务发展格局，如图 1-20 所示。

● 食品原料/配料
玉米淀粉、变性淀粉、淀粉糖、柠檬酸、味精、食用酒精、保健品、玉米原油、饲料原料等产品，广泛应用于食品饮料、饲料等领域

● 生物能源
燃料乙醇产品，主要应用于乙醇汽油的制备

● 生物可降解材料
聚羟基脂肪酸酯、聚乳酸、聚乳酸改性料及聚乳酸制品，广泛应用于包装物、农膜、纺织、工程塑料、医疗等领域

图 1-20　中粮生物科技业务发展格局

2022 年，中粮生物科技发布首份 ESG 报告，全面、详细地披露公司在环境、社会和公司治理等方面的履责情况，阐述公司践行可持续发展理念的具体举措。2022 年 8 月，中粮生物科技发布碳达峰宣言，明确提出以调整能源结构、提升用能效率为主线，以绿色低碳高质量发展为着力点，以低碳技术应用推广为支撑，有力、有序、有效推进碳管理体系建设和碳排放强度、总量双控，助力国家碳达峰碳中和行动，助推中粮集团碳达峰目标达成，实现全面绿色转型和生态可持续发展。其具体行动路径如图 1-21 所示。

中粮生物科技始终秉持"绿色低碳环保"理念，综合考虑产品设计、采购、生产、包装、物流、销售、服务、回收和再利用等多个环节的节能环保因素，在做好自身节能减排和环境保护工作的同时，引领带动供应链上下游企业改善环境绩效，实现绿色发展。

在**原材料采购环节**，优先选择具有绿色环保资质认证的供应商，积极

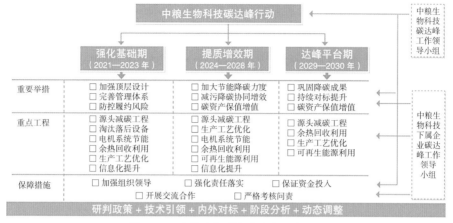

图 1-21 　中粮生物科技碳达峰行动路径

开展绿色采购，采购木薯、玉米等绿色可再生原料，兼顾经济效益与环境效益。

在**产品设计环节**，着重考虑产品全寿命周期的环境属性，创新生产燃料乙醇、生物可降解材料以及基于可降解材料的环保型包装物。

在**生产环节**，打造绿色工厂，通过技术创新节约能源资源使用。中粮生物科技将可持续发展理念融入产品全寿命周期绿色管理，打造一批具有示范带动作用的绿色产品，提升市场活动中的绿色产品供给，有效提升公司可持续发展竞争力。截至 2022 年底，公司 4 个产品获评国家级绿色产品。

中粮生物科技积极构建**生态产业化**和**循环经济体系**建设模式，秉持先进的生物技术和绿色工艺，在减量化、资源化和再利用方面持续探索，按照避免产生—循环利用—最终处置的优先顺序处理废弃物，在生产源头努力预防和减少废物的产生，对于源头不能削减的污染物、生产中的过程废弃物、已使用的产品和包装废弃物等加以回收利用，最后对无法利用的废弃物进行环境无害化处理，减少环境负载的污染，增加经济效益的同时创造环保价值。2022 年，安徽生化、宿州生化在行业内率先实现废水零排放，安徽生化、广西公司一般固废资源化利用率达到 100%，成功打造循环经济试点，环境效益显著。

　　在物流环节，通过合理规划和技术手段，降低运输仓储能耗；杜绝过度包装，少用或不用包装物，推广使用可回收包装，有效减少资源浪费。2015—2022 年末累计发运 57 万 TEU（twenty-foot equivalent unit，20 英尺标准集装箱，1 英尺 =0.304 8 米）集装箱、910 万吨产品，为国家"蓝天保卫战"和铁路"公转铁"三年行动方案作出重要贡献。同时，公司从 2015 年开始，推进出口饲料和内贸淀粉吨袋包装循环利用，截至 2023 年 10 月已经实现出口饲料吨袋循环利用 70 万吨以上，淀粉吨袋循环利用 95 万吨以上，通过包装的循环利用，抑制包装物对环境的污染，减少资源消耗，实现经济利益、社会利益和环境利益的统一。

　　在能源方面，中粮生物科技建立了《能源管理规定》《生态环保管理规定》《改建和技术改造项目管理办法》等管理制度，推行能耗、水耗定额管理，推进能源、水资源节约利用。以生产装置全过程节能降耗为目标，系统制订各类装置能效提升"三步走"计划，开展节能降碳专项诊断评估，系统遴选行业前沿的新技术、新工艺、新装备，稳步推动各企业进行技术应用及推广工作，不断提高能源、资源利用效率，深入挖掘能源资源节约潜力。2022 年，公司实现产品节能量 85 131.77 吨；年度新鲜水用水量 2 189.98 万吨，同比 2021 年减少 428.59 万吨，如图 1-22 所示。同时，中粮生物科技积极构建清洁低碳、安全高效的能源利用体系，以天然气、自产沼气和太阳能等清洁能源替代传统能源，持续优化能源利用结构，助力绿色发展，其使用情况如图 1-23 所示。

　　立足新发展阶段，中粮生物科技表示公司将深入贯彻党中央、国务院和中粮集团战略部署，坚持"稳中求进、内涵增长、创新发展"高质量发

图 1-22　中粮生物科技能源使用情况（2020—2022 年）

展理念，聚焦食品领域深化发展，稳固生物能源行业龙头地位，有序培育生物材料产业，以生物技术引领玉米深加工全产业链价值提升，以科技创新赋能行业绿色转型升级，加快打造具有全球竞争力的一流生物科技材料解决方案供应商，积极创造经济、社

清洁能源使用量（单位：万标准立方米）

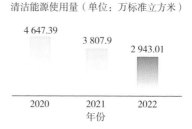

图 1-23　中粮生物科技清洁能源使用情况

会、环境的可持续价值，持续服务人民美好生活，书写让国家、让人民满意的新答卷。

2）中石化

由中国企业联合会、中国企业家协会评选的"2023 中国制造业企业500 强"于 9 月 20 日揭晓，中石化以 3.17 万亿营收位居第一。中石化的前身是成立于 1983 年 7 月的中国石油化工总公司。目前，中石化是中国最大的成品油和石化产品供应商、第二大油气生产商，以及世界第一大炼油公司、第二大化工公司，加油站总数位居世界第二，在 2022 年《财富》世界 500 强企业中排名第 5 位。

中石化坚持"为美好生活加油"的企业使命，践行"能源至净 生活至美"的品牌承诺，加快完善"一基两翼三新"产业格局，积极履行"三大核心职责"，加快打造具有强大战略支撑力、强大民生保障力、强大精神感召力的中石化，全力推进高质量发展，努力建设"世界领先洁净能源化工公司"①。

能源方面，中石化积极拥抱新能源变革，推进布局页岩气、煤层气、地热能、氢能、光伏、风电等清洁能源，推广使用生物航煤等生物质能源，加速发展充换电业务，进一步加大清洁能源和可再生能源的供应比例，加快向"油气氢电服"综合能源服务商转型，为经济社会发展提供更安全、更洁净、更多元的能源保障，具体情况如图 1-24 所示。

---

① 中国石油化工集团有限公司 .2020 社会责任报告 [R/OL]. http://www.sinopecgroup.com/group/Resource/Pdf/ResponsibilityReport2022.pdf.

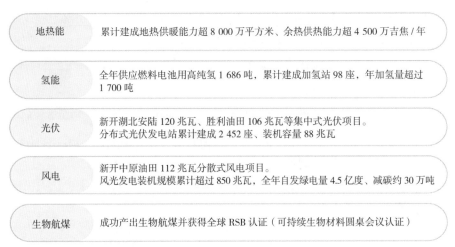

地热能	累计建成地热供暖能力超 8 000 万平方米、余热供热能力超 4 500 万吉焦 / 年
氢能	全年供应燃料电池用高纯氢 1 686 吨，累计建成加氢站 98 座，年加氢量超过 1 700 吨
光伏	新开湖北安陆 120 兆瓦、胜利油田 106 兆瓦等集中式光伏项目。分布式光伏发电站累计建成 2 452 座、装机容量 88 兆瓦
风电	新开中原油田 112 兆瓦分散式风电项目。风光发电装机规模累计超过 850 兆瓦，全年自发绿电量 4.5 亿度、减碳约 30 万吨
生物航煤	成功产出生物航煤并获得全球 RSB 认证（可持续生物材料圆桌会议认证）

图 1-24　中石化新能源开发概况

2022 年 3 月，国家发展改革委、国家能源局联合发布《氢能产业发展中长期规划（2021—2035）》，明确氢能在中国能源绿色低碳转型中的战略定位，为中国氢能产业中长期发展绘就蓝图。中石化抢抓氢能发展重大战略机遇，按照"氢电一体、绿氢减碳"的发展方向，大力发展可再生电力制氢，持续优化氢气供应结构，在沿海地区，研究利用大型海上风电制氢供应炼化基地；在西北地区，集中布局风电、光伏产业，开展绿电制氢，通过管道供应当地炼化企业；持续推进"源网荷储氢"一体化项目建设，加快布局一批绿氢炼化重大项目，并计划建设一条连接京蒙两地的 400 千米长、年吞吐量 10 万吨绿氢管道，逐步在炼化领域替代化石原料制氢。"十四五"时期，中石化将加速布局氢能产业发展，聚焦氢能交通、绿氢炼化领域，规划建设加氢站（油氢合建站）1 000 座，累计绿氢产量超百万吨；持续加大关键技术攻关力度，积极参与产业标准体系制定，集聚全产业链智慧力量，携手激发氢能发展的"链式反应"。

生产运营方面，中石化深入实施"绿色企业行动计划"，如图 1-25 所示。绿色企业、绿色基层评价体系实现主要业务板块全覆盖，在清洁能源供应、资源能源利用、污染物减排、碳减排等方面取得显著成效。2022 年，12 家企业被评为 2022 年度"中石化绿色企业"，已评绿色企业全部完成复

绿色发展
优化产能布局
保障生态安全
调整产业结构
构建绿色物流

绿色能源
加大清洁能源供应
提供高品质油品
加大地热开发
推进新能源开发

绿色生产
源头清洁化
生产过程清洁化
资源能源利用效率
最大化
污染治理高效化
环境风险可控化

绿色服务
拓展绿色化工产品
建设绿色加油站
发展节能环保产业
打造绿色供应链

绿色科技
开发绿色工艺技术
研究资源循环利用技术
拓展污染治理技术
突破前瞻性绿色技术

绿色文化
建立长效机制
培育绿色文化
打造绿色品牌

"绿色企业行动计划"
六大计划

图 1-25　中石化"绿色企业行动计划"

核。目前，中石化各所属企业基本完成绿色企业创建，19 900 余个基层完成绿色基层创建。

中石化大力发展循环经济，持续开展水资源、固体废物资源化利用，推动余热回收及废气循环利用，积极开展油田伴生气回收工作，提高资源综合利用效率，如图 1-26 所示。

在温室气体排放方面，中石化已连续 12 年获得"中国低碳榜样"称号。中石化印发了《中石化 2030 年前碳达峰行动方案》，制定实施"碳达峰八大行动"，如图 1-27 所示。不断加强温室气体排放管理，加大对炼化企业高浓度二氧化碳回收利用，有序开展油田企业二氧化碳驱油，全年二氧化碳回收 153.4 万吨、驱油注入 65.7 万吨。其中，齐鲁石化 – 胜利油田百万吨级 CCUS（碳捕获、利用和封存）示范项目全面建成投产。

余热综合
利用
- 中石化燕山石化利用催化、航煤加氢和 S-Zorb 装置的 100 ℃左右高温位余热，驱动吸收式一类热泵机组，替代原供暖的燃煤锅炉。
- 中石化天津石化采用大温差换热器技术，利用炼油装置余热与热电部除盐水换热，实现炼油装置余热的充分回收及装置降耗。

水资源
循环利用
- 中石化济南炼化引入市政中水替代新鲜水，每年可降低地下水及黄河水取水量 350 万吨以上。
- 中石化金陵石化、茂名石化、广州石化、中科炼化等企业加大雨水回用力度，全年收集雨水回用超过 100 万立方米。

油田伴生气
回收再利用
- 中石化西北油田在塔河油田利用 4 套大罐抽气装置回收火炬气，加强完井测试期间天然气回收和偏远单井湿气回收，全年回收 3.9 亿方。
- 中石化江汉油田在涪陵页岩气田推广"自力式高压背压阀组"测试求产工艺，全年回收放喷燃烧天然气 868 万立方米。

图 1-26　中石化循环经济实践案例

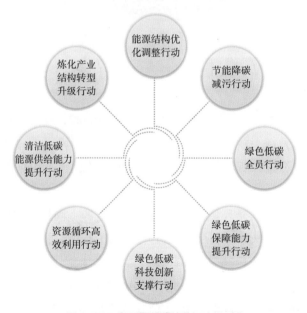

图 1-27　中石化"碳达峰八大行动"

　　除此之外，中石化加强数字技术应用，加快产业数智化转型，推动管理模式、运营方式、生产范式转变，提高全要素生产率，积极塑造竞争新优势，推动石化产业高端化、智能化、绿色化发展。中石化基于"石化智云"工业互联网平台，实现了 6 家企业智能工厂整体上线运行，促进初步形成以效益为核心的"全局优化、精准执行、闭环管控"生产运行模式，赋能绿色、安全、高质量发展。截至 2022 年，中石化建设炼化智能工厂累计达到 15 家。

2023 年，是全面贯彻落实党的二十大精神的开局之年，是实施"十四五"规划承上启下的关键之年，也是中石化成立 40 周年。展望未来，中石化表示将学深悟透党的二十大精神和习近平总书记视察胜利油田重要指示精神，全面推进高质量发展，加快建设世界一流企业、迈向世界领先，满怀信心谱写中国式现代化石化新篇章，为全面建设社会主义现代化国家、全面推进中华民族伟大复兴作出新的更大贡献！

3）国家电网

2023 年 7 月，2023《财富》中国 500 强榜单出炉，能源化工相关企业有 104 家公司上榜。其中电力类有 30 家公司上榜，国家电网排名第一。9 月，《中央企业上市公司 ESG 蓝皮书（2023）》及"央企 ESG·先锋 100 指数"发布，国家电网 3 家控股上市公司国电南瑞、国网英大、国网信通入选"央企 ESG·先锋 100 指数"榜单。

国家电网成立于 2002 年 12 月 29 日，以投资、建设、运营电网为核心业务，是关系国家能源安全和国民经济命脉的特大型国有重点骨干企业。20 多年来，国家电网保持全球特大型电网最长安全纪录，建成 35 项特高压输电工程，成为世界上输电能力最强、新能源并网规模最大的电网，专利拥有量持续排名央企第一，是全球最大的公用事业企业，也是具有行业引领力和国际影响力的创新型企业。

能源是国民经济的命脉，产业链供应链稳定是构建新发展格局的基础。党的二十大在加快规划建设新型能源体系、加快发展数字经济、加快发展方式绿色转型、着力提升产业链供应链韧性和安全水平、创新驱动发展等方面作出一系列战略部署，对能源行业产业链供应链高质量发展提出更明确的要求。作为关系国家能源安全和国民经济命脉的特大型国有骨干企业，国家电网坚决贯彻落实习近平生态文明思想和"四个革命、一个合作"能源安全新战略，构建新型电力系统，推进能源电力行业全产业链供应链数字化、智能化、绿色化转型[①]，服务能源电力产业链供应链全链条绿色低碳发展。

自 2022 年 9 月启动国网绿色现代数智供应链建设以来，国家电网先后印发了《绿色现代数智供应链发展行动方案》（以下简称《行动方案》）和《在建设世界一流企业中加强绿色现代数智供应链管理体系建设的实施意见》（以下简称《实施意见》）两个公司文件，从重要意义、指导思想、建设目标和体系框架等方面进行全面阐述，部署重点任务，围绕"绿色、数字、智能"现代化发展方向，持续提高全链条运转效率、效益、效能，进一步推动供应链平台与服务升级、绿色和数智升级，加快打造行业级供应链，增强供应链的行业引领力、价值创造力和风险防控力，更好推动公司战略实施，促进国家电网高质量发展，助推能源电力产业链供应链高质量发展。

为扎实推进绿色现代数智供应链建设，《行动方案》全面部署"绿色供应链八大行动"，即**"供应链链主生态引领""规范透明化阳光采购""全寿命周期好中选优""建现代物流增效保供""绿色低碳可持续发展""创新固链保安全稳定""数智化运营塑链赋能""全面强基创国际领先"**，共涉及 29 项重点任务。结合以上建设目标，《行动方案》同步研究提出**绿色现代数智供应链发展评价指标体系**，对建设应用成效开展定性定量评价。

自 2022 年 9 月以来，国家电网全面落实《行动方案》细化分解的三级任务清单，稳步有序推进各项重点任务建设。截至 2023 年底，绿链三级任务完成率超 70%，具体建设成效如下，如图 1-28 所示。

（1）服务电力保供强韧高效。

①大力打造行业级实物资源池。国家电网将原来分散的供应商、仓库等实物资源整合，依托统一的平台底座，打通物资专业上下游业务链条数据，构建全链"云上实物资源池"，全链实物"可看即可调"。

②应急物资高效保障。国家电网按区域设置应急库，实现物资供应链平台与公司应急指挥系统无缝衔接，实现应急事件联动响应、两级应急物

[①] 《招标采购管理》编辑部 . 建设统一大市场 把握升级新机遇——中招协召开 2022 年央企会员单位交流研讨会 [J]. 招标采购管理，2022（8）：10-12.

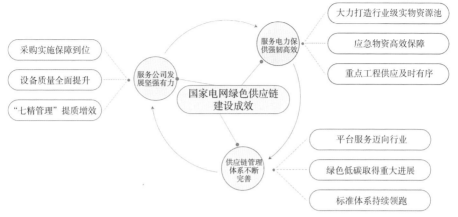

图 1-28　国家电网绿色供应链建设成效

资调配中心贯通协同、物资运输全程在线监控，全面提升应对突发事件的物资应急保障能力，将物资保障工作深度融入应急体系，增强供应链韧性，提升增效保供能力[①]。其物资保供坚强有力，物资供应及时率100%，应急状态下，省内调拨平均4小时、跨省调拨平均8小时快速送达，高效全面满足抢险抢修需求。

③重点工程供应及时有序。国家电网开展采购供应导期（合理化周期）研究，对历史采购计划安排与项目初设、施工、开工、投产等时间进行关联性分析，构建采购计划智能排程模型，实时掌握重点工程采购进度，科学有序保障工程建设需求。持续深化"六划"（综合投资计划等六个计划）协同，实现计划动态调整、物资精准供应。2023年239项迎峰度夏重点工程物资提前20天完成供应，351台大件设备及时、安全、有序交付。

（2）供应链管理不断完善。

①平台服务持续升级。国家电网定位行业级供应链平台，完成国家电网绿色供应链云网总体设计，将业务整合为"九大中心一商城"，具有"一网通办、新兴业务、全程智能、开放生态"四大特色。以"大企业建

---

① 风雨同心 国家电网全力攻坚抢修复电 [EB/OL].（2023-08-09）. http://www.sc.sgcc.com.cn/html/main/col9/2023-08/10/20230810163337571362522_1.html.

平台、小企业用平台"的模式，探索检测资源共享、绿色金融等供应链共性服务。平台将整合原有"5E"系统，通过组件化、微服务的方式，打造统一的供应链中台、组件仓库、应用商店，建立"即插即用"的平台架构，提供类似于腾讯、百度等互联网企业的开发模式，形成开放的技术生态。按照供应链"六全"数据汇聚（供应链全链条、设备全寿命、资产全价值、流程全贯通、品类全覆盖、层级全穿透），通过实物 ID（身份标识号）与企业级工单的挂接，以及数据"五统一"，整合分散在公司各系统的核心数据，打造供应链统一的行业级供应链基础大数据库底座。

②绿色低碳取得重大进展。国家电网探索研究产品碳足迹核算，从企业和产品两个维度构建碳计量模型，持续推广绿色采购，加强与国际权威机构合作，推动绿色标准国际互认。目前，国家电网已经率先发布首个央企《绿色采购指南》[①]，根据企业用电、原材料等因子构建了 1 500 余条的绿色低碳因子库、绿色低碳模型库、绿色低碳指标库、绿色采购策略库（"四库"），积极布局绿色采购落地应用，推进链上企业优化转型，引导全链企业自我迭代升级、绿色数智转型。

③标准体系持续领跑。国家电网将自己定位为供应链的"领跑者"，通过需求侧产品标准引导供给侧转型升级，建立覆盖了需求、质量、运营等 13 个分支的行业级统一标准体系。在供应链领域，国家电网成立首个国标委工作组[②]，规划制定了 53 项行业级及以上标准，建立了供应链互联互通的物料编码和数据字典规范，建立了各环节、全品类的质量监督管理标准体系，通过需求侧的标准化带动全链条、引导供给侧协同发展[③]。

（3）服务公司发展坚强有力。

①采购实施保障到位。国家电网每年平均完成固定资产投资超过5 000 亿元，带动产业链供应链上下游企业投资超过 1 万亿元。2023 年，

---

① 国家电网公司印发《绿色采购指南》[EB/OL].（2023−07−10）. http://www.chinapower.org.cn/detail/409083.html.

② 国家电网公司供应链领域首个国标委工作组成立 [EB/OL].（2023−02−14）. https://baijiahao.baidu.com/s?id=1757794197094339500&wfr=spider&for=pc.

③ 国家电网推动构建支撑新型电力系统建设标准体系 [EB/OL].（2023−07−11）. https://finance.sina.com.cn/jjxw/2023−07−11/doc−imzahxhs9801572.shtml.

国家电网完成供应链管理平台交易额超 1.3 万亿元，圆满完成各级电网工程物资供应，保障及时率 100%。

②设备质量全面提升。国家电网建成首个配农网全品类 30 类物资 A 级检测基地，累计建成标准化物资质量检测机构 162 家，其中"检储配"一体化基地 109 家。推动区域联合驻厂监造，深化设备全寿命周期质量监督管理，采购设备质量稳步提升，2023 年 220kV 及以上变压器、电抗器、组合电器、断路器等 4 类主设备出厂试验一次通过率 99.22%。同时，全面推进行业级电力物资质量检测管控平台建设，保障检测数据不落地，打造抽检全流程线上管控"透明检测"实验室。

③"七精管理"提质增效。2023 年，国家电网发挥集中规模采购优势，推进所有采购上平台，采购金额 7 328 亿元，采购节资率 5.02%。开展实物资源盘活利用工作，挖掘实物资源潜力，激发释放存量资源活力，压降实物库存资源 95 亿元。加强闲废物资处置全流程管控，开展报废物资集中竞价处置，成交金额超 70 亿元，溢价率为 35.48%。

（4）社会反响之广前所未有。

①国家部委高度肯定。国家电网提出的国家电网绿色供应链目标、思路和举措，得到国家发改委、工业和信息化部、生态环境部、商务部、国家市场监管总局等多个国家部委高度肯定，商务部、中国国际贸易促进委员会等到公司调研国家电网绿色供应链建设情况，给予高度评价。国资委特邀国家电网分享绿色供应链创新实践主要做法，典型经验在各大央企全面推广。

②内质外形取得突破。国家电网绿色供应链行动方案的报道发布后，第一时间被人民网、新华网、中国经济网等主流媒体关注转发，外部点击量突破 1 亿次，获得了社会的很好反响，得到各方的一致赞赏。国家电网绿色现代数智供应链解决方案荣获第四届中国工业互联网大赛产业链供应链协同奖项第一名①，荣获工业和信息化部制造业质量管理数字化解决方案十大优秀案例之首。

---

① "国家电网绿色供应链"项目获第四届中国工业互联网大赛一等奖 [EB/OL].（2023-01-14）. https：// baijiahao.baidu.com/s?id=1755000223714264474&wfr=spider&for=pc.

建设绿色现代数智供应链功在当前、利在长远，国家电网将围绕"绿色、数字、智能"现代化发展方向，着力推进供应链绿色数智再升级，全力保障电网数字化、智能化建设，为加快构建新型电力系统、实现碳达峰碳中和目标作出新的更大贡献。

1.3 本章小结

绿色供应链是在环境变化、意识提升和技术创新等大背景下形成的一种新型供应链模式。本章在深入研究绿色供应链发展的情况下，将产生背景与发展概况相结合，为读者提供了全面的概览。通过案例研究、实证分析等方式，从国家、产业、企业三个层面对绿色供应链的发展进行了深入剖析，帮助读者更好地理解绿色供应链的实际应用和未来发展趋势。

在国家层面上，许多国家已意识到绿色供应链的重要性，并采取积极措施促进其发展。中国作为全球最大的制造业国家，已将绿色供应链发展纳入国家战略，通过政策引导、法规制定等手段推动企业采用绿色生产方式。在产业层面，农业、制造业、能源行业都积极进行绿色供应链管理的实践，推动了绿色供应链的发展。在企业层面，企业不再追求简单的经济利益，而是积极关注社会和环境责任。

总之，绿色供应链的发展是在环境变化、意识提升和技术创新的推动下逐渐形成的，国家生态、产业生态和企业生态三者密切配合，共同推进绿色供应链的发展，促进可持续发展和环境保护目标的实现。

第2章

绿色供应链基础理论

当今世界正经历百年未有之大变局，在复杂多变的新环境与新形势下，面对环境污染、资源短缺等重要可持续发展问题的日趋严峻，国际环保组织、各国家政府将环保、社会经济协调发展等议题置于重中之重。早在1988年，世界气象组织和联合国环境规划署共同建立联合国政府间气候变化专门委员会，该委员会为评估气候变化对社会、经济的潜在影响承担相应工作，并针对全球可持续发展问题提出相应对策建议。中国提出加快构建以国内大循环为主、国内国际双循环相互促进的新发展格局，是推动产业链供应链不断完善和循环发展的重大战略决策。在双循环新发展格局下，绿色能源、节能减排等环境保护议题成为企业战略规划的热门议题。2020年，中国正式提出"3060"双碳发展目标，即在2030年前实现"碳达峰"、2060年前实现"碳中和"，指出将绿色生产原则或绿色制造标准的企业，通过战略合作、技术合作等方式有机联系起来，为整个供应链提供绿色服务。党的二十大在加快规划建设新型能源体系、加快发展数字经济、加快发展方式绿色转型、着力提升产业链供应链韧性和安全水平、创新驱动发展等方面作出一系列战略部署，对能源行业产业链供应链高质量发展提出更明确的要求。绿色供应链建设是引领中国现代化经济体系、物流体系高质量发展的重要举措。2023年4月，国家标准化管理委员会等十一部门印发《碳达峰碳中和标准体系建设指南》①，明确提出将重点修订企业、供应链、技术等绿色低碳评价、环境影响评价标准、绿色产品评价标准等通用标准，助力推进能源、工业等重点行业和领域碳达峰和碳中和工作，满足多场景应用。

电力行业作为全球能源消耗最大的行业之一②，也是温室气体排放的主要来源之一。调查数据显示③，中国电力碳排放在国家总排放中占比近50%。在电力供应链的运作中，碳足迹产生在供应链中的任意环节。因此，从电力系统的视角，对供应链网络、供应链系统进行协调优化，将新能源开发、节能减排等贯穿至整个供应链，对绿色供应链的相关概念、理论和模型进行深入研究，以"绿色供应链"服务于绿色发展，形成全链条协同减排、可监控、可量化的高效供应链是实现碳达峰碳中和的重要环节。

2.1 基本概念

本小节涉及的基本概念主要包含绿色供应链以及与"双碳"目标密切相关的能源电力领域等相关内容。

2.1.1 绿色供应链的概念

在国际上，经过长期理论研究与实践应用，绿色供应链的概念在不断演变，但整体而言较为宽泛，例如：将环境保护整合到包括逆向物流在内的、可持续供应链管理组织的实践中④；将环境思维融入供应链管理，包括产品设计、材料采购和选择、制造过程，以及最终产品交付至消费者和产品使用寿命结束后的报废管理⑤；把环境管理系统整合至供应链流程中，包

---

① 王安.国家标准委等十一部门关于印发《碳达峰碳中和标准体系建设指南》的通知 [EB/OL].（2023-04-01）[2023-10-05]. https://www.gov.cn/zhengce/zhengceku/2023-04/22/content_5752658.htm.

② IEA.Energy efficiency—analysis [R]. 2022.

③ 《加快电力装备绿色低碳创新发展行动计划》解读 [EB/OL].（2022-08-30）[2023-06-14]. https://www.gov.cn/zhengce/2022-08/30/content_5707401.htm.

④ SARKIS J, ZHU Q, LAI K. An organizational theoretic review of green supply chain management literature[J]. International journal of production economics, 2011, 130（1）: 1-15.

⑤ AHI P, SEARCY C. A comparative literature analysis of definitions for green and sustainable supply chain management[J]. Journal of cleaner production, 2013, 52: 329-341.

括与客户、供应商、物流提供商的合作，以促进信息和知识共享，从而提高环境绩效[1]。在国内，相关的学术研究中，最常使用的概念为：绿色供应链即基于绿色制造理论和供应链管理技术，旨在综合考虑环境影响和资源效率、追求经济环保协调发展的现代供应链管理模式，从而在物料获取、加工、包装等全业务流程中实现环境危害最小化、资源利用最大化[2]。另外，部分学者将"无废无污""无任何不良成分""无任何副作用"融合于供应链运作体系中[3]，提出相应的绿色供应链概念。

总体来说，绿色供应链是将环保意识和理念整合到供应链的各个流程中，核心目标在于提升资源利用效率、减少环境污染，从而使企业经济效益和社会效益协同最大化。本书梳理国内外部分"绿色供应链"概念及核心观点，见表2-1。

表 2-1 国内外"绿色供应链"概念及核心观点

年份	来源	概念及核心观点
1996	Handfield 等	将环境管理原则应用到整个客户订单周期的活动中，包括设计、采购、制造、组装、包装、物流和配送环节
2000	Hall	从可持续发展理念出发，通过企业部门间和企业间的密切合作，使整个供应链在环境管理方面协调统一，从而实现系统环境最优
2000	但斌 & 刘飞	基于绿色制造理论和供应链管理技术，涉及供应商、生产商、销售商和用户，使产品物料获取、加工、包装、仓储、运输、使用到报废处理的整个过程中，对环境的影响（副作用）最小，资源效率最高
2000	蒋洪伟 & 韩文秀	基于供应链管理，将"无废无污染""无任何不良成分"及"无任何副作用"贯穿于整个供应链
2005	Hervani 等	绿色采购 + 绿色制造 / 物料管理 + 绿色分销 / 营销 + 逆向物流
2007	王能民 等	一种全民参与的、有环保意识的模式，供应链上的每个节点都具有足够的环境意识

[1] TSENG M L, ISLAM M S, KARIA N, et al. A literature review on green supply chain management: trends and future challenges[J]. Resources, conservation and recycling, 2019, 141: 145–162.
[2] 但斌, 刘飞. 绿色供应链及其体系结构研究 [J]. 中国机械工程, 2000（11）：1232-1234.
[3] 蒋洪伟, 韩文秀. 绿色供应链管理：企业经营管理的趋势 [J]. 中国人口·资源与环境, 2000（4）：92-94.

年份	来源	概念及核心观点
2007	Y. Lakhal 等	结合奥运五环,提出奥运绿色供应链特点是零排放、零活动浪费、零资源浪费、零有毒物质使用、零产品生命周期浪费,以及绿色投入及绿色产出
2011	Saadany 等	减少能源和原生原材料的使用与废物的产生,并增加产品回收选项,绿色化通常指生产、采购、物料管理、仓储与库存控制、配送、航运、运输物流等正向供应链功能
2012	Andic 等	最大限度地减小和较好地消除供应链对环境的负面影响
2019	Tseng 等	供应商和客户作为供应链上游和下游整合中最有影响力的参与者,两者与供应链网络中的核心企业合作,减小企业对环境的影响

在实践应用层面,随着社会和政府层面对环境问题的日益关注,企业承担着更大的环保责任,绿色供应链也将成为企业可持续发展的重要组成部分,企业需进一步加强绿色供应链建设,满足当下社会大环境需求。根据道琼斯可持续发展指数(Dow Jones Sustainability Indexes,DJSI)评估结果(截至 2023 年 5 月)[①]与《财富》中国 ESG 影响力榜(2023年)[②],本书检索了各个行业评估指数位居前列的企业,并进一步查询其提出的绿色供应链相关概念及核心观点,见表 2-2。

表 2-2　企业观点:"绿色供应链"概念

企业名称	所属行业	概念及核心观点
微软	信息技术	运用计算机科学技术帮助解决碳减排、绿色能源等问题,通过创新生态平台助力个人和组织实现可持续发展目标
宁德时代	新能源	供应链系统尽可能实现绿色生产、绿色消费、绿色制造,大规模引用光伏、水电等清洁能源的生产
兴业银行	商业储蓄银行	将绿色理念融入供应链金融全流程,资金专项用于节能环保和可持续发展领域,并从行业、客户等多方维度细化业务发展策略

---

① 道琼斯可持续发展世界指数 [EB/OL]. [2023-06-12]. https://www.spglobal.com/spdji/zh/indices/esg/dow-jones-sustainability-world-index/.

② 2023 年《财富》中国 ESG 影响力榜 [EB/OL]. [2023-06-13]. https://www.fortunechina.com/esg/2023.htm.

企业名称	所属行业	概念及核心观点
广州汽车	车辆与零部件	打造智能网联和新能源汽车产业生态，通过绿色金融践行 ESG，形成快速"补链"
顺丰	交通运输、物流仓储	通过调整用能结构、运输方式、应用科技手段以及林业碳汇、碳交易等方式减碳，联手供应链上下游伙伴，通过科技赋能实现绿色转型升级

结合以上观点，本书对绿色供应链相关概念从以下几点进行阐述。

1. 碳管理

相关调查显示，每年大概有 510 亿吨温室气体排入大气[①]，因此实施低碳管理是绿色供应链建设的重要环节。碳管理即对企业碳排放进行监测、评估、降低和社会治理的过程，通常包含碳排放清单编制、碳足迹评估、碳减排策略和社会治理方针。其中，碳排放清单编制即对重要排放数据进行调研和收集；再根据清单内容对碳足迹进行评估，确定其组成架构及具体数值[②]；碳减排策略即通过科技手段、管理机制等方式减少碳排放；社会治理即通过绿色金融、社会建设等手段，如购买碳信用额度、植树造林等实现碳中和。

2. 绿色采购

绿色采购即通过可持续的供应商管理、原材料管理与合规性评估，优选绿色供应商和绿色产品，通过需求侧绿色采购标准，带动供给侧的绿色制造、绿色材料、绿色节能等。在供应商管理层面，结合环境与社会效应对供应商进行绩效评估，通过数字化供应商平台建设与合作制度建设满足各方需求；在原材料管理层面，评估产品环保、"三废"排放率等相关性能，制定相应寻源及筛选机制；在合规性评估层面，结合实际内容建立相应采购制度以及相应数据资源获取需求。

---

① GATES B. How to avoid a climate disaster: the solutions we have and the breakthroughs we need[M]. New York: Knopf Publishing Group，2021.
② 关于印发建立健全碳达峰碳中和标准计量体系实施方案的通知 [EB/OL]. [2023-10-01]. https://www.gov.cn/zhengce/zhengceku/2022-11/01/content_5723071.htm?eqid=ce59c2c60002f8a2000000066465aaf7.

3. 绿色生产

绿色生产即通过对生产全流程的工艺改良，降低碳排放、废气废水废料排放，尽可能减小对环境的负面影响，同时具有一定的节能效果，如节约水资源、能源消耗，并与经济效益、安全监管较好地融合协调，提高能源的循环利用。借助数字化手段，对生产过程中的排放数据进行监控、收集、分析和预测，根据分析结果进一步调整生产耗能结构。

4. 绿色物流

物流作为供应链建设的重要环节，在构建高效畅通的物流体系的前提条件下，借助现代物流技术，通过改造物流装备、改善和整合物流管理模式等方式，提升绿色物流的整体占比。具体来说，采用清洁能源设备，使用可回收、可降解的环保包装，降低运输环节的废料排放。另外，基于数据要素，构建绿色物流模型算法，提供更高效的仓储和运输策略，通过物流过程的碳足迹监控，实现全流程跟踪。

5. 绿色回收

针对采购和交付过程中的退役回收行为，绿色回收既保障产品从下游到上游的逆向流程绿色化，又通过回收和废物再利用，确保绿色供应链闭环运作。比如将废弃物转化为可再利用的原材料，实现资源的循环利用和环境保护，减少对于自然资源的需求、控制废物排放，从而促进企业供应链可持续发展。

2.1.2　电力系统的概念

电能是一种便捷、高效的能源形式，是现代社会发展不可或缺的能源之一。电力系统是由发电、变电、输电、配电和用电等环节组成的电能生产与消费系统[①]，将自然界的一次能源通过机械化装置转化为电力，经由生产过程供应到用户端。电力产生的主要方式包括火力发电（煤等可燃物）、水力发电、风力发电、太阳能发电等。作为现代工业和社会生活中最重要的基础设施之一，电力行业的发展水平和稳定性直接影响到国家经济与社

---

① 电网运行准则: GB/T 31464—2022 [EB/OL]. [2023-10-01]. https://openstd.samr.gov.cn/bzgk/gb/newGbInfo?hcno=2E138E6A6D540124290DBBA47FFA1E14.

会的发展。改革开放之后，中国电力行业进入迅猛的发展历程，其发展速度与质量都在稳步提升，为中国众多产业高质量发展助力，实现了新的跨越。中国电力行业在能源结构调整、技术创新和国际合作等方面取得了重要进展。例如，中国在风电和光伏等可再生能源领域的技术与市场规模已经位居世界前列。此外，中国还积极推进电力市场化改革，加强电力供应侧结构性改革，推动电力企业"走出去"，并积极参与国际能源合作。以下对电力系统各关键环节进行概念阐述。

1. 发电

发电是指将诸如煤、核能、风能、水能等各类能源转化为电能的过程，其具体流程通常包括能源的燃烧或转化，在制造生产过程中产生高温高压蒸汽，从而驱使涡轮机转动，最终驱动发动机转动，将机械能转化为电能。这一步骤涉及企业主要有中国华能集团有限公司（以下简称"中国华能"）、中国大唐集团有限公司（以下简称"大唐集团"）、中国华电集团有限公司（以下简称"中国华电"）、国家能源投资集团有限责任公司（以下简称"国家能源集团"）、国家电力投资集团有限公司（以下简称"国家电投"），以及国投电力控股股份有限公司（以下简称"国投电力"）、国家能源集团国华电力有限责任公司（以下简称"国华电力"）、华润电力控股有限公司（以下简称"华润电力"）、中国广核集团有限公司（以下简称"中广核"）等。

2. 输电

输电是指将电能从发电厂或变电站通过输电线路传输到用电地点的过程，是电力系统中非常重要的环节，直接决定了电能传递的高效性与安全性。在输电过程中，应当考虑输电线路、输电距离、输电损耗等因素。其中，输电线路是电能传输到用电处的通道，如输电塔、输电线等；输电距离则通常以千米为单位；输电损耗是在传输过程中产生的电阻损耗与电磁损耗，从而导致电能损失。涉及输电的企业通常也同时涉及变电和配电等环节，故在此处集中讨论，包括国家电网、中国南方电网有限责任公司（以下简称"南方电网"），以及其他地方电力企业，分别负责中国不同地区的电力供应和管理。

3. 变电

变电主要是将高压输电线路上输送的电能转变为低压电能，主要分为升压和降压。其中，升压即发电企业为减少输电线上的电能损耗即线路抗阻压降，将电压升高的过程；降压则是为确保用电者的安全，将电压降低的过程。这一步骤涉及主要元器件是变压器，即基于电磁感应原理达到变换电压的目的。作为连接发电厂和用电者的中间环节，电力系统主要通过变电站对电能集中进行变电，将不同电压等级的电网联系起来。

4. 配电

配电是指经降压后对工业、商业、家庭等用户进行电力分配和供给的过程，这一步骤主要涉及配电盘、配电线路等重要器件。配电盘即将低压电能分配至各个用户的设备，分为配电柜（适用于工业用电）与配电箱（适用于家庭用电）；配电线路是将低压电能从配电盘输送到用户端的设备，主要分为架空线路和地下电缆两种类型。配电系统则主要包括高压配电线路（1 000伏以上电压）和低压配电线路（1 000伏以下电压）以及相应的控制保护设备。

5. 用电

用电即将电能输送到用户使用的地方，以满足用户的用电需求，具体流程为：发电厂—输电线路—变电站—配电线路—用户使用。在用电过程中，还需进行电能计算、监测和控制等工作，以确保供电的安全和稳定。另外，为更好地满足用户用电需求，供电系统还需进行负荷调度和优化，保证供需平衡和电网的整体稳定性。

电力系统主要环节及对应组织如图2-1所示。

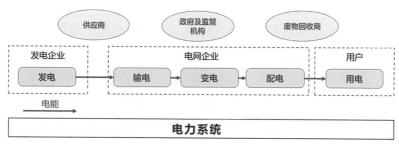

图2-1 电力系统主要环节及对应组织

根据上述相关概念，中国电力系统内的企业主要包括电力企业、发电集团等，代表企业及主要从事业务如表 2-3 所示。

表 2-3 中国电力系统代表企业及主要从事业务

类别	企业名称	主要从事业务
"两网"	国家电网	以投资建设运营电网为核心业务，是关系国家能源安全和国民经济命脉的特大型国有重点骨干企业，公司经营区域覆盖我国 26 个省（区、市），供电范围占国土面积的 88%，供电人口超过 11 亿。
	南方电网	负责投资、建设、经营和管理南方区域电网，参与投资、建设和经营相关的跨区域输变电和联网工程，为广东、广西、云南、贵州、海南五省区和港澳地区提供电力供应服务保障。
发电集团	中国华能	主营业务包括电源开发、投资、建设、经营和管理，电力（热力）生产和销售，金融、煤炭、交通运输、新能源、环保相关产业及产品的开发、投资、建设、生产、销售，实业投资经营及管理。
	大唐集团	主要业务覆盖电力、煤炭煤化工、金融、环保、商贸物流和新兴产业。
	中国华电	主要业务包括发电、煤炭、科工、金融四大产业板块，资产及业务主要分布在全国 31 个省（区、市）以及俄罗斯、印度尼西亚、柬埔寨、越南等"一带一路"沿线国家。
	国家能源集团	拥有煤炭、电力、运输、化工等全产业链业务，在煤炭安全绿色智能、煤电清洁高效稳定、运输物流协同一体、现代煤化工高端多元低碳、新能源多元创新规模化发展等领域取得全球领先业绩。
	国家电投	拥有光伏发电、风电、核电、水电、煤电、气电、生物质发电等全部发电类型的能源企业，是全球最大的光伏发电企业、新能源发电企业和清洁能源发电企业。
	国投电力	业务涉及水电、火电、光伏、陆上风电、海上风电、储能、售电及综合能源服务等领域，项目分布于中国 23 个省（区、市）以及"一带一路"沿线及 OECD 沿线的 5 个国家。
	华润电力	业务涉及风电、光伏发电、火电、水电、分布式能源、售电、综合能源服务、煤炭等领域，覆盖中国 31 个省（区、市）和特别行政区。
	中广核	业务覆盖核能、核燃料、新能源、非动力核技术、数字化、科技型环保、产业金融等领域，拥有 2 个内地上市平台及 3 个香港上市平台。

2.2 基础理论

绿色供应链的发展离不开经典理论与新兴前沿理论的支撑，在运作过程中不同视角的理论体系相互作用融合，有助于研究人员与管理人员系统、全面地分析其作用机制与实施效果。作为一种创新型的供应链管理方式，其在传统供应链管理的基础上，融入环境保护、可持续发展等相关理念，从而实现绿色发展与经济社会发展的和谐共生，进一步实现经济、社会和环境的可持续发展。本章根据"双碳"目标下绿色供应链管理理论的新变化、新趋势，对绿色供应链运作中的重要理论进行深入分析，将供应链管理前沿理论与绿色发展创新理论充分结合，从社会发展环境到行业企业的整体运作，在不同层面叙述了对绿色供应链运作具有重要贡献的理论基础，主要包括**生态现代化理论**（Ecological Modernization Theory）、**循环经济理论**（Circular Economy Theory）、**全寿命周期理论和利益相关者理论**（Stakeholder Theory），并结合绿色供应链运作实际情况进行了细致分析，分别从环境政策与社会现代化发展、废弃物的循环使用、碳足迹计算、供应链结构演变等角度建立了综合、系统的绿色供应链理论体系。

2.2.1　生态现代化理论

20 世纪 80 年代，德国学者约瑟夫·胡伯在《生态学失去的清白：新技术和超工业化的发展》中提出生态现代化理论，即从农业社会向工业社会转变的标志是"现代化"，而从工业社会向生态社会转变则需要"生态现代化"，环保问题不应当视为经济社会活动的负担，而是可持续发展的必要前提[①]。1982 年，马丁·耶内克首次使用这一理论概念，指出生态现代化使环境问题的解决措施从补救性策略转向预防性策略[②]。生态现代化表现了现代化与自然环境的耦合关系[③]，旨在通过创新和技术发展共同实现产业发展与环境保护。

生态现代化通过解决污染问题的政治现代化和技术创新等维度影响绿色供应链的研究与实践[④]，比如：在制度环境建设上，政府进行适当的制度安排与法律框架制定，即关注环境政策的选择和变化，从而激励制造商

---

① 金书秦，MOL A P J，BLUEMLING B. 生态现代化理论：回顾和展望 [J]. 理论学刊，2011（7）：59–62.
② 郇庆治，耶内克. 生态现代化理论：回顾与展望 [J]. 马克思主义与现实，2010（1）：175–179.
③ 中国现代化生态转型的理论借鉴与路径选择 [EB/OL].［2023–06–13］. http：//theory.people.com.cn/n1/2017/0103/c40537-28995398.html.
④ 林丽英. 生态现代化理论剖析 [J]. 理论与现代化，2017（4）：48–53.

之间的绿色供应链管理实践，中国便将环境保护纳入经济发展规划中，使大量生产型企业开始重视产品及其流通过程中的环境影响；在科技创新方面，则可以分为硬性科技创新（如清洁生产设备）和软性科技创新（如供应商协作机制设计），通过数字化技术实现供应链全流程的精细化管理。

Mol 于 1996 年提出了生态现代化的"六大假设"，并在荷兰的化学行业进行了检验，这些假设也在之后的研究中于不同地区、不同层次被检验，生态现代化"六大假设"的主要内容[①]如下。

假设 1：对生产和消费过程进行设计和评估越来越依赖生态因素；

假设 2：现代科学与技术在生态诱导性转型中至关重要，且不局限于生产环节附加的技术，还包括生产链、技术体系和经济部门的变化；

假设 3：在生态重建过程中，私有的经济主体和市场越来越重要，而政府部门则逐渐从官僚体制转变为"可协商的规则制定者"；

假设 4：环境非政府组织（non-governmental organization，NGO）将改变思想意识，环境问题不再是公共和政治议题，而是以谈判的形式直接参与；

假设 5：生态重构的过程与政治、经济领域的全球化联系越来越紧密；

假设 6：若想控制生态退化，"去工业化"只有在经济可行性差、思想落后、政治支持有限的条件下给予考虑。

在绿色供应链建设过程中，生态现代化理论主要体现于在全链条管理中将供应商纳入企业环境战略，实现供应链的绿色集成管理，即在供应商选择过程中，应当充分考虑其环境表现和绿色程度，从而减小企业自身运营对环境的影响，也帮助供应商提高了环境绩效，实现双赢局面。

根据中国实际的宏观政策环境，"建设人与自然和谐共生的现代化"是社会主义生态文明建设和全面建设社会主义现代化国家的重要战略目标[②]，应当在"四个全面"战略布局中实现生态化与现代化社会建设的统一

---

① MOL A P J. The refinement of production: ecological modernization theory and the chemical industry [M]. Utrecht: International Books，1995.
② 中共中央关于制定国民经济和社会发展第十四个五年规划和二〇三五年远景目标的建议 [N]. 人民日报，2020-11-04（1）.

和融合。中国的生态文明建设应当从制度建设、市场及经济主体建设、社会力量及技术创新等层面切入[1]，结合绿色供应链建设的实际情况，作出如下几点说明：①将绿色供应链建设视为一个复杂系统的自组织过程，在建设过程中充分重视评价制度建设、自律调节体系，健全相关法律法规的建设；②企业应充分利用国际标准体系推进自身的生态文明建设，规范生产行为、加快绿色产品开发和使用；③以供应链运作模型为基准，构建绿色供应链合作框架，多方共同推进绿色供应链集成管理和协同；④将绿色供应链建设与数字化转型相结合，从技术维度推动传统技术的绿色转型，以数据作为基本要素，实现全链条可视化管理，为绿色供应链建设提供有效支撑。

总的来说，生态现代化理论强调了**共生原则、循环原则、替代原则和系统开放原则**对绿色供应链管理的重要性[2]，通过这四个维度帮助企业在经济发展与环境保护之间找到平衡，实现经济、环境和社会的三方平衡发展。共生原则帮助企业与供应链中的其他利益相关者建立合作关系，构建绿色供应链建设生态体系，以共同解决环境问题；循环原则帮助企业实现资源利用的最大化，减少浪费和污染；替代原则意在鼓励企业探寻能源消耗、资产价格的最小化，从而以较低值作为最终执行方案；系统开放原则帮助企业结合绿色供应链生态及社会宏观发展形势，不断改进和优化自身的绿色供应链运作体系，确保其可持续性与动态性。

2.2.2 循环经济理论

循环经济理论于20世纪60年代开始萌芽，由美国经济学家 K. 波尔丁提出，即旨在通过经济转型，带动可持续生产和消费活动，实现循环性社会[3]。在中国"双循环"新发展格局背景下，绿色供应链强调产品全寿命周期对环境影响的最小化，进一步促进经济社会高质量发展，有效提升国

---

① 薄海，赵建军. 生态现代化：中国生态文明建设的现实选择 [J]. 科学技术哲学研究，2018，35（1）：100-105.
② 汪应洛，王能民，孙林岩. 绿色供应链管理的基本原理 [J]. 中国工程科学，2003（11）：82-87.
③ BOULDING K E. The economics of the coming spaceship earth[M]//JARRETT H. Environmental quality in a growing economy. New York：RFF Press，2013：3-14.

内国际双循环发展质量。循环经济理论体系有三大原则（3R），即减量化（reduce）、再利用（reuse）和再循环（recycle）[1]。其中，减量化主要集中于生产环节，对输入端进行控制，减少碳排放、废弃物排放等；再利用是在供应链全周期中，提高产品、废弃品的循环使用率，探究产品的可持续性；再循环则聚焦于输出端，将使用后的产品转换为再生资源，即提高资源、产品的再生利用率或资源化水平。

随着经济社会的发展与市场需求的变动，该原则进一步增加两项内容：再思考（rethink）与再修复（repair）[2]，突出强调了回收利用的重要性与相应途径。再思考针对生产过程中的资源浪费，健全管理制度、加强建设监管体系，同时考虑应用技术服务体系，从平台系统建设、创新技术应用层面为绿色供应链管理提供良好服务。再修复即针对已排放废弃物及已污染外界环境，承担相应的生态系统修复工作，或者通过绿色金融等方式进行碳抵消，创造第二财富。

在绿色供应链运作中，废弃物的循环使用也是资源价值的流转，多种不同的流转路径可以组成多层次的动态网格物质流模型，通过资源的输入、储存和输出建立输入输出模型。这一模型也适用于"链主"，通过模型分析各节点的资源输入输出情况，挖掘能够改善的节点，并协同整个供应链将排放量降至最低。此处，可以引入PDCA循环理念，即将产品的质量管理分为四个阶段：计划、执行、检查和处理[3]，即作出计划、实施计划、验证实施效果，若实施成功则纳入最终产品，不成功则留待下一循环去解决。

循环经济的目的在于达到低消耗、低排放、高效率，比较循环经济效率是绿色供应链研究中的热门问题，基于前文提到的多输入、多输出特性，其中常使用数据包络分析（data envelopment analysis，DEA）对具有多投入、多产出的决策单元（eecision making unit，DMU）进行综合效率评估，基本模型如下。

① 苗晓丹. 德国《循环经济和废物管理法》探析 [J]. 环境保护与循环经济，2014，34（10）：10-14.
② 吴季松. 落实科学发展观，发展循环经济 [J]. 技术经济，2006（1）：1-7.
③ SHEWHART W A，DEMING W E. Statistical method from the viewpoint of quality control [M]. Chelmsford, MA：Courier Corporation，1986.

假设有 n 个 DMU，各 DMU 有 m 种投入 $X_i > 0$（$i = 1, 2, \cdots, m$）和 s 种产出 $Y_r > 0$（$r = 1, 2, \cdots, s$），则任意 DMU 生产活动的投入产出可用（X_j，Y_j）表示，即

$$\boldsymbol{X}_j = (x_{1j}, \ x_{2j}, \ \cdots, \ x_{mj})^{\mathrm{T}} \tag{2-1}$$

$$\boldsymbol{Y}_j = (y_{1j}, \ y_{2j}, \ \cdots, \ y_{sj})^{\mathrm{T}} \tag{2-2}$$

式中，X_j 表示第 j 个 DMU 的投入集合，即不同类别投入的总量；Y_j 表示第 j 个 DMU 的产出集合，即不同类别产出的总量。

因此，定义第 j 个 DMU 的效率值为

$$h_j = \frac{\sum_{r=1}^{s} u_r Y_{rj}}{\sum_{i=1}^{m} v_i X_{ij}} \tag{2-3}$$

转换为向量表达式为

$$h_j = \frac{\boldsymbol{u}^{\mathrm{T}} y_j}{\boldsymbol{v}^{\mathrm{T}} x_j} \tag{2-4}$$

该式通过计算 DMU 的总产出与总投入之比来衡量其效率，其中 $\boldsymbol{v}$ 与 $\boldsymbol{u}$ 为权系数，在该表达过程中，权系数并非人工参数值，而是由数据决定，h_j 的数值越大，表明 DMU 效率越高；反之则越低。

循环经济理论贯穿于绿色供应链管理的各个环节，比如采购过程中需尽量减少非环保材料的采购，而尽量使用可再生、可循环利用的原材料，以及在生产环节需尽可能减少废弃物排放，提高资源利用效率，提高废弃物回收利用率等，从而系统、有效地帮助企业实现资源的高效利用和环境的最优保护。近年来，相关研究也得到了拓展，进一步演化循环经济理论，譬如 2020 年首次发表以碳循环经济为题的文章[①]，将循环经济理论与"双碳"背景紧密地结合在一起，表现在碳的减量与循环利用，在生产过程中进行"脱碳"处理。相关领域学者围绕生产环节、消费环节、废物管理环节和变废物为资源环节[②]，完善循环经济在绿色供应链建设中的理论体系建设。

---

① 周宏春. 碳循环经济：抓住重点做大"蛋糕"[J]. 中国商界，2020（8）：48-49.
② 谢海燕. 绿色发展下循环经济的现状及方向 [J]. 宏观经济管理，2020（1）：14-21.

2.2.3 全寿命周期理论

1966 年，美国经济学家雷蒙德·弗农提出产品生命周期理论（Life-Cycle Theory），这种方法对产品、服务及过程在整个生命周期内的环境和社会影响进行评价与管理，而不是仅仅关注某一特定阶段的影响[1]。产品生命周期通常包括原材料采购、生产、运输、使用到废弃处理等各个环节，通过全面评估和改善，实现可持续发展目标。20 世纪 90 年代，国际环境毒理学和化学学会（Society of Environmental Toxicology and Chemistry，SE-TAC）正式提出"生命周期评价"的概念，评价研究主要聚焦于包装废弃物、能源和固体废物处理等问题[2]。

"全寿命周期"的绿色供应链是企业发展的必要途径，即在评估体系设计环节，依托于供应链上下游企业间的紧密联系，以核心企业为支点，全面反映产品整个生命周期的实际情况，同时将各个环节在供应链上进行责任延伸，最终实现完整绿色供应链闭环，核心企业能够直接对接上游的供应商、生产商，并且直接匹配到下游消费者、开发商等的实际需求，从而进行绿色管理。企业通过分阶段管理确保产品的全流程监控，使各个环节高效运转，系统地进行产品生产供应链全周期整合，主要流程包括原材料获取、制造加工、交通运输、销售使用和废弃物处理[3]，通过定量计算、资源和能源消耗的评估，探寻产品全寿命周期架构。

在产品全寿命周期流程中，产品的原材料获取包括对主要原材料和辅助材料的获取，评估原材料对环境的影响以及能源消耗的情况，以及是否产生有害物质等；产品的制造加工则涵盖了工艺材料、加工方式的选择，譬如工艺流程是否符合碳排放标准、原材料利用率的考虑等情况；交通运输代表产品分销流通至市场的过程，涵盖了仓储和物流活动，如对运输过程的温室气体排放量进行计算；销售使用则表示产品已经引入市场，正式

① GRUBER W，MEHTA D，VERNON R. The R & D factor in international trade and international investment of United States industries[J]. Journal of political economy，1967，75（1）：20–37.
② OWENS J W. LCA impact assessment categories：technical feasibility and accuracy[J]. The international journal of life cycle assessment，1996，1：151–158.
③ ISO 14001 环境管理体系 [EB/OL]. [2023–10–05]. https：//www.bsigroup.com/zh–CN/iso–14001–environmental–management/.

创造自身价值，实现对产品的有效利用，譬如扩大绿色产品销售规模；废弃物处理则主要包括产品寿命结束后处理和最终处置的潜在重大环境影响识别，对相关的废弃处置和废物利用作出明确规定。

生命周期评估法（life cycle assessment，LCA）是碳足迹计算的常用方法。碳足迹是从生命周期的角度出发，分析全寿命周期或与活动直接和间接相关的碳排放过程。对于不同阶段的碳足迹计算方法，一般采用的是联合国政府间气候变化专门委员会提供的基本方程[①]：

$$GHG = AD \times EF \qquad (2-5)$$

式中，GHG 是温室气体"greenhouse gas"的简称；AD 代表活动数据；EF 为排放系数，即通过消耗量乘以单位碳排放量的加总来代表总排放量。

LCA 可以帮助企业在开发阶段综合考虑产品的生态环境问题，丰富生态设计评价的相关内容。在绿色供应链中，可以利用 LCA 综合定量考量上下游企业对环境的影响，企业可能根据评价结果编制绿色供应链自评价报告，作为产品是否符合绿色设计标准和产品亮点描述的依据。在工业生产中，LCA 可以为企业产品提供翔实可靠的碳足迹数据，分析温室气体排放过程和影响，为减碳成效评估提供科学依据。根据 ISO 14040 的相关定义[②]，LCA 主要有以下四个实施步骤（图 2-2），本章结合绿色供应链建

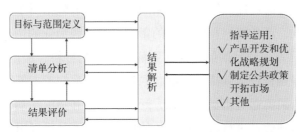

图 2-2　LCA 的四个实施步骤

资料来源：ISO 14040：2006 – environmental management — life cycle assessment — principles and framework[EB/OL]. [2023-10-06]. https：//www.iso.org/standard/37456.html.

---

① EGGLESTON H S，BUENDIA L，MIWA K，et al. Guidelines for national greenhouse gas inventories[Z]. National Greenhouse Gas Inventories Programme. IGES，Japan，2006.

② ISO 14040：2006 – environmental management—life cycle assessment—principles and framework[EB/OL]. [2023-10-06]. https：//www.iso.org/standard/37456.html.

设梳理如下：①目标与范围定义。对绿色供应链建设的目标和范围进行界定，在企业和行业层面说明 LCA 的重要意义与应用目的，描述产品供应链系统下属的主要功能单位、数据获取要求。②清单分析。对于绿色供应链运作过程中输入和输出的数据建立相应清单，确定需要量化计算的数据以及对应的数据单元。③影响评价。根据数据量化和分析结果对供应链运作的环境影响进行评价，即将清单数据转化为具体的指标参数，直观地评估环境影响。④结果解释。基于清单中数据分析和影响评价的最终结果，提出相应的改进措施，为决策者提供有效建议。

近年来，LCA 在绿色供应链建设中形成了丰富的应用场景，譬如在国内通过水足迹量化分析新疆地区煤电、水电、风电、光伏发电等不同电力生产中的水资源消耗以及对环境的影响，为能源可持续管理提供科学支撑①。欧盟地区的部分研究学者则创建了具有前瞻性的生命周期清单数据库，通过对环境评估结果的详细分析提取相关特征因素，以描述绿色技术使用的未来变化及潜在的环境绩效②。此外，部分学者将电力市场经济模型与生命周期评估相结合，用于评估电力系统在短期（1 年内）与长期（若干年）的经济活动变化③，具备一定参考性。总体来说，当前在学术界和业界中，LCA 主要应用于综合考量供应链上下游对环境的影响，从而帮助企业挑选原材料供应商和产品经销商，建立完善的绿色供应链体系。

2.2.4　利益相关者理论

利益相关者理论是学术界研究企业治理的重要工具，产生于 20 世纪 60 年代，旨在通过平衡各方利益相关者的利益要求，解决企业运营所遇到的障碍。该理论认为企业的外部性会对多方（即利益相关者）产生影响，通常会导致利益相关者对企业的压力。供应链中通常存在大量利益相关

① 闫书琪，李素梅，吕鹤，等. 基于混合 LCA 的新疆地区电力生产水足迹分析及碳中和目标下的变化[J]. 气候变化研究进展，2022，18（3）：294-304.
② BAUSTERT P，IGOS E，SCHAUBROECK T，et al. Integration of future water scarcity and electricity supply into prospective LCA：application to the assessment of water desalination for the steel industry[J]. Journal of industrial ecology，2022，26（4）：1182-1194.
③ KISS B，KÁCSOR E，SZALAY Z. Environmental assessment of future electricity mix – linking an hourly economic model with LCA[J]. Journal of cleaner production，2020，264：121536.

者，结合绿色供应链的议题来看，当环境问题被引入，整个绿色供应链的运作流程包括资源投入、制造、物流、回收处理等环节，兼顾技术、生产工艺、资源利用等活动，都可能通过供应链成员内部与成员之间的压力而内部化。基于前文绿色供应链的概念界定，特定的利益相关者影响绿色采购、逆向物流等环节，如企业在进行原材料采购时，基于采购需求，充分考虑环境效益和社会效益，同时在这样一个系统工程中协调好各个成员之间的利益关系。

针对大型企业的绿色供应链体系建设，由于企业内存在不同的子公司及部门背景、不同员工素养等情况，若试图兼具整个供应链经济效益与社会效益的最大化，协调各利益相关者的利益突变也是建设过程中的必然前提。绿色供应链作为一个与整个社会发展息息相关的议题，除了考虑企业内部股东、员工及消费者利益外，在外部还应充分考虑环保组织、国家政府等关系维系，基于利益相关者理论，能形成更加理想的供应链运作模式。

绿色供应链的主要利益相关者包括以下几个 [1][2]。

（1）政府：作为企业活动与社会运行的协调者，政府的主要目的是构建和谐统一的社会，消除各个利益个体间的冲突。根据前文生态现代化理论的假设，政府在绿色供应链建设的作用逐渐增大，通过制定法律法规、调整税收等行为对企业的绿色供应链建设提出相应要求。

（2）供应链"链主"企业与上下游企业："链主"是绿色供应链建设中的最核心角色，在上下游企业独立运营和相互协调中都承担着重要责任，但在协同过程中利益冲突是绿色供应链建设的必然问题。

（3）企业员工：供应链上的所有员工对绿色供应链建设的认知和能力会对建设成效产生直接效果。然而，相对地，员工的"绿色"意识增强也会导致一定的业务运行风险。

（4）客户：作为处于供应链末端的利益相关者，也是直接为订单提供反馈的单位。客户不仅会关注产品的价格，随着社会整体经济水平提升，

---

① 李果. 低碳经济下绿色供应链管理 [M]. 北京：科学出版社，2019.
② 刘杰. 电网企业物资绿色供应链决策机制研究 [D]. 保定：华北电力大学，2015.

也开始注重产品的质量和售后服务，这是绿色供应链运行的重要组成。

（5）当地居民：在企业的内部运营中，部分环节会对外部环境造成一定作用和影响，随之影响到当地居民的正常生活，从而发生利益冲突。在企业运行和绿色供应链建设过程中，当地居民是必须考虑的因素，这也是承担社会责任的组成部分。

（6）非政府环保组织：这一单位在社会层面上承担着监督和推进环保工作的责任，在企业层面则着重加强宣传，提升员工及当地居民的环保意识。

近年来，利益相关者存在的压力与绿色运营之间的直接联系得到了广泛的研究，譬如在绿色供应链建设过程中，来自内部和外部的利益相关者的压力增大，企业领导人对发展清洁运营的迫切性和期望日益提升 [1][2]；在企业层面，环境问题目前已经上升至企业战略议程的首要位置 [3]。相关研究表明，在利益相关者视角下，来自客户、政府、非政府组织、媒体、竞争对手等多个供应链参与者的组合极大地提升了企业环保行动的可能性 [4]，可见绿色供应链建设并非一个单一独立的个体活动，而是多个单位之间相互作用、相互影响的最终结果。利益相关者理论将企业目标从内部管理扩展至外部关系管理，更加关注企业在管理实践中所面对的外部治理环境。同时，供应链层面的治理更强调利益相关者之间的动态关系，绿色供应链建设进程中各利益相关者之间的关系会随着时间和环境的变化而变化，因此需要灵活地调整和协调各方利益，寻找利益共同点，通过合作实现共赢。

---

① DAI J，MONTABON F L，CANTOR D E. Linking rival and stakeholder pressure to green supply management：mediating role of top management support [J].Transportation research part E：logistics and transportation review，2014，71：173-187.

② CHEN I J，KITSIS A M. A research framework of sustainable supply chain management：the role of relational capabilities in driving performance [J].The international journal of logistics management，2017，28（3）：1454-1478.

③ KITSIS A M，CHEN I J. Do motives matter? Examining the relationships between motives，SSCM practices and TBL performance [J].Supply chain management，2020，25（3）：325-341.

④ GRAHAM S. The influence of external and internal stakeholder pressures on the implementation of upstream environmental supply chain practices [J].Business & society，2020，59（2）：351-383.

2.3 基础模型

绿色供应链作为一个复杂的网络系统，包括供应商、生产商、销售商和消费者等多个节点，节点之间互相作用，在每个环节都应当遵循绿色发展和可持续发展的相关要求。本章以"绿色供应链运作机制探究—绿色供应链成熟度评估—绿色供应链多指标推荐"为整体思路，涵盖了绿色供应链管理的全流程，从静态管理、动态管理以及大数据分析管理三个不同的层面呈现绿色供应链管理重要的参考模型，主要包括供应链运作参考模型、供应链需求驱动价值网络成熟度模型，以及通用性绿色供应链多指标推荐模型。

2.3.1 供应链运作参考模型

SCOR 模型是由供应链协会 [现供应链管理协会（Association for Supply Chain Management，ASCM）] 开发的具有广泛适用性的供应链运作参考模型，也是第一个标准意义上可供参考的供应链模型，常用于对供应链全流程管理的自上而下的识别及关键特征要素的分析，当企业绿色供应链建设中面对众多复杂因素时，SCOR 模型有利于管理者进行关键问题识别，并对评估指标进行测评与改进[①]。

1. SCOR 模型流程框架

传统 SCOR 模型框架主要由五个基本管理流程（process）组成，包括计划、采购、生产、配送和退货环节，涵盖了从供应商的供应商到客户的客户所有供应链活动，为了让 SCOR 模型与企业活动更紧密地结合，可结合实际战略需求对模型进行调整与优化。SCOR 模型流程框架如图 2-3 所示。

在 SCOR 框架中，根据 ASCM 的官方网站提供的 SCOR 模型概述，模型所包含的流程要素具体如下[②]。

---

① STEPHENS S. Supply chain operations reference model version 5.0: a new tool to improve supply chain efficiency and achieve best practice[J]. Information systems frontiers，2001，3：471–476.

② Supply Chain Council. Supply Chain Operations Reference Model Version 10.0[Z]. The Supply Chain Council, Inc，2010：856.

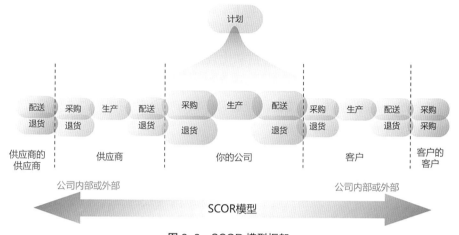

图 2-3　SCOR 模型框架

资料来源：1996—2011 Supply Chain Council，Inc.

（1）计划：评估供应端的所有资源，将供应资源划分优先级，进一步根据交付、生产和物料的需求端要求安排库存，制订粗产能计划。

（2）采购：产品的原材料或半成品寻源、接收、检验、暂存、入库和支持授权等需要执行的业务流程或操作。

（3）生产：申领、制造、测试、包装出货的全过程，包括但不限于生产现场管控、工期排程、质量管理等内容。

（4）配送：执行订单交付流程，生成相应的报价单、产品配置、维护服务等商品信息，创建并维护商品与客户的数据库，执行分拣、运输等物流仓储管理活动。

（5）退货：不良原材料、不良成品的退返批准、调度、保修等服务，接收并确认缺陷产品信息，并进行维护或更换。

自 SCOR 11.0 版本开始①，SCOR 模型新增了"支持"一级流程，包含供应链业务规则管理、供应链绩效管理、供应链数据和信息管理、供应链人力资源管理、供应链资产管理、供应链合同管理、供应链网络管理、供

① Fig. 2. The SCOR overall supply chain processes structure（APICS，SCOR 11.0 Overiew Booklet，2014）[EB/OL]. [2023—10—01]. https://www.researchgate.net/figure/The-SCOR-overall-Supply-Chain-processes-structure-APICS-SCOR-110-Overiew-Booklet-2014_fig2_319339728.

应链合规性管理、供应链分析管理九大流程，多维度、全流程覆盖业务流程管理体系，进一步支持供应链活动的执行与优化。

总体来说，SCOR 模型是评估和比较供应链活动与性能的基础模型及有效工具，提供了独特的框架，将业务流程、度量标准、最佳实践和技术连接到统一的结构中，以支持供应链合作伙伴之间的沟通，提高供应链管理和相关优化活动的有效性。

2. SCOR 模型绩效指标体系

SCOR 的绩效指标体系（performance）侧重于对供应链运作流程执行效果的测量和评估，理解、评估和诊断供应链绩效的方法包括三个要素：绩效属性（performance attributes）、指标（metrics）和流程或实践成熟度（process or practice maturity），这些要素描述了供应链效能的不同维度。

（1）绩效属性是供应链绩效的战略特征，用于确定供应链绩效的优先级，并与业务战略保持一致。

（2）指标是由相互联系的层次结构级别组成的离散绩效度量值。

（3）流程或实践成熟度是一种基于客观的、具体的描述性参考工具，可用于评估供应链流程和实践融合与执行的模型。

SCOR 模型识别的三个维度与八项绩效属性，如表 2-4 所示。

表 2-4　SCOR 模型绩效维度与属性

维度	绩效属性	绩效属性定义	指标
供应链韧性	供应链可靠性（reliability，RL）	按照预期执行任务的能力。可靠性侧重于过程结果的可预测性，典型指标包括按时、以正确的数量和规定的质量水平交付产品	RL1.1 完美订单履行 RL1.2 完美供应商订单 RL1.3 完美退货订单履行
	供应链响应性（responsiveness，RS）	执行任务的速度和供应链向客户提供产品的速度，示例包括周期时间度量	RS1.1 订单履行周期
	供应链敏捷性（agility，AG）	应对外部影响和市场变化的能力，以获得或保持竞争优势	AG1.1 供应链敏捷度
供应链经济性	成本（cost，CO）	操作供应链流程的成本，包括人工成本、材料成本、管理成本和运输成本	CO1.1 供应链管理总成本 CO1.2 销货成本（COGS）

维度	绩效属性	绩效属性定义	指标
供应链经济性	利润（profit，PR）	当业务活动产生的收入超过维持该活动所涉及的费用、成本和税收时所实现的财务收益	PR1.1 息税前利润（EBIT）占收入的百分比 PR1.2 有效税率
	资产（asset management，AM）	有效利用资产的能力。供应链中的资产包括减少库存和内包	AM1.1 现金周期时间 AM1.2 固定资产回报率 AM1.3 营运资产报酬率
供应链可持续性	环境（environment，EV）	以环境影响最小的情况运行供应链的能力，包括材料、水和能源	EV1.1 材料使用 EV1.2 能源消耗 EV1.3 耗水量 EV1.4 温室气体排放 EV1.4 废弃物产生
	社会（society，SC）	与组织的社会价值观相一致的操作供应链的能力，包括多样性和包容性、工资和培训指标	SC1.1 多样性与包容性 SC1.2 工资水平 SC1.3 培训

资料来源：2022年ASCM供应链运作参考模型（SCOR Digital Standard）。

指标说明如下。

1）供应链韧性

根据供应链运作中呈现的VUCA特征，即不稳定性（volatility）、不确定性（uncertainty）、复杂性（complexity）以及模糊性（ambiguity），供应链面临着其叠加作用下的突发性风险，建立有效的供应链韧性管理即应对这种突发风险，为企业提供更大的竞争优势，主要包括供应链可靠性、供应链响应性和供应链敏捷性。

（1）供应链可靠性。

RL1.1 完美订单履行：符合配送绩效预期的订单所占的百分比，包括完整准确的订单单据以及在配送中不存在损坏的货物。根据美国运营管理协会，完美的订单必须满足七个条件：正确的产品与服务，正确的数量，正确的条件，正确的地点，正确的时间（根据客户要求衡量），正确的客户，正确的成本。完美订单履行应符合所有的条件，并考虑相关记录文件，包括装箱单、提单、发票等。其计算方式为

$$POR = \frac{TPO}{N} \times 100\% \qquad (2-6)$$

其中，POR 即完美订单率（perfect order rate），TPO 即完美订单总数（total perfect orders），订单总数则用 N 表示。因此，式（2-6）主要描述了完美订单数在订单总数中的占比，从整体视角表明了企业订单履行的质量。若七项条件中存在一项未能满足，其结果为 0；若同时全部满足，结果为 1。

RL1.2 完美供应商订单履行：供应商的订单符合交付绩效预期所占的百分比，包括完整准确的订单单据和无交付损坏的货物。这一指标与 RL1.1 类似，但适用于供应商评价。其计算方式为

$$PSOR = \frac{TPSO}{N_s} \times 100\% \qquad (2-7)$$

其中，PSOR 即供应商完美订单率（perfect supplier order rate），TPSO 即供应商完美订单数（total perfect supplier orders），供应商交付总订单数则用 N_s 表示，因此，式（2-7）主要描述了供应商完美履行的订单在其总订单数中的占比。同样地，若在供应商履行订单中存在一项条件未能满足，则结果为 0；若同时全部满足，则结果为 1。

RL1.3 完美退货订单履行：退货订单符合交付绩效预期所占的百分比，包括完整准确的订单单据和无交付损坏的货物。这一指标与 RL1.1 类似，但适用于退货流程。其计算方式为

$$PROR = \frac{TPRO}{N_r} \times 100\% \qquad (2-8)$$

其中，PROR 即完美退货订单率（perfect return order rate），TPRO 即完美退货订单数（total perfect return orders），退货订单总数用 N_r 表示。式（2-8）主要描述了退货过程中完美履行的订单在退货总订单中的占比。与前文一致，若在退货订单中存在一项条件未能满足，则结果为 0；若同时全部满足，则结果为 1。

（2）供应链响应性。

RS1.1 订单交付周期：某一订单供应链活动起始到结束的平均实际周期时间。订单周期从订单接收时开始，到客户接受订单时结束。其计算方式为（单位：天）

$$T = \frac{ST}{N_d} \qquad (2-9)$$

式中，T 代表订单交付周期，ST 代表所有已交付订单的实际周期之和，N_d 表示已交付订单总数。因此，式（2-9）是一个平均值描述，通过已交付订单的总周期除以订单总数，计算出每一订单的平均周期时间。这一结果数值越小，则表明订单交付效率和供应链响应性越高，反之则越低。

（3）供应链敏捷性。

AG1.1 供应链敏捷度： 企业快速调整其战略和运营供应链响应以应对动态需求或供应冲击的能力，包括战略供应链敏捷度（strategic order agility）和运营供应链敏捷度（operational order agility）。战略供应链敏捷度是满足 25% 计划外变更需求所需的天数。运营供应链敏捷度是在运营规划范围内（通常为 30~60 天）可以实现的数量持续增加或减少的百分比。其计算方式为

$$SAG = \sum LT_i \qquad (2-10)$$

式中，SAG 即战略供应链敏捷度，LT 即计划提前期（lead time），其中，i 即采购，转换，订单，履行，计划。式（2-10）表示在计划变更情况下计划提前期的总和，这一数值越大，表明战略供应链敏捷度越高，反之则越低。

$$OAG = \frac{O_n}{O_r} \qquad (2-11)$$

式中，OAG 即运营供应链敏捷度，O_n 即新计划的订单数，O_r 即原始订单数，式（2-11）描述了在运营规划范围内的新计划订单数在原始计划订单中的占比。若新计划订单持续增加，这一比值越高则敏捷度越高，反之越低；若新计划订单数持续减少，这一比值越低则代表供应链能承载越大的订单变化，即敏捷度越高，反之越低。

2）供应链经济性

这一维度旨在分析供应链的经济效益，即关键性的财务指标评价。供应链建设应协助企业达到价值最大化，经济性则体现了供应链系统运作的投入和产出结果，也是企业规模变更的具体表现。供应链经济性不仅直观表明了供应链建设程度，也是供应链运作过程的根本保障，主要包含成本（CO）、利润（PR）和资产（AM）。

（1）成本。

CO1.1 供应链管理总成本占比：订单处理、采购材料、管理库存以及管理供应链财务、计划和 IT 开发的总成本占收入的百分比。重点应放在费用的计数上，无论是在完成统计的实体中发生的，还是在代表该实体的组织中发生的，包括薪金、福利、场地和设施以及一般和行政拨款等款项。其计算方式为

$$C_S\% = \frac{\Sigma C_{S_i}}{TR} \tag{2-12}$$

C_{S_i} 即供应链管理总成本（total supply chain management cost），TR 为产品总收入，$C_S\%$ 即为其占比，其中 i = 订单管理，物料购置，库存持有，供应链相关财务和计划，IT 开发。式（2-12）表示供应链相关成本与产品总收入的比值关系。这一比值越大，则表明供应链成本占比越高，即相对投入越大；反之则越小。

CO1.2 销货成本：与购买原材料和生产成品相关的成本。此成本包括直接成本（如人工和材料）和间接成本（如间接费用）。需要特别说明的是，供应链管理成本和销货成本可能存在重叠。其计算方式为

$$COGS = C_L + C_M + C_I \tag{2-13}$$

COGS 即销货成本（cost of goods sold），C_L、C_M、C_I 分别代表直接人工成本、直接材料成本，以及与制造产品相关的间接成本。式（2-13）表示销货成本的组成部分，其中直接人工成本即直接用于产品生产的人工成本，主要考虑生产过程中各个工艺流程的工时和人员总数。

（2）利润。

PR1.1 息税前利润占收入的百分比：衡量公司从持续运营中获得盈利的能力，即扣除利息和所得税之前的收益（收入减去销售成本、运营费用和税款）。其计算方式为

$$EBIT\% = \frac{TR - COGS - OE}{TR} \tag{2-14}$$

EBIT 即息税前利润，EBIT% 即表示在总收入的占比情况，总收入

表示为 TR，销货成本即 COGS，运营费用为 OE（operating expenses）。式（2-14）表示息税前利润与总收入的比值，该比值越高，说明利润率越高，即企业收益越大；反之则越小。

PR1.2 有效税率：公司或个人支付的平均税率，供应链运作可以显著影响这一比率。供应链的整体运作并不局限于物流、信息流和资金流，我们还需要考虑价值流，即流通过程中的增值情况，便会涉及税务问题。若在供应链业务实施过程中优化税负，制订相应的节税计划，则能够进一步促使企业供应链总体价值最大化。有效税率低，则表明企业的税收总收入比重较小，即发展能力、抗风险能力都有一定提高。

（3）资产。

AM1.1 现金周期时间：对原材料的投资回流到公司所需的时间，即从公司为执行服务消耗的资源付费到公司从客户那里收到该服务费用的时间。其计算方式为

$$\text{CCT} = T_i + T_s - T_p \qquad (2\text{-}15)$$

现金周期时间表示为 CCT（cash-to-cash cycle time），库存供应天数用 T_i 表示，应收账款周转天数用 T_s 表示，应付账款周转天数则用 T_p 表示，在式（2-15）中，库存供应天数即将原材料或零部件转换为产品并售出的总时间，应收账款周转天数是指应收账款收回现金所需的时间，应付账款周期天数为购进原料或雇用人员到支付价款及工资的平均天数。其中，库存供应天数与应收账款周转天数之和为营业循环周期。现金周期时间用于衡量公司的现金冻结在流动资产中的时间长短，即评估公司运营管理效率，该数值的下降和稳定趋势都意味着资产流动效率的提升。

AM1.2 固定资产回报率：企业从其在供应链固定资产中的投资资本中获得的回报，包括用于协调、计划、订单采购、转移、履行和退货的固定资产。其计算方式为

$$\text{ROFA} = \frac{R_{SC} - C_S}{FA_{SC}} \qquad (2\text{-}16)$$

式（2-16）中，固定资产回报率通过 ROFA 表示，供应链收入即 R_{SC}，

供应链管理总成本即 C_S（同 CO1.1），供应链固定资产通过 FA_{SC} 表示。

AM1.3 运营资产回报率：用于评估相对于公司营运资金状况的投资规模与供应链产生的收入，包括应收账款、应付账款、库存、（供应链）收入、供应链管理总成本（CO.1.1）。其计算方式为

$$ROWC = \frac{R_{SC} - C_S}{I + R - P} \qquad (2-17)$$

式（2-17）中，运营资产报酬率表示为 ROWC（return on working capital），存货通过 I 表示，应收账款记为 R，应付账款记为 P。

3）供应链可持续性

供应链可持续性评估是与绿色供应链建设直接关联的指标维度，供应链建设对企业的碳足迹追溯和社会影响力有着重要作用，也关系到企业治理的有效性。在 ESG 时代，供应链可持续性发展是企业生存的关键，拥有可持续性供应链意味着企业生产的良好条件。随着数字化供应链进程发展，相关指标数据也能够直接呈现于评估框架中，这一部分主要由环境（EV）和社会（SC）两个部分构成。

（1）环境。

EV1.1 材料使用：用于生产和包装企业的主要产品与服务的材料的总重量或体积，材料包括企业所使用的可再生材料与不可再生材料，需进一步考虑回收产品及其包装材料占比，以及使用的可回收投入材料占比，其中，

$$M_R\% = \frac{M_R}{S} \times 100\% \qquad (2-18)$$

$$M_u\% = \frac{M_u}{M} \times 100\% \qquad (2-19)$$

回收产品及其包装材料总量用 M_R 表示，使用的可收投入材料用 M_u 表示，已售产品总量为 S，使用的总投入材料为 M。式（2-18）表示回收产品机器包装材料在已收产品总量中的占比，回收产品主要包含废旧物资回收、风电光伏回收等，这一比值越高则表明相对回收率越高，企业的环保效益越高；反之则越低。式（2-19）表示使用的可回收投入材料在使用的

总投入材料中的占比，如纸张、玻璃塑料等，该占比率越高则表明企业越重视环保材料的使用，即环保效益越高；反之则越低。

EV1.2 能源消耗：企业供应链运作过程中的总能耗，以焦耳或倍数为单位。对于电力行业而言，主要包括煤炭发电、电网运输过程中的能源消耗情况，常见的指标有电能耗、煤能耗、天然气能耗等。能源消耗量越小，则表明企业生产和运营的环保程度越高；反之则越低。

EV1.3 耗水量：企业供应链运作过程中的总耗水量（单位：兆升），计算方式为

$$W_c = W_w - W_d \tag{2-20}$$

耗水量表示为 W_c，取水量表示为 W_w，排水量表示为 W_d，因此，式（2-20）用取水量与排水量之差来衡量总体耗水量，其中，取水量是指企业用于生产的通过江河、湖泊或人工措施获得的水量，排水量是指企业直接向外界水体排放的水量。耗水量用于衡量企业的水能消耗情况，这一数值越低则表明企业的环保程度越高；反之则越低。

EV1.4 温室气体排放：温室气体包含直接的（范围1）、能源间接的（范围2）、其他间接的温室气体（范围3）三个范围。其中，范围1是指自有或受控锅炉、熔炉、空调或车辆设备的排放，以及自有或受控工艺设备中化学产品的排放；范围2是指公司消耗的产生或购买的电力、蒸汽、供暖和制冷的排放；范围3是指由公司产生的而非公司拥有或控制的排放。其计算方式如下：

$$GHG = Scope1 + Scope2 + Scope3 \tag{2-21}$$

温室气体排放可使用 GHG 表示，其他分别为 Scope1，Scope2，Scope3，式（2-21）表示温室气体排放总量即为三个范围排放总量之和，这一数值越高则表明污染程度越高；反之则越低。

EV1.5 废弃物产生：供应链运作过程中产生的废弃物总重量（单位：公吨），包含从处置中转移的废弃物占比和直接处置的废弃物占比。其计算方式为

$$W_{div}\% = \frac{W_{ru}r + W_{rc} + W_{ot}}{W_g} \qquad (2\text{-}22)$$

$$W_{dir}\% = \frac{W_{inc}}{W_g} \qquad (2\text{-}23)$$

在所有变量中，W_g 表示产生的废弃物，W_{div} 为从处置中转移的废弃物，W_{dir} 为直接处置的废弃物。W_{ru} 为再利用的废弃物，W_{rc} 为回收废弃物，W_{ot} 为其他废弃物，W_{inc} 为处置焚烧的废弃物。式（2-22）表示转移废弃物在产生废弃物中的占比，其中，废弃物包含再利用废弃物、回收废弃物和其他回收废弃物，这一比值越大则表明转移废弃物相对值越大，即企业的环保效益越大；反之则越小。式（2-23）则表示直接处置废弃物在产生废弃物的占比，这一比值越大则表明企业环保效益越小，而直接处置废弃物的降低则有助于企业的环保建设。

（2）社会。

SC1.1 多样性与包容性：按性别、年龄和其他多样性指标划分的企业中的个人百分比，其中，多样性和包容性表示为 DI（diversity and inclusion），特定指标类型的人数表示为 N_p，企业总人数表示为 N_i，即

$$DI = \frac{N_p}{N_i} \qquad (2\text{-}24)$$

SC1.2 工资水平：主要经营地点按性别分列的入门级工资与最低工资的比率，工资水平表示为 WL（wage level），入门级工资为 WL_e，最低工资表示为 WL_{min}，即有

$$WL = \frac{WL_e}{WL_{min}} \qquad (2\text{-}25)$$

SC1.3 培训：每个员工类别中每个性别每年的培训小时数。

3. 流程或实践成熟度

上述指标与供应链流程之间存在很强的相关性，供应链流程与实践有效性的衡量遵循广泛使用的成熟度模型，该模型将企业的实际业务活动划分为不同级别，高成熟度流程具有高度的实践性和合规性，低成熟度流程则缺乏制度性与一致性。通常地，供应链管理成熟度模型遵循以下五个阶

段的评价尺度。

第一阶段：企业供应链运作几乎没有流程结构或统一标准，大多实践和流程都是临时的。

第二阶段：供应链具有其基本功能，但跨职能的协调和集成管理有限。

第三阶段：实践和流程被定义，供应链不同职能间存在一定整合，但是仍存在部分职能部门与供应链合作伙伴未集成。

第四阶段：流程和实践都得到定量管理，且通常与业务和战略目标保持一致，企业内外部高度集成。此外，这一阶段的特点是高度使用信息技术和数字支持。

第五阶段：这是一种优化状态，基于第四阶段的扩展实现。

4. 可持续性 SCOR 模型

基于 SCOR 模型的流程与绩效评价体系，学术界及产业界诸多学者结合企业全寿命周期理论、生态现代化理论等创建相关绿色 SCOR 模型，譬如根据《可持续发展废物管理技术研究手册》[①] 将可持续供应链通过人员（people）、利润（profit）和星球（planet）三个维度来衡量，Pulansari 和 Putri 在 Journal of Physics 会议中以钢铁行业为例，加入围绕 SCOR 五个环节提出的绿色供应链模型等，如表 2-5 所示。

表 2-5　钢铁行业 SCOR 绿色供应链模型

序号	变量	子变量
1	计划	1.1 能源消耗 1.2 水消耗 1.3 气体消耗
2	采购	2.1 无损坏订单占比 2.2 库存中的有害物质占比 2.3 获得 EMS 或 ISO 14000 认证供应商的占比 2.4 供应商交货提前期
3	生产	3.1 产出 3.2 进行液体排放 3.3 可回收 / 重复使用的材料占比

---

① AKKUCUK U. Handbook of research on waste management techniques for sustainability[M]. Hershey，PA：IGI Global，2016.

序号	变量	子变量
4	配送	4.1 发货量精准度 4.2 海运单据准确性 4.3 交付提前期 4.4 最小配送量
5	退货	5.1 举报产品不符合环保要求的占比 5.2 无错误退货占比

资料来源：PULANSARI F，PUTRI A. Green supply chain operation reference（green SCOR）performance evaluation（case study：Steel company）[J]. Journal of Physics：conference Series，2020，1569（3）：032006.

基于在 SCOR 范围内的 GRI 可持续性报告标准（GRI 标准），确定以下指标可以作为电力行业特定环境计算的框架：**材料使用、气体排放、能源消耗、液体和气体浪费、排水量**。在这一模型中，SCOR 框架将排放与供应链原始运作流程相结合，为测量环境绩效提供了一个结构，并确定绩效可以改进。该模型的层次结构允许将战略性的环境足迹目标转化为特定的目标和活动。

5. SCOR 数字化标准模型

事实上，传统 SCOR 模型由于方法论过于陈旧，在企业应用上存在许多局限，如与企业实际运作流程不符、问题识别机制不适用等情况。另外，随着科技发展，人工智能技术、区块链技术的兴起对 SCOR 模型已形成一定威胁。因此，SCOR 模型基于实践应用进行了改革创新，ASCM 自 2019 年起与德勤咨询公司共同开发数字化能力模型（Digital Capability Model，DCM）。值得关注的是，DCM 更加强调供应链网络，代替了传统的线状模型，并在退货环节增加了大量"绿色供应链"相关内容，碳排放、水资源、能源消耗等环保指标都被纳入评价体系。2022 年，基于 DCM，SCOR 的最新版本发布，为数字化标准（SCOR Digital Standard，SCOR DS）模型，如图 2-4 所示。

SCOR DS 模型提供了供应链运作方法、诊断以及测试工具，从而帮助企业在供应链流程中进行显著和迅速的改进，促进端到端供应链管理的进步。模型本身包含多个部分，围绕**编排、计划、订单、采购、转换、履约**

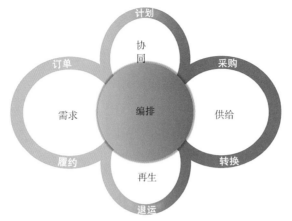

图 2-4　数字化标准模型

资料来源：SCOR Model[EB/OL]. [2023-10-01]. https：//scor.ascm.org/processes/introduction.

和退运七个主要管理流程进行组织。图 2-4 表现了供应链运作过程中循环、连续和相关联的性质，在水平无限循环中显示供应链供应与需求的平衡，在垂直无限循环中则显示协同和再生，这也是后续绿色供应链讨论的基础所在。

1）编排

供应链的编排流程描述了与供应链战略的集成和启用相关的活动。其中包括业务规则的创建和管理，通过持续改进进行绩效管理、数据管理、供应链技术开发及应用、人力资源管理、合同和协议管理、网络设计、监管和合规管理、风险管理、ESG、综合业务规划，以及循环供应链管理。

其中，与绿色供应链紧密相关的是 **ESG 和循环供应链管理**。供应链的 ESG 将环境、社会和治理方面纳入业务绩效决策的过程，这三个因素专注于长期价值创造，是可持续发展的代名词，包括：可持续性发展计划的调整和制订，计划与供应链流程、人员、绩效和实践保持一致，在企业层面制定重要性指数，识别与解决与供应链经济、生态和道德伦理影响相关的风险，增强供应链中断的抵御能力，制定供应链经济、生态和道德伦理影响的综合报告。**循环供应链管理**则是开发供应链的过程，包括消除浪费和污染、使用循环产品和材料，并正在向可再生能源和材料过渡。循环

109

供应链需要供应链专业人员从根本上转变思维方式，从拥有无限资源的想法转变为以最少的浪费和能源使用重复使用与重新利用产品的想法。子流程按优先级顺序排列：①减少；②延长产品生命周期；③回收以供再生和重新调整用途。这一环节的相关指标可参考 SCOR 模型的 EV 维度。

2）计划

计划流程描述了与制订供应链运营计划相关的活动，为订单、采购、转换、履行和退货流程执行计划。其中包括确定需求、收集有关可用资源的信息、平衡需求和资源以确定计划的能力与需求或资源的差距，以及确定纠正这些差距的行动。

3）订单

订单流程描述与客户购买产品和服务相关的活动，包括地点、付款方式、定价、履行状态和任何其他订单数据等属性。这一部分主要包括 **B2C订单、B2B 订单和公司内部订单**。其中，B2C 业务即企业和最终消费者之间的商业相关的过程，B2B 业务即两个企业之间商业相关联的过程，公司内部订单即在企业系统内的所有阶段管理和控制内部订单相关的流程。该流程将跟踪订单处于哪个阶段以及应将其传递到下一个阶段，允许利益相关者利用系统对状态更改作出反应，或者替换或添加其他功能。

4）采购

采购流程描述了与产品或服务的采购、订购、调度、交付、接收和转移相关的活动，包括**战略采购、直接采购、间接采购和退还**。**战略采购**即查找和采购关键供应商相关的流程，侧重于与贸易伙伴建立长期关系，这些贸易伙伴可以帮助购买者实现盈利能力和客户满意度目标。信息技术应用包括电子采购、报价请求自动化、征求建议书、电子拍卖（或逆向拍卖）和合同管理系统。**直接采购**即与构成最终产品的产品或服务的采购相关的过程，如在转换过程中用于使成品和服务出售给消费者的原材料。**间接采购**即与采购组织继续运营所需的商品和服务相关的过程，但与生产其销售的产品和服务没有直接联系，包括租金、水电费等。**退还**即出于业务原因、协议或安排（如缺陷、超额、维护或维修）的退货和处置决定相关的流程。

5）转换

转换过程描述了与产品创建（如生产、装配/拆卸、维修）和服务相关的活动。**转换产品**即通过劳动力、机械、工具以及生物或化学加工或配方将原材料、成分、组件或子组件转化为有形产品的过程。**转换服务**通过促进客户想要实现的结果来为客户提供价值的相关流程。**维护维修**包括将资产保持或恢复到其工作状态相关的过程。

6）履约

履约流程描述与履行产品客户订单相关的活动，包括计划订单交付、拣货、包装、运输、组装、安装、调试和开票。与订单类似，履约也包括B2C履约、B2B履约和公司内部履约。B2C履约即通过直接发货或客户取货来完成。B2B履约是指直接运送给企业客户、批发商和零售商。公司内部履约是同一订单中与企业内其他业务部门的关联过程。

7）退运

退运流程描述了任何与商品、服务或服务模块从客户通过供应链反向流动相关的活动，以诊断状况、评估权利、处置回转换或其他循环活动，以及预先定位库存或服务，包含了退运产品、退运服务与退运维修。

通过使用这些流程块，将不同的行业连接起来，几乎适用于任何供应链的深度和广度。该模型已成功地定义并应用于全球多个重大工程项目及特定地区的供应链改造工作。

2.3.2　供应链需求驱动价值网络成熟度模型

在SCOR模型的流程或实践成熟度评估阶段，存在既定的业务流程模型，其中聚焦于供应链运作的典型代表是由国际知名咨询公司Gartner提出并于近年来力推的供应链成熟度模型[1][2]，即DDVN模型。DDVN模型主要基于供应链全局，设计相应的商业网络，旨在实现价值最大化与风险最小化。

① Use the 5 level CSCO Score Supply Chain Maturity Model to support strategic planning[EB/OL].（2021–05–26）[2023–07–25]. https：//www.gartner.com/en/documents/4001983.

② Assess your supply chain maturity using the seven dimensions of DDVN excellence[EB/OL].（2013–07–03）[2023–10–06]. https：//www.gartner.com/en/documents/2539415.

结合前文提到的利益相关者理论，该模型的目标是获取和整合"零延迟"的需求信息，即通过整合企业的利益相关者及贸易伙伴之间复杂的供应链网络来实现。作为一个典型的评估模型，DDVN模型用于评估企业自身的供应链能力并指导供应链转型成果。作为企业管理者来说，可以通过该模型动态评估企业供应链效率与发展方向，从而制定相应的战略来进行改善。

对于大型集团而言，由于子公司及下属部门较多，各个部门的流程效率和对客户的态度不同，企业的内外部在执行某一战略时（本书以绿色供应链、可持续发展建设等为例）易变得十分割裂，某些部门以绿色供应链建设为核心目标（如战略发展部），某些部门则更注重自身的效率（如生产部门），而并非考虑可持续性发展的杠杆效应来提升敏捷性。DDVN模型相对于SCOR模型更加注重企业生命周期管理及企业发展规律，企业在发展过程的各个阶段所面临的问题存在差异性，因此相应的策略会发生改变，绿色供应链的建设最终应回归高效性与协调性，这一特性也是传统供应链向现代供应链转变的必经之路。

1. DDVN模型演变路径

该理论模型分为反应、预测、整合、合作与协奏曲五个阶段，让供应链管理者能够科学、清晰地评估企业的现状、下一阶段的目标和状态，这五个阶段详细地描述了成熟度的典型特征，其演变路径如图2-5所示。

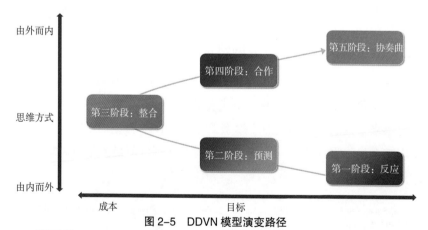

图 2-5　DDVN 模型演变路径

资料来源：Assess your supply chain maturity using the seven dimensions of DDVN excellence [EB/OL].（2013-07-03）[2023-08-04]. https://www.gartner.com/en/documents/2539415.

在这张图中，横坐标"目标"分为成本与服务两个层次，表现企业的战略目标及对不同因素的重视程度，纵坐标"思维方式"由由外而内（outside-in）和由内而外的（inside-out）两个层次组成，分别表示认为**公司自身能力**是成功的关键要素和认为**客户价值**是成功的必备要素两种不同的管理思维方式①。根据这两个维度的不同程度，五个阶段对应描述如下。

（1）反应（react）：在最初阶段，企业供应链是聚焦于"服务"，即纯粹地对外部需求进行反应，核心目标仅有满足客户订单，并不对外部环境、内部结构做过多考虑，且部门之间是孤立的。

（2）预测（anticipate）：这一阶段又称"参与型"，即供应链运作能实现规模化，对于市场及订单的响应速度和订单交付周期都有所加快与延长，这一改变表明企业开始考虑成本影响因素的问题，开始转移为对效率提升的探索。

（3）整合（integrate）：企业逐步形成端到端的供应链流程，即形成企业内部资源的整合，企业意识到供应链建设需要完成各个部门的整合，这个整合过程在供应链领域也被称为**销售与运营规划**（sales & operations planning，S&OP）或**集成业务计划云**（integrated business planning，IBP）。

（4）合作（collaborate）：企业已基本形成由外而内的外部视角，即企业的管理思维方式改变，强调企业之间的协调性，如协同规划、预测和补货（collaborative planning，forecasting and replenishment，CPFR），实现供应链上下游数据及信息共享。

（5）协奏（orchestrate）：企业供应链达到理想状态，实现供应链全链条的价值共享优化，实现服务的提质增效。值得注意的是，较上一阶段的"合作"，协奏意味着存在供应链"链主"的影响，若能形成产业内贯通供应链上下游业务流程的指挥者角色，供应链运作即达到最佳状态。

在此对整合阶段提到的销售与运营规划和集成业务计划做进一步阐述。

---

① Inside-out versus outside-in strategy: which is better for your business?[EB/OL]. (2023-02-07) [2023-07-31]. https://www.hypeinnovation.com/blog/inside-out-versus-outside-in-which-is-better-for-your-business.

1）销售与运营规划

S&OP 强调的是一个业务整合过程，根据领导层与执行层在过程中的协调与管理，确保跨部门、跨组织、跨业务合作的推进，从而平衡供应和需求。这一概念由美国供应链专家 Dick Ling 于 20 世纪 80 年代提出，其可行性与有效性已得到业内的广泛认可，主要包含以下六个步骤①，如图 2-6 所示。

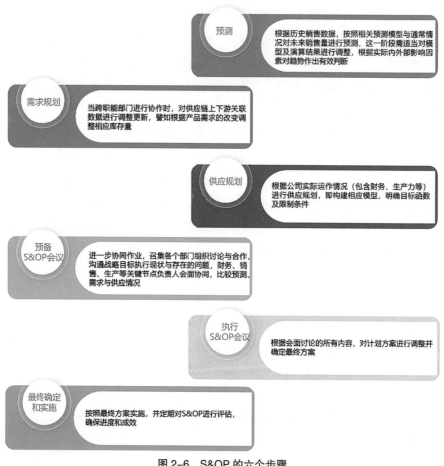

图 2-6　S&OP 的六个步骤

---

① 销售与运营规划（S&OP）的全面概述 [Z]. Bizsoft360，2021.

S&OP 指标包含需求和供应、财务两个方面，如表 2-6 所示。

表 2-6　S&OP 关键指标

指标维度	指标内容
需求和供应	需求预测与实际情况对比
	产量预测与实际情况对比
	存货周转率
	产能利用率
	准时交付率
	交付准确率
	交付周期
财务	某一时期的总销售额
	销量预测与实际情况对比
	毛利率
	营运计划资金与实际情况对比

2）集成业务计划云

实际上，IBP 是 S&OP 的进一步演变，是将流程整合平台化，即建成供应链计划平台，提供端到端的供应链计划业务流程，支持实时的数据共享与分析机制。IBP 的数字化进程将持续促进企业内部流程整合，主要包含以下五个模块。

（1）供应链控制塔：在网络层进行协同，促进整体可视化与绩效管理，并对相应的异常情况制定处理机制。

（2）销售与运营：与企业内部业务流程衔接，基于业务模块建设平台。

（3）需求：基于获取数据与统计预测、机器学习算法提升需求预测和管理的准确度。

（4）库存：根据产销数据制定并优化企业安全库存线。

（5）响应与供应：根据预测结果与实际情况为企业提供供应计划、风险机制等，针对客户的动态需求提升反应能力。

按照五个阶段的发展路径，供应链成熟度完成了目标与思维方式两个维度的转换，各个转换具体如下。

（1）第一阶段（反应）到第二阶段（预测）：建立企业统一标准，消除混乱。

企业开始考虑成本优化的相关问题，以业务与服务共享作为转换的整体路径，以此强化供应链各个部门的职能，通过建立企业统一标准简化事务，避免各部门各自为政的情况。在这一阶段，企业也开始考虑通过建立绩效评估标准，建立对战略要求的统一认知，在整体层面消除过多浪费。

（2）第二阶段（预测）到第三阶段（整合）：标准化的持续影响。

随着成本优化和标准建设工作的持续推进，标准的具体化建设将对应到不同的业务部门，如库存、准时交付、完美订单率建立相应的标准，通过进一步协作来达到目标，从而演变为供应链合作伙伴的联合行动。供应链上下游的企业和部门意识到标准化的作用，但是对于动态变化的客户需求，标准化也存在一定限制。

（3）第三阶段（整合）到第四阶段（合作）：思维方式的转变。

这一阶段在纵向维度上完成切换，即开始从组织建设的层面讨论供应链运作，能够进一步根据客户的需求将标准化绩效转换为量化指标，将定性的客户评价、绩效描述转化为相应的数学范式，如周转时间、提前期、有效期和柔性等属性，语言描述也转化为具体的数据，从而促进供应链提升。另外，各个部门强调合作，从而支持不同客户的细分需求，供应链的建设也将反映在产品之中，如促进产品的质量管理或生产计划变动。

（4）第四阶段（合作）到第五阶段（协奏）：促进供应链上下游协同。

强调"链主"重要性，通过专业的技能和技术打造世界级的流程，从而将需求、产品开发和供应能力完美整合。在部分汉化版本中，第五阶段也被称作"生态"，即打造供应链生态，采取多元化的供应链战略，强调生态系统中伙伴关系的重要性，从而进一步形成供应链韧性。

2. DDVN 模型七维度能力评估模型

根据五个阶段的对应目标和实际表现，DDVN 模型进一步形成七维度能力评估模型来配合该供应链模型框架的实施，即相应的成熟水平需要以一个实施工具来实现实质改变，主要分为产品生命周期管理、供应网络设计、供应链管理、供应运营、客户需求的满足情况、需求管理和战略及组织架构七个部分，如图 2-7 所示。

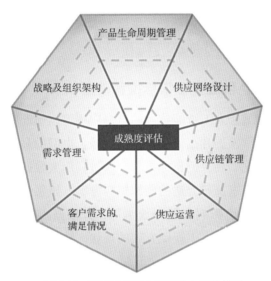

图 2-7　DDVN 模型七维度能力评估模型

资料来源：Definition of demand-driven value network（DDVN）[EB/OL]. [2023-10-01]. https://www.gartner.com/en/information-technology/glossary/demand-driven-value-network-ddvn.

其中，**产品生命周期管理**在前文中有所提及，即从产品需求到产品淘汰的全部生命历程管理，这一理论也常常与企业信息化共同讨论；**供应网络设计**即采用具备最大限度风险可见性和灵活性的动态网络，以便及时发现问题，使得供应链功能细分；**供应链管理**即考虑产品流、信息流、资金流"三流"的综合集成性管理，实现客户价值最大化、供应链成本最小化；**供应运营**即对采购、物料、生产等业务进行有效监控和管理，主要考虑原材料、劳动力和能源等情况；**客户需求的满足情况**即基于顾客端的问询和调查，统计当前顾客满意度及忠诚度，从而实现客户需求正向反馈；**需求管理**即挖掘和分析顾客需求的过程，通过企业与客户之间形成的连接和信息反馈，调整对应策略；**战略及组织架构**即从企业治理层面实现战略调整与部门架构调整。

实际上，绿色供应链的成熟度评价也是对供应链上下游企业绿色可持续发展能力的变相评估，在绿色供应链建设的不同阶段，通过成熟度模型的构建帮助企业发现运营中存在的相关问题，为企业的可持续性决策提供依据，使供应链更加健康地发展。结合 DDVN 模型来看，各节点企业应当以自身能力、提供优质服务为基础，围绕七大维度，对整条供应链的绿色绩效和经济绩效作出综合评价。

2.3.3　通用性绿色供应链多指标推荐模型

在绿色电网领域，人工智能技术的落地应用可以帮助优化能源分配和管理，以实现可持续发展和高效能源利用。绿色电网的多指标体系模型旨在为用户提供个性化、高效的指标推荐，通过利用大数据分析和机器学习技术，根据不同的需求推荐合适的能源供应方案。该系统需要考虑多个指标，如能源效率、环境影响和用户成本等，并根据实时需求进行动态调整。根据这一要求，依托人工智能发展的现状，结合前文对绿色供应链前沿技术的分析和调研，需要回答三个问题。

（1）如何表征指标，提升指标表征的特异性？

（2）如何表征指标间的高维关系，建立指标间的层次化描述？

（3）如何表征指标间关系的变化，学习其演化规律？

图表示学习技术和深度学习技术可以满足系统的指标体系表示及演进的需求。

1. 推荐模型基础理论

1）图表示学习

图表示学习是一种机器学习方法，可以学习节点在图结构中的表示向量，从而捕捉节点之间的关系和特征[①]。图表示学习可以用于构建用户和能源节点之间的关系图，进而实现个性化的指标推荐。

记指标关系图 IRG 为 $G(V, E)$，点集用 V 来表示，其中每一个指标作为一个节点，指标之间的网络连接作为边集 E，如式（2-26）和

---

① WANG H, WANG J, WANG J L, et al. Graphgan: graph representation learning with generative adversarial nets[C]//Proceedings of the AAAI Conference On Artificial Intelligence，2018，32（1）.

式（2-27）所示。则指标体系构建与演化就可以在这个图 IRG 上进行。

$$IRG = G（V，E）\qquad（2-26）$$

$$V = v_1，\cdots，v_n，E = e_1，\cdots，e_m\qquad（2-27）$$

图 的 类 型 可 以 分 为 无 向 图（undirected graph）、有 向 图（directed graph）、有环图（cyclic graph）、无环图（acyclic graph）、有权图（weighted graph）、无 权 图（unweighted graph）、稀 疏 图（sparse graph）和 稠 密 图（dense graph）[1]，如图 2-8 所示。

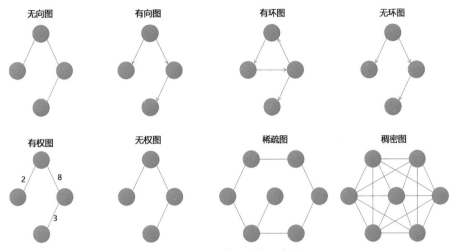

图 2-8　不同的图结构示意图

注：2、3、8 代表权重值，即关系的强弱。

不同类型的图针对不同的问题，对于指标关系图而言，指标的循环引用会造成指标层次不清晰的问题，因此采用无环图；加之指标之间存在一定的层次关系，因此采用有向图。进而研究问题转化成对一个有向无环图 $G（V，E）$，解决图的构建和演化问题[2][3]。

① 严蔚敏，吴伟民 . 数据结构：C 语言版 [M]. 北京：清华大学出版社，1997.

② ROHBAN M H，RABIEE H R. Supervised neighborhood graph construction for semi-supervised classification[J]. Pattern recognition，2012，45（4）：1363-1372.

③ RAMALINGAN A G，REPS B T. On the computational complexity of dynamic graph problems[J]. Theoretical computer science，1996，158（1-2）：233-277.

图表示学习技术可以在电网的多指标推荐中发挥重要作用，主要体现在如下几个方面。

（1）节点表示学习。节点表示学习与指标体系模型的研究颇为契合，二者的目标较为一致。指标体系模型的主要目标是在保证指标体系逻辑关系的情况下判断指标体系的运行效果，这就需要指标体系逻辑关系被模型表征。而节点表示学习的重要目标就是在将每个节点映射为向量表示的时候最大化地保留图的拓扑信息，即指标间的关系。使用图神经网络（graph neural networks，GNN）技术，可以学习节点的表示向量，表示节点的特征和关系[①]。在绿色电网的推荐系统中，节点可以是用户、能源供应商和能源需求等。通过将用户和能源节点连接起来，可以建立用户与能源供应之间的关系图。GNN可以学习用户的偏好和能源节点的特征，从而推荐合适的能源供应方案。

（2）关系建模。通过构建用户与能源节点之间的关系图，可以捕捉到用户和能源之间的关系以及它们之间的相互作用。基于图表示学习的推荐系统可以学习到用户与能源节点之间的相似性、关联性和影响力等信息，进而根据需求提供能源供应方案。

（3）动态调整和实时推荐。绿色电网的多指标推荐系统需要实时监测用户的能源需求和供应情况，并根据实时数据作出相应的调整和推荐。基于图表示学习的推荐系统可以实时更新用户和能源节点的表示向量，并根据新的数据进行推荐[②]。例如，当用户的能源需求发生变化时，系统可以通过更新用户节点的表示向量，重新计算推荐结果。

（4）多任务学习。绿色电网的多指标推荐系统需要同时考虑多个指标，如能源效率、环境影响和用户成本等。基于图表示学习的推荐系统可以应用多任务学习的方法，将这些指标作为多个任务进行建模。通过共享节点的表示向量，系统可以同时预测多个指标，并综合考虑它们的重要性，从而生成全面的能源推荐结果。

---

① YU W, LIN X, LIU J, et al. Self-propagation graph neural network for recommendation[J]. IEEE transactions on knowledge and data engineering, 2021, 34（12）: 5993-6002.

② YU W, LIN X, LIU J, et al.Self-propagation graph neural network for recommendation[J].IEEE transactions on knowledge and data engineering, 2021, 34（12）: 5993-6002.

（5）基于社交网络的能源推荐。在绿色电网中，用户之间可以形成社交网络，他们可以共享能源使用数据、交流经验和评价不同能源供应商的服务质量。基于图表示学习的推荐系统可以结合社交网络信息，学习用户之间的社交关系，并将这些关系应用于推荐过程中。例如，系统可以基于用户之间的社交关系，向用户推荐与他们的朋友或邻居相似的能源供应方案。

（6）融合时空信息的推荐。绿色电网是一个动态的系统，能源需求和供应会随着时间和空间的变化而变化。基于图表示学习的推荐系统可以结合时空信息，学习节点在不同时间和空间的变化规律。通过考虑时间序列和地理位置等因素，系统可以根据不同的时空上下文为用户推荐最优的能源供应方案。

（7）可解释性推荐。推荐系统中的可解释性对于用户的接受和信任至关重要。基于图表示学习的推荐系统可以解释为什么某个能源供应方案被推荐给用户。通过可解释性推荐，用户可以更好地理解推荐结果，从而增强对系统的信任感，并更有可能采纳推荐方案。

（8）异构信息的建模。绿色电网中涉及的信息不仅是用户和能源节点的关系，还有能源市场价格、天气数据等异构信息。基于图表示学习的推荐系统可以扩展为多层异构图，将不同类型的节点和边连接起来。通过建模异构信息，系统可以更全面地理解绿色电网中的复杂关系，为用户提供更精准的能源推荐。

综上所述，基于图表示学习的推荐系统在绿色电网多指标推荐系统中具有丰富的技术落地应用。通过构建用户与能源节点之间的关系图，并应用图神经网络技术，系统可以学习到用户和能源之间的关系，从而实现个性化、高效的能源推荐。此外，动态调整、实时推荐和多任务学习等技术也可以进一步增强推荐系统的性能和可靠性。这些技术的落地应用有助于推动绿色电网的发展，促进可持续能源的利用和管理。通过融合社交网络、时空信息和异构信息等多种技术手段，系统可以实现个性化、实时的能源推荐，促进绿色电网的可持续发展和高效能源利用。这些技术的应用有助于提高用户满意度、减少能源浪费，并为能源供应商和政策制定者提供决策支撑。

2）深度学习

深度学习是一种基于人工神经网络的机器学习方法①，通过模仿人脑分析和学习的方式，对数据进行特征提取和模式识别。随着计算能力的提升和大数据的蓬勃发展，深度学习已在计算机视觉、自然语言处理、语音识别等领域取得长足进步，并在能源领域开启新的应用方向。

深度学习的雏形可以追溯到 20 世纪 40—60 年代的感知机，经过多次发展和改进，80 年代兴起的回归推理网络开始使用多层结构提取数据特征。2006 年开始，深度学习才真正被广泛关注，特别是卷积神经网络（convolutional neural networks，CNN）AlexNet 在 2012 年 ImageNet 图像识别竞赛中的成功表现，证明了深层卷积神经网络在计算机视觉任务上的优势。随后多层 LSTM（长短时记忆）等模型也不断涌现，使深度学习在语音和自然语言处理领域也取得重大突破。2016 年，AlphaGo 击败李世石，标志着深度学习在复杂对抗游戏领域的进展。目前，深度学习已成为机器学习和人工智能研究的热点。

目前常用的深度学习模型主要包括多层感知机（MLP）、卷积神经网络、循环神经网络（recurrent neural networks，RNN）等。MLP 通过多层前向传播提取数据的抽象特征。CNN 通过卷积操作提取图像或文本的局部特征，再通过池化降维。RNN 及其变体 LSTM 和 GRU（gated recurrent unit，门控循环单元）通过记忆单元保存历史信息，擅长处理时间序列数据。随着计算资源和数据量的增加，模型也在不断加深，从几层到几十乃至上百层，也诞生了许多经典的深度神经网络（deep neural network，DNN）架构，如 VGGNet、Inception 模块、残差网络（ResNet）、密集连接网络（DenseNet）、注意力机制（Attention Mechanism）、变分自动编码器（VAE）、生成对抗网络（GAN）等。

VGGNet 是牛津大学 VGG（Visual Geometry Group）团队在 ILSVRC 2014 比赛中提出的典型 CNN 模型。其基本思想是连续使用小卷积核（3×3）的

---

① LECUN Y，BENGIO Y，HINTON G .Deep learning[J].Nature，2015，521（7553）：436.

卷积层来构建网络，增加网络深度，使参数量不剧增。同时，VGGNet 在网络结构上使用全连接层替代部分大尺寸卷积层，以减少参数量。VGGNet 的深度一般有 11、16、19 层，参数量较大，适合在大数据集上进行预训练，然后进行模型压缩和迁移。该网络结构优点是增加网络深度而参数不急剧增长，在图像分类任务上效果显著。

Inception 模块是 GoogleNet 中提出的重要组织单元。其核心思想是在一个模块内同时使用不同尺寸的卷积核并行提取信息，再进行向量拼接，获取不同抽象层面的特征。典型的 Inception 模块包含 1×1、3×3、5×5 卷积和 3×3 最大池化 4 条并行路径。Inception 结构增强了网络对尺度的适应性，在图像识别任务上效果显著，后来针对计算效率进一步演化出 Inception V2、V3 等版本。

残差网络通过残差连接成功构建了上百乃至千层级别的超深网络结构。残差模块允许负反馈，跳接跨若干层直接传递底层信息。这样即便在网络层数增加时，也能保持损失函数平坦，避免梯度消失问题，使训练超深网络成为可能。ResNet 极大改善了图像识别任务的效果。

密集连接网络则进一步加强网络连接，使每个层都直接连接到后面所有层，信息最大化传递。这种极度密集的连接方式提高了特征重用，大幅减少参数量，降低过拟合风险。DenseNet 获得了图像识别与分割领域的多项 state-of-the-art 结果。

注意力机制则通过注意力模块自动学习不同输入的重要性权重，强调信息的关键部分，可用于图像识别，也广泛应用于 NLP（自然语言处理）任务，如机器翻译与阅读理解等。注意力机制增强模型对重点内容的识别与表示能力。

变分自动编码器是一类生成模型，通过学习数据潜在分布进行随机采样生成新样本。其采用编码器与解码器结构，编码器学习压缩特征，解码器恢复数据分布。VAE 可用于图像生成，也可用于推断缺失数据信息。

而生成对抗网络也是重要的生成模型家族。GAN 包含生成器和判别器对抗训练。生成器学习生成虚假样本，判别器判断真假。竞争机制促使生成样本质量不断提升，可用来生成高清风格化图像 ①。

以上涵盖了深度学习典型模型类别，各模型根据结构特点，在图像、语音、文本等不同任务上发挥不同的性能优势，组成了深度学习的算法宝库。这为我们构建针对特定问题的最优模型提供了丰富选择。

相比传统机器学习方法，深度学习具有自动化特征学习和端到端训练优势。深层网络可以自动学习数据的高阶抽象特征表示，而无须人工特征工程。在训练和测试过程中，模型每一层提取前一层的特征，由低级到高级逐步抽象，可学习数据的复杂模式。同时，深度学习实现端到端训练，输入原始数据并直接输出结果，无须分割为不同模块，这种方式无须人为设计特征工程，让模型自己学习特征，提升了灵活性。此外，深度学习模型规模越大，参数越多，拟合能力也越强。这令其在大规模数据集上获得显著效果提升。

深度学习技术可以在电网企业绿色供应链中发挥重要作用，主要体现在如下几个方面。

（1）可再生能源预测及电力系统节能运营。近年来，深度学习已在可再生能源预测、用能建筑节能、电力系统运营等能源领域展开广泛应用。如在风电和光伏发电预测中，可以基于气象数据，采用 LSTM 等网络模型进行短期风速和日照预测，以准确预报风电与光伏发电量，制订合理的发电计划，降低不确定性。如在建筑用能预测与优化中，可以利用 CNN、RNN 模型预测建筑的电力、热力和水资源消耗情况，再通过强化学习等方法优化建筑运营，实现建筑能耗的降低。如在电网故障检测与电力恢复中，使用深度学习对电网运行数据进行分析，实现对故障类型的自动识别，快速定位故障产生点。针对不同故障情况制定电力恢复策略，实现电网自我修复。如在需求响应与负载预测中，根据用户用电数据，建立深度学习模型预测电力负载变化，并结合用户响应模式进行需求响应，实现电网峰谷负载的平滑，确保电力系统稳定运行。

（2）数据质量提升。能源系统数据复杂多变，存在缺失、异常及不同

---

① YU W，HE X，PEI J，et al. Visually aware recommendation with aesthetic features[J]. The VLDB journal，2021，30：495-513.

格式。数据预处理成本高、标注数据稀缺也制约模型效果。如何获得足够的高质量标注数据仍是关键难题。可以使用基于深度自编码器或者 VAE 的异常检测技术，识别出异常数据点。再通过插值、外推等方法修复异常点。对于缺失数据，可以训练基于 RNN、LSTM 的生成模型，学习数据时间相关性，实现数据的合理补全。进一步在数据驱动的任务中，利用迁移学习思想，采用在其他领域训练好的代表性深度学习模型，进行数据的预训练，作为数据标准化的基础。还可以通过深度学习进行不同类型能源数据的映射，获得统一的特征表达。有助于打通"数据孤岛"，实现多源异构数据的融合利用。

数据质量提升反过来可以进一步优化深度学习模型。通过深度学习实现高质量数据的自动标注，生成大规模标注数据集，训练表征能力更强的深度学习模型。应用深度学习模型提取数据的潜在特征，再使用聚类算法对数据进行重新归类和表征，提升数据可用性。还可以运用深度学习数据增强技术，如生成对抗网络、合成各类数据样本、增强模型泛化能力。

在有限标注数据的情况下，开发半监督及弱监督深度学习算法，扩大模型针对目标任务的学习范围①。

（3）助力能源领域变革。当前，可再生能源比重不断提升，电力需求持续增长，能源结构和消费模式正在发生深刻变革。深度学习作为前沿技术，必将在这一能源变革中发挥关键作用：①推动智慧能源产业升级，应用于智能电网、智慧电站、智能用电等系统，实现电力、热力、燃气等多能源的协同高效利用，助力能源行业智能化升级。②促进新能源消纳和系统优化，预测新能源输出变化，进行经济可靠的系统规划，提高风电、光伏等新能源的消纳水平，实现可再生能源大规模充电。③提升能源利用效率，建立用能预测模型，实现建筑、交通等领域的用能优化，降低能源浪费。④推动绿色低碳发展，进行绿色制造技术研发、新材料设计等方面的工作，降低工业生产能耗，减少碳排放，促进绿色低碳发展。⑤增强能源经济运行保障，实现对能源系统运行状态的准确评估与故障预测，增强系

---

① YU W，LIN X，GE J，et al. Semi-supervised collaborative filtering by text-enhanced domain adaptation[C]// 26th ACM SIGKDD International Conference on Knowledge Discovery & Data Mining, 2020：2136-2144.

统安全性，防范运行风险。⑥丰富智能决策支持手段，辅助电力调度人员进行各类智能决策，实现人机协同的科学调控，推动能源领域的智能决策革新。

尽管深度学习在能源领域展现出巨大应用潜力，但仍面临一些挑战，主要表现在如下几个方面。

①算法解释性。深度学习模型较为复杂，其预测结果不易解释。而对于能源系统运营，需要对模型预测行为进行分析和理解。如何提高深度学习算法的可解释性，仍有待进一步研究。

②计算资源需求。训练复杂深度模型需要大量计算资源，尤其对于工业级海量数据。如何降低资源占用同时保持效果是研究方向。采用模型压缩、量化、知识蒸馏等方法可以降低计算和存储需求。

③安全性与隐私保护。能源系统数据包含用户隐私和商业机密，其安全性和数据隐私保护也需要通过技术手段实现。此外，深度学习系统的可靠性和稳定性也需保证。

④数据规模小。源系统数据复杂多变，是典型的多源异构数据，而且数据规模较小，处理成本较高，标注任务复杂，会制约深度学习模型的效果。

3）图神经网络

图神经网络是将图表示学习和深度学习相结合的重要结构，可以建模图中不同结点的高维关系[1]，主要包括递归图神经网络（recurrent graph neural networks，RecGNNs）、基于谱的卷积图神经网络和基于空间的卷积神经网络。

（1）递归图神经网络。

①递归图神经网络基本表示。其中每个节点的隐藏状态通过式（2-28）所示的方式递归更新。

$$h_v^{(t)} = \sum_{u \in N(v)} f(\boldsymbol{x}_v, x^e(v, u), \boldsymbol{x}_u, h_u^{(t-1)}) \tag{2-28}$$

其中，$f(\cdot)$ 是一个参数函数，$h_v^{(0)}$ 是随机初始化的隐藏状态，表示图上

---

① WU F, SOUZA A, ZHANG T, et al. Simplifying graph convolutional networks[C]//International Conference on Machine Learning. PMLR, 2019: 6861-6871.

任意节点，$N(v)$ 表示节点的邻域，u 表示邻域中的节点，$\boldsymbol{x}_v$ 和 $\boldsymbol{x}_u$ 分别表示节点 v 和 u 的特征向量，下同。

②门控图神经网络（gated graph neural network，GGNN）。其中每个节点的隐藏状态由其先前的隐藏状态及其相邻隐藏状态更新，如式（2-29）所示。

$$h_v^{(t)} = \text{GRU} \left(h_u^{(t-1)}, \; \sum_{u \in N(v)} W h_u^{(t-1)} \right) \tag{2-29}$$

其中，GRU 是门控循环单元，$h_v^{(0)}$ 是随机初始化的隐藏状态，$h_v^{(0)} = \boldsymbol{x}_v$，$W$ 是可训练的网络参数。

③随机稳态嵌入（stochastic steady-state embedding，SSE）。SSE 的循环函数被定义为历史状态和新状态的加权平均值，其形式为

$$h_v^{(t)} = (1-\alpha) \, h_v^{(t-1)} + \alpha W_1 \alpha \left(W_2 [\boldsymbol{x}_v, \; \sum_{u \in N(v)} [h_u^{(t-1)}, \boldsymbol{x}_u]] \right) \tag{2-30}$$

其中，$(1-\alpha) \, h_v^{(t-1)}$ 是历史状态的占比，W_1 和 W_2 是可训练的网络参数。

（2）基于谱的卷积图神经网络。

①谱卷积神经网络（spectral convolutional neural network，spectral CNN）。Spectral CNN 的图卷积层定义为

$$H_{:,j}^{(k)} = \sigma \left(\sum_{i=1}^{f_{k-1}} U \theta_{i,j}^{(k)} U^{\mathrm{T}} H_{:,j}^{(k-1)} \right) \; (j = 1, \; 2, \; \cdots, \; f_k) \tag{2-31}$$

其中，k 是层索引，$H^{(k-1)} \in R^{n \times f_{k-1}}$ 是输入的图信号，$H^{(0)} = X$，f_{k-1} 为输入通道数，f_k 为输出通道数，$\theta_{i,j}^{(k)}$ 是一个填充可学习参数的对角矩阵，U 是按特征值排序的特征向量矩阵。

②切比雪夫卷积神经网络（Chebyshev spectral CNN，ChebNet）。CayleyNet 的谱图卷积定义为

$$x * G g \theta = c_0 x + 2\text{Re}\{\sum_{j=1}^{r} c_j (h\lambda - i)^j (h\lambda + i)^{-j} x\} \tag{2-32}$$

其中，Re（·）返回复数的实部，c_0 是实数系数，c_j 是复数系数，i 是虚数，h 是控制 Cayley 滤波器频谱的参数。CayleyNet 表明 ChebNet 可以被视为 CayleyNet 的一个特例。

③图卷积神经网络（graph convolutional network，GCN）。为了允许输入和输出的多通道，GCN 将式（2-32）修改为组合层表示，定义为

$$H = X * G g\theta = f(\bar{A}X\theta) \quad (2-33)$$

其中，$\bar{A} = I_n + D^{-\frac{1}{2}} A D^{-\frac{1}{2}}$ 和 $f(\cdot)$ 是一个激活函数。

从基于空间的角度来看，GCN 可以被认为是聚合来自节点邻域的特征信息。因此，上述等式可以表示为式（2-34）。

$$h_v = f\left(\boldsymbol{\theta}^{\mathrm{T}}\left(\sum_{u \in \{N(v) \cup v\}} \bar{A}_{v,\,u} X_u\right)\right) \forall v \in V \quad (2-34)$$

④对偶图卷积网络（dual graph convolutional network，DGCN）。该矩阵通过从图中采样的随机游走捕获节点共现信息。PPMI 矩阵定义为

$$\mathrm{PPMI}_{v_1,\,v_2} = \max\left\{\log\left[\frac{\mathrm{count}(v_1,\,v_2) \cdot |D|}{\mathrm{count}(v_1)\,\mathrm{count}(v_2)}\right],\,0\right\} \quad (2-35)$$

其中，$v_1,\,v_2 \in V$，$|D| = \Sigma_{v_1,\,v_2}\mathrm{count}(v_1,\,v_2)$ 和 count（·）函数返回节点 v 和 / 或节点 u 在抽样随机游走中同时出现 / 出现的频率。

（3）基于空间的卷积神经网络。

①图神经网络（neural network for graphs，NN4G）。NN4G 通过以下方式导出其下一层节点状态：

$$h_v^{(k)} = f\left(\boldsymbol{W}^{(k)T} x_v + \sum_{i=1}^{k-1} \sum_{u \in N(v)} \boldsymbol{\theta}^{(k)T} h_u^{(k-1)}\right) \quad (2-36)$$

其中，$f(\cdot)$ 是一个激活函数，$h_v^{(0)} = 0$。

上述方程也可以写成矩阵形式：

$$\boldsymbol{H}^{(k)} = f\left(X\boldsymbol{W}^{(k)} + \sum_{i=1}^{k-1} A H^{(k-1)} \boldsymbol{\theta}^{(k)}\right) \quad (2-37)$$

②扩散卷积神经网络（diffusion convolutional neural network，DCNN）。DCNN 将扩散图卷积定义为

$$\boldsymbol{H}^{(k)} = f\left(W^{(k)} \theta P^k X\right) \quad (2-38)$$

其中，$f(\cdot)$ 是一个激活函数，概率转移矩阵由 $P \in R^{n \times n}$，$P = D^{-1}A$ 计算。

③扩散图卷积（DGC）对每个扩散步骤的输出求和，而不是连接。它定义了扩散图卷积：

$$H = \sum_{k=0}^{K} f[P^k X W^{(k)}] \qquad (2-39)$$

其中，$W^{(k)} \in R^{D \times F}$ 和 $f(\cdot)$ 是激活函数。

④分区图卷积（partition graph convolution，PGC）。

$$H^{(k)} = \sum_{j=1}^{Q} \overline{A}^{-(j)} H^{(k-1)} W^{(j, k)} \qquad (2-40)$$

其中，$H^{(0)} = X$，$\overline{A}^{(j)} = (D^{(j)})^{-\frac{1}{2}} A^{(j)} (D^{(j)})^{-\frac{1}{2}}$，并且 $A^{(j)} = A^{(j)} + I$。

⑤消息传递神经网络（message passing neural network，MPNN）。消息传递函数（即空间图卷积）定义为

$$h_v^{(k)} = U_k \left(h_v^{(k-1)}, \sum_{u \in N(v)} M_k(h_v^{(k-1)}, h_u^{(k-1)}, X_{vu}^e) \right) \qquad (2-41)$$

其中，$h_v^{(0)} = X_v$，$U_k(\cdot)$ 和 $M_k(\cdot)$ 是具有可学习的参数的函数。

图同构网络（GIN）通过一个可学习的参数 $\varepsilon^{(k)}$ 来调节中心节点的权重。它通过以下方式执行图卷积：

$$h_v^{(k)} = \text{MLP}\left((1 + \in^{(k)}) h_v^{(k-1)} + \sum_{u \in N(v)} h_u^{(k-1)}\right) \qquad (2-42)$$

其中，MLP（·）表示多层感知器。

GraphSage 采用采样为每个节点获取固定数量的邻居。它通过以下方式执行图卷积：

$$h_v = \sigma\left(W^{(k)} \cdot f_k(h_v^{(k-1)}, \{h_u^{(k-1)}, \forall u \in S_N(v)\})\right) \qquad (2-43)$$

其中，$h_v^{(0)} = X_v$，$f(\cdot)$，是一个聚合函数，$S_{N(v)}$ 是节点 v 的邻居的随机样本。

⑥图注意力网络（graph attention network，GAT）。根据 GAT 的图卷积操作定义为

$$h_v^{(k)} = \sigma\left(\sum_{u \in N(v) \cup v} \alpha_{uv}^{(k)} W^{(k)} h_u^{(k-1)}\right) \qquad (2-44)$$

其中，$h_v^{(0)} = X_v$，注意权重 $\alpha_{uv}^{(k)}$ 衡量节点 v 与其邻居 u 之间的连接强度：

$$\alpha_{uv}^{(k)} = \text{softmax}\left(g\left(\boldsymbol{a}^{\mathrm{T}}[W^{(k)}h_v^{(k-1)} \| W^{(k)}h_u^{(k-1)}]\right)\right) \tag{2-45}$$

其中，$g(\cdot)$ 是 LeakyReLU 激活函数，$\boldsymbol{a}$ 是可学习参数的向量。

图神经网络中除了卷积模块，还有其他模块，如图池化模块、图自编码器（GAE）等。

a. 图池化模块。在 pooling 窗口中计算 mean/max/sum 值：

$$h_G = \text{mean/max/sum}\left(h_1^{(k)}, h_2^{(k)}, \cdots, h_n^{(k)}\right) \tag{2-46}$$

b. 图自编码器。

i. 网络嵌入。结构深度网络嵌入（SDNE）在编码器和解码器的输出上提出了两个损失函数，第一个损失函数 $L_{1\text{st}}$ 定义为

$$L_{1\text{st}} = \sum_{(v,u) \in E} A_{v,\ u} \| \text{enc}(X_v) - \text{enc}(X_u) \|^2 \tag{2-47}$$

其中，$X_v = A_v$，$\text{enc}(\cdot)$ 是一个由多层感知器组成的编码器。

ii. 第二个损失函数 $L_{2\text{nd}}$ 定义为

$$L_{2\text{nd}} = \sum_{v \in V} \| (\text{dec}(\text{enc}(X_v)) - X_v) \odot b_v \|^2 \tag{2-48}$$

其中，如果 $A_{v,\ u} = 0$，则 $b_v = 1$；如果 $A_{v,\ u} = 1$，则 $b_v = \beta > 1$，并且 $\text{dec}(\cdot)$ 是一个由多层感知器组成的解码器。

iii. GAE 的编码器由两个图卷积层组成，其形式为

$$\boldsymbol{Z} = \text{enc}(X, A) = \text{Gconv}(f(\text{Gconv}(A, X; \theta_1)); \theta_2) \tag{2-49}$$

其中，$\boldsymbol{Z}$ 表示图的网络嵌入矩阵，$f(\cdot)$ 是 ReLU 激活函数，$\text{Gconv}(\cdot)$ 是由公式定义的图卷积层。

iv. GAE 的解码器旨在通过重构图邻接矩阵，从它们的嵌入中解码节点关系信息，该矩阵定义为

$$\hat{A}_{v,\ u} = \text{dec}(z_v, z_u) = \sigma(z_v^{\mathrm{T}} z_u) \tag{2-50}$$

其中，z_v 是节点 v 的嵌入。

v. VGAE 优化变分下界 L：

$$L = E_{q(z|X, A)} [\log p（A|z）] - \mathrm{KL} [q（z|X, A）\| p（z）] \qquad （2-51）$$

深度递归网络嵌入（DRNE）的重构误差定义为

$$L = \sum_{v \in V} \| z_v - \mathrm{LSTM}(\{z_u | u \in N(v)\}) \|^2 \qquad （2-52）$$

vi. 具有对抗正则化自动编码器的网络表示（NetRA）提出了一种具有通用损失函数的图形编码器 – 解码器框架，定义为

$$L = -E_z \sim P_{\mathrm{data}}(z)(\mathrm{dist}(z, \mathrm{dec}(\mathrm{enc}(z)))) \qquad （2-53）$$

c. 图变分自编码器（GraphVAE）。图变分自动编码器优化变分下界：

$$L（\phi, \theta; G） = E_{q\phi(z|G)} [-\log p_\theta（G|z）] + \mathrm{KL} [q_\phi（z|G）\| p（z）] \qquad （2-54）$$

其中，$p（z）$ 遵循高斯先验，ϕ 和 θ 是可学习的参数。

2. 模型构建

1）模型选型

模型的选取和搭建是机器学习项目成功的关键。模型选型要针对具体问题和目标任务进行。首要的是明确问题的类型，如分类、回归、集群、推荐等，然后考虑问题的输入输出特征、评价指标等因素。还要评估不同算法类别的拟合能力。有了清晰的问题理解，才能进行有目标性的模型选型。

具体的模型选型可归纳为六步：问题分析、算法备选、数据集评估、快速训练、集成调参、结果评测。

第一步，进行问题分析，明确变量、标签、目标函数和评价指标等问题属性。这决定后续的数据准备和模型设计方向。

第二步，根据问题类型初步确定备选算法类别，如决策树、SVM（支持向量机）、深度学习等，列出多个可行备选方案。

第三步，检视数据集，评估质量、规模和特征，为模型体系结构提供依据。不同数据更适合不同算法，如图像数据优先考虑 CNN。

第四步，在小批量数据上进行备选模型的快速训练和验证，对性能做

初步评估。这有助于滤除明显欠拟合的模型。

第五步，做详细的模型调参，优化超参数，采用集成和增强技术进一步提升模型效果。

第六步，在完整测试集上做系统评测，并与业界前沿技术结果对标，确定最终模型系统。

模型选型还应注意以下几点：①不要过早锁定某一模型，保持开放的尝试。②采用集成模型提高稳健性。③考虑模型解释性和部署成本。④迭代优化，控制模型复杂度。⑤支持增量学习和迁移学习。

（1）传统方法。传统方法主要有协同过滤和矩阵分解。

协同过滤分为两类：基于用户的协同过滤（user-based）和基于物品的协同过滤（item-based）。基于用户的协同过滤根据企业之间的相似性推荐指标，而基于物品的协同过滤则根据指标之间的相似性进行推荐。

核心思想：基于物品的协同过滤方法侧重于发现物品之间的相似性。对于每个物品，找到与其相似的其他物品，然后根据用户对这些相似物品的喜好程度来推荐物品。

其用在企业上就是通过企业和企业之间的关系，或者使用被多个企业共同使用的标准作为该算法的"物品"的概念，推荐到更多的企业中。

"协同"的核心思想在于利用其他用户的行为（群体智慧）来辅助当前用户作出决策，"过滤"则表示从大量候选信息中筛选出合适的物品。该算法的基本假设是"过去兴趣相似的用户在未来仍然会保持类似的兴趣"，具体来说，协同过滤方法分为"基于记忆的方法"和"基于模型的方法"。

基于记忆的方法又可以细分为基于用户和基于物品两个类型，如图 2-9 所示。在基于用户的方法中，为了计算一个用户 u 对物品 i 的喜好程度，首先需要找到和 u "最像"的 K 个用户，然后根据这 K 个用户对目标物品 i 的打分行为或者隐式反馈来推断 u 对 i 的兴趣。这里用户之间的相似度有很多种计算方法，一种典型的方法是将每个用户交互过的物品表示成一个向量，然后利用余弦相似度（cosine similarity）或皮尔逊相关系数（Pearson correlation coefficient）等方法计算用户之间的相似程度。

这种方法的好处在于可以反映用户群体的喜好，但在系统内用户过多

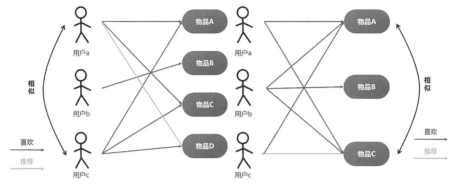

图2-9　基于用户的协同过滤和基于物品的协同过滤

的情况下，那么计算"最像"的 K 个用户将会非常耗时。另外，对于新来的用户，由于还没有行为记录，因此没有办法计算他和其他用户的相似度，也就不能为他准确地找到相关物品。

基于物品的方法和基于用户的方法实际上很类似，不同的地方在于，基于物品的方法首先要找到和目标物品 i 最相似的 K 个物品，然后根据用户 u 对这 K 个物品的喜好程度来计算他对 i 的感兴趣程度。计算物品的相似度时，可以先把每个物品表示成一个向量，其中的每一位标记着一个用户是否购买了该物品。利用向量之间的余弦相似度或皮尔逊相关系数等方法可以很容易计算出物品之间的相关程度。

这种方法的优势在于，由于物品向量的变化程度要比用户向量的变化程度小很多，因此在实际部署推荐系统的时候，物品的相似度可以线下提前计算好，从而节约了线上的计算时间，提升了推荐的效率。另外，对于推荐结果来说，这种方法更好解释。这种方法的不足之处也与基于用户的方法类似，就是不能很好地处理新上架的物品。

基于模型的方法一般是在用户物品的交互数据上训练一个机器学习模型，然后基于这个模型来预测用户对物品的评分。

其具体算法步骤如下 ①。

① YE W，WANG S，CHEN X，et al. Time matters：sequential recommendation with complex temporal information[C]//43rd International ACM SIGIR Conference on Research and Development in Information Retrieval，2020：1459–1468.

计算物品之间的相似度：根据用户对物品的评分或行为数据，计算物品之间的相似度。常用的相似度计算方法包括皮尔逊相关系数、余弦相似度和Jaccard相似度（Jaccard similarity）等。

为目标用户找到最相似的物品：对于每个目标用户，找出他们已经评分或使用过的物品，然后根据物品相似度矩阵找到与这些物品最相似的其他物品。

根据相似度对物品进行加权求和：对于每个推荐候选物品，计算其与目标用户已评分物品的加权求和。权重为物品之间的相似度。较高的权重表示物品间具有更高的相似性。

生成推荐列表：根据加权求和的结果，为目标用户生成一个按预测评分或相似度排序的推荐物品列表。

矩阵分解是一种协同过滤的扩展方法，常用于解决数据稀疏性问题。通过将用户–指标矩阵分解为两个低秩矩阵，可以发现用户和指标之间的潜在关系，从而进行推荐。其中最为流行和通用的方法是矩阵分解模型，这种方法通常基于"低秩假设"，直观上讲，虽然用户和物品的数目成千上万，但决定最终评分结果的因素很少。比如电商平台中，人们买东西就只考虑"价格""质量""款式""流行度"这些因素。基于这个直观的想法，本来一个庞大的用户–物品评分矩阵，就可以被表示成两个低维度的用户子矩阵和物品子矩阵相乘的形式，其中用户子矩阵和物品子矩阵分别表示用户的喜好与物品的特征，而它们之间的乘积则表示用户对物品感兴趣程度（即打分），如图2–10所示。尽管这类算法在实际的应用中取得了不错的效果，但模型中的线性假设却过于牵强，这使其只能建模比较简单的用户行为模式，不能很好地反映用户的真实兴趣。

在指标库推荐的场景中，矩阵分解可以用来挖掘企业和指标之间的潜在关联。常见的矩阵分解方法有奇异值分解（SVD）、非负矩阵分解（NMF）等。这里我们详细介绍一种流行且效果较好的隐式矩阵分解算法：交替最小二乘法（alternating least squares，ALS）。

隐式矩阵分解是一种针对隐式反馈数据的矩阵分解方法。在许多推荐系统场景中，用户对项目的评分或反馈并不直接可用，但可以通过用户的

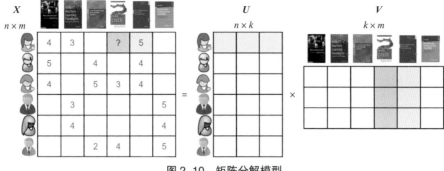

图 2-10 矩阵分解模型

行为数据（如指标查看、下载、收藏等）来间接反映用户对项目的喜好。ALS 能够很好地处理这类隐式数据。

ALS 的基本思想是通过最小化损失函数来交替优化用户矩阵和项目矩阵。损失函数包含两部分：预测误差平方和正则化项。预测误差平方用于衡量用户和项目矩阵的乘积与实际观测值之间的差距，而正则化项用于防止过拟合。通过交替优化用户矩阵和项目矩阵，ALS 能够在每一步迭代中保持一个矩阵固定，从而简化了优化问题。

（2）深度学习方法。深度学习方法，如神经协同过滤（neural collaborative filtering，NCF）、自动编码器（autoencoder）等，可以处理高维稠密数据，并从中学习用户和指标之间的复杂关系。

神经协同过滤：神经协同过滤是一种基于深度学习的协同过滤方法。它通过将用户和指标的潜在特征表示为向量，利用多层神经网络学习用户和指标之间的非线性交互，从而实现更准确的推荐。

自动编码器：自动编码器是一种无监督学习方法，可以在训练过程中自动学习数据的表示。在推荐系统中，自动编码器可以用于学习用户 – 指标矩阵的低维表示，从而捕捉用户和指标之间的潜在关系。

循环神经网络：循环神经网络通常用于处理序列数据。在推荐系统中，RNN 可以用于捕捉用户的行为序列，从而实现基于用户历史行为的推荐。长短时记忆网络和门控循环单元是 RNN 的两种常见变体，它们可以有效解决梯度消失和梯度爆炸问题。

卷积神经网络：卷积神经网络常用于处理图像和文本数据。在推荐系统中，CNN 可以用于提取指标描述文本或其他结构化数据的特征，并将这些特征用于基于内容的推荐。

图神经网络：图神经网络是一种处理图结构数据的方法。在推荐系统中，GNN 可以用于建模用户和指标之间的复杂关系，从而实现基于图的推荐。常见的图神经网络包括图卷积网络、图注意力网络等。

图卷积神经网络：是一种基于图结构数据的深度学习模型。与传统的卷积神经网络在网格数据（如图像）上进行局部卷积操作不同，GCN 在图结构数据上进行卷积操作，从而捕捉节点之间的复杂关系。

GCN 的基本思想是利用图中节点的邻接关系，通过聚合邻居节点的特征信息来更新节点特征。这个过程可以通过多层 GCN 叠加进行，以捕捉更高阶的节点关系。经过多层 GCN 后，每个节点的特征将包含其邻域信息，从而用于节点分类、链接预测等任务。在指标体系的指标推荐中，可以将指标库构建为一个图结构，其中节点代表指标，边代表指标之间的关联（如相似度、关联规则等）。每个节点具有一些初始特征，如指标类型、领域、历史使用情况等。

多任务学习（multi-task learning，MTL）：多任务学习是一种在多个相关任务上同时学习的方法，它可以提高推荐系统的泛化能力。在推荐系统中，可以将指标推荐任务与其他相关任务（如指标分类、指标排序等）一起进行训练，从而实现更准确的推荐。其方法如 MMoE（Multi-gate Mixture-of-Experts），它通过引入"门"结构和"专家"网络来实现任务间的知识共享与任务特定表示学习。MMoE 的主要思想是将输入特征投影到多个"专家"网络中，每个"专家"网络负责学习特定任务的知识。同时，引入"门"结构来为每个任务分配不同"专家"的权重，从而实现动态的任务分配和知识共享。

集成方法（hybrid methods）：集成方法结合了多种推荐算法，以提高推荐准确性。常见的集成方法包括加权混合（weighted hybrid）、特征组合（feature combination）等。

关联规则挖掘（association rule mining）：关联规则挖掘旨在发现项目

之间的关联性。Apriori 和 FP-growth 等算法可以挖掘出使用频繁的指标组合，从而为企业提供推荐。

以 DeepFM 框架（Deep Factorization Machines）为例①，进行深入介绍，主要包括基本概念和基本框架两部分。

（1）基本概念。指标体系系统的目的就是从海量的数据中获取企业最感兴趣的指标，构建指标的模型，减少指标体系建设过程中的成本，同时也极大地提升了构建的效率。

指标体系系统的研究目标是企业和指标，基于企业的交互历史记录，为企业匹配感兴趣的指标，即预测新的交互记录。接下来，对三个关键的概念进行介绍：指标 i，企业 u，交互记录 r。

首先介绍一下指标 i。指标是指标体系系统中被推荐的对象。具体一个指标的刻画可以依赖于它的属性，如类别、名字、数据类型等。不同指标的刻画方式在不同情境下发挥的作用也不尽相同，一个成功的推荐算法需要准确有效地描述它的指标。

接下来是企业 u。企业是指标体系系统中的主体，指标体系系统的本质任务就是为不同的企业提供定制化的物品。实际的企业可能处于不同的产业链，其供应链的运营模式也不尽相同，并且不同企业之间的差异可能非常大。在指标体系系统中，企业的刻画方式可以基于过往的行为，比如将一个企业表示成它使用过的所有指标，或者它之前对不同指标采用的分数等，除此之外，也可以是基于属性的，比如用企业管理学信息给出一个企业的各方面信息等。

推荐任务中能够观测和利用的数据是交互记录 r，就是企业和指标之间发生的各类行为，一般来说，这些行为可以分为"显式反馈"和"隐式反馈"。"显式反馈"一般是指企业对指标表现出的明确态度，比如企业选择了某一个指标，会对这个指标的效果有一个明确的反馈；而"隐式反馈"则通常不能直接反映指标是否符合企业的要求，如企业的使用某一指标等行为。和"显式反馈"相比，"隐式反馈"更加接近于实际的评价指

① GUO H，TANG R，YE Y，et al. DeepFM：a factorization-machine based neural network for CTR prediction[C]//Twenty-Sixth International Joint Conference on Artificial Intelligence，2017.

标，如企业是否使用了某一指标等。基于这些信息构建的企业 – 指标交互矩阵为

$$M_{ui}=\begin{pmatrix} r_{u_1i_1}^{(I)} & \cdots & r_{u_1i_N}^{(I)} \\ \vdots & \ddots & \vdots \\ r_{u_Mi_1}^{(I)} & \cdots & r_{u_Mi_N}^{(I)} \end{pmatrix} \tag{2-55}$$

从式（2-55）中可以看到，交互记录可以被抽象成交互矩阵的形式。在这个矩阵中，每一行表示一个企业，每一列表示一个指标。企业 u_m 和指标 i_n 发生交互的情况记为 $r_{u_mi_n}(I)$。在"显式反馈"矩阵中，$r_{u_mi_n}(I)$ 的值域是 $[0，K]$，$K \in N^+$ 对应企业对指标的评价分数。在"隐式反馈"矩阵中，$r_{u_mi_n}(I)$ 的值域是 $\{0，1\}$，表示企业 u_m 和指标 i_n 发生过交互的位置置 1，若没有发生过交互，则置 0。M 和 N 分别表示用户和产品的数量。

（2）基本框架。DeepFM 是一种混合深度学习与因子分解机（Factorization Machines，FM）的推荐算法。DeepFM 结合了因子分解机的二阶特征交互能力和深度神经网络的高阶特征学习能力，可以有效地捕捉特征之间的复杂交互关系。因此，DeepFM 在推荐系统中表现出很好的性能。

DeepFM 的结构主要由以下几个部分组成。

线性部分（linear part）：线性部分负责捕捉一阶特征信息，通常使用线性回归模型实现。

因子分解机部分：FM 部分负责捕捉二阶特征交互信息。FM 通过学习隐向量表示来近似特征之间的交互关系，具有较好的计算效率和参数可解释性。

深度神经网络部分：DNN 部分负责捕捉高阶特征交互信息。DNN 通过多层神经网络学习特征的非线性组合，可以表达更复杂的特征关系。

输出层（output layer）：输出层将线性部分、FM 部分和 DNN 部分的输出相加，得到最终的预测值。对于分类任务，可以使用逻辑回归模型将预测值转换为分类概率；对于回归任务，可以直接使用预测值。

2）基于图神经网络的模型

首先，问题是基于学术图书、文章的文本、引用关系等多源异构数据，评估指标的关系和指标体系构建。采用多模态集成模型，评价指标包括指标预测准确率等。

算法备选包括基于内容的主题模型、知识图谱嵌入模型、Transformer 等文本表示模型，以及基于图结构的 GNN 模型等。

数据集规模上亿，包含丰富的学术概念关联信息。因此选取容量大的 Bert 等语言模型提取文本语义特征，选取图文多模态大模型提取图像语义特征。并采用 GCN 增强指标网络的表示学习。经快速训练发现，单一的文本或图模型效果一般，传统方法和单纯的深度学习方法效果一般。将深度学习和图表示学习结合，集成模型效果显著提升。

进一步调参，采用多任务学习、集成与融合技术，从不同源数据抽取互补信息。最终模型准确预测指标关系，同时提升了模型解释性。

传统的指标推荐系统有基于文本、协同过滤等方法，而使用图学习为用户偏好、商品特征和其他一些特征建模，与传统推荐方法不同。图学习考虑了用户、产品等之间的显式或潜在关系，捕获这些重要信息，以达到更好的推荐效果。在图学习中我们需要了解两个概念：同质图（homogeneous graph）和异质图（heterogeneous graph）。同质图是指图上结点都属于同一类别（如朋友关系可以构成同质图）；异质图是指图上结点的种类不唯一（如买家和商品都作为结点的图）。下面讨论图学习如何提取图上的重要信息，以及如何提高准确率、如何保证可靠性等问题。

（1）图结构表达。这里所说的图，与数据结构与算法中的图定义相同，都是由点和边构成的数据结构。结点可以表示人、商品等，边表示他们的关系，比如两个人是朋友，那他们之间的边表示朋友关系，又比如某人买了某物，那他们之间的边表示购买关系。将用户、产品和一些其他属性作为结点，将他们之间的关系作为边进行建模，这样得到的异质图或同质图，就可以表达推荐任务。

（2）基于图学习的模型符号化（formalization）。定义图 $G = \{V, E\}$；V 表示结点集合，E 表示边集合。定义推荐模型为 $M(\theta)$，其中 θ 为推荐模型的可学习参数集合。定义推荐模型的推荐效果为 R，则基于图学习的推荐任务为

$$R = \mathrm{argmax}\, f(M(\theta|G)) \tag{2-56}$$

其中，函数 f 表示推荐模型的实际效果（或结点间连边的概率，如将产品 A 推荐给用户 B）。

推荐系统有两大基本范式：基于协同过滤（交互）[①] 的推荐和基于内容（特征）[②] 的推荐，而混合推荐旨在结合二者，并引入多种辅助信息（如用户社交网络、商品评论、知识图谱等）。以知识图谱为例，知识图谱作为辅助信息有两大优势：一是关系丰富，可以整合 user、item、feature 等多级异构关系于一体，尤其对于交互数据稀疏的场景，为提升推荐准确性带来了很多可能；二是关系明确，由于知识图谱里的关系已经显式构建好了，通过关系序列可以为推荐结果提供可解释性。

知识图谱（事实图谱）是表示大规模信息的实用方法[③]，遵循资源描述框架（RDF）标准，用节点代表实体，用边代表实体间的关系，由边形成的三元组（即头部实体—关系—尾部实体）代表一条事实，实体的 $K-1$ 阶邻居为头实体的三元组称为该实体的波纹集（ripple set）。由于节点和边类型多样，知识图谱是异质图，并可以用元路径 / 元图抽象出由多跳邻居构成的事实序列 / 子图的一般范式。知识图谱中的节点和边常在低维向量空间得到嵌入表示，以便运算和存储。根据覆盖的知识范围不同，知识图谱可以分成跨领域（如 YAGO、Satori 等）和特定领域（如 Bio2RDF 等），如表 2-7 所示。

表 2-7　常见知识图谱领域类型及主要知识来源

知识图谱	域类型	主要知识来源
YAGO	Cross-Domain	Wikipedia
Freebase	Cross-Domain	Wikipedia，NNDB，FMD，MusicBrainz
DBpedia	Cross-Domain	Wikipedia

---

① WU L, HE X, WANG X, et al. A survey on accuracy-oriented neural recommendation: from collaborative filtering to information—rich recommendation[J]. IEEE transactions on knowledge and data engineering, 2022, 35（5）: 4425-4445.

② SHU J, SHEN X, LIU H, et al. A content-based recommendation algorithm for learning resources[J]. Multimedia systems, 2018, 24（2）: 163-173.

③ WANG X, HE X, CAO Y, et al. Kgat: knowledge graph attention network for recommendation[C]//25th ACM SIGKDD International Conference on Knowledge Discovery & Data Mining, 2019: 950-958.

知识图谱	域类型	主要知识来源
Satori	Cross-Domain	Web Data
CN-DBPedia	Cross-Domain	Baidu Baike，Hudong Baike，Wikipedia（Chinese）
NELL	Cross-Domain	Web Data
Wikidata	Cross-Domain	Wikipedia
Google's Knowledge Graph	Cross-Domain	Web Data
Facebooks Entities Graph	Cross-Domain	Wikipedia
Bio2RDF	Biological Domain	Public bioinformatics databases，NCBIs databases
KnowLife	Biomedical Domain	Scientific literature，Web portals

（3）模型的总体技术框架与运行流程。基于图表示学习的推荐系统在绿色电网多指标推荐系统中的技术框架，总体技术方案具体情况如下。

①数据准备与预处理。为了构建能源推荐的关系图，首先需要收集和准备相关数据，包括用户的能源使用数据、能源供应商的能源产能和服务信息、能源市场价格数据、天气数据等。这些数据可以从传感器、智能电表、市场交易平台等来源获取。在数据预处理阶段，需要进行数据清洗、去噪和标准化等操作，以确保数据的质量和一致性。同时，还需要进行特征工程，提取能源供应商和用户的特征，如能源类型、能源价格和用户偏好等。

②构建关系图。基于数据准备阶段得到的能源供应商和用户数据，可以构建一个关系图。节点可以表示用户和能源供应商，边表示它们之间的关系和交互。例如，用户节点可以与其所购买的能源供应商节点相连，表示用户与能源供应商之间的购买关系。在构建关系图时，可以考虑不同的节点类型和边类型，从而构建多层异构图。例如，除了用户和能源供应商节点之外，还可以引入能源市场节点和天气节点，以构建能源市场价格和天气对能源需求和供应的影响模型。

③节点表示学习。图表示学习的核心是学习节点的表示向量，将节点的特征和关系映射到低维向量空间。常用的图神经网络模型，如 GCN、

GraphSAGE 和 GAT 等，可以用于节点表示学习。在绿色电网的推荐系统中，可以利用 GNN 模型学习用户和能源供应商节点的表示向量。通过将用户节点和能源供应商节点连接，可以学习用户与能源供应之间的关系和影响。这些表示向量可以捕捉节点之间的相似性、关联性和影响力等信息。

④关系建模与推荐计算。学习到节点的表示向量后，可以利用这些向量进行关系建模和推荐计算。在绿色电网多指标推荐系统中，可以根据用户的需求和偏好，计算用户与能源供应商之间的相似度或关联度。这可以通过计算节点表示向量之间的相似度或应用基于图的相似度算法实现。推荐计算可以采用多种方法，如基于邻域的推荐、基于内容的推荐或基于深度学习的推荐。根据用户的需求和系统的设计，可以选择合适的推荐算法。同时，还可以利用多任务学习的方法，将绿色电网的多个指标作为不同任务进行建模，并综合考虑它们的重要性，生成全面的能源推荐结果。

⑤动态调整与实时推荐。绿色电网是一个动态的系统，能源需求和供应会随着时间和空间的变化而变化。因此，推荐系统需要实时监测用户的能源需求和供应情况，并根据实时数据进行动态调整和实时推荐。在动态调整中，可以利用增量学习的方法，根据新的数据更新节点的表示向量。例如，当用户的能源需求发生变化时，系统可以通过更新用户节点的表示向量，重新计算推荐结果。实时推荐可以通过建立实时数据流和应用流处理技术来实现。实时数据流可以从传感器和智能电表等设备中获取实时能源使用数据，并将其与关系图进行实时关联和计算。通过将实时数据与图表示学习的推荐模型相结合，可以实现实时的能源推荐。

⑥可解释性推荐。这可以通过可视化工具、图示和文字解释等形式呈现给用户。

综上所述，基于图表示学习的推荐系统在绿色电网多指标推荐中的技术落地细节包括数据准备与预处理、关系图构建、节点表示学习、关系建模与推荐计算、动态调整与实时推荐以及可解释性推荐。这些技术的综合应用可以实现个性化、高效的能源推荐，推动绿色电网的可持续发展和能源的高效利用。

3. 模型评价

1）指标评价体系和模型评价的融合

推荐系统对于指标评价体系的作用是帮助评估和优化系统的性能，以提供更准确、个性化和满意度高的推荐结果。以下是推荐系统在指标评价体系方面的几个关键作用。

（1）衡量推荐效果。指标评价体系提供了一套量化的指标，用于评估推荐系统的性能。常见的指标包括准确率、召回率、覆盖率、多样性等。通过对这些指标的评估，可以了解推荐系统的整体表现，判断推荐算法的有效性和推荐结果的质量。

（2）优化算法和模型。指标评价体系可以作为优化算法和模型的反馈信号，帮助改进推荐系统的效果。通过对指标的监控和分析，可以识别出系统存在的问题和改进的方向，进而调整算法参数、改进模型结构或引入新的技术手段，提升推荐系统的性能。

（3）支持决策制定。指标评价体系为推荐系统的决策制定提供依据。通过对指标的分析和比较，可以了解不同决策对推荐系统性能的影响，并作出相应的调整。例如，可以根据指标结果调整推荐策略、优化资源分配或改进推荐界面，以提升用户满意度和系统效益。

（4）用户反馈分析。指标评价体系结合用户反馈，可以帮助理解用户需求和喜好，并通过数据分析和挖掘技术，为用户提供更符合其偏好的个性化推荐。用户反馈包括用户行为数据、用户评分、用户评论等，通过与指标数据的关联分析，可以深入理解用户行为背后的意图和动机，进而进行更精准的推荐。

（5）比较和竞争分析。指标评价体系可以用于比较和竞争分析。通过对不同推荐系统或算法的指标进行比较，可以了解它们在不同方面的表现优劣。这有助于识别最佳实践和改进机会，并从竞争对手中获取启发，以保持推荐系统的竞争力。

（6）推动商业目标。指标评价体系可以与商业目标相结合，对推荐系统的贡献和价值进行评估。通过与商业指标（如转化率、销售额等）的关联分析，可以判断推荐系统对业务的影响程度，并为业务决策提供支持。

例如，通过提高推荐点击率或购买转化率，推荐系统可以直接促进销售增长。

（7）提升用户满意度。指标评价体系对于用户满意度的提升至关重要。通过关注指标如个性化程度、推荐准确性和推荐多样性等，确保用户得到符合其兴趣和偏好的推荐结果。这可以提升用户体验，增强用户黏性，提升用户忠诚度和促进口碑传播。

（8）迭代和持续优化。指标评价体系是推荐系统迭代和持续优化的基础。通过定期监控和分析指标，推荐系统可以进行持续的改进和优化。通过实验和 A/B 测试，可以验证新算法、模型或策略的有效性，并根据指标结果进行决策，以不断提升系统的性能和用户满意度。

（9）评估系统可解释性。指标评价体系可以用于评估推荐系统的可解释性。推荐系统应该解释其推荐结果的原因和依据，以增加用户对推荐结果的理解和信任。通过关注指标如解释性、透明度和可信度，可以评估推荐系统在这方面的表现，并采取措施提高系统的可解释性。

综上所述，指标评价体系在推荐系统中发挥着关键作用。它不仅用于评估推荐系统的性能，优化算法和模型，支持决策制定，还能够促进用户反馈分析、比较竞争、推动商业目标、提升用户满意度，以及推动系统的迭代和持续优化。

2）多指标评价体系与模型评价的融合

多指标评价体系在推荐系统中具有重要的意义。以下是多指标评价体系的几个关键意义。

（1）全面性评估。多指标评价体系可以提供对推荐系统多个方面的全面评估。不同指标关注的是推荐系统的不同性能特征，如准确率、多样性、新颖性、覆盖率等。通过多指标评价，可以综合考虑这些方面，得到对推荐系统整体性能的更全面的了解。

（2）平衡性考量。单一指标评价体系可能存在偏颇或忽略其他重要因素。多指标评价体系可以帮助实现指标之间的平衡考量。例如，准确率和覆盖率是常见的两个指标，前者注重个性化程度，后者注重推荐的全面性。通过综合考虑这两个指标，可以避免过度追求个性化而忽视推荐的广度，或者过度追求覆盖率而忽视个性化。

（3）多角度分析。多指标评价体系可以从不同的角度分析推荐系统的性能。不同指标从不同的视角出发，反映了用户需求和推荐系统目标的不同侧面。通过综合多个指标的结果，可以获得更全面和深入的分析，发现系统的优势和改进的空间。

（4）弹性适应。多指标评价体系使推荐系统能够弹性适应不同的应用场景和用户需求。不同的应用场景对不同的指标有不同的侧重点。例如，音乐推荐系统更注重多样性和新颖性，而电商推荐系统则更注重准确率和转化率。通过使用多指标评价体系，可以根据具体应用场景和需求，灵活调整指标的权重和优化目标。

（5）决策支持。多指标评价体系为决策制定提供了更多的依据和支持。通过对多个指标的评估，可以帮助理解推荐系统在不同方面的表现，并根据具体情况进行决策调整。例如，如果系统的准确率较高但多样性较低，可以考虑引入一些改进措施来提升推荐的多样性。

综上所述，多指标评价体系在推荐系统中具有重要的意义。它可以提供全面性评估、平衡性考量、多角度分析、弹性适应和决策支持。

2.4 本章小结

本章主要针对绿色供应链的基本概念与构成进行深入解析，根据电力行业运作的关键进程及学术前沿的研究成果，重点研究了电力行业运作的关键步骤、电力系统的企业代表，以及绿色供应链在不同时期和不同视角下的发展特点与核心环节。在此研究基础上，研究绿色供应链相关的经典基础理论与量化模型的内涵、特点及建立过程，重点围绕生态现代化理论、循环经济理论、全寿命周期理论、利益相关者理论展开研究，进一步探析理论知识在绿色供应链管理中的用途和价值。在模型方法方面，则重点探究了在国际上得到广泛和成熟应用的供应链运作参考模型、供应链需求驱动价值网络成熟度模型和通用性绿色供应链多指标推荐模型，分别从静态运作、动态演变、大数据分析和机器学习的角度构建了绿色供应链管理的理论框架。

　　本章以绿色供应链核心重要理论为基础，结合绿色环保和可持续发展理念，基于电力行业运作的自身特点，将经济社会宏观发展的生态化建设与现代化建设相结合，将能源消耗、碳排放、废弃物循环利用与供应链原始运作流程相结合，站在系统运作全寿命周期监管、全链条利益相关者协同的视角下，为打造绿色供应链理论体系、测度绿色供应链环境绩效提供了框架结构，该结构拟将战略性的环境足迹目标转化为特定的目标和活动。本章开创式地从基本原理、使用路径和模型变量不同维度着手，系统性地将可持续性理念融入供应链管理的各个环节中，融合静态视角与动态视角、经济绩效评估与人工智能技术手段，形成全面的绿色供应链理论体系，为后续绿色供应链运营决策开展构建奠定坚实的理论基础并提供相应指导建议。

第 3 章

绿色供应链体系创新

实现碳达峰碳中和是一场广泛而深刻的经济社会系统性变革，实现"双碳"目标，能源是主战场。以绿色供应链为抓手，可以有效发挥市场机制的驱动作用，推动产业链供应链绿色转型升级。本章对能源产业链供应链发展现状进行分析，重点描述国家电网公司绿色供应链建设战略思路和逻辑框架，总结其在理论、数智化和业务三方面的创新举措。

3.1　现状研究

党的二十大报告明确提出，积极稳妥推进碳达峰碳中和，深入推进能源革命，加快规划建设新型能源体系。电力系统连接能源生产和消费，是规划建设新型能源体系、加快绿色转型的中心环节，构建新型电力系统和新型电网将有力支撑新型能源体系建设。国家电网以习近平新时代中国特色社会主义思想为指导，准确把握和深刻洞察能源电力发展趋势，立足我国能源资源禀赋，落实党的二十届三中全会关于能耗双控逐步转向碳排放双控的新要求，以新型电力系统推动建设新型能源体系，发挥新型举国体制优势、服务产业链上下游发展、促进能源电力行业转型升级。

3.1.1　能源电力产业链供应链发展的现状与面临的挑战

确保能源安全是关乎国家经济社会发展的全局性、战略性问题，也是一个国家有力参与国际竞争、构筑资源安全和发展安全的基石。其中，作为连接能源行业上下游企业的产业链供应链的安全稳定，更是关乎国民经济平稳运行的关键。

1. 能源产业链供应链发展的现状

全球能源加速转型推动能源产业链供应链从以化石能源为主转向以新能源为主。近年来，为贯彻落实"双碳"目标，我国上下统筹能源安全供应和绿色低碳发展，促进了新能源产业的快速发展。从发电量来看，《中国电力行业年度发展报告2023》显示，2022年，全国非化石能源发电量3.1万亿千瓦·时，比上年增长8.6%，占总发电量比重36.2%。其中，风电、光伏发电量首次突破1万亿千瓦·时，达到1.19万亿千瓦·时，较2021年增加2 073亿千瓦·时，同比增长21%，占全社会用电量的13.8%，同比提高2个百分点，接近全国城乡居民生活用电量。

从行业发展来看，可再生能源时代能源产业链参与者呈现出更加多元化、"全面开花"的特点。全球产能分布由"集中"到"广泛"，随着开采技术进步，化石能源可采储量在全球分布虽然不均衡，但开采范围却越来越广泛。可再生能源产业链供应链的全球布局相对较为集中，在上游关键矿产（又称能源转型金属）方面，根据IEA（国际能源署）《关键矿物在清洁能源转型中的作用》分析，镍产量的前三位国家合计产量超过全球的50%，钴产量的前三位占比近80%，锂产量的前三位比重为90%，稀土产量前三位占到世界总产量近85%。从金属冶炼来看，全球60%以上的精炼锂、70%以上的冶炼钴产能分布在我国。在下游制造业环节，我国也表现出一定优势，例如全球60%左右的光伏组件、41%的风机由我国生产。总体来看，可再生能源产业链供应链各环节集聚程度高于化石能源。

2. 能源产业链供应链面临的挑战

我国能源产业链供应链也面临国际国内的多重挑战。国际政治经济格局动荡，全球产业链重构引发能源产业供需变化。"十四五"时期，世界百年未有之大变局将变得更加错综复杂，供应链扁平化、分散化、区域化的趋势可能加快，如何避免供应链过长、价值链过度全球化、产业链过分集聚集群可能导致的断链、断供、断联风险，将成为各国关注的重点。

全球"碳中和"目标逐渐明确，产业低碳化调整倒逼能源产业转型进程加快。在"碳中和"目标的引导下，世界各国将积极调整产业和能源结构，抢占在产业价值链高端、低碳技术等方面的核心竞争力。而我国能源产业链碳足迹仍较高，是参与全球竞争的短板。由于当前我国能源结构仍以化石能源为主，超过 60% 电力由煤炭提供，产品全寿命周期碳排放量较高。能源产业链大部分行业都将受到供应链减排的影响。能源产业链末端薄弱，绿色回收循环利用体系不完善，仍存在资源浪费和环境污染等问题。

能源产业发展规划不完善，产业链发展布局不协调，制约上、中、下游企业协同发展。近年来，中央政府对新能源关注度大幅提升，有关部门发布了一系列推动新能源产业发展的政策文件与指导意见，引致市场大规模投资新能源产业，产业链不平衡问题逐渐凸显，同时已出现产能过剩风险。

能源产业链自主创新能力不足，部分核心技术存在"卡脖子"问题。能源产业特别是新能源产业是新兴的技术密集型产业，核心技术是能源产业发展的基石。现阶段，我国能源产业技术领域存在自主创新能力弱、核心技术不足的问题，制约着能源产业高质量发展。

3.1.2 能源电力产业链供应链的重要组成

能源是经济社会发展的基础和动力源泉，电工装备产业是国民经济的重要基础性产业，能源电力产业链供应链安全稳定是关乎国计民生的重点，而新型电力系统的构建离不开坚强电网的保障。电力系统连接能源生产和消费，是规划建设新型能源体系、加快绿色转型的中心环节，电力领域的产业链供应链是能源产业链供应链的重要组成。

能源电力领域的供应链可分为电力流供应链、电网供应链和电工装备供应链。其中，电力流供应链包括源网荷储新形态下的生产、输电、配电、消费、存储五个环节。电网供应链包括规划设计、需求计划、招标采购、生产制造、产品交付、履约执行、施工安装、运行维护、退役回收九大环节。电工装备供应链由电工装备企业原材料采购、组部件加工、生产制造、仓储物流、销售等多个环节组成。围绕电力这个核心要素，三大供应链在某些关键环节产生交集，这种交集在发电行业、输配电行业、电工装备绿色制造行业、绿色仓储物流行业以及电力绿色服务行业（绿色设计、绿色采购、绿色金融、绿电绿证交易等）等均有体现。总的来说，电网供应链和电工装备供应链共同形成对电力流供应链的重要支撑。

电力流供应链是国家重要的基础设施、战略设施，清洁低碳、安全高效的电力流供应链，为我国经济社会绿色转型提供重要保障。截至 2023 年，我国发电装机容量达到 29.2 亿千瓦，水电、风电、太阳能发电等可再生能源总装机达到 14.7 亿千瓦，占发电总装机比重超过 50%，历史性超过火电装机。其中，风电、太阳能发电装机较 2013 年分别增长约 5 倍、40 倍。2023 年我国市场交易电量约 5.7 万亿千瓦时，占全社会用电量的 61.4%。通过持续深化绿电市场建设，2023 年新能源市场化交易电量 6 845 亿千瓦时，占新能源总发电量的 47.3%。

电网供应链通过绿色采购等市场化手段激发链上企业的活力、动力，促进"产学研用"协同，推动能源电力技术进步、迭代、更新，加大绿色低碳技术、产品、服务供给。依托电网供应链，打通电工装备供应链和电力流供应链，打造全供应链绿色低碳场景，为链上企业进行绿电交易、绿证应用、新能源并网等提供便捷服务，促进新能源接入消纳，助力形成能源电力绿色产业集群和先进制造业集群。2023 年全国电网工程建设完成投资 5 277 亿元，同比增长 5.4%。其中，直流工程 145 亿元，同比下降 53.9%；交流工程 4 987 亿元，同比增长 10.7%，占电网总投资的 94.5%。电网企业进一步加强农网巩固与提升配网建设，110 千伏及以下等级电网投资 2 902 亿元，占电网工程投资总额的 55.0%。国家电网在国内建成 35 项特高压工程，累计送电超过 2.9 万亿千瓦时，有力促进了电力资源在全国范围内的优化配置。能源电力领域供应链之间的关系如图 3-1 所示。

电工装备作为电网建设与发展的基础设施装备，产品覆盖发电、输电、变电、配电、用电及新能源等电力系统各个环节，在支撑和服务电网发展中发挥着不可或缺的重要作用。同时，电工装备的应用贯穿整个电力产业链，为电力工业的发展提供了基础性支撑。工业和信息化部印发的《电力装备行业稳增长工作方案（2023—2024 年）》提出发挥电力装备行业带动作用，力争 2023—2024 年电力装备行业主营业务收入年均增速达 9%

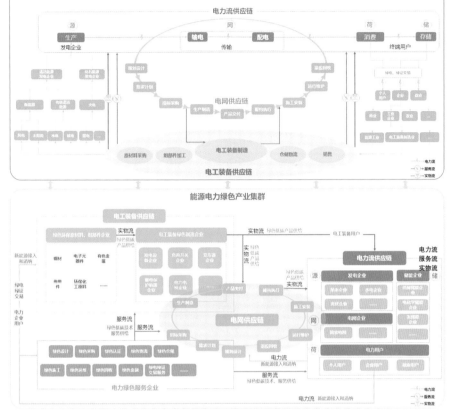

图 3-1　能源电力领域供应链之间的关系

以上，工业增加值年均增速 9% 左右。随着能源需求的不断增加和能源结构的转型升级，电工装备行业市场前景广阔，未来有望实现更快的发展。

根据国际市场研究机构 Research and Markets 统计，2022 年全球电工装备行业初步统计市场规模约为 2 438 亿美元。未来随着全球工业化、城市化进程的深入，对电力系统的需求将逐渐提升，全球电网设备将以 5.7% 的复合增长率保持增长。预计到 2028 年，全球电网设备行业市场规模将突破 3 400 亿美元。

综上所述，能源电力产业链供应链在我国整体产业链供应链发展中具有重要地位，在供应链绿色转型发展方面具有极大的影响和带动作用。

3.1.3 电工装备产业链供应链行业发展现状

2002 年至 2022 年，电网建设步伐持续加快，电工电气装备供给市场规模不断扩大，高端装备产量稳定增长，制造能力和技术水平不断提高。

2018—2022 年以来，电工电气装备行业企业数量、资产规模持续快速增长。企业单位总数由 2018 年的 24 190 个增加到 2022 年的 32 626 个，累计增长 34.87%。企业资产由 2018 年的 68 960.7 亿元增加到 108 288.2 亿元，累计增长 57.03%，如图 3-2 所示。

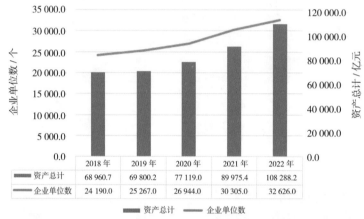

	2018 年	2019 年	2020 年	2021 年	2022 年
资产总计	68 960.7	69 800.2	77 119.0	89 975.4	108 288.2
企业单位数	24 190.0	25 267.0	26 944.0	30 305.0	32 626.0

图 3-2　2018—2022 年规模以上电气机械和器材制造业企业发展

2018—2022 年以来营业收入、利润总额快速增长。营业收入由 2018 年的 64 643.3 亿元增加到 2022 年 103 650.1 亿元，累计增长 60.34%。利润总额由 2018 年的 3 758.0 亿元增加到 5 915.6 亿元，累计增长 57.41%，如图 3-3 所示。

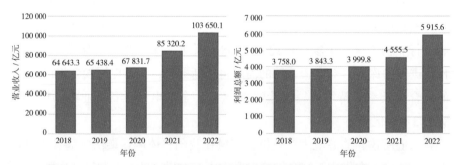

图 3-3　2018—2022 年规模以上电气机械和器材制造业企业营业收入与利润

2018—2022 年以来企业用工人数持续增长，2018 年 547.0 万人，2022
年达到 585.3 万人，累计增长 7.00%，如图 3-4 所示。

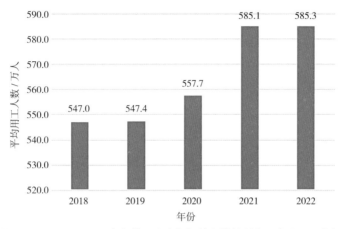

图 3-4　2018—2022 年规模以上电气机械和器材制造业企业用工人数

全球电网的发展以中国最为突出，相继建成了 750 千伏、1 000 千伏
交流特高压电网和众多的 ±800 千伏、±1 100 千伏特高压直流输电工程，
由此带动了输变配电装备在技术研发、生产制造、质量检验、工程应用等
方面突飞猛进的发展，如图 3-5 所示。随着新能源大规模建设以及数字化
智能化技术逐步成熟，电工电气装备行业亟须进行技术创新与升级转型，
实现与其他领域技术的融合化、多元化发展。

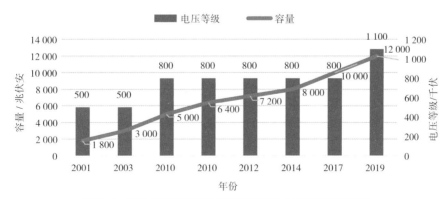

图 3-5　国内特高压直流输电工程容量及电压等级发展历程

表 3-1 重点设备 2020—2022 年产能情况

序号	重点设备	2020 年产能	2021 年产能	2022 年产能
1	变压器 / 万兆伏安	292.94	566.37	695.37
2	组合电器 / 万套	7.49	7.95	9.35
3	断路器 / 万台	2.46	2.72	2.88
4	电抗器 / 万台	7.54	7.86	10.08
5	铁塔 / 万吨	698.15	799.71	852.87

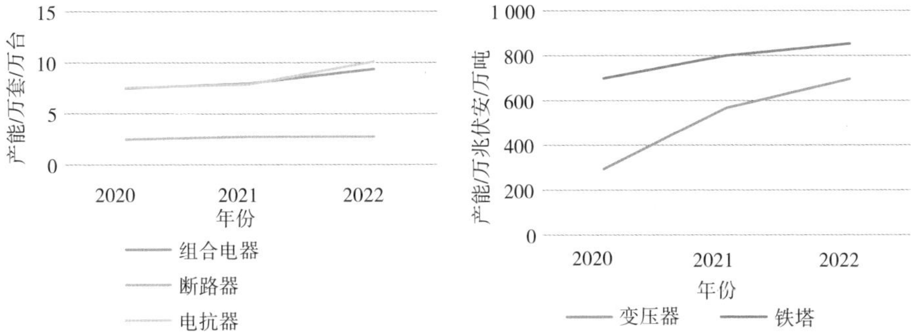

图 3-9 重点设备 2020—2022 年产能变化情况

3.1.5 碳中和背景下企业绿色供应链实践

根据清华大学《2023 全球碳中和年度进展报告》，截至 2023 年 9 月，全球已有 151 个国家提出碳中和目标，覆盖 94% 的 GDP、86% 的人口、91% 的碳排放量。党的二十大报告提出"积极稳妥推进碳达峰碳中和"、党的二十届三中全会提出的"健全绿色低碳发展机制"，对推动绿色发展、建设美丽中国作出重大战略部署，实施"碳达峰行动"，落实"双碳"目标是我国中长期转型发展战略。

绿色供应链管理作为一种创新型管理方式，融入了全寿命周期、生产者责任延伸等理念，依托上下游企业间的供应关系，以核心企业为支点，主要通过绿色供应商管理、绿色采购等工作，带动整个供应链持续提升绿色绩效。

部分企业在此背景下，积极开展绿色供应链实践发展，并制订了绿色发展目标。

（1）戴尔：2007 年实现了运营碳中和，并提出到 2030 供应链减排 60% 的目标。

（2）沃尔沃：2018 年至 2025 年使每辆车全寿命周期中的碳排放降低 40%、供应链的碳排放减少 25%，并在 2040 年实现供应链净零排放。

（3）苹果：2020 年全球公司运营实现碳中和，计划 2030 年实现供应链碳中和。

（4）华为：2020 年，推动占采购金额 80% 以上的供应商制订碳减排目标并实施碳减排行动。2021 年，将碳减排要求纳入供应商管理全流程。

（5）隆基：2021 年 1 月发布《绿色供应链减碳倡议》，150 家供应商积极响应。

（6）雀巢：2025 年实现供应链减排 20%，2030 年实现供应链减排 50%，2050 年实现供应链碳中和。

（7）施耐德电气：2025 年前实现运营碳中和，2040 年实现供应链碳中和，2050 年实现供应链净零排放。

（8）梅赛德斯－奔驰：计划到 2030 年环保车型占其总销量的 50% 以及生产等流程的碳中和，并在 2039 年实现整个供应链的碳中和。

（9）西门子：2030 年实现全球供应链减排 20%，到 2050 年实现供应链碳中和。

（10）腾讯：不晚于 2030 年实现自身运营及供应链的全部碳中和。

3.2　形势分析

3.2.1　高端装备产业链供应链技术基础薄弱

电工装备制造企业普遍存在原材料共性基础技术原创能力薄弱、研发积极性不高、部分关键核心技术受制于人的问题，部分高端装备的原材料、组部件、仿真设计软件、制造设备等方面存在供应链风险。①产业链上下游企业风险意识不足，只注重终端产品整体设计和工艺，未将产业链供应链风险破解作为首要责任。②产业链缺乏协同创新机制，产业链联合技术攻关潜能未有效释放。③部分产业链供应链风险点基础薄弱，创新难度高，研发投入强度及持续性不够，跨领域技术融合不够。④部分产业链供应链风险突破后经济性有限，导致上游产业链创新，以及下游产业链针对已替代的原材料及组部件应用积极性不高。

3.2.2 电工装备产业链协同发展水平有待提升

当前电工电气装备行业存在先进生产能力稀缺而落后生产能力难以退出、电力装备产业集中度较低等一系列发展不平衡问题，亟须加强产业集群和产业链的协调发展，实现资源共享、优势互补，提升产业链供应链的竞争力。①低端电工装备产业产能过剩。由于准入门槛低，国内生产企业上千家，产能过剩严重，企业开工不足，低水平无序竞争问题突出。产品同质化，差异化竞争优势不足，技术创新投入和发展后劲不足，品牌影响力有限，产品换代和质量保障压力大。②高端电工装备产业缺乏优质增量，竞争不充分。因为特高压装备门槛高、投入大，长期由少数几家企业供货，竞争不充分，缺乏能与国际知名品牌竞争的全领域电力设备制造企业。③产业链资源分散，未有效协同发展。产业链上游原材料供应、生产制造产能共享、产品专业化服务、产品运行数据积累等方面专业化协同整合力度不足，存在资源浪费现象，制约了产业链高质量发展。

3.2.3 产业链供应链全寿命周期质量管控体系有待完善

电工装备产业制造水平稳中有升，质量管理取得了一定的进步，但是由于结构设计问题、关键原材料组部件质量问题、生产过程工艺控制不利、出厂试验验证不充分等造成的产品运行缺陷、故障还时有发生，还需制造企业持续提升质量控制能力。①产业链上游质量管控水平参差不齐。电工装备制造企业引领作用发挥不充分，未有效带动部分产业链上游企业实施高质量发展，导致上游供货零部件、原材料质量不稳定，进而导致电工装备产业质量问题，部分产品出厂监造一次通过率较低。②产品全寿命周期质量管理体系不完善。从原材料、组部件的质量指标到产品设计、生产工艺等的质量控制，再到现场安装、运行维护的可靠性管理，整体呈离散状态，系统化的质量控制及监控手段不足，产品全寿命周期的质量管理体系需进一步完善，例如高压组合电器现场运行放电故障时有发生，需加强产品设计和生产工艺的质量控制。③低端市场恶性竞争导致产品质量波动。在低端装备领域出现了无序增长的局面，比如新能源及储能并网接入、配用电等领域，部分企业采取以次充好的方式进行价格战，导致低端产品质量出现波动。④质量管理理念与设备高质量要求不匹配。现有的质量管理体系不能匹配或满足快速发展的电工装备质量要求，面临电网的快速建设发展，质量管理模式、专业管理水平、质量治理能力未能得到同步提升。

3.2.4 供应链绿色数智制造水平亟须提升

"双碳"目标指引下，电工装备产品制造过程及自身绿色环保水平需持续提升，《中国制造2025》为电工电气装备行业智能制造发展指明了方向。当前电工装备绿色数智制造方面仍存在几方面问题：①电工装备制造过程脱碳降碳基础共性技术研究储备不足。现有制造设备、工艺不满足绿色工厂和绿色产业链建设要求。供应链上游部分企业研发能力不足，生产过程脱离对高耗能、高污染产业依赖存在难度。②现有主流产品仍有采用非环保介质，亟须替代。充油变压器现阶段采用的绝缘油主要为矿物质油，降解时间长，环境污染性大；高压开关设备现阶段以 SF_6（六氟化硫）气体为绝缘和开断介质，其温室效应系数是二氧化碳的两万倍以上，会加剧温室效应。③电工装备智能制造水平与高质量发展要求不匹配。制造过程融合利用大数据、物联网、云平台等信息化技术手段不足，未达到"降本、提质、增效"的核心目标。④电工装备的数智化技术沉淀不够，技术自主可控能力不足。产业链不健全，元器件、系统集成之间闭环控制设计不够，数字化发展相对滞后，装备性能和集成度不高，安全可靠性不足，依靠冗余配置防控风险；装备的数字要素挖掘不够，对设备智能运维支撑不够；现有智能装备用传感器、采集装置、智能终端运行可靠性不够，对装备精准感知、可靠通信、边缘计算支撑能力不足；全寿命周期闭环管理能力不足，利用数字孪生技术构建全寿命周期装备性能变化的能力和故障溯源能力不够；数字化智能化电工装备设计、制造、检测的依据和标准建设不健全，数智化装备发展不规范。

总体看来，电力行业绿色供应链建设的过程中，主要问题聚焦在技术创新不足、产业协同不足等方面。基于这些问题，结合国内外"绿色供应链"建设实践，引导供应链上更多企业共同参与"绿色供应链"建设工作，应当有如下措施：①提升绿色供应链科技创新能力。发挥科技创新驱动作用，深入推动技术创新、模式创新、管理创新，加快构建以企业为主体、市场为导向、产学研用深度结合的电工装备产业链供应链绿色转型创新体系，大力开展关键装备和核心器件攻关。②发挥"链主"企业引领支撑作用。以构建新型电力系统为牵引，发挥核心企业"采购力量"对于供应链上相关企业的带动作用，实施龙头企业保链稳链和绿色转型，围绕产业供应链关键原材料、技术和产品，加快打造多中心、多节点的并联供应网络和低碳产业生态。③发展绿色金融降低企业融资成本。比如通过绿色信贷服务减缓公司资金压力，帮助链上企业及时回款，保证项目运行，核心企业可采取这种途径引导资金流向"绿色供应链"建设的关键环节，加速企业绿色转型。④提高供应链可视化程度与可追溯性。加强数智赋能和规模化应用，积极推动大数据、人工智能、物联网、区块链、电力北斗等技术手段实现数据的实时记录、共享与监测，提高供应链整体运营的数字化水平，从而提升信息公开程度，让核心企业、社会大众获取相关信息，为"绿色供应链"建设提供必要的数据支撑。

3.3 国家电网绿色供应链创新实践

以习近平同志为核心的党中央高度重视供应链建设，作出了"提升产业链供应链现代化水平"[①]、提高产业链供应链稳定性和国际竞争力[②]、发展

---

① 中共中央关于制定国民经济和社会发展第十四个五年规划和二〇三五年远景目标的建议 [EB/OL].（2020-11-03）.http://www.qstheory.cn/yaowen/2020-11/03/c_1126693429.htm.
② 加大力度提升产业链供应链的稳定性和竞争力 [EB/OL].（2020-06-02）. http://www.qstheory.cn/llwx/2020-06/02/c_1126063735.htm.

绿色低碳供应链等一系列重要决策部署，将供应链保障上升为国家战略安全的重要组成。国家电网坚决落实党中央决策部署，将供应链管理融入公司生产经营全过程，相继印发了《绿色现代数智供应链发展行动方案》《在建设世界一流企业中加强绿色现代数智供应链管理体系建设的实施意见》等文件，**部署了 8 大行动 29 项任务**[①]，加快推进公司供应链向绿色、数智方向转型升级。在组织体系上，设立"总部—省—地市"三级供应链管理机构，实现集约化、专业化、系统化管理；在制度体系上，建立通用的供应链制度体系，系统固化制度规则及工作流程，覆盖了供应链全部业务环节；在采购标准体系上，建成标准化、结构化、数字化的电网物资采购标准体系，在国家电网范围内统一设备规格和参数，保证市场主体公平参与竞争；在数据标准上，将物资分类，形成数据大中小类，建立供应链互联互通的数据字典规范，实现数据标准互认和共享。

国家电网坚持守正创新、系统观念，紧扣"标准为基础点、采购为切入点、平台为着力点、整合为突破点"的总体思路，加快推进"一码双流"重点数字化建设任务，打造行业级公共服务平台、打造行业级基础大数据库、构建行业级高端智库，全面开展国家电网绿色供应链建设。按"业务 + 技术"双牵头的模式，组建绿色供应链协调组，以"工程建设指挥部"方式运作，加快推进国家电网绿色供应链创新建设工作，初步做到了三个方面的创新：**一是理论创新**。创新提出了供应链链主理论，形成了国家电网绿色供应链的一整套理论体系，包括目标、理论、方向、路径和机制等，提出了具有国家电网特色的供应链发展方法论，实现了理论体系从无到有的飞跃。**二是数智化建设创新**。从企业级统筹的角度，抓住实物流和业务流的纽带作用，创造性地将实物 ID 与企业级工单相结合，将供应链各环节业务标准化、线上化，提出了具有国家电网特色的供应链数智化建设路径"一码双流"，筑牢国家电网绿色供应链平台底座，实现从企业级向行业级的飞跃。**三是业务创新**。在公平公正的基本原则上，将国家政策导向和公司战略融入招标采购中，创新提出了"引领型采购评审体

---

① 国家电网有限公司. 绿色现代数智供应链软技术体系研究课题方案：第三部分 国家电网绿色供应链软技术体系 [R]. 2022.

系"（阳光采购、绿色采购、创新采购、数智采购、质优采购）的业务创新概念，找到了各项工作的切入点和"牛鼻子"，实现从采购保障到采购引领的飞跃。本章将对这三个方面的创新内容以及国家电网绿色供应链建设成效进行细致梳理，全面系统地分析国家电网绿色供应链发展情况。

3.3.1　国家电网绿色供应链的理论创新

国家电网绿色供应链的理论创新主要包括链主理论、"三大愿景"目标、行业标准体系、商业与技术生态建设、学习型社会组织建设等内容①，如图3-10所示，具体如下。

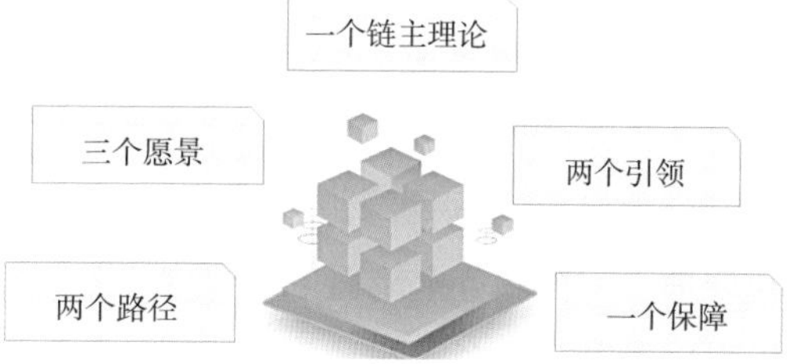

图 3-10　国家电网绿色供应链的理论创新

1. 链主理论

国家电网作为全球最大的公用事业企业，是关系国家安全和国民经济命脉的骨干企业，是稳定经济社会大局的顶梁柱、压舱石，是服务国家高质量发展的主力军。国家电网不单是着眼于自身的利润提升，更聚焦政治、经济和社会三大责任，实现普惠公平和社会利益最大化，这与其他企业存在本质区别。公司建设运营着世界上输电能力最强、新能源并网规模最大的电网，是能源电力产业链供应链电工装备的最大终端用户和总集成运营商，拥有接入企业最多、功能最完备、数据最丰富的现代化能源电力供应链体系，独具资源优势和枢纽能力，形成了以自身为核心的网状产业集群结构，具有强大的采购需求牵引力、供应链提升带动力，自然禀赋产业链供应链核心地位。国家电网绿色供应链"应用驱动，需求牵引"链主理论，就是以推动高质量发展为目标，充分发挥公司融合力强、协同性高、辐射面广的优势，用链式思维集成链上大中小企业，以超大规模市场的采购需求，引领产业链供应链向绿色低碳循环、数智升级赋能协同发展，从而为电网提供更优质的绿色产品与服务，持续增强产业链供应链安

---

① 国家电网有限公司.能源电力产业行业级采购引领型供应链链主理论研究课题方案[R]. 2023.

全和韧性水平，为电力保供、能源转型和国家经济社会发展大局提供坚强保障。

2."三大愿景"目标

国网绿链有三个愿景：一是成为国内超级供应链数智化转型的排头兵。依托公司全球最大规模电网的枢纽地位和年采购金额超 7 000 亿元的市场带动作用，用链式思维集成公司跨专业平台和链上大中小企业系统，率先打造行业级的能源电力产业链供应链工业互联网，走在国内供应链数智化转型的前列。二是成为可复制、可共享的阳光采购公共服务平台。加强区块链、人工智能等新技术的融合应用，建设合同签约、质量检测、仓储配送、支付结算等国网绿链智能机器人，实现供应链全过程的自动化、智能化处理，实现业务全流程依法合规、阳光透明、可信可追溯。三是形成媲美世界优秀供应链企业的开放生态圈。与政府机构、链上企业、合作单位、支撑单位高效协同、良性互动，商业生态上通过市场机制形成多元化业务服务。技术生态上构建开放共享、内外互联、云端互嵌、中台架构的平台底座，面向内外部开发者共享算力、智力和数力资源，打造行业级应用商店，支撑自主构建业务场景，共享链上企业创新成果，吸收社会资源参与共建。

3.行业级标准体系

国家电网充分发挥需求侧的标准引领作用，将国家对产业链供应链绿色转型、数智升级等方面的政策导向融入标准体系中，引导行业发展。在技术标准方面，围绕国际、国家、行业、团体、企业五个层级的标准，绘制了囊括千余项标准的体系蓝图，覆盖了综合、运营、需求等 13 个专业方向。在发展标准方面，将原有的企业级标准，梳理总结出囊括国际对标指标、同业对标指标、业绩考核指标、专业指标和发展评价指标在内的"树状"全量指标库，各指标相互嵌套、逻辑清晰，基本覆盖了供应链各专业和广大应用主体。同时还对 200 余项核心指标进行标签赋值，实现指标数据的自动采集、自动分析、自动对比、自动评价，形成动态修正的标准模型，引领国家电网绿色供应链高质量建设。

4.开放的商业和技术生态

国家电网通过计划、市场驱动催生商业生态，通过创新驱动催生开放的技术生态，两个生态相融共促、互为支撑。**在商业生态方面**，通过计划驱动，运用市场资源配置这只"看不见的手"，协同国家宏观调控这只"看得见的手"，将国家战略、行业发展导向和公司要求嵌入年度采购金额超 7000 亿元，带动社会投资超过 1 万亿的采购计划中。增强供应链资源优化配置能力，用市场化手段激励企业自发加快绿色、数智升级，打造高效、柔性、可控的行业级数字化供应链。打造供需平衡的供应链协同平台，以"大企业建平台、小企业用平台"的模式，将公司在能源电力产业链供应链上的采购需求引领定位，扩展到为全链企业提供优质的服务和交易，市场化驱动能源电力行业绿色化、数智化发展。**在技术生态方面**，构建云端互嵌、功能复用、公信公平的公共服务平台，构建行业级"组件仓库"，向开发者提供类似于腾讯、百度等互联网企业的市场化功能组件复用的多维商业生态应用平台，既能为技术人员提供可开发的开放平台，又能提供基础组件可供业务人员进行个性化的业务搭建。构建高质量、多需求的模型"应用商店"，以"超市化"方式，支持个性化数据模型开发和应用，提供满足公司内部、链上企业、政府部门的灵活数据服务。优质高效的平台服务能够培育人才、聚集流量、创造价值，赋能整个生态应用平台的发展，驱动链上企业提升数智化水平。

5. 学习型社会组织

面对前沿的供应链理论研究和实践探索，海纳百川、兼容并济，国家电网提出打造包含所有社会资源的"国家电网绿色供应链"学习型社会组织，共同开展观念创新、组织创新和制度创新。"国家电网绿色供应链"学习型社会组织，由国家部委引领发展战略，高校和研究机构探索前沿学术，协会组织分析行业发展趋势，基层一线提供"听得见炮火"的实践，上下游企业贡献领域先进经验，共同凝聚起"国家电网绿色供应链"高质量发展合力。不断地把眼光向外、向前、向新，与京东、华为等头部互联网企业长期协作，把社会头部企业和科研高校最优秀的各类人才吸纳进来，打造供应链建设的百人专家团队，以解决能源供应链实际问题为导向开展调查研究，吸纳社会企业市场化、提质增效等方面的独特优势，共同推进国家电网绿色供应链高质量发展。

3.3.2 国家电网绿色供应链的数智化建设创新

供应链管理是电网高质量发展的重要支撑和保障，涵盖电网规划设计、招标采购、生产制造、施工安装、运行维护、退役回收等全环节，在推动公司和电网整体数字化转型中具有重要的地位与作用。在国家电网绿色供应链数字化建设中，特别是在推动设备全周期管理、供应链全环节贯通等工作中，愈加深刻认识到，坚持企业级统筹是公司数字化转型的首要原则。绝不能仅仅从本专业视角看待数字化转型，陷入"专业系统""部门系统"的路径依赖。而是从公司整体视角，以公司整体电网业务发展为目标，将链式思维引入公司数字化建设中。特别要重视从公司层面统筹梳理**业务、应用、数据、技术和安全**五大架构，贯通业务流程，强化企业级数据"五统一"，打破公司各环节、各部门、各专业的界限，实现公司各专业间、公司和链上各企业间标准互认、业务互通、数据共享。

按照公司数字化转型建设整体原则，结合供应链业务实际，国家电网提出了**"一码贯通、双流驱动"**重点任务，筑牢行业级供应链数据底座，如图 3-11 所示。

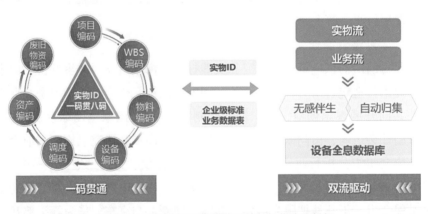

图 3-11　国家电网绿色供应链的数智化建设创新

1.一码贯通：健全完善以实物 ID 为纽带的物联网络体系

国家电网核心业务大力开展信息化建设，已建成网上电网、绿链云网等专业的信息系统，通过实物 ID 实现一物一码，在数据层面，将各专业基于设备的业务操作数据关联起来，为传统企业的数字化转型提供了最为便捷、代价最小的可行路径。以实物 ID 为纽带，"一码贯八码"，能够打通供应链上下游所有业务系统，贯通各专业数据，实现实物流在各专业管理间信息的贯通，既能支撑各专业管理需求，又能站在设备资产全寿命周期、供应链全链条的高度，实现设备资产全寿命周期管理信息的共建共享。深化资产全周期管理理念，统一各专业和各单位对实物、资产的管理口径，统一公司级赋码规则，全面拓展实物 ID 赋码范围，提升设备资产源头精细化管理水平。将实物 ID 与全国统一物联标识 Ecode 编码关联，延伸到设备制造商的上游，使实物 ID 由企业级标准上升为国家级标准。

2. 双流驱动：通过企业级工单实现实物流、业务流贯通

坚持资产全寿命周期管理的理念，强化企业级的业务架构和数据架构的统筹，通过作业工单的形式，将九大环节所有设备作业标准化，提炼出企业级的作业工单，指导供应链各环节操作。通过企业级工单与实物 ID 强关联，实现作业即记录、记录即数据，质量、成本等数据随业务无感伴生，在数据中台汇聚形成企业级标准的业务数据库，实现"实物流""业务流"的贯通。"一码双流"的思路适用于多业务衔接、多平台交互的工业互联网架构，为供应链数字化建设提供了有益参考。

3. 行业级供应链数据底座

（1）升级建设行业级供应链公共服务平台。整合供应链全流程业务，规划打造行业级的计划中心、采购中心、合同中心、质控中心、物流中心、标准中心、合规中心、数智中心、绿色中心、国网商城，延伸连接链上企业、机构和政府等平台，推动发展供应链管理、数据增值、电商交易和线上协作等公共服务，以"大企业建平台、小企业用平台"的方式，向链上企业开放，提供"一网通办"服务，如图 3-12 所示。

（2）建设行业级基础大数据库。依托国网公司数据中台、能源大数据中心等基础设施，推动跨专业、跨层级、跨企业、跨行业、跨政府部门的数据贯通、全面汇聚，开展行业级的数据资产管理。基于"五统一"数据标准原则和数据主人制建立行业级业务数据宽表，利用区块链技术提供去中心化数据共享服务，消除相关企业关于数据安全、数据产权的担忧，全

图 3-12　行业供应链公共服务云平台

量的数据资源汇聚到公司数据中台，经整合、清洗转化，形成标准一致、质量优良的行业级工业数据湖。

（3）建设行业级高端智库。依托国网公司统一人工智能平台和算力资源，构建国网绿链 GPT 1.0 版本，实现智能客服、监造报告、采购文件智能编制、智能评审，供应链智能运营分析。完成数据应用商店 1.0 上线，实现用户"拖拉拽"自助式数据分析，推广"开标查""履约查"等产品业务应用，支持各类用户利用平台提供的数据资源、结合个性化需求，开发系列数据产品。鼓励公司内部用户、供应商，政府部门、链上企业、合作机构基于平台技术底座，自定义开发适用性微应用、小工具，发布在应用商店供各类用户下载使用。行业级基础大数据库和高端智库如图 3-13 所示。

图 3-13　行业级基础大数据库和高端智库

3.3.3　国家电网绿色供应链的业务创新

国家电网充分发挥公司超大规模采购市场优势，提出**"采购引领"**的创新理念，如图 3-14 所示，通过制定阳光采购、绿色采购、创新采购、数智采购、质优采购等方面的评价模型，提高采购评审占比权重，用市场化手段激励企业自发加大绿色、数智升级，打造高效、柔性、可控的行业级数字化供应链，在能源转型的大国竞争中占据领先地位。

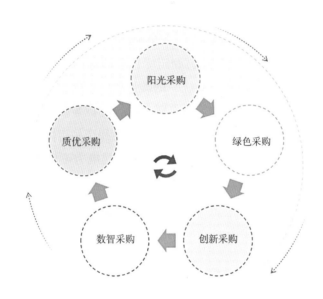

图 3-14　国家电网采购引领型评审体系

1. 阳光采购

打造阳光采购平台，国家电网所有采购活动在一级部署的电子招投标平台上实施，实现采购流程统一、操作公开、过程受控、全程在案、永久追溯。建设绿色数智评标基地，公司所有采购活动"进基地"。研发供应链全流程智能机器人，推动供应链自动化智能化升级。实施"七统一"40项采购管理举措，保证市场主体公平参与竞争。构建公开共享电工电气设备采购标准、物料主数据、采购策略标准化体系，破除技术和区域壁垒，推进行业统一度量衡。整合跨工程、跨单位、跨行业采购需求，形成集聚效应和规模优势，引领现代化产业体系优化布局。通过一系列标准化、数字化、智能化手段，营造公开透明、阳光竞争、互信共赢的友好营商环境，助力全国统一大市场建设。

2. 绿色采购

国家电网发布实施《绿色采购指南》，在采购中践行绿色低碳循环发展理念，建立绿色低碳采购目录，将绿色低碳要求纳入评审体系，优选绿色制造、绿色服务企业，优先采购高效节能变压器等节能环保低碳的设备材料，加快绿色低碳产品替代。在全国环境管理标准化技术委员会成立"绿色低碳电工装备工作组"，制定绿色低碳标准，引领行业绿色低碳转型。编制电工装备企业和产品统一的碳排放核算因子及模型、绿色低碳评价要素及评审细则，引导节能减排降碳。构建行业级电工装备绿色低碳认证体系，推动国际互认，带动电工装备企业和产品走出国门。打造绿色"检储配"基地，建设绿色拆解分拣中心，构建电力废旧物资循环利用体系，开展"无废企业"建设。深入推进全供应链绿色低碳场景建设，推动全链条降碳、减污、扩绿、增长，助力构建清洁低碳、安全高效的能源体系，助力美丽中国建设。

3. 创新采购

强化行业协同，围绕绿源、智网、降荷、新储等新型电力装备，用好国有企业首台套、首批次、首版次产品采购政策，发挥公司超大规模市场的需求牵引、应用驱动作用，深化科技创新与供应链产业链创新融合，优先选用具备自主知识产权和核心技术的关键组部件产品，"以用促研"吸引链上头部企业加大科技创新投入，激发"专精特新"企业积极参与新型电力系统构建。制定新型电力系统创新贡献度"三维三级"评价体系，实施国产化替代推广应用采购策略，以采购逐级打通应用、制造、设计、工装等产业链供应链全链条，推动关键领域"国货国用""国芯国用"。在电子商务平台上打造创新产品交易专区，支持开展原创技术攻关。开展极端情况下断供风险防范研究，助推在制造装备、基础材料、关键组部件等方面加快形成兜底保障能力。坚持管理变革和技术创新"双核驱动"、专业协同和跨界融合"内外并举",促进创新链产业链供应链融合,推动构建自主可控的产业链供应链体系。

4. 数智采购

建设国家电网绿链行业级供应链公共服务云平台、基础大数据库和高端智库,推动跨专业、跨企业、跨行业数据互联互通,打造高效柔性、可视可控的数智供应链,以"大企业建平台、小企业用平台"的模式,向所有链上企业开放平台,提供"一网通办"服务,促进产业链供应链高效协同。在全国物品编码标准化技术委员会成立"电力设备编码与标识工作组",制定电工装备物资分类和物联标识标准,推动产业链供应链数据基础统一。建立链上企业数智化能力水平、平台接入应用等评价机制,将数智制造纳入采购评审要素,鼓励链上企业接入国家电网绿链"云质控"平台,在线服务产品生产过程中的质量控制,推动链上企业数智化升级,助力电工装备制造质量提升。编制《电工装备行业数智制造发展报告》,开展"人工智能 +"行动,运用人工智能技术进行采购场景创新,推动智能制造工装和智能网联装备研发应用。深化生态圈数智协同,促进新型电力系统产业与数字产业融合创新,引导电工电气装备制造加快向高端化、数智化、绿色化发展,以新型工业化塑造新优势。

5. 质优采购

推动实物 ID 在产业链供应链上下游生产制造、电网建设运行及循环再利用等各环节贯通应用,构建电网设备全寿命周期质量问题及控制等全量信息数据库,动态评估供应商生产制造质量保证能力,定期反馈促进提升,服务供应商高质量发展。建立统一的供应商注册信息、资质能力现场核实、专业部门绩效评价和供应商不良行为处理管理体系,建设数智化电工电气设备质量检测管控平台,打造全流程线上"透明检测"实验室,严把供应商入口关和设备入网关。突出"质量第一、价格合理、绿色低碳、诚信共赢"的采购理念,采购设备"好中选优",促进市场供给质量可靠、性能优越的绿色产品。深化设备全寿命周期质量管理,引导链上企业优化生产资源配置,指导供应商共同分析设备全寿命周期各环节质量问题,制定整改措施,促进电工装备高质量发展,服务新型电力系统建设。

3.4 本章小结

本章在理论分析的基础上，紧密结合电力行业整体运行特点、具有典型代表的实际案例，从不同层面对绿色供应链的行业建设现状进行了研究，从宏观上的碳排放与电力构成，到中观层面的绿色供应链结构和绿色供应链建设现状，全面呈现绿色供应链建设的逻辑链条，重点围绕节能减排、社会责任和科技创新三个方面分析了绿色供应链建设的现有情况。在此基础上，结合具体数据的类比分析，从能源减排、建设成本、绿电成熟度、可视化程度等方面对存在的问题进行总结和剖析。重点对国家电网的研究成果进行了深入的探究与拓展，结合国家电网绿色供应链建设的实际情况，从理论创新、数智化建设创新和业务创新等方面全面、系统地对国家电网绿色供应链进行分析，在理论创新层面提出引领型链主理论、行业级标准体系等内容，数字化建设层面提出一码贯通、双流驱动、三大平台底座三项关键工作任务，并紧密结合业务需求，从不同层面指出其当前主要工作重心与重要意义。

本章将电力行业中具有典型代表的实践案例引入绿色供应链新的理论框架中，结合"双碳"目标、ESG理念探究了行业和企业发展当下面临和亟须解决的问题，从行业发展的角度、社会影响的角度、供应链利益相关者协同的角度提出了不同的举措建议，从而将实践案例分析的结论拓展至新的理论体系中。同时，重点研究电力行业"链主企业"国家电网的绿色供应链建设战略思路、逻辑框架，从理论创新、数智化建设创新、业务创新等不同维度引领和创新行业方法论和实践应用价值，推动实践层面的发展创新。

第4章

绿色供应链标准体系

　　绿色供应链作为一项复杂的系统工程，涉及多个主体，构建统一的、具有权威性的标准体系，将技术标准、业务流程标准贯穿于企业供应链全链条，是绿色供应链实施的关键内容，本书梳理国外与国内绿色供应链通用性标准，并结合电力行业相关标准体系，综合阐述如下。

4.1　国际通用性标准

4.1.1　ISO 14000 环境管理系列标准

　　ISO 14000 环境管理系列标准是由环境管理标准化技术委员会（TC207）自 1993 年起制定的系列环境管理国际标准总称，包括环境管理体系（Environmental Management System，EMS）、环境审核（Environmental Audit，EA）、环境标志（Environmental Label，EL）、生命周期评价（Life Cycle Assessment，LCA）、环境绩效评估（Environmental Performance Evaluation，EPE）、术语和定义（Term & Definition，T&D）等国际环境管理领域的重要问题[①]，旨在向各国政府及各类行业组织提供统一的环境管理体系和审核办法。

---

① ISO 14000 definition，standards，certification，and costs[EB/OL].（2023-09-11）[2023-10-01]. https：//www.investopedia.com/terms/i/iso-14000.asp.

ISO 14000 是全面的管理体系，包括制定、实施、实现、评审和维护环境方针所需的组织结构、策划、活动、职责、操作惯例、程序、过程和资源，覆盖了产品的全周期。作为工业发达国家环境管理的经验结晶，其基本思想是在战略层面引导企业建立环境管理的自我约束机制，在组织架构和人员管理层面让领导者与企业员工积极认知及推进改善环境绩效相关的活动。ISO 14000 适用于各类组织，包括政府、公益单位、工厂企业等，在地理、文化与社会环境上也并不存在限制。

该标准的序号从 14001 至 14100 共 100 个，截至 2023 年 9 月，已正式颁布 6 个标准，分别是：ISO 14001 环境管理体系 – 规范及使用指南，ISO 14004 环境管理体系 – 原理、体系和支撑技术通用指南，ISO 14010 环境审核指南 – 通用指南，ISO 14011 环境管理审核 – 审核程式 – 环境管理体系审核，ISO 14012 环境管理审核指南 – 环境管理审核员的资格要求，ISO 14040 生命周期评估 – 原则和框架 ISO，对应到领域内的重要问题具体如表 4–1 所示。

表 4–1　ISO 14000 标准分配

标准分配名称	标准号
环境管理体系（EMS）	14001–14009
环境审核（EA）	14010–14019
环境标志（EL）	14020–14029
环境行为评价（EPE）	14030–14039
生命周期评估（LCA）	14040–14049
术语和定义（T&D）	14050–14059
产品标准中的环境指标	14060
备用	14061–14100

资料来源：ISO 14001 环境管理体系 [EB/OL]. [2023–10–01]. https：//www.bsigroup.com/zh–CN/iso–14001–environmental–management/.

其中，ISO 14001 及其所对应的环境管理体系是该标准的龙头，也是企业建立环境管理体系及审核认证的最根本准则，包括环境因素识别、重要环境因素评价与控制、适用环境法律、法规的识别、获取和遵循，以及环境方针和目标的制定和实施等 17 个要素，从而达到污染预防、节能降耗、提高资源利用率的目的，最终目标为通过这些要素的有机结合，达到环境绩效的持续改善。

目前最新修订的 ISO 14001 为 2015 年版本，根据相关报告[①]，该标准已在全球超过 170 个国家、30 万个组织普及，对应解决的业务问题如下。

（1）成长：实施有效的操作控制确保原材料的有效利用，从而降低运营成本、减少浪费、提高利益相关者权益。

（2）遵从：考虑相关法律要求，及时了解立法变化，向员工与合作伙伴传达有关法律及其他信息，从而减少环境机构的责罚、降低保险费。

（3）声誉：提升利益相关者满意度，增加对新客户和业务合作伙伴的访问。

（4）观念：表明企业的道德性和可信性，扩大业务机会。

（5）生命周期：考虑供应链周期和完整性，基于产品投入 – 最终产出，持续改进产品设计，同时考虑供应链弹性与供应商关系。

ISO 14001 环境管理体系也是世界上首个国际环境标准，目标是帮助组织减小环境影响、促进业务增长，最终取得可持续发展的成功。在企业应用上，应将供应商、生产商、销售商等供应链上各个节点的情况纳入 ISO14001 的评估认证，这一占比也可纳入绿色供应链指标建设中。同时，这一标准也从根本上解决了供应链系统与生态环境的冲突问题[②]，企业供应链系统是自然生态系统中的一个子系统，从宏观到中微观，这也解决了企业的可持续发展问题。

在企业执行层面上，首先，**在产品设计层面应当充分考虑在全周期范围内对生态环境的影响**，设置以能源消耗、环境污染最小化的目标函数，基于供应链管理理论，产品尽量采用标准化、模块化设计，考虑绿色治理层面则新增可回收、可再利用特性，从而在取代性、重复利用上形成合理

---

① ISO 14001 环境管理 [EB/OL]. [2023-08-01]. https://www.bsigroup.com/zh-TW/ISO-14001-Environmental-Management/.

② 孙秀梅，高厚礼. 基于 ISO14000 标准的绿色供应链管理研究 [J]. 生产力研究，2007（17）：127-129.

的产品机制。再者，**在绿色采购环节**，企业需严格控制污染源头，基于标准选择绿色供应商。

4.1.2 ISO 20400 可持续性采购指南

ISO 20400 可持续性采购标准由法国标准化协会（AFNOR）和巴西技术标准协会（ABNT）联合成立的工作项目委员会于 2017 年发布，旨在将可持续性管理融入采购流程，即将采购目标与组织目标相统一，并在组织内推行可持续发展文化。该标准界定了可持续性采购的原则，包括问责制、透明度、尊重人权和道德行为，并强调了风险管理和确定优先事项等关键要素，该标准也是 ISO 26000 社会责任标准建设的重要组成部分。

标准适用于任何公共或私人组织，也不限制规模和位置，充分考虑了各个组织的特定背景和特征，主要有七大核心主题和 39 项可持续性议题，如表 4-2 所示。

表 4-2　ISO 20400 核心主题与可持续性议题

核心主题（7 项）	可持续性议题（39 项）
组织治理	– 决策流程与架构
人权	– 尽职调查 – 人权风险状态 – 避免共谋 – 解决抱怨 – 歧视与弱势团体 – 经济、社会与文化权益 – 工作基本原则与权 – 公民与政治权益
劳动实务	– 聘雇与劳雇关系 – 工作条件与社会保护 – 社会对话 – 劳工健康与安全 – 人力发展与训练
环境	– 污染预防 – 使用永续资源 – 气候变迁缓解与调适 – 环境保护 – 生态多样性与自然栖地复育

核心主题（7项）	可持续性议题（39项）
公平运营实务	– 反贪腐 – 负责任的政治参与 – 公平竞争 – 价值链促进社会责任 – 尊重知识产权
使用者议题	– 公平营销 – 真实且公正的资讯及契约实务 – 保护消费者健康与安全 – 可持续性消费 – 消费者服务 – 支持及投诉与纠纷解决 – 消费者信息保护及隐私 – 取得必要性服务 – 教育与意识
社区参与及运营	– 社区参与 – 教育与文化 创造就业与职能发展 – 科技发展与取得 – 财富与收入创造 – 健康；社会投资

资料来源：英国标准协会（British Standards Institution，BSI）官方网站①。

标准内容主要包括可持续采购的定义及其实施方法，包括适用范围、参考文献、名词解释，以及以下四个核心章节。

（1）可持续性采购概述（针对公司全员）：描述可持续性采购的基本原则与核心主题，以及其重要意义，阐述了包括风险管理、尽职调查、确定优先级在内的关键注意事项。

（2）融入途径（针对公司最高管理者）：如何在战略层面将可持续性议题融入组织采购的实务中，以确保组织愿景、政策方针的实现，旨在帮助最高决策者制定相应战略。

（3）组织条件与管理技术（针对采购部门主管）：组织确保采用方法工具和条件到位，进一步促进采购负责人加强可持续性融入。

---

① ISO 20400 可持续性采购指南 [EB/OL]. [2023-10-01]. https：//www.bsigroup.com/zh-TW/iso-20400-sustainable-procurement/.

（4）融入途径（针对采购部门团队）：如何将可持续性融入现有采购流程。

基于该国际标准的相关议题，中国作为深度参与方，采标为国家标准，在 2022 年 10 月由国家市场监督管理总局、国家标准化管理委员会提出《可持续采购 指南》国家标准（GB/T 41835—2022）[①]。

4.1.3　GRI 标准

以综合性企业报告准则制定的角度，本书引入全球报告倡议组（Global Reporting Initiative，GRI）提出的 GRI 标准，该组织由美国非政府组织对环境负责的经济体联盟和联合国环境规划署共同发起，秘书处位于荷兰的阿姆斯特兰。GRI 标准是世界上应用最广泛的可持续发展报告标准，该标准被全球 100 多个国家和地区数千家企业采用，全球 500 强企业中大多数都使用了 GRI 报告框架[②]。世界可持续发展工商理事会（World Business Council for Sustainable Development，WBCSD）于 2002 年 1 月发表了认可和支持 GRI 的公告，鼓励更多成员加入 GRI 标准建设和应用中，旨在提供协助企业制定最全面的 ESG 报告编制框架，该实质性清单也为企业 ESG 建设提供指引。

2000 年，GRI 发布了第一代《可持续发展报告指南》。2014 年，该报告指南的中文版在北京正式发布。目前，GRI 标准的最新版为 2021 版本，该版本也已于 2023 年 1 月 1 日正式生效，2022 年 9 月发布简体中文版，内容主要包括：GRI 标准概述、2021 版标准体系介绍、企业推广方式。

GRI 标准具有如下特点[③]。

（1）**全球通用性**：GRI 标准能够在全球各个地区使用，采用该标准框架使得 ESG 建设和报告呈现更具有可比性，满足不同投资者和客户的需求，有助于企业的品牌建设和国际发展。

---

① GB/T 41835—2022《可持续采购 指南》国家标准解读 [EB/OL]. (2022–11–02) [2023–10–01]. https：//www.cnis.ac.cn/bydt/kydt/202211/t20221102_54161.html.
② GRI. GRI Standards[EB/OL]. www.globalreporting.com.
③ 最新版 GRI 标准体系介绍及应用指南 | ESG 系列二 [EB/OL]. (2023–04–19) [2023–08–01]. https：//www.reach24h.com/carbon–neutrality/industry–news/gri–standard–application.

（2）**全面性**：基于 ESG 的定义，该标准涵盖了环境、社会、治理等多个维度的指标，帮助企业披露其在 ESG 方面的绩效和表现，也有助于企业从不同层面综合性地识别 ESG 相关的风险和机遇。

（3）**可持续性**：GRI 标准的主题注重可持续性，围绕 ESG 促进企业可持续发展。

在 2021 版 GRI 中，分为通用标准、行业标准和议题标准三个部分。其中，通用标准的使用必须报告 GRI 中的九项要求：应用报告原则、披露项要求、确定实质性议题、实质性议题中的披露项、实质性议题中的标准披露项、对无法遵守的要求提供从略原因、发布 GRI 内容索引、提供使用说明、通知 GRI。GRI 通用标准如表 4-3 所示。

表 4-3　GRI 通用标准

GRI 通用标准名称	内容
GRI 1：基础	规定了组织符合 GRI 标准编制报告必须遵守的要求
GRI 2：一般披露	包含一系列披露项，用于说明做法和其他组织详情
GRI 3：实质性议题	就确定实质性议题提供指导，包含相关披露项

资料来源：GRI – GRI standards simplified chinese translations[EB/OL]. [2023–10–01]. https://www.globalreporting.org/how–to–use–the–gri–standards/gri–standards–simplified–chinese–translations/.

GRI 行业标准即确定企业的实质性议题，已发布的 GRI 行业标准有石油和天然气行业（GRI 11）、煤炭行业（GRI 12）、农业 & 水产养殖业和渔业行业（GRI 13），其他行业标准也在开发进程中。

GRI 实质性议题标准如表 4-4 所示，主要包含经济、环境和社会三个维度，在通用体系中还存在一般披露项目、以技术贡献世界、供应链中的社会环境保护等项目。

国内 ESG 披露指数相关的文件主要包括以下方面。

2021 年 12 月生态环境部发布《企业环境信息依法披露管理办法》①，

---

① 企业环境信息依法披露管理办法 [EB/OL].（2021–12–11）[2023–08–01]. https：//www.mee.gov.cn/gzk/gz/202112/t20211210_963770.shtml.

4.1.4　绿色供应链 CITI 指数

2014 年，公众环境研究中心（IPE）和自然资源保护协会（NRDC）合作研发绿色供应链 CITI 指数，评价维度包括透明与沟通、合规性与整改行动、延伸绿色供应链、节能减排和责任披露五个方面[①]，如图 4-1 所示。评价对象主要是具有一定供应链规模的企业。与其他绿色治理的标准文件相比，CITI 指数更强调供应链，特别是产品生产上下游运输环节对环境和气候的影响，以及企业如何推动供应商提升环境表现，降低温室气体排放，开展环境和碳信息披露、构建与利益方的信任。CITI 指数主要对标于 GRI 标准与中国的《绿色制造　制造企业绿色供应链管理　导则》（GB/T 33635—2017）等绿色供应链管理标准，为全球可持续发展机制和标准建设作出有效补充。

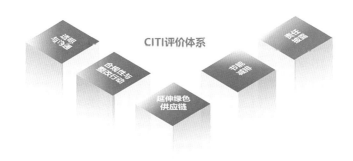

图 4-1　CITI 评价标准

基于以上五个维度，根据 2023 年修订的最新版，即 CITI 指数评价指南 10.0，共设置 12 项指标，每项指标的评分分为五个等级，指标内容如表 4-5 所示。

（1）透明与沟通：通过数据收集和现场调研，识别出供应链中具体的污染问题，并据此与利益相关者沟通而形成的记录。

（2）合规性与整改行动：根据环境监管记录建立相应数据库，并持续跟踪。

---

① IPE 动态 _ 构建全球企业责任 — 2022 绿色供应链 CITI 指数、企业气候行动 CATI 指数年度评价报告发布 [EB/OL].（2022-11-03）[2023-10-01]. https://www.ipe.org.cn/Notice/Detail_21692_4.html.

表 4-5　CITI 指标

一级指标	二级指标
透明与沟通	公众问责与沟通
	推动透明供应链
合规性与整改行动	检索环境合规表现
	推动整改及披露
延伸绿色供应链	化学品负责任管控
	污水负责任管控
	固体废物负责任管控
	物流负责任管控
	自主管控环境风险
节能减排	推动供应商节能减排，披露能源与碳数据
	推动提高资源利用效率、减少污染物排放，披露污染物排放转移数据
责任披露	引导公众关注供应链环境表现

资料来源：CITI 指数评价指南 10.0。

（3）延伸绿色供应链：通过收集的监管记录，为检查供应链上下游重污染环节提供相应的数据基础。

（4）节能减排：确认组织是否能够推动节能减排目标和达成情况，是否能够认识供应链的环境影响，并将供应链的节能、节水和污染减排纳入自身的环境管理。

（5）责任披露：通过公开渠道收集相关信息和行动实践。

4.2　中国通用性标准

4.2.1　相关政策与标准文件

自党的十八大以来，在习近平新时代中国特色社会主义思想指引下，中国坚定不移地走生态优先、绿色发展之路，秉承人类命运共同体理念，积极响应联合国 2030 可持续发展目标，推进中国碳达峰碳中和行动。为确保"双碳"目标融入经济社会发展，中国政府积极倡导绿色供应链建设，为推进绿色供应链发展制定并出台一系列相关政策与标准体系建设指导性文件。中国绿色供应链相关政策与标准文件如表4-6所示。

表4-6 中国绿色供应链相关政策与标准文件

文件（标准）名称	发布单位	发布时间
《电子信息制造企业绿色供应链管理规范》（GB/T 41505—2022）	国家市场监督管理总局、国家标准化管理委员会	2022年7月
《减污降碳协同增效实施方案》	生态环境部等七部委	2022年6月
《中共中央 国务院关于深入打好污染防治攻坚战的意见》	中共中央、国务院	2021年11月
《"十四五"工业绿色发展规划》	工业和信息化部	2021年11月
《企业环境信息依法披露管理办法》	生态环境部	2021年12月
《"十四五"循环经济发展规划》	国家发展改革委	2021年7月
《"十四五"塑料污染治理行动方案》	国家发展改革委、生态环境部	2021年9月
《关于统筹和加强应对气候变化与生态环境保护相关工作的指导意见》	生态环境部	2021年1月
《绿色制造 制造企业绿色供应链管理 信息化管理平台规范》（GB/T 39256—2020）	国家市场监督管理总局、国家标准化管理委员会	2020年11月
《绿色制造 制造企业绿色供应链管理 评价规范》（GB/T 39257—2020）	国家市场监督管理总局、国家标准化管理委员会	2020年11月
《绿色制造 制造企业绿色供应链管理 采购控制》（GB/T 39258—2020）	国家市场监督管理总局、国家标准化管理委员会	2020年11月
《绿色制造 制造企业绿色供应链管理 物料清单要求》（GB/T 39259—2020）	国家市场监督管理总局、国家标准化管理委员会	2020年11月
《绿色制造 制造企业绿色供应链管理 导则》（GB/T 33635—2017）	中华人民共和国国家质量监督检验检疫总局、中国国家标准化管理委员会	2017年5月
《绿色制造工程实施指南（2016—2020年）》	工业和信息化部	2016年9月
《企业绿色采购指南（试行）》	商务部、环境保护部、工业和信息化部	2014年12月

基于上述相关文件，可以发现当前"绿色供应链"相关政策与标准文件主要集中于工业制造领域，体现在自2016年起制造行业以工业转型升级为导向，基于高投入、高消耗、高排放的发展现状，在行业和企业中全

面推行实施绿色化改造，主要包含生产过程清洁化技术升级、能源的高效低碳化利用、水资源利用等方面，围绕绿色标准制定、绿色产品开发、绿色供应链打造等构建绿色制造体系。

4.2.2　电力行业相关政策与标准文件

1. 中国电网运行准则

2022 年 12 月，国家标准《电网运行准则》修订发布，该标准于 2023 年 7 月实施。

本标准基于原有标准 GB/T 31464—2015《电网运行准则》进行修改，对原有标准的整体结构、技术性变化等内容进一步更新和完善。在电力行业的管理和责任上，对电力企业及相关调度机构、使用者的基本责任、权利和义务进行了明确。在技术和工作流程上，本标准明确了电力系统规划、设计和建设阶段所需满足的基本技术要求和工作程序等，以达到确保电力系统安全稳定运行的目标，从而使中国社会经济发展、工农业生产与人民生活的正常秩序得到有力保障。除基本名称定义外，本标准的主要内容包括：①电网运行对规划、设计与建设的要求。②并网、联网与接入条件。③电网运行。其具体描述如下。

1）电网运行对规划、设计与建设的要求

其分为一次部分与二次部分进行阐述。其中，一次部分规定了电力行业供应链上所有企业与使用者应遵循的技术标准、设计标准和工作程序，主要包含电力规划、电网规划、电源规划和大型主网直供用户供电工程专题设计等内容，且需进一步满足经济性、技术先进性、可靠性与灵活性及一、二次系统协调发展的相关要求，这也是确保电力正常供应的基本配置。二次部分则包括继电保护、安全自动装置、调度自动化等内容，这一部分技术要求详见电网二次部分技术规范（GB/T 14285—2023、GB/T 38969—2020、DL/T 5506—2015 等）、《电力监控系统安全防护规定》（国家发改委〔2014〕第 14 号令）、《电力监控系统安全防护总体方案》（国能安全〔2015〕36 号）等安全防护方案和评估规范及相关配套文件等，本书由于篇幅原因，不做单独说明。

2）并网、联网与接入条件

其主要对电力系统的并网程序、应满足的电网技术特性和运行特性、技术条件等内容进行规定，包括但不限于调度指挥关系、调度管辖范围等，在技术层面上则对电网频率偏差、电网电压偏差、电压波形质量等进行规定。具体运行过程中，基于前文绿色供应链相关阐述，对各类电源并网试运行的要求进行了规定，比如核电机组和 300 MW 及以上的火电机组应连续完成 168 小时的满负荷试运行等，对后续排放的周期维度都具有参考作用。同时对发电机组的性能也进行了要求，比如针对可再生能源发电厂（场、站）并网条件进行规定，尤其是风电场、光伏电站并网条件（调频能力、电压支撑能力等）等进行了细致描述。

3）电网运行

标准中对整个电网系统的运行阐述为五点：①实行统一调度、分级管理；②电网调度机构负责整体运行的组织、指挥、指导和协调；③各级电力企业和电网使用者应严格遵守《调度管理规程》；④电力系统设备的运行应遵循 DL/T 741—2019、DL/T 751—2014、DL/T 516—2017 等国家和行业标准；⑤对于现有电网应遵守相应的电力市场运营规则及配套规定。这一部分对电网运行的资料及信息交换要求、负荷预测、设备检修等情况也作出了相关要求。

国家电网作为这项标准的核心起草单位，在重视电力流供应链统一标准体系建设的同时，也极其重视电网供应链统一标准体系的构建，即供应链标准体系规划统一、供应链技术标准统一和供应链数据标准统一。其中，供应链标准体系规划统一即基于链主理论核心内容，利用国家电网丰富的前期理论与实践成果，构建统一的标准体系架构；供应链技术标准统一即融合科技研究、数字支持等新发展要求，对现有标准进行修订；供应链数据标准统一即基于数据要素的特征，构建供应链互联互通的物料编码和数据字典规范，统一数据内容与标准格式。在业务线上，围绕**采购**、**产品**、**物流**、**供应商管理**、**回收**等环节，推进制定包含绿色采购标准、产品质量监测标准、节能低碳产品采购标准、绿色供应商评价标准及数据互联标准等标准规范，以实现标准规范的全业务流程覆盖。

2. 政策与标准文件

根据上述标准文件，绿色供应链发展标准可以按照碳排放管理、能源效率、可再生能源、资源管理和循环经济、社会责任和合规性等方面进行探讨，具体内容如下。

1）碳排放管理

量化和管理碳排放，包括建立碳排放清单、制订减排目标和实施减排措施。在中国，电力行业的碳排放管理主要受到国家碳排放强度控制和电力行业低碳转型的影响。电力行业主要通过减少碳排放强度和增加可再生能源的使用来实现低碳转型。电力行业的碳排放管理涉及多个方面，包括能源消耗、能源转换效率、能源储存和能源输配等。在制定电力行业碳排放管理标准时，需要考虑到这些方面，并制定相应的政策和规定，以确保电力行业碳排放得到有效管理和控制。

2）能源效率

采取措施提高能源效率，包括使用高效节能设备和技术、优化能源使用和管理。一方面，电力行业需要不断提高能源转换效率，包括煤电、天然气联合发电、核电、风能、太阳能发电等。根据相关数据，光伏发电的能源转换效率一般在 15%~25%，风力发电的能源转换效率一般在 30%~45%，水力发电的能源转换效率一般在 70%~90%，火力发电的能源转换效率一般在 35%~45%。另一方面，电力行业也需要不断降低能源消耗，包括煤炭消耗、天然气消耗、水资源消耗等。电力行业需要采取有效措施，提高能源利用效率，减少能源消耗，实现低碳转型。此外，电力行业还需要加强能源储存和能源输配管理，提高能源储存效率和能源输配效率，减少能源浪费和排放。因此，电力行业能源效率的发展标准需要综合考虑能源转换效率和能源消耗等多个方面，采取综合措施，实现低碳转型和可持续发展。

3）可再生能源

增加可再生能源的使用比例，包括购买可再生能源证书、建设和投资可再生能源项目。首先，电力行业需要积极推广可再生能源的利用和开发，包括太阳能、风能、水能、生物质能等。截止到 2023 年底，中国可再生能源发电装机容量达到14.5亿千瓦，其中风电和太阳能发电装机容量突破10亿千瓦。此外，中国政府还出台了一系列支持可再生能源发展的政策和标准，包括财税政策、电价政策、可再生能源并网标准等，以推动可再生能源的快速发展。电力行业也需要积极推进自身的转型和升级，包括能源结构的调整、能源技术的创新等。电力行业需要不断提高清洁能源的比重，减少对传统化石能源的依赖，加快数字化、智能化、绿色化转型，实现高质量发展。电力行业可再生能源的发展标准需要综合考虑可再生能源的开发利用和电力行业的转型与升级等多个方面，采取综合措施，实现可持续发展。同时，还需要加强政策和标准的制定和落实，为电力行业的绿色低碳转型提供有力支持。

4）资源管理和循环经济

优化资源使用，减少废弃物和污染物的排放，推动循环经济的发展。**在资源管理方面**，包括对煤炭、天然气、水资源等自然资源的管理，以及对设备、材料等废弃物的再利用和管理。电力行业需要采取合理的管理措施，提高资源利用效率，减少资源消耗和浪费，同时对废弃物进行回收和再利用，实现资源的最大化利用。**在循环经济方面**，通过循环流动的生产过程，实现资源的最大化利用和废弃物的最小化排放。电力行业需要采取清洁生产、节能降耗、达标创一流等措施，降低生产过程中的能源消耗和污染物排放，提高电力产品的质量和效益，同时对废弃物进行回收和再利用，实现资源的最大化利用。电力行业还需要积极推进环境保护和可持续发展，加强对污染物的治理和环境的保护，积极推广清洁能源和可再生能源的利用，加强对环境友好型技术的研发和应用，实现电力行业的绿色低碳转型。

5）社会责任和合规性

遵守相关法律法规，关注员工权益和社会责任，推动可持续发展。电力行业需要承担相应的社会责任，确保供应链的可持续发展。这涉及供应链中各个环节的环境保护，如燃煤的清洁利用、废弃物的处理和再利用等。电力行业需要采取一系列措施，降低对环境的负面影响，提高能源利用效率，同时积极推广清洁能源和可再生能源的利用，实现绿色低碳转型。这涉及供应链中各个环节的规范操作、安全管理、质量控制等多个方面，需要电力行业加强内部管理和外部监督，确保合规经营和安全生产。

由于目前中国还未形成针对电力行业的绿色供应链标准，仅存在针对制造业的相关标准文件，故基于前文总结的电力行业绿色供应链建设重点，对电力行业排放、可持续性等相关文件进行归纳，如表4-7所示。

表4-7　中国电力行业绿色供应链相关政策与标准文件

文件（标准）名称	主要内容	发布部门	发布时间
《企业温室气体排放核算与报告指南发电设施》	规定了发电设施的温室气体排放核算边界和排放源确定、化石燃料燃烧排放核算、购入使用电力排放核算、排放量计算、生产数据核算、数据质量控制计划、数据质量管理、定期报告和信息公开格式等要求	生态环境部	2022年12月
《企业温室气体排放核查技术指南发电设施》	对发电行业重点排放单位温室气体排放报告的核查，对其原则、依据、内容与要点等方面进行了规定	生态环境部	2022年12月
《加快电力装备绿色低碳创新发展行动计划》	为深入贯彻落实党中央、国务院关于碳达峰碳中和的重大战略决策，推进能源生产清洁化、能源消费电气化，推动新型电力系统建设，加快电力装备绿色低碳创新发展，制订具体行动计划，指出电力装备十大领域绿色低碳发展重点方向	工业和信息化部等五部门	2022年8月
《工业领域碳达峰实施方案》	以重点行业达峰为突破，着力构建绿色制造体系，提高资源能源利用效率，推动数字化智能化绿色化融合，扩大绿色低碳产品供给，加快制造业绿色低碳转型和高质量发展	工业和信息化部、国家发展改革委、生态环境部	2022年7月
《绿色产品评价通则》（GB/T 33761—2017）	规定了绿色产品评价的基本原则、评价指标和评价方法，以资源属性、能源属性、环境属性和品质属性为一级指标构建评价指标体系	国家质量监督检验检疫总局、国家标准化管理委员会	2017年5月
《生态设计产品评价通则》（GB/T 32161—2015）	规定了生态设计产品评价的术语和定义、评价原则和方法、生命周期评价报告编制方法	国家质量监督检验检疫总局、国家标准化管理委员会	2015年10月
《火电厂大气污染物排放标准》（GB 13223—2011）	防治火电厂大气污染物排放造成的污染，促进火力发电行业的技术进步和可持续发展，规定了火电厂大气污染物排放浓度限值、监测和监控要求	生态环境部	2011年9月

4.3 国家电网绿色供应链建设准则

4.3.1 建设意义

国家电网作为全球最大的公用事业企业，建设运营着世界上输电能力最强、新能源并网规模最大的电网，同时也是关系到国家能源安全与国民经济命脉的特大型国有重点骨干企业。作为电力系统集成商和运营商，公司连接能源电力产业链供应链上下游企业和用户，拥有丰富、全面的行业应用场景和全寿命周期数据，处于产业链供应链核心企业地位，在电力行业"绿色供应链"建设中发挥着最关键的作用。作为"链主"企业，国家电网充分发挥自身优势，积极带动电力行业供应链上下游企业高质量发展，推进绿色供应链建设，并紧密结合国家数字经济战略布局，引入"数智化转型"理念，打造绿色现代数智供应链体系，推动全行业和社会绿色现代化发展进程。

为进一步贯彻国资委"建设世界一流企业"的工作部署，国家电网发布《行动方案》和《实施意见》，旨在通过两年发展行动和阶段性近远期目标，基本建成国际领先、国家电网特色的绿色现代数智供应链管理体系，形成"标准引领、需求驱动、数智运营、平台服务"的供应链绿色数智发展新业态，实现供应链全链条、产品全寿命周期的商流、物流、资金流、碳流、信息流"五流合一"，推动供应链由企业级向行业级转变，全面提升供应链服务公司和经济社会高质量发展的能力和水平。总体来说，国家电网"绿色供应链"构建具有如下"三大使命"。

落实碳达峰碳中和目标。"积极稳妥推进碳达峰碳中和"是以习近平同志为核心的党中央坚持以人民为中心、破解资源环境约束突出问题、实现人与自然和谐共生的现代化所作出的战略部署，也是新时代推进生态文明建设、推动绿色发展所擘画的宏伟蓝图。

助力能源高质量发展。"高质量发展是全面建设社会主义现代化国家的首要任务"是在深入分析中国发展新的历史条件和阶段、全面认识和把握中国现代化建设实践历程以及各国现代化建设一般规律的基础上，作出的具有全局性、长远性和战略性意义的重大判断。能源对国家繁荣发展、人民生活改善和社会长治久安至关重要，能源高质量发展是高质量发展的重要内容。

支撑世界一流企业建设。党的二十大报告指出，"完善中国特色现代企业制度，加快建设世界一流企业"。国有企业是中国特色社会主义的重要物质基础和政治基础，是我们党执政兴国的重要支柱和依靠力量。国有企业要全面落实党的二十大关于国有企业改革发展的重大部署，努力在加快建设世界一流企业中当先锋、走在前。

4.3.2　建设任务

1. 五大方向

为扎实推进电力行业绿色现代数智供应链建设，在承继公司供应链创新实践成果的基础上，结合绿色可持续发展领域前沿理论与新兴技术应用，持续深化发展，制定五大建设方向：①链主理论带动。发挥战略影响力与生态主导力，重塑产业生态价值链；②采购需求引领。超大规模集中采购，推动技术创新、装备升级、节能减排；③云上平台赋能。全场景智能应用，资源统筹共享；④评价指标推动。围绕标准建设、平台服务、运营水平、阳光指数、绿色发展、数字转型、创新成果、社会责任八大维度构建现代化"绿色供应链"评价体系；⑤合作互利共赢。服务公司自身发展、服务链上企业发展。

国家电网绿色供应链建设"五大方向"如图 4-2 所示。

总体来说，国家电网绿色现代数智供应链建设旨在将现代的理论、统一的标准、丰富的场景、可靠的信息、科学的算法、合理的评价、创新的机制、阳光的流程、严密的制度、标准的合同、多方的协议嵌入供应链，通过"一平台两库"串联起供应链九大环节，形成与政府机构、链上企业、合作单位、支撑单位高效协同、良性互动的供应链生态圈。在绿色低碳转型维度，以实现供应链节能降碳、绿色发展为主线，聚焦供应链产品、供应链企业、供应链全链路等核心维度，围绕供应链全过程场景，构建具有国家电网特色的供应链绿色低碳发展体系。同时，紧密结合数字化

图4-2　国家电网绿色供应链建设"五大方向"

转型方针，加大区块链、人工智能等新技术与供应链业务的深度融合，组合式打造覆盖全过程业务的智能机器人，实现业务全流程依法合规、阳光透明、可信可追溯。

2.八大行动

基于公司绿色现代数智供应链建设的五大方向，制订供应链链主生态引领、规范透明化阳光采购、全寿命周期好中选优、建现代物流增效保供、绿色低碳可持续发展、创新固链保安全稳定、数智化运营塑链赋能、全面强基创国际领先八个方面的行动方案，全面构建绿色现代数智供应链。"八大行动"具体建设内容如表4-8所示。

表4-8　"八大行动"具体建设内容

任务	内容
一、供应链链主生态引领	1.构建供应链统一标准体系
	2.打造供应链公共服务平台
	3.建设供应链基础大数据库
	4.建设供应链高端智库
	5.服务公司和供应链上下游企业高质量发展

189

任务	内容
二、规范透明化阳光采购	6. 全网采购需求统一管控
	7. 供应链计划全面协同统领
	8. 营造公平市场交易环境
	9. 引领央企智能采购方向
	10. 强化全链风险数智管控
三、全寿命周期好中选优	11. 推动质量检测资源升级共享
	12. 加大设备质量全寿命周期监督管控力度
	13. 推进招标采购供应商全息多维评价
四、建现代物流增效保供	14. 提升供应链流通效率效益
	15. 保障供应支撑新一代应急体系
	16. 供应链合同全面协同管控
五、绿色低碳可持续发展	17. 推动供应链碳排放足迹跟踪
	18. 强化供应链全过程绿色低碳
	19. 开展链上企业绿色低碳评价
六、创新固链保安全稳定	20. 助力建立创新主体市场激励机制
	21. 采购助力新型电力系统建设
	22. 服务关键技术产品多元替代安全保障
七、数智化运营塑链赋能	23. 夯实供应链数智运营基础能力
	24. 供应链数智融合优化塑链
	25. 丰富供应链数智化运营指标体系
八、全面强基创国际领先	26. 构建供应链管理制度体系
	27. 构建供应链管理理论知识体系
	28. 构建供应链人才培育保障体系
	29. 构建供应链合规支撑保障体系

资料来源：国家电网有限公司.绿色现代数智供应链评价指标体系建设情况[R]. 2023.

1）供应链链主生态引领

以公司现有标准体系为基础，围绕"绿色、数智、行业"发展方向，建立供应链统一标准体系，包含供应链标准体系规划、统一供应链技术标准、统一供应链数据标准、统一供应商监督评价标准。以"九中心一商城"和公司级数字化基础设施为依托，打造行业级供应链供需交易、技术交流、协同合作等公共服务平台。基于数据中台贯通汇聚供应链全过程、设备全寿命周期数据资产，构建供应链基础大数据库。升级迭代数据分析手段，系统性构建高端智库。推动公司各专业、供应链上中下游及相关利益方专业化整合协作，服务公司和供应链上下游企业高质量发展。

2）规范透明化阳光采购

强化供应链全面计划协同，提升计划统筹管理效能。坚持营造"公开、公正、公平"、阳光透明的市场交易环境，引领央企智能采购方向。运用数智化新技术实现全供应链业务"线上办、防篡改、可追溯"，提升全链风险数智管控能力，持续优化营商环境。这一任务旨在强化源端协同，构建基于项目投资、工程建设历史采购的需求精准预测模型，将所有采购活动纳入平台统一管理、所有业务采购过程全流程闭环管控，进而实现各环节的精准衔接、科学排程，最终实现供应链计划全面协同。构建全链统一的采购策略库、规则库、范本库，打造安全规范的市场环境、全面的监管体系，并进一步融合数字技术，实现采购业务的智能管理决策，加强关键环节、薄弱环节的数智化升级，提升全链风险管控质效。

3）全寿命周期好中选优

坚持设备质量全寿命周期监督管理，推动检测资源向国家层面升级共享。强化质量追溯，联合产学研用多方对影响电网安全运行的设备故障问题、质量缺陷隐患等诊断治理，建设设备全寿命周期质量及问题信息库，推动单次检测、单个样品质量评价向全网同一厂商、同类设备所有质量信息汇总评价转变，辅助供应商识别产品质量波动，精准强化生产质控措施，提升设备质量稳定性。进一步发挥实物 ID 流程贯通和数据共享纽带作用，归集设备全寿命周期质量和成本信息，促进全寿命周期主数据贯通应用，实现全流程问题追溯并制定相应违约追责赔偿机制。建立链上企业全息数据库和多维量化评价体系，强化采购设备性价比选，推动采购设备"好中选优"，提升电网本质安全。

4）建现代物流增效保供

推进现代物流体系数智化升级，深化实物资源精益管理，盘活存量资产和低效资产，强化供应链资源"一盘棋"统筹共享。结合"双碳"、效率、效能、成本管理目标，规划数智仓储物流网络和库存结构。基于共享资源推动业务在线对接，提升仓储与物流资源配置能力。盘活公司各类存量资产和低效资产，促进资产"挖潜清淤"，畅通资产全寿命周期价值流。深化公司供应链系统与新一代应急指挥体系的协同，增强供应链韧性，提升物流增效保供能力。推动合同全链条协同管控，建立全域采购合同管理体系。

5）绿色低碳可持续发展

汇聚链上企业绿色信息，推动企业碳核算、碳足迹跟踪，推动绿色信息收集与披露，建立企业双碳管理全息数字档案，发布供应链碳指数。强化绿色评价和绿色采购导向作用，构建企业绿色信息库，建设绿色企业和绿色产品认证体系、环保认证标识，推动设计制造、采购供应、施工建设、运行维护、回收利用等供应链全过程、全环节绿色低碳可持续发展，推动电力装备体系绿色升级，推进绿色供应链转型。在评价体系构建上，量化测算供应链绿色低碳评价指标，提供企业绿色征信报告、企业全维度绿色信用画像等服务，推动 ESG 报告的发布和评价，持续动态开展链上企业绿色综合表现评价。

6）创新固链保安全稳定

基于超大规模采购的应用驱动、需求牵引，助力建立链上企业创新能力市场评价体系、创新激励机制，推广应用模式创新。协同制定企业参与新型电力系统技术科技攻关的贡献度评价策略，加大力度遴选创新能力强、业绩好的优秀企业。发挥链主主导作用，组织链上企业开展联合创新、集成创新、跨专业跨领域创新，服务安全可靠产品多元替代，紧密跟进新型电力系统新技术新产品试点应用，促进资源向新技术产品和优质企业聚集，加大力度遴选创新能力强、业绩好的优秀企业参与工程建设，提升产业链供应链安全性、稳定性。

7）数智化运营塑链赋能

拓展供应链数据业务标准表库，提升数据分析应用基础能力，构建供应链数智化"六统一"（统一数据基础、统一分析工具、统一业务报表、统一分析模型、统一指标体系、统一运营管理）运营体系。应用 5G、人工智能、物联网、大数据、区块链等新技术，以及数字人民币等新业务，强化关键业务场景协同交互，推动电力装备网络化智能化转型发展，激发数据价值创造能力，为供应链赋能赋效，深挖供应链数据价值，整体实现跨专业、跨企业数智融合与生态圈数智协同，丰富供应链数智化指标体系。

8）全面强基创国际领先

完善供应链制度、知识、人才等软实力，加强硬件基础设施建设，提升公司供应链发展保障能力。在制度建设上，进一步构建供应链管理制度体系，推进制度流程化、流程信息化。同时，不断提炼吸收国内外供应链先进管理体系、流程、方法与技术，融入"双碳"和新型电力系统等专业知识，深化知识成果系统化结构化建设，构建供应链管理知识体系。在人才建设上，制定绿色供应链人才战略发展计划，建立专家人才队伍，优化供应链培训体系，提升链上企业人才队伍的专业性、稳定性、成长性。在保障体系上，强化招标代理机构的职能管理，提升数智化监管能力，支撑绿色现代数智供应链发展目标实现。

国家电网坚持绿色引领，推动供应链绿色低碳升级。首先，**全面推进绿色采购**，率先发布央企《绿色采购指南》，将环境保护、清洁生产、健康安全等要素作为采购评审因素，优先采购绿色物料和绿色企业。其次，**深化全链条节能降碳**，发展绿色低碳技术，编制发布近20项供应链绿色技术标准，引导全环节绿色低碳升级。深化绿色设计、绿色制造、绿色物流、绿色包装，推进再生资源循环利用和回收处置。最后，**带动电工装备供应链绿色发展**，建立供应链绿色低碳因子库、模型库、评价要素库和采购评审细则库，支撑链上企业绿色数智应用。试点开展产品、企业碳足迹测算与跟踪，支撑电工装备企业绿色发展。

总的来说，国家电网争当供应链标准"领跑者"，将供应链绿色低碳、数智转型融入标准体系中，规划千余项供应链企标、团标、行标、国标体系，通过需求侧的标准化带动供给侧协同发展。此外，运用现代信息技术，促进电工装备设计研发、生产制造、物流服务产业间、企业间的资源整合，推动企业间资源集约集中、数据共享共用、装备做专做精做强，并以采购为切入点，制定关键技术创新产品集中采购策略，"以用促研"助力关键技术突破，培育一批掌握核心技术的电工装备制造企业，在国内外市场形成核心竞争力。

4.4 国家电网供应链标准体系构建

4.4.1 供应链标准体系框架

深化供应链标准体系建设，是强化链上资源要素灵活配置，推动供应链运营效率提升，助力链上企业融合发展，加快供应链转型升级的战略举措。国家电网总结近年来供应链建设运营经验，结合行业标准现状和需求，立足供应链标准"领跑者"，按照国际、国家、行业、团体、企业五个层级，围绕"绿色、数智、供应链"3个方向，贯穿规划设计、需求计划、招标采购、生产制造、产品交付、履约执行、施工安装、运行维护、退役回收 9 大环节，构建了包括基础综合、供应链运营、需求计划、采购标准、智能采购、供应链关系、抽检监造、仓储技术、包装运输、合同履约、废旧处置、合规监督、其他等 13 个分支的供应链标准子体系，共计 1 521 项标准。其中已发布标准 1 016 项，报批 145 项，立项批复 293 项，正在研究立项 67 项。国家电网充分发挥供应链链主生态引领作用，以高质量标准引领产业链供应链生产方式绿色转型，以需求侧标准引领设备更新换旧、淘汰落后产能，推动供给侧产业结构优化升级和绿色转型。供应链标准体系框架，如图 4-3 所示。

图 4-3 供应链标准体系框架图

4.4.2 供应链标准建设情况

1.统一物资主数据标准，推动资源节约集约利用

2009 年 11 月，国家电网构建了统一的物资主数据管理体系，成功上线并推广应用了主数据管理平台，规范了物资编码、物料描述、采购标识等信息化代码，形成了大、中、小 3 类物资编码体系。截至 2023 年底，物资主数据管理体系已涵盖 51 个大类、385 个中类、8 656 个小类、186 676 条物料主数据，覆盖公司一二次设备、装置性材料、施工、监理及零星服务等采购需求。物资主数据管理体系实现了项目、物资、财务等基础信息的统一，助力公司数智化转型。为提升设备采购质量，进一步优化设备选型，突出选好选优设备，国家电网基于"数据化、标准化、通用化"的原则，采用"大数据分析为主 + 专业分析为辅"的工作方式，逐年开展物料主数据优化工作，通过专业分析压减可替代性物料、保留通用标准物料、特殊环境使用物料，形成总部、省公司两级"优选、可选、限选"三类标准物料清单。2023 年国家电网标准物料清单共计 3 869 条，有力提升设备通用互换水平，实现电网设备选型"更集约、更精简、更精良"的目标，减少链上企业工装模具、库存及备品备件数量，推动资源的节约集约利用。物资主数据构成，如图 4-4 所示。

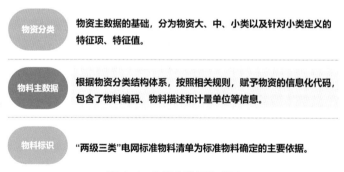

图 4-4 物资主数据构成图

2.统一物资采购标准，带动供给侧绿色低碳发展

国家电网依据国家标准、行业标准、企业标准以及通用设计、通用设备、反事故措施等标准化建设成果，对技术成熟、标准化程度较高的

设备、材料等统一制定的规定产品性能和服务质量要求的采购标准，共计 1 089 项标准，涵盖全部电压等级、品类最齐全的特高压、主配网物资和服务。采购标准在公司投资决策、设计选型、招标采购、抽检监造、运行维护等供应链全过程得到全面应用，推进行业统一度量衡，破除市场壁垒、区域壁垒，有力支撑了公司的大规模集中采购，通过提升标准化、规模化、智能化生产流通水平，助力构建全国统一大市场。国家电网通过及时转化新技术、新产品的应用标准，与技术标准融合并进，助力公司战略实施和新型电力系统建设，促进产业链供应链上下游企业标准化升级，推进电工电气装备通用互换并迈向中高端。国家电网结合设备生产制造过程中的资源节约、能源降耗、低碳循环、环境保护、健康安全等属性因素，构建设备绿色属性信息库，将绿色设计、绿色工艺、绿色生产等因素转化为绿色技术条款纳入采购标准，开展采购标准修订，以采购带动链上企业应用绿色低碳技术转型升级。

3. 统一供应链业务标准，驱动全链条绿色低碳发展

国家电网大力推动供应链采购管理、质量监督、物资供应、合规监督、供应链运营等业务标准研制，强化设备全寿命周期质量管理，建设现代物流体系，加强数智化运营塑链赋能，推动产业链供应链全链条节能降碳。

采购管理方向，坚持"质量第一、价格合理、绿色低碳、诚信共赢"的采购理念，开展需求计划预测、需求计划管理、采购规范、采购策略、采购平台等标准研制，打造阳光采购平台，提升采购质效，营造公开透明、阳光竞争、互信共赢、绿色友好的营商环境，引导链上企业优化生产资源配置，促进市场供给质量可靠、性能优越的绿色产品。

质量管理方面，深入贯彻"质量强国"战略，突出质量标准引领，强化质量监督把关，开展供应商资质核实、供应商评价、设备监造、质量抽检、质量检测、电工装备物联等标准研制，建立统一的供应商注册信息、资质能力现场核实、专业部门绩效评价和供应商不良行为处理管理体系，构建电网设备全寿命周期质量问题及控制等全量信息数据库，建设数智化电工电气设备质量检测管控平台，打造全流程线上"透明检测"实验室，

通过标准推动采购设备全寿命周期质量管理，引导电工装备制造加快向高端化、数字化、绿色化发展。

供应管理方面，扛牢电力保供首要责任，强化现代物流发展支撑体系建设，在传统物资供应体系的基础上，开展合同管理、仓储服务、物流运输、应急响应等标准研制，统一合同模板，实现一键生成合同文本、合同文本电子签章、结算单据电子化、发票智能验审，建立"国网应急库＋省周转库＋市县终端库"协同运作的绿色智慧仓储网络，建设"零碳"仓库和检储配基地，打造电力物流服务平台，监控大型特种货物物流状态，智能规划运输路径，降低物流成本，建设"平战结合、储备充足、反应迅速、抗冲击能力强"的应急物流体系，应急物资调拨实现省内4小时、跨省8小时快速送达，通过标准助力营造合作共赢营商环境、构建高效现代物流体系、打造强韧应急响应机制，保障电网安全运行和电力可靠供应，提升产业链供应链韧性和安全水平。

合规监督方面，坚持"公平、公正、公开"的阳光采购，开展评标基地、评标专家、数智监督、风险管理等标准研制，建设数智化评标基地，实时可视监督评标过程，打造风险监控预警平台，建立风险案例库，应用"数字探针"等技术，推动供应链全链条合规监督由"人防"向"智防""技防"转变，由事后被动处理向事前主动感知转变，由单环节防范向全链条上下游互相制约转变，打造透明、公正的示范标杆，守住不发生重大风险的底线。

供应链运营方面，持续强化供应链数智化运营，构建以"数字化＋智能化"为核心的数智化转型路径，开展数智供应链管理、供应链运营分析及评价等标准研制，以数据应用驱动供应链管理、设备资产管理水平提升。通过制定供应链总成本最低化、采购成本最优化、总库存最少化、供应周期最短化等运营关键指标，打造"数据产品商店"、供应链"驾驶舱"，形成"云采购、云签约、云检验、云物流、云结算"五云新业态，促进产业链供应链高效协同和资源优化配置，赋能产业链供应链绿色低碳高质量发展。

4.4.3 绿色供应链"双碳"标准情况

国家电网发挥央企表率作用，推动供应链全链条绿色低碳转型，将"双碳"目标纳入供应链标准体系建设工作，发挥产业主导优势，利用丰富的业务及应用场景形成高质量标准成果，系统性规划贯穿全链业务环节、产品和服务的绿色低碳供应链标准，促进产业链供应链生态圈协同融通和高质量发展。

国家电网结合供应链绿色低碳可持续发展业务实际，围绕电工装备产品、电工装备生产企业以及供应链管理 3 个层面，碳核算碳评价碳认证等 5 个方向，按照国家、行业、团体、企业等不同标准层级，构建了"3 个层面、5 个标准方向、20 个子领域"的电工装备绿色低碳供应链标准，共计 133 项标准（图 4-5）。围绕电工装备及电工装备生产企业两个维度，打造绿色低碳因子库、绿色低碳模型库、绿色低碳评价要素库、绿色采购评

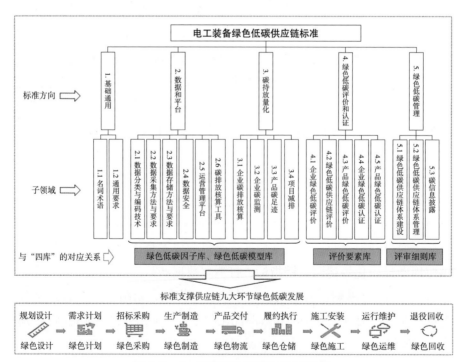

图 4-5 电工装备绿色低碳供应链标准图

表 4-4　GRI 实质性议题标准

经济议题标准	环境议题标准	社会议题标准
经济绩效（GRI 201） 市场表现（GRI 202） 间接经济影响（GRI 203） 采购实践（GRI 204） 反腐败（GRI 205） 反竞争行为（GRI 206） 税务（GRI 207）	物料（GRI 301） 能源（GRI 302） 水资源和污水（GRI 303） 生物多样性（GRI 304） 排放（GRI 305） 废弃物（GRI 306） 污水和废弃物（GRI 306） 供应商环境评估（GRI 308）	雇佣（GRI 401） 劳资关系（GRI 402） 职业健康与安全（GRI 403） 培训与教育（GRI 404） 多元化与平等机会（GRI 405） 反歧视（GRI 406） 结社自由与集体谈判（GRI 407） 童工（GRI 408） 强迫或强制劳动（GRI 409） 安保实践（GRI 410） 原住民权利（GRI 411） 当地社区（GRI 413） 公共政策（GRI 415） 客户健康与安全（GRI 416） 营销与标识（GRI 417） 客户隐私（GRI 418）

资料来源：GRI 可持续发展报告标准对照表 [EB/OL]. [2023–08–01]. https://www.tdk.com.cn/zh/sustainability2021/index/gri.

对披露主体、披露内容和时限等相关信息都进行了要求，其中指出披露报告应包括企业环境管理信息（包含环境保护税、环保信用评级等）、污染物产生（包含污染防治设施、有毒有害物质排放等）、碳排放（包含排放量、排放设施等），以及相应的应急预案和机制建设等信息。2023 年上海证券交易所发布的《上海证券交易所股票上市规则（2023 年 8 月修订）》，提出上市公司应当积极践行可持续发展理念，编制和披露 ESG 报告，充分评估潜在影响并及时披露违背社会责任、环境、公司治理等重大事项，说明原因和解决方案；另外，2019 年香港交易所正式刊发《环境、社会及管治报告指引》，在其后的修订过程中提升发行人在三个维度的管治和披露，并于 2020 年 7 月 1 日正式生效，也是香港交易所自 2012 年以来的第三版《ESG 报告指引》。值得注意的是，香港出台的该份报告指引首次对气候变化风险提出要求，企业需加强对气候风险的认知，并将其纳入风险管理流程中。

审细则库"四库"，构建了"两维四库"绿色低碳评价体系，形成电工装备企业和产品统一的碳排放核算因子及模型、绿色低碳评价要素及评审细则，推进电工装备企业 ESG 信息披露报告、碳核查报告等业务实施，推动构建国际互认的行业级电工装备绿色低碳认证体系，推动产业链供应链由"能耗双控"逐步转向"碳排双控"。

4.5 本章小结

本章基于对国际和中国绿色供应链标准体系建设的深入分析，系统研究了电力行业实现可持续发展的主要困难和业务发展趋势，通过引入国家电网绿色现代数智供应链的建设准则，逐步分析了行业和企业的顶层架构设计及现有发展战略与目标。首先，主要研究当前国际与中国绿色供应链相关的通用性标准体系，并结合电力行业相关政策与重点建设目标进行了探究。在国际通用性标准方面，主要对国际化标准组织 ISO 现有相关标准和企业 ESG 披露相关标准内容进行梳理，覆盖宏观社会环境到中微观企业环境；在中国通用性标准部分，则重点结合中国电网运行准则、电力行业其他政策与标准文件，对电力行业绿色供应链建设标准文件进行了整理。此外，重点研究了国家电网绿色现代数智供应链发展行动方案，围绕"五大方向"与"八大行动"深入剖析了国家电网的绿色现代数智供应链建设任务，展现了国家电网绿色现代数智供应链建设的重要价值和意义。

本章剖析了国际和国内具有代表性与应用价值的绿色供应链标准体系，从行业认证、企业信息披露等不同视角对绿色供应链的执行情况和战略目标进行了研究。同时，根据中国实际的宏观政策环境、标准文件修订情况，结合国家电网的实例案例分析，将产业发展与企业发展充分结合，为电力行业绿色供应链建设提供新的思路，提出产业绿色发展的决策建议和目标仿真，从经济效益和生态效益等不同维度共同展开研究，为进一步实现经济社会与生态的协同发展提供参考意见。

第 5 章

绿色供应链评价指标体系

指标（indicator）是反映事物表象或内在规律的量化代表，将若干个具有相关性的指标联系在一起形成体系，可以从不同角度、不同方面解释问题的存在或揭示事物的机理。评价指标（evaluation indicator）是在确定评价问题及评价对象后所确定的用于对其基本情况进行描述表示的载体，评价指标分别按财务效益状况、资产营运状况、偿债能力状况和发展能力状况进行设计。但单个的评价指标很难完整地反映出现象的特征，所以，必须将多个评价指标整合在一起，构成评价指标体系，用以呈现社会现象的特征及具体数值。评价指标体系（evaluation indicator system）则是指由表征评价对象各方面特性及其相互联系的多个指标所构成的具有内在结构的有机整体[①]。在现实生活中，不同领域和不同评价对象会有不同的指标、评价指标和评价指标体系。根据具体的领域和目的，可以进一步研究和设计相应的评价指标体系。

绿色供应链是供应链管理、生态经济、环境工程等学科的交叉，对其进行评价是对供应链运营效率、资源利用率以及环境保护等方面的考核和激励[②]。本书基于现有研究成果，在绿色供应链相关理论的基础上延伸思路，结合绿色供应链本身的特点以及国家电网建设运行的现实情况，构建国家电网绿色供应链评价指标体系，既契合理论基础，更符合企业实践。

---

① 张靖. 制造业供应链绩效评价体系与模型及其应用分析——基于平衡计分卡的方法 [J]. 企业经济，2010（3）：34-36.
② 郑浩然. 绿色供应链绩效评价指标体系研究 [D]. 湘潭：湖南科技大学，2016.

5.1 供应链评价指标体系发展概况

供应链评价指标体系是衡量和评估供应链绩效的重要工具。它基于一系列评价指标，旨在监控供应链运作的各个方面，并提供数据来支持决策和改进。由于全球化和科学技术的发展，供应链变得更加复杂，需要更多的指标来评估绩效和指导决策。同时，随着可持续发展的重要性日益凸显，可持续发展指标也被纳入供应链评价指标体系中。此外，一些新兴技术如物联网、大数据等也为供应链评价指标体系的发展提供了更多的数据来源和分析手段。

5.1.1 发展现状

随着全球化和数字化的推进，供应链的复杂性和挑战不断增加，因此，评价指标体系的发展也变得越发重要。与此同时，随着对环境保护和社会责任的关注不断增加，可持续发展指标成为供应链管理的重要组成部分[1]。这些指标包括碳足迹、水足迹、废物管理等，旨在评估供应链的环境和社会影响[2]。另外，创新能力[3]是保持竞争优势和持续发展的关键，因此供应链评价指标体系也日益关注创新能力指标，一般包括新产品引入速度、技术投入、研发投资等，可帮助企业评估自身供应链对新兴技术和市场趋势的适应能力。

1. 美国

美国供应链评价指标体系的发展可以追溯到20世纪80年代和90年代，当时美国经济进入全球化时代，供应链管理变得越来越重要，美国企业开始意识到供应链能够对业务绩效和竞争力产生重大影响，因此开始研究和探索供应链绩效评估指标体系。在当时，供应链管理成为企业追求效率和竞争优势的重要方式之一。然而，由于缺乏一套全面的评价指标体系来衡

---

① 黄浩岚，温素彬. 餐饮供应链可持续发展评价指标体系研究——基于 PP-SCOR 模型 [J]. 财会通讯，2017（17）：68-73.
② 全球化智库（CCG）. 2020 企业全球化报告——跨国公司在华发展新机遇 [R]. 2020：38.
③ 黄莉，吴俊晖. 提升中小企业融资竞争力的绩效评价体系研究 [C]//2013 AASRI International Conference on Social Sciences（AASRI ICSS 2013 V4）. American Applied Sciences Research Institute，2013：6.

量供应链绩效，许多公司往往只关注单一的指标，如成本或交货时间，忽视了整体的供应链效能。为了解决这个问题，美国的供应链评价指标体系得到了进一步的发展。

20世纪90年代，一些研究机构和咨询公司开始提出不同的供应链评价指标，以帮助企业评估和改进其供应链绩效。例如，美国供应链协会（Supply Chain Council）在1996年提出了SCOR模型，该模型包括一系列的指标来衡量供应链的五个关键领域：计划、采购、生产、交付和回收①。

近年来，随着全球供应链的复杂化和风险的增加，美国政府也开始关注供应链的安全和可持续性。2012年，美国发布《全球供应链安全国家战略》②，强调为解决全球供应链的脆弱性问题，甄别关键领域的物资运转和基础设施建设情况，同时对供应链风险进行预警与管理。2017年，美国发布《美国国家安全战略》，7次提到"供应链"一词，涉及保卫国防工业供应链、建立有弹性的供应链、防止敏感信息泄露并保证供应链完整性等③。同年，美国陆续出台相关战略文件，以提高制造业、国防以及高科技等战略领域的供应链安全性与弹性。例如，《保护战略矿产品安全和可靠供应的联邦战略》，要求相关部门列出关键矿物与来源清单；提出与盟友通过投资和贸易开发关键矿物备选方案，提升关键矿物的勘探技术，降低进口依赖性，解决关键矿物供应的脆弱性问题④。再如，《评估和强化制造与国防工业基础及供应链弹性》，指出在飞机、造船、太空等9个国防领域和制造业网络安全、电子工业、机床工控等7个先进制造领域，须加强供应链弹性⑤。制定《提升关键基础设施网络安全框架》等政策措施，试图构建统一的国家信息和通信技术供应链安全管理体系。2019年7月，美国发布

---

① 程慧锦，丁浩，马有才. 基于改进SCOR的外向型企业供应链风险评价及应用 [J]. 企业经济，2020，39（1）：80–89.
② 马潇宇，黄明珠，杨朦晰. 供应链韧性影响因素研究：基于SEM与fsQCA方法 [J]. 系统工程理论与实践，2023，43（9）：2484–2501.
③ 宋华，杨雨东. 中国产业链供应链现代化的内涵与发展路径探析 [J]. 中国人民大学学报，2022，36（1）：120–134.
④ 黄河，周骁. 后疫情时代跨国供应链的中国布局 [J]. 深圳大学学报（人文社会科学版），2020，37（4）：82–91.
⑤ 赵燊，汪鹏，王路，等. 美国关键矿产战略的演化特征及启示 [J]. 科技导报，2022，40（8）：91–103.

《供应链安全战略》，指出供应链安全的四个重点战略领域分别为：供应链安全制度化；维护关键数据完整性并保护访问权限；与生产高质量产品且信誉好的供应商合作；增强系统、流程、基础设施和人员的弹性①。

美国联邦政府还设立了多个机构和计划，以促进供应链的创新和可持续发展，例如国家物流交通研究中心（National Center for Freight and Infrastructure Research and Education）和可持续性运输计划（Sustainable Transportation Program）等。

另外，在发展供应链评价指标体系方面，美国的一些组织起到了重要的推动作用。其中最重要的是美国国家标准与技术研究院和美国交通研究委员会（Transportation Research Board，TRB）。2010 年 6 月，NIST 发布了《联邦信息系统供应链安全风险管理指南》，它包括物流效率和效益、供应链竞争力和创新、供应链环境适应能力等几个方面的指标。TRB 则在 2007 年发布了《供应链指标计划研究报告》，该报告提出了 11 个供应链绩效评估的关键指标，包括物流成本、交货性能、供应链可视性和灵活性等。这些指标被认为是衡量供应链绩效的基本要素。

进入 21 世纪，绿色供应链管理在美国各州和各行业也逐渐形成共识，根据美国联邦政府和地方相关环境法规，美国企业逐步建立了绿色供应链评价指标体系，通过建立绿色信息平台，对上游供应商的绿色信息数据进行评估后择优筛选②。同时，美国企业自发组织供应商环境交流会，对上游供应商提供绿色供应链管理培训，共同推动开发绿色产品。另外，美国企业逐步推行使用绿色供应链的管理工具，如全寿命周期管理、环境绩效管理等③。

总体而言，美国的供应链评价指标体系在不断发展和完善中，政府和组织通过制定政策、发布指南和开展研究来推动供应链绩效评估的标准化与可操作性。这些努力旨在帮助企业提高供应链效率、降低成本、提升质

---

① 张越，万劲波，李雅婷. 美国产业链供应链政策动向及中国应对策略 [J]. 创新科技，2021，21（11）：85-92.
② 高浚淇，徐媛，黄琰童，等. 绿色供应链管理，何妨以欧美为师 [J]. 环境经济，2016（Z7）：32-37.
③ 范纹嘉，袁钰，曹子靖. 开展绿色供应链国际合作助力绿色"一带一路"建设 [J]. 中国生态文明，2017（3）：56-59.

量，同时也有助于推动供应链的创新和可持续发展。

2. 欧盟

欧盟的供应链评价指标体系可以追溯到 21 世纪初期，当时欧洲开始关注供应链管理的重要性，并开始推动相关政策和倡议。

欧盟委员会通过发布一系列法规和倡议来推动供应链评价指标体系的发展。欧盟委员会发布了一系列法规和倡议，旨在推动供应链评价指标体系的发展。2001 年 5 月，欧盟委员会发布《可持续的欧洲使世界变得更美好：欧盟可持续发展战略》，首次提出了可持续发展的战略构想，阐明了构建经济繁荣发展、资源有效管理、环境充分保护、社会和谐发展的美好愿景。此外，欧洲在推动供应链可持续性方面也取得了一些进展①。欧盟委员会2001 年发表的欧盟企业社会责任绿皮书《推动企业社会责任的欧洲框架》首次提出企业社会责任，公司在自愿的基础上，把社会和环境问题整合到它们的经营运作以及与利益相关者的互动中，鼓励企业在其供应链中采用社会和环境责任的最佳实践，并建立相关指标来衡量和报告其绩效。2011 年 10 月，欧盟通过了《企业社会责任战略》，推动成员国出台政策、法律和监管措施，强化企业的社会责任②。2015 年，欧盟《可持续发展目标和关键原材料倡议》（*Sustainable Development Goals and Raw Materials Initiative*）将"提高关键原材料效率和循环"作为 5 个优先领域之一③。2022 年，欧盟出台的《企业可持续性尽职调查指令》（EU CSDDD）中规定了企业在价值链中需要承担可持续和负责任义务，要求企业在全供应链深化开展尽职调查，识别并预防、终止或减轻活动对人权及环境的负面影响。对于覆盖范围内的企业及其上下游企业，由于信息披露数据需以可追踪、经核证的量化数据为前提，将大幅提高相关企业的可持续合规管理要求④。

在学术界和业界，欧洲的研究机构和组织也开始关注与研究供应链评价指标体系。例如，欧洲物流协会（European Logistics Association，

① OECD. Towards green growth: monitoring progress OECD indicators[R].OECD Publishing，2011.

② 周弘 . 西方国家调节财富分配的机制初探 [J]. 社会保障评论，2022，6（4）：3–16.

③ 张所续 . 欧盟和澳大利亚关键能源矿产战略的启示 [J]. 油气与新能源，2023，35（3）：8–16.

④ "中国汽车行业绿色低碳发展路径研究"项目组，赵冬昶，赵明楠，等 . 中国汽车产业绿色低碳发展路径研究 [J]. 中国能源，2022，44（12）：33–42.

ELA）[①]、欧洲供应链协会（European Supply Chain Association，ESCA）等组织开始推出供应链绩效评估工具和指标体系，以帮助企业评估和改进其供应链绩效 [②]。

在具体行业领域，欧盟也制定了一些特定的指标和标准，以监督和提高供应链的绩效。例如欧盟的能源行业在推动供应链指标体系方面采取了一系列政策和标准，以确保供应链的可持续性、环境友好和社会责任。欧盟《2030 年气候目标计划》显示，能源行业是当前欧盟未来有望实现减排突破的行业，工业、交通运输业和林业是未来相对有潜力实现减排突破的行业。能源系统转型是经济脱碳的关键驱动力，欧盟《推动气候中性经济：欧盟能源系统一体化战略》概述了能源系统脱碳的关键行动，并确定关键行动的六大支柱：①构建"能效第一"、更加注重循环再利用的能源系统。②基于可再生能源，构建电力系统，加速能源电气化。③将可再生能源和低碳燃料推广应用到难以脱碳的行业。④提高能源市场的兼容性。⑤构建一体化的能源基础设施。⑥构建创新型能源数字化系统。

产业链供应链已成为大国竞争的主要战场。面对地缘政治冲突加剧、"美国优先"和中国清洁能源转型领域产业优势等竞争环境的变化，欧盟在新冠疫情供应链危机后，将产业政策的重点放在了强化欧盟产业链供应链韧性上 [③]。为增强产业链韧性和供应链安全，近来欧盟出台多个法案，保障欧盟以及成员国在关键领域、关键产品以及关键要素的供应链安全，如《欧洲芯片法案》，显露出欧盟在关键领域供应链提升国际竞争力以构建全球战略领导力的意图。产业链供应链韧性是指提升产业链供应链的抗打击、复原和可重塑能力。欧盟产业链供应链韧性政策主要有：①提高欧盟共同市场的有效性。②提升欧盟企业的竞争力，特别是中小企业的竞争力。③制定有利于欧盟产业链供应链韧性的欧盟标准。④加大资金支持力度，推动高质量统计数据建设 [④]。

① 郭成 . 发达国家物流标准化建设对中国的启示 [J]. 中国标准化，2003（6）：20–22.
② 张余庆 . 船舶燃用 MGO 的几点建议 [J]. 航海技术，2012（4）：44–45.
③ 白玫 . 欧盟产业链供应链韧性政策研究 [J]. 价格理论与实践，2022（9）：71–77，205.
④ 董利苹，曾静静，曲建升，等 . 欧盟碳中和政策体系评述及启示 [J]. 中国科学院院刊，2021，36（12）：1463–1470.

此外，欧盟近几年在 ESG 领域发布了多项政策和法规。其中，供应链管理迅速成为一个焦点议题，如表 5-1 所示。欧盟地区各国，如荷兰、德国等纷纷出台相关供应链法规，要求企业全面披露其供应链的 ESG 信息。这些法规不仅提高了企业的经营和管理要求，同时也推进了全球供应链的可持续发展。从多元化角度来讲，欧盟供应链政策的侧重点全面覆盖了对节能减排、原材料采购、废弃物的回收和利用、资源可持续利用、劳工和人权保护等方面的问题（表 5-1），并出台了一系列相关法律予以监督，主要包括碳边境调节机制、冲突矿产规则、气候法案以及禁止强迫劳动产品的条例等。

表 5-1　欧盟供应链 ESG 管理相关政策梳理

核心法规框架	内容类型	相关政策	生效时间	政策要求
企业可持续发展报告指令（CSRD）	碳中和目标	《欧盟气候法案》	2021 年	2050 年实现碳中和，2030 年温室气体净排放量比 1990 年水平减少至少 55%
	节能减排	《欧盟碳边境调节机制》	2023 年	①时间安排：过渡期改为 2023 年 10 月 1 日至 2025 年 12 月 31 日，2026 年起开始征税。②产品范围：钢铁、铝、电力、水泥、化肥、氢。③排放类别：过渡期间，对钢铁、铝、氧仅覆盖直接排放，对电力、水泥、化肥覆盖直接排放及间接排放。过渡期结束前，欧洲委员会将重新评估各个类别的产品排放状况，调整纳入碳关税征收的排放类别。④免费配额：从 2026 年到 2034 年逐步削减为 0
		《净零工业法案》	2023 年	欧盟讨论对中国绿色技术产品出口到欧盟施加一定限制，主要通过：第一，对公共采购（政府采购）项目，来自在欧盟市占率高于 65% 的国家的相关产品将在投标评定中被降级；第二，对带政府补贴的项目，采用相关产品的买家或在补贴申请中有额外限制
企业可持续发展报告指令（CSRD）	原材料采购	《关键原材料法案》	2023 年	欧盟计划到 2030 年，每年 10% 以上的关键原材料开采、至少 40% 的关键原材料加工、15% 的关键原材料回收都来自欧盟内部。此外，确保任何战略原材料的消费量不超过 65% 来自单一的第三国
	资源可持续利用	《包装及包装废物 94/62 指令》	1994 年	规定了欧盟成员国内不同类型材料和包装废物回收的其他方面的回收配额。它还体现了欧盟回收计划中生产者责任延伸（EPR）的原则。这意味着向市场推出包装的生产商和销售商有责任回收他们的包装。每个成员国都必须在本国法律中执行欧盟包装废物指令

核心法规框架	内容类型	相关政策	生效时间	政策要求
企业可持续发展报告指令（CSRD）	废弃物回收再利用	《关于报废电子电气设备指令（WEEE）》	2005年	欧盟市场上流通的电子电气设备生产商必须在法律上承担起支付报废产品回收费用的责任，同时欧盟各成员国有义务制订自己的电子电气产品回收计划，建立相关配套回收设施，使电子电气产品的最终用户能够方便并且免费地处理报废设备
	供应链监督管理	《企业可持续发展尽职调查指令草案》	2025年	该指令要求大型企业承担可持续尽职调查的义务，识别、消除、预防、减轻公司、子公司以及与公司建立业务关系的其他实体对人权和环境的负面影响，包括确保其供应商没有强迫劳动、雇用童工、污染环境等违反可持续性原则的行为
	劳工和人权	《冲突矿产规则》	2021年	对于钨、锡、银和金（3TG）的欧盟境内进口商、冶炼厂和精炼厂，当年进口量超过设定阈值时将实施强制性的尽职调查。该法规的实施是为了保证进口矿产不是来源于不稳定和冲突地区，从而避免这些地区的冲突升级和人权侵犯
		《欧盟市场禁止强迫劳动产品条例》	2025年	禁止强迫劳动产品进入欧盟市场，旨在保护人权，维护国际劳工组织（ILO）的标准，保护消费者权益维护劳动者和人权，同时促进全球供应链的可持续发展

总体而言，欧盟的供应链评价指标体系的发展历程涉及政府政策的推动、学术研究机构和业界组织的努力。通过法规、倡议和合作等方式，欧盟致力于促进企业在供应链中采取可持续和负责任的行为，并通过指标体系来评估和改进供应链绩效。

3. 日本

日本的供应链评价指标体系构建可以追溯到20世纪80年代，日本开始关注和研究供应链管理的重要性。当时，日本企业正迎来高速经济增长和全球竞争的挑战，为了提升效率和降低成本，企业开始关注供应链的整体优化。在这一时期，供应链的重点大多放在内部流程的改进和管理上，例如减少物料库存、改善交货时间等。

随着全球化的进一步推进和信息技术的快速发展，供应链管理在日本得到了更广泛的应用。近年来，日本供应链评价指标体系的发展越来越注重全球视野和可持续发展。企业在供应链管理中越来越关注社会责任和企业伦理，政府也推出了相关政策以引导企业实现可持续供应链的目标。2018 年，日本颁布了《供应链管理法》（*Supply Chain Management Act*），旨在推动企业在供应链中履行其社会责任。该法规要求企业进行供应链的监督和评估，确保在其供应链中没有违反环境法规、劳动法规和人权法规的行为。2019 年，日本制定了一系列环境绩效指标（Environmental Performance Indicators），以衡量企业在供应链中的环境表现。这些指标包括能源使用、温室气体排放、废物产生和水资源使用等方面，有助于企业评估其环境影响，并采取相应的改进措施①。

此外，日本的一些协会和企业也制定了相关的供应链评价指标体系。如日本的外国贸易协会开展的调查日本供应链透明化指数（Supply Chain Transparency Index），该调查旨在评估日本企业在其供应链中的透明度和可持续性。调查侧重于企业采取的措施，以评估其在劳动权益、人权、环境保护和反腐败方面的表现。日本的贸易振兴机构发布了日本企业社会责任综合指南（Integrated Guidelines for CSR），旨在帮助企业全面履行其社会责任。这些指南提供了供应链评估和管理的方法和原则，包括人权、劳动权益、环境保护和道德经营等方面的准则。

2020 年，新型冠状病毒感染疫情肆虐全球，对各国产业链供应链造成严重冲击，日企在增强产业链供应链韧性方面频频施策，以适应全球产业链供应链大变局。其主要表现有：①通过数字化平台提升产业链韧性。例如，日本某公司以钣金加工和切削加工为主营业务，为提升供应链效率建立了网上订货平台，在疫情中，该公司仅用一周时间便与 100 多家公司合作，满足了医疗器械厂商的零部件供应。②加强全球供应链分散布局。日本佳能提出，会在中国继续拥有相关产能，但也会在包括越南、泰国、菲律宾等东南亚国家建立生产线。③依托先进制造能力灵活转换生产。部分企业转产防疫物资，比如，夏普过去一直生产大型液晶显示器（liquid crystal display，LCD）面板和组装电视，由于该公司机器设备具有很高的卫生标准，在疫情期间改为生产口罩②。这一时期，日本政府的供应链政策

① Ministry of the Environment, Japan. Environmental Performance Indicators in Japan [R]. 2019.
② 田正，刘云. 日本供应链安全政策动向及评估 [J]. 现代国际关系，2022（8）：54–61.

要点如下：①斥资鼓励建设多元化供应链。为减少对单一国家的供应链依赖，日本发布"海外供应链多元化支援事业"计划，支持海外企业建立多地域分布的生产基地，并补贴建筑、设备购置和设备改造等费用。②牵头组建供应链联盟。与印度、澳大利亚正式启动供应链联盟，致力于畅通贸易手续，支援面向生产基地多元化的设备投资等。③加强重要物资储备。实施了"稀有金属储备对策项目"，加强对特定国家依赖度高、难以替代的稀有金属的国家储备；实施了"有助于供应链强韧化的技术开发与实证事业"，以减少供应中断风险高的稀土使用量，加强与供应链韧性相关的技术开发。④加强重要产品的本土制造。日本发布《半导体战略》，提出发挥日本在半导体设备生产、材料加工等方面的基础优势，吸引海外半导体企业到日本设厂；设立"为实施供应链对策、促进国内投资事业费的补助金"，针对对外依赖度较高或者涉及国民健康的产业，在国内投资设厂时给予 定的设备补贴①。

总的来说，日本的供应链评价指标体系是在企业和政府的共同努力下逐渐发展起来的。通过衡量和监控一系列供应链指标，日本企业能够实现供应链的优化和协调，提高竞争力并提供更好的产品和服务。政府的政策和支持为这一发展提供了重要的推动力。

目前，国际前沿的供应链评价指标体系缺乏共识，不同地区、行业和企业可能有不同的侧重点与指标选择。尽管如此，国际上一些组织和标准机构正在推动统一的供应链评价指标体系的发展，以帮助企业实现供应链的效率、可持续性和竞争力提升。未来，随着科技的发展和供应链的变革，供应链评价指标体系将会进一步完善和发展。例如，人工智能、物联网和区块链等新技术的应用将会为供应链数据的收集与分析提供更多的可能性，从而促进指标的精确测量和评估。同时，随着全球化和供应链的复杂性增加，国际前沿的供应链评价指标体系也将会更加注重跨界合作、风险管理和可持续发展的绩效评估。

---

① 日本供应链战略演变及启示! [EB/OL].（2022-10-01）. https://t.cj.sina.com.cn/articles/view/3009742660/b365074401901gjfv.

4. 中国

近年来，中国供应链进入创新发展阶段。随着技术的进步和互联网的普及，中国供应链开始进行数字化转型①。例如，物流信息平台的建设、人工智能的应用以及供应链金融的发展等。同时，中国政府强调绿色可持续发展，在供应链环节加强环保和可持续发展要求。在面对大量的发展机遇的同时，中国的供应链也面临一些挑战，如物流成本上升、人力资源短缺、供应链安全和合规等问题，需要通过创新和改革来解决②。未来，随着技术的不断革新和市场的变化，中国供应链将继续迎接新的挑战和机遇。

中国供应链评价指标体系的发展具有以下几个特点，如图 5-1 所示。

（1）快速性。随着国内外市场竞争的加剧和企业对效益的追求，供应链管理理念在中国的推广得到了迅猛的发展。各类供应链评价指标体系相继出现，如 SCOR 模型、CPFR 模型③等，不断更新和优化。这些指标体系的快速发展使得企业更好地了解和掌握供应链的关键要素，提高运营效率和降低成本。

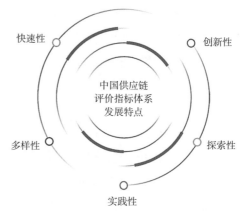

图 5-1　中国供应链评价指标体系发展特点

（2）多样性。中国供应链的特点是多元化、复杂化和个性化。不同行业和不同企业在发展供应链时，都需要根据自身的特点和需求构建相应的供应链评价指标体系④。因此，中国供应链评价指标体系的发展具有多样

---

① 刘海建，胡化广，张树山，等. 供应链数字化与企业绩效——机制与经验证据 [J]. 经济管理，2023，45（5）：78-98.

② 王鹏，钟敏. 危机冲击下产业集群韧性演化与提升路径研究 [J]. 经济社会体制比较，2021（6）：76-88.

③ 方向华，王文杰，汤兵勇. 供应链整合新技术——联合计划预测、补货 [J]. 东华大学学报（自然科学版），2007（2）：191-195.

④ 毋修远，胡纪鹏，王雅楠，等. 中国食品安全追溯体系发展现状及对策研究 [J]. 粮食与饲料工业，2023（4）：5-9.

性，不同企业可以根据自身情况选择合适的指标模型，以实现最优化的供应链管理。

（3）实践性。中国供应链管理起步较晚，尤其是在跨国公司引入先进供应链理念之前，缺乏完善的供应链评价指标体系。因此，中国供应链评价指标体系的发展主要依赖于实践经验，通过不断的试错和总结来建立与完善。这种实践性的特点使得中国供应链评价指标体系更加贴近实际生产、运营和管理的需求，能够更好地适应不断变化的市场环境[①]。

（4）探索性。由于中国供应链管理的相对滞后和市场环境的不确定性，当前供应链评价指标体系还处于不断探索和完善的阶段[②]。中国在制造业、零售业、物流业等领域具有较强的实力和潜力，这也为中国供应链管理提供了更多的发展机会。因此，中国供应链评价指标体系的发展具有探索性，在不断实践中寻找适合中国特色的指标模型。

（5）创新性[③]。中国供应链管理在借鉴和吸收国际先进供应链经验的基础上，积极进行创新，推动指标体系的不断发展。在数字化、智能化、可持续发展等方面，中国供应链管理已经开始探索和应用新的指标与技术，为企业提供更全面、准确和可靠的供应链评价标准。这种创新性的特点将进一步推动中国供应链评价指标体系的发展和应用。

在政策方面，中国供应链评价指标体系领域至今尚未颁布专门针对该领域的政策和法规。然而，在促进供应链管理和提高供应链效率方面，中国政府已经出台了一系列政策和法规，这些政策和法规对供应链评价指标体系的发展与应用都具有一定的指导意义。以下是一些相关的政策和法规，如表5-2所示。

表5-2 中国2017—2022年供应链领域重大政策

---

① 薛阳、李曼竹、冯银虎. 制造业企业绿色供应链管理同群效应研究——基于价值网络嵌入视角 [J]. 华东经济管理，2023，37（3）：107-116.

② 钟晓燕、欧伟强、高鹭，等. 二元创新对企业绩效影响的实证研究——以物流企业为例 [J]. 北京航空航天大学学报（社会科学版），2021，34（6）：76-84.

③ 彭树霞、李波、甄紫嫣. 智慧供应链发展指数的构建及评价研究 [J]. 工业技术经济，2021，40（11）：44-52.

时间	政策	内容
2017 年 10 月	《国务院办公厅关于积极推进供应链创新与应用的指导意见》	到 2020 年，形成一批适合中国国情的供应链发展新技术和新模式，基本形成覆盖中国重点产业的智慧供应链体系。供应链在促进降本增效、供需匹配和产业升级中的作用显著增强，成为供给侧结构性改革的重要支撑。培育 100 家左右的全球供应链领先企业，重点产业的供应链竞争力进入世界前列，中国成为全球供应链创新与应用的重要中心
2018 年 4 月	《商务部等 8 部门关于开展供应链创新与应用试点的通知》	通过试点，打造"五个一批"，即创新一批适合中国国情的供应链技术和模式，构建一批整合能力强、协同效率高的供应链平台，培育一批行业带动能力强的供应链领先企业，形成一批供应链体系完整、国际竞争力强的产业集群，总结一批可复制推广的供应链创新发展和政府治理实践经验
2019 年 5 月	《关于推动农商互联完善农产品供应链的通知》	为深入贯彻党的十九大精神，认真落实《中共中央 国务院关于坚持农业农村优先发展做好"三农"工作的若干意见》要求及中央经济工作会议和中央农村工作会议的部署，进一步加强农商互联，完善农产品供应链，提高农产品流通效率，促进农民增收和乡村振兴，满足农产品消费升级需求，财政部、商务部决定开展农商互联工作
2020 年 4 月	《商务部等 8 部门关于进一步做好供应链创新与应用试点工作的通知》	强调建立跨区域、跨部门、跨产业的信息沟通、设施联通、物流畅通、资金融通、人员流通、政务联动等协同机制，通知重点要求推动供应链协同复工复产，强调利用供应链金融服务实体企业和"试点企业"的带头作用
2022 年 1 月	《"十四五"现代流通体系建设规划》	鼓励区域特色商贸企业做优、做精，提高供应链精细化管理水平，深耕本地市场，拓展辐射范围；提高供应链资源整合能力，拓展出口产品内销渠道；推进物流企业与生产制造、商贸流通企业深度协作，创新供应链协同运营模式，拓展物流业态；推广集约智慧绿色物流发展新模式，积极应用现代信息技术和智能装备，提升物流自动化、无人化、智能化水平；推动物流枢纽、龙头物流企业、供应链服务企业搭建物流信息和供应链服务平台，培育一批具有国际竞争力的现代物流企业
2022 年 3 月	《中共中央 国务院关于加快建设全国统一大市场的意见》	为持续推动国内市场高效畅通和规模拓展，加快营造稳定、公平、透明、可预期的营商环境，进一步降低市场交易成本，促进科技创新和产业升级，培育参与国际竞争合作新优势，意见明确加快建设全国统一大市场要抓好"五统一"：强化市场基础制度规则统一、推进市场设施高标准联通、打造统一的要素和资源市场、推进商品和服务市场高水平统一、推进市场监管公平统一。同时，要进一步规范不当市场竞争和市场干预行为

（1）供应链管理推广政策。国家发改委、商务部等相关部门相继推出一系列政策，鼓励和支持企业开展供应链管理。这些政策包括鼓励企业加

强供应链协同、推广供应链融资、提升供应链风险管理能力等。这些政策引导企业在供应链管理中使用标准化的指标体系，提高供应链管理水平。如2013年出台的《中共中央关于全面深化改革若干重大问题的决定》，此方案鼓励各行业加强供应链管理，提高供应链效率，促进供应链协同，推动供应链优化升级①。2019年，国务院印发《优化营商环境条例》②，该条例要求加强供应链协同和信息化建设，优化物流配送服务，提高物流效率，改善营商环境，促进供应链改革和发展。

（2）电子商务与物流政策。国家邮政局、工业和信息化部等相关部门出台了一系列政策，促进电子商务与物流的发展。这些政策对物流配送效率、末端配送等方面的指标进行了规范和要求。供应链评价指标体系中的物流效率、配送准时率等也得到了政策的关注和支持。如2017年出台的《商贸物流发展"十三五"规划》③明确物流业标准化发展目标和方向，重点支持物流标准化技术、物流信息标准化等方面的研究和应用，有利于提升供应链评价指标体系的标准化程度。2017年出台的《商务部办公厅 财政部办公厅关于开展供应链体系建设工作的通知》提出了发展物流、降低成本、提高效率等目标，鼓励加强供应链管理的协同创新，加速建设智能供应链，推动供应链数字化转型。2019年施行的《中华人民共和国电子商务法》④规定了电商经营者应当加强与供应商、物流企业的协同合作，保障消费者合法权益，规范电商供应链管理和交易行为，对供应链评价指标体系的建设和应用具有一定积极影响。

（3）质量管理法规。国家市场监督管理总局等相关部门发布了一系列质量管理法规，要求企业在供应链中加强质量管理，确保产品和服务的合规性和质量稳定性。供应链评价指标体系中的质量指标、不良品处理率等也得到了法规的规范和要求。

① 刘帮成.牢牢把握新一轮全面深化改革的关键抓手[J].人民论坛，2023（4）：23-27.
② 优化营商环境条例[EB/OL].（2019-10-23）.https://www.gov.cn/zhengce/content/2019-10/23/content_5443963.htm.
③ 商务部等5部门关于印发《商贸物流发展"十三五"规划》的通知[EB/OL].（2017-03-24）.http://www.mofcom.gov.cn/article/zcfb/zcwg/201703/20170302540213.shtml.
④ 中华人民共和国电子商务法[EB/OL].（2018-08-31）.http://www.npc.gov.cn/zgrdw/npc/lfzt/rlyw/2018-08/31/content_2060827.htm.

（4）供应链可持续发展政策。生态环境部等相关部门出台了一系列政策，推动企业开展供应链可持续发展。这些政策要求企业在供应链上履行社会责任、提高资源利用效率、减少环境影响等方面进行评估和管理。供应链评价指标体系中的环境指标、社会指标等也得到了政策的关注和规范。如 2019 年，工业和信息化部发布了《电子电器行业绿色供应链管理企业评价指标体系》《机械行业绿色供应链管理企业评价指标体系》《汽车行业绿色供应链管理企业评价指标体系》①，细化了三个行业的绿色供应链管理评价要求。与此同时，国务院办公厅就"绿色供应链管理"这一主题，也相继推出了各项纲要文件，详情请见本书第 2 章。

这些政策和法规的出台为中国供应链评价指标体系的发展提供了规范与支持。它们鼓励企业加强供应链管理，推动供应链可持续发展，提高质量管理水平，并保护企业在供应链中的合法权益。通过政策法规的引导和规范，中国供应链评价指标体系能够更好地为企业提供指导和支持，帮助企业实现供应链的优化和协同。但需要注意的是，由于中国供应链评价指标体系领域相对较新且复杂，政策和法规的出台在一定程度上需要综合考虑相关领域的发展需求和实际情况。因此，未来随着供应链管理的深入发展，可能会出台更加专门化和具体的政策与法规来指导及规范供应链评价指标体系的建设和应用。

5.1.2　发展机遇与挑战

随着全球对环境问题的日益关注和对可持续发展的追求，绿色供应链评价指标体系的发展也迎来了机遇与挑战，充分了解绿色供应链领域的机遇与挑战以及发展趋势，是推动绿色供应链管理实践高质量发展的重要前提。

1. 发展机遇

1）碳中和与减排目标

目前，全球已有超过 130 个国家和地区提出了"零碳"或"碳中和"

---

① 绿色供应链管理企业评价指标体系（2023 年 7 月更新）[EB/OL].（2023-07-21）. https://www.miit.gov.cn/jgsj/jns/lszz/art/2023/art_a2670801c4dc4e319409df648591c965.html.

的气候目标 [1]。其中，有 30 多个国家和地区通过立法、政策宣示或领导人承诺等方式确定了碳中和目标，如表 5-3 所示。欧盟最先制订长期减排目标，已有 11 个成员国提出了碳中和目标年。从目标年份来看，以在 2050 年实现碳中和为主，也有芬兰、冰岛等北欧国家将碳中和时间提前到 2035—2040 年。

表 5-3　全球主要提出碳中和目标的国家和地区及承诺性质

承诺性质	国家和地区（碳中和目标年）
法律规定	瑞典（2045 年）、英国、法国、匈牙利、丹麦、新西兰、德国（2050 年）
立法草案或议案	欧盟、西班牙、智利、斐济（2050 年）
政策宣示	冰岛、奥地利（2040 年）、加拿大、韩国、日本、南非、瑞士、挪威、葡萄牙（2050 年）中国（2060 年）
提交联合国的长期战略	乌拉圭（2030 年）、斯洛伐克、哥斯达黎加、马绍尔群岛（2050 年）、新加坡（21 世纪后半叶）
执政党协议或政府工作计划	芬兰（2035 年）、爱尔兰、美国（2050 年）
行政命令	美国加利福尼亚州（2045 年）

数据来源：Energy &Climate Intelligence Unit 信息整理汇总。

从路径共识来看，绝大多数国家将**能源系统的绿色低碳转型**作为长期减排战略重点，特别是推动能源消费终端部门电气化、电力行业脱碳化，以及在难以电气化的行业推广氢能等替代能源。在控制能源消费总量方面，主要通过提升各行业能效、发展工业循环经济模式、能源需求侧管理等方式实现。例如，美国拜登政府明确 2035 年率先实现电力行业净零排放，而日本则提出 2050 年终端电力消费增长 30%。

能源结构调整是"双碳"目标实现的"牛鼻子"。美国在奥巴马政府期间，颁布了"应对气候变化国家行动计划"，明确减排的最大机遇存在于电厂、能源效率、氢氟碳化合物和甲烷四个领域，并为此于 2009 年通过了《美国清洁能源与安全法案》，成为一段时期内美国碳减排的核心

---

[1]　ECIU. Net Zero Scorecard [EB/OL]. [2022–12–25]. https://eciu.net/netzerotracker.

政策①。2014年，美国推出"清洁电力计划"，确立了在2030年前将发电厂二氧化碳排放量在2005年排放水平上削减至少30%的目标，是美国首次对现有和新建燃煤电厂的碳排放进行限制②。拜登政府时期，美国重返《巴黎协定》，承诺在2035年前实现无碳发电，在2050年前达到碳净零排放，实现100%的清洁能源经济③。2021年8月，美国参议院通过了《基础设施投资和就业法案》，表明美国绿色产业政策的再次回归，法案扩大了能源部授权新的电力传输的能力，为能源部新的"清洁能源示范办公室"拨款215亿美元，作为各种绿色能源初创公司的政府创业投资基金④。此外，美国鼓励清洁能源创新，研发降低锂离子电池成本并广泛应用于电网储能，制造成本低于页岩气的氢气，发展先进的核能技术等⑤。

欧盟在推广使用可再生能源和燃料转换方面成效显著，出台了一系列可再生能源法规，制定积极的减排目标和激励政策，吸引了大量的投资，是欧盟电力部门减少温室气体排放的重要推动因素。例如，近年来，欧盟发布了新的促进可再生能源使用指令，加强包括生物质和沼气等在内的生物能源可持续性标准，并将2030年的目标定为最终总能源需求中可再生能源占到32%⑥。欧盟加强统一电力市场建设，促进了可再生能源的大范围消纳，实行可再生能源固定上网电价（feed-in-tariff）等经济激励政策，更好地发挥欧盟互联大电网错峰避峰、水火互济、跨流域补偿、减少备用等综合效益，促进了北欧水电和风电、南欧光伏发电等清洁能源的高效利用。此外，欧盟还计划逐步建立欧洲氢生态系统，从战略发布起至2024年，支持安装至少60亿瓦的可再生氢电解槽，生产100万吨可再生氢；从2025年到2030年，把氢作为其综合能源系统的一部分，安装至少4 000

---

① 王谋，潘家华，陈迎.《美国清洁能源与安全法案》的影响及意义[J].气候变化研究进展，2010,6（4）：307-312.

② 杨强.美国气候政治中的权力分立与制衡——以奥巴马政府"清洁电力计划"为例[J].国际论坛，2016，18（2）：63-67，81.

③ 刘建国，戢时雨，崔成，等.拜登政府气候新政内容及其影响[J].国际经济评论，2021（6）：8，161-176.

④ 张翛然，王亚会，聂铭歧，等.碳中和背景下海外氢能源发展新思路及对中国的启示[J].新能源科技，2023，4（1）：18-22.

⑤ 刘春娜.2011年美国锂离子电池技术动态[J].电源技术，2011，35（10）：1183-1184.

⑥ European Commission. 2030 climate target plan[Z]. 2020.

万千瓦可再生加氢电解槽和达1 000 万吨可再生氢产量；从 2030 年开始，欧盟将在所有难以脱碳的部门（如航空、海运、货运交通等领域）大规模使用可再生氢[①]。

2020 年，中国作出了"二氧化碳排放力争于 2030 年前达到峰值，努力争取 2060 年前实现碳中和"的重大战略决策，从中国推动"双碳"目标的实际工作看，近年来，中国陆续出台一系列政策文件和规划举措，《中共中央 国务院关于完整准确全面贯彻新发展理念做好碳达峰碳中和工作的意见》[②]《2030 年前碳达峰行动方案》[③]《减污降碳协同增效实施方案》[④]《国家适应气候变化战略 2035》[⑤]《省级适应气候变化行动方案编制指南》[⑥] 等陆续密集出台，有关职能部门不断加快制订重点领域、重点行业碳达峰碳中和实施方案，"1+N"顶层设计逐步形成。

碳中和与减排目标的提出为企业提供了新的机遇及竞争优势。通过推动绿色供应链的发展，企业可以不仅满足政府和消费者对环境友好产品的需求，还可以在市场中树立领先地位。绿色供应链也可能吸引更多的消费者和投资者，从而提供更多的收入和利润机会。实现碳中和和减排目标通常需要供应链中多个环节的合作和协调。企业需要考虑整个供应链的碳排放情况，并与供应商、承运商和物流伙伴等各方紧密合作，共同推动碳减排[⑦]。这促使供应链中的各个环节增加透明度，更好地监控和管理碳排放。

2）绿色技术的应用

绿色技术是指降低消耗、减少污染、改善生态，促进生态文明建设、实现人与自然和谐共生的新兴技术，涵盖产品设计、生产、消费、回收利

---

① 董一凡. 欧盟氢能发展战略与前景 [J]. 国际石油经济，2020，28（10）：23–30.
② 中共中央 国务院关于完整准确全面贯彻新发展理念做好碳达峰碳中和工作的意见 [EB/OL].（2021–10–24）. https://www.gov.cn/zhengce/2021/10/24/content_5644613.htm.
③ 国务院印发《2030 年前碳达峰行动方案》[EB/OL].（2021–10–26）. https://www.gov.cn/xinwen/2021–10/26/content_5645001.htm.
④ 关于印发《减污降碳协同增效实施方案》的通知 [EB/OL].（2022–06–10）. https://www.gov.cn/zhengce/zhengceku/2022–06/17/content_5696364.htm.
⑤ 关于印发《国家适应气候变化战略 2035》的通知 [EB/OL].（2022–05–10）. https://www.gov.cn/zhengce/zhengceku/2022–06/14/content_5695555.htm.
⑥ 省级适应气候变化行动方案编制工作动员培训顺利举办 [EB/OL].（2022–11–05）. https://www.mee.gov.cn/xxgk/hjyw/202211/t20221105_1001602.shtml.
⑦ 高培道，朱朝勇，张扬，等. 企业最优碳减排策略研究 [J]. 会计之友，2022（16）：61–66.

用等环节。而企业要真正实现绿色供应链管理，需要尽可能实现各环节的绿色化，对供应链全过程中运用的绿色技术进行创新。

绿色供应链技术体系主要由以下五个部分组成①，如图 5-2 所示。

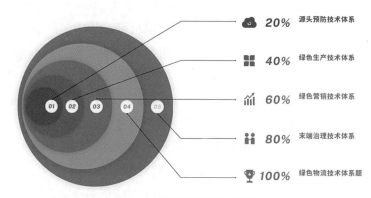

图 5-2　绿色供应链技术体系

源头预防技术体系，是从源头上防止废弃物产生的技术体系，包括太阳能、风能、地热能、氢能、海洋能和生物质能等资源（能源）开发利用、替代技术和产品的绿色设计技术。

绿色生产技术体系，是在生产过程中消除或减少废弃物产生和排放的技术体系，包括清洁生产技术、绿色生产工艺技术、绿色生产设备开发利用技术和绿色包装技术。

绿色营销技术体系，是在营销过程中防止废弃物产生的技术体系，包括绿色产品管理技术、绿色沟通技术、绿色促销管理技术和绿色定价管理技术等绿色营销技术和绿色消费技术等。

末端治理技术体系，是在生产末端减少和处理废弃物的技术体系，包括污染处理与控制技术、废弃物无害化处置技术、废弃物资源化技术和废弃物能源化技术。

绿色物流技术体系，是在运输配送等物流过程中减少资源消耗、降低环境污染的技术体系，包括绿色供应商管理技术、绿色运输管理技术、绿

---

① 刘春香，张智光．绿色科技与生态文明：供应链维的驱动与支撑机理 [J]．中国科技论坛，2016（10）：122–126.

色储存管理技术、绿色包装技术、绿色流通加工管理技术、绿色装卸管理技术、物流信息系统技术 [如 TQM（全面质量管理）技术、EDI（电子数据交换）技术、RF（射频）技术、GPS（全球定位系统）技术] 等。

绿色供应链技术的应用能够提高企业对供应链环境性能的认知和监管，提高资源利用效率，降低环境负荷，同时实现企业和供应商之间的合作和共赢，这无疑为绿色供应链评价指标体系的健全和发展带来了新的机遇。

3）政府与企业合作

绿色供应链多方合作是绿色供应链管理的重要组成部分，它涉及供应链中各个环节的参与者之间的合作与协调。以下是绿色供应链多方合作的实际情况。

绿色供应链认证体系合作[①]，国际的绿色供应链认证体系可以通过共享认证标准、验收程序和监控机制来合作，以确保供应链环境、社会和经济的可持续性。例如，LEED（Leadership in Energy and Environmental Design）是一个国际认可的绿色建筑评估体系，许多国家都采用了 LEED 认证标准，通过共享经验和合作开发新的认证标准，促进绿色供应链建设。

知识和技术交流合作，国际上可以通过绿色供应链知识和技术的交流合作来提高供应链的绿色化水平。例如，一些国际组织和行业协会会定期举办绿色供应链研讨会[②]、培训课程和技术交流活动，分享最佳实践和创新技术，帮助企业提高绿色供应链管理能力。此外，合作伙伴之间还可以共同进行研发和创新，开发更环保的技术和解决方案。

数据和信息共享合作，国际可以通过数据和信息共享来实现绿色供应链合作。企业可以共享和交流供应链中的环境与社会数据，如碳排放数据、能源消耗数据等，以评估和改进供应链的环境性能。此外，共享市场信息和最新的环境政策法规也有助于企业更好地适应国际绿色供应链要求[③]。

---

① 王佳元 . 现代供应链：演变特征与发展战略 [J]. 宏观经济研究，2019（7）：98–106.
② 绿色经济与农产品供应链的持续发展国际研讨会成功举办 [J]. 浙江大学学报（人文社会科学版），2020，50（5）：147.
③ 冯华，聂蕾，施雨玲 . 供应链治理机制与供应链绩效之间的相互作用关系——基于信息共享的中介效应和信息技术水平的调节效应 [J]. 中国管理科学，2020，28（2）：104–114.

政府间合作，国家和政府在绿色供应链合作方面也有重要作用[①]。政府可以通过制定和实施环境政策与法规来推动绿色供应链的发展，并与其他国家合作分享经验和最佳实践。例如，联合国环境规划署和世界贸易组织（WTO）等国际组织通过合作项目和政策制定过程中的合作，促进了国际绿色供应链合作。

这些都反映了国际在绿色供应链合作方面的不同形式和层次。国际的合作可以加强绿色供应链认证体系、促进知识和技术交流、共享数据和信息，以及加强政府间的合作，有助于提高全球供应链的绿色化水平，实现可持续发展的目标，并将在未来继续发展和推动供应链的绿色转型，这在一定程度上也促进了绿色供应链评价指标体系的发展。

2. 发展挑战

供应链评价指标体系建设在发展过程中也面临一些挑战，主要包括以下几个方面[②]，如图 5-3 所示。

图 5-3　供应链评价指标体系发展挑战

（1）文化和观念变革的阻力。传统企业文化注重个体英雄主义和内部管理，对于供应链协同和合作的理念接受度较低。许多企业仍然以"内向型"的管理方式为主，缺乏对供应链管理的重视和认识。此外，一些中小

---

① 韦志文，冯帆．数字贸易对碳排放的影响——基于"一带一路"沿线 48 国的经验证据 [J]．现代经济探讨，2023（8）：65-77．
② 刘振中．中国供应链发展的现状与问题 [J]．宏观经济管理，2019（5）：63-70．

型企业对于供应链管理的重要性和价值缺乏充分认识，难以改变传统的管理思维方式。这些文化和观念变革的阻力制约了供应链评价指标体系在企业中的推广和应用①。

（2）技术和信息系统的局限性②。供应链评价指标体系的建立和应用需要强大的技术支持与信息系统的支持。然而，许多企业在技术和信息系统方面存在着较大的局限性。一方面，许多中小型企业的信息系统和技术平台相对滞后，难以支持供应链评价指标体系的建立和应用③；另一方面，即使是大型企业，也面临着技术和信息系统的融合与整合难题。这些技术和信息系统的局限性使得供应链评价指标体系的建立和应用受到一定的阻碍。

（3）数据不完整和不准确。供应链评价指标体系需要大量的数据支持来进行指标计算和分析，然而，许多企业面临着数据不完整和不准确的问题。由于供应链涉及多个环节和多个企业的参与，信息共享和数据交流的不畅常常导致数据的缺失和不准确。此外，企业在数据采集和管理方面也存在一定的不成熟性，这些数据问题制约了供应链评价指标体系的准确性和可靠性④。

（4）法律和政策缺失。供应链评价指标体系的发展需要得到相关的法律和政策的支持和保护。然而，目前许多国家在供应链领域的法规和政策体系尚不健全，还存在一些缺失和不完善之处。相关的法律和政策的缺失或不完善使得供应链评价指标体系在法律保护和政策支持方面存在一定的阻力⑤。

（5）供应链伙伴信任不足。供应链是一个多方参与的复杂系统，其中各个伙伴之间的合作和协同至关重要。然而，许多企业供应链伙伴间的信任度相对较低，合作意愿不足。这导致在指标体系的建立和应用过程中，

---

① 李曼.第四次工业革命经济观念变革与企业战略调整 [J].河南社会科学，2017，25（8）：80-85.
② 石宗辉，石雅静.制造业产业链数字化升级的阻碍因素及赋能机制 [J].齐齐哈尔大学学报（哲学社会科学版），2021（11）：21-24.
③ 李博，秦勇，徐泽水.管理科学领域研究现状与热点前沿的动态追踪 [J].中国管理科学，2023，31（7）：276-286.
④ 袁瑞萍，刘丙午，黄锴.基于影响图的电力行业供应链风险评价 [J].物流技术，2012，31（21）：353-355，480.
⑤ 梁凤霞.中国绿色供应链管理体系的现状及发展策略 [J].中国流通经济，2009，23（5）：25-28.

合作伙伴之间难以共享信息、协同决策和共同追求指标目标。供应链伙伴间的信任不足给供应链评价指标体系的实施带来了一定的困难。

（6）人才和培训不足[①]。供应链评价指标体系需要专业化的人才支持，但供应链领域一直存在着人才不足的问题[②]。企业往往缺乏供应链管理的专业人才，尤其是缺乏具备指标体系建立和应用能力的人才。此外，目前的供应链管理人才培训体系还相对不完善，无法满足行业需求。这些问题给供应链评价指标体系的实施带来了一定的困难。

综上所述，中国供应链评价指标体系在发展过程中面临着文化和观念变革、技术和信息系统的局限性、数据问题、法律和政策缺失、供应链伙伴间的信任不足以及人才和培训问题等挑战。应对这些挑战需要全社会的共同努力，包括政府的政策引导、企业的培训投入和技术创新、行业协会的规范指导等，以促进供应链评价指标体系的良性发展。

3. 发展趋势

随着信息技术的发展和供应链管理理念的不断更新，供应链评价指标体系也在不断发展和完善，其发展趋势主要体现在以下几个方面。

（1）数字化转型[③]。随着信息技术的快速发展，供应链管理正朝着数字化转型迈进。数字化技术和大数据分析的应用，使得企业更精确地收集、分析和利用供应链相关数据。通过应用物联网、人工智能、云计算等技术，企业可以实时监测供应链各个环节的关键指标，实现供应链的可视化和智能化。未来，中国供应链评价指标体系将更加依赖数字化技术，实现数据驱动的供应链管理，提高运营效率和质量，同时也增强风险管理和决策分析能力。

（2）精细化管理[④]。随着供应链的复杂度和变动性的增加，精细化管理成为供应链评价指标体系发展的重要趋势。传统的供应链管理更侧重于整体规划和战略决策，对于供应链细节的管理相对不足。然而，精细化管理

---

① 姜斌远，姜佳文. 基于技术流视角下供应链创新人才培养的探讨 [J]. 江苏商论，2022（12）：94–96，103.

② 赵卫红. 基于供应链管理背景下的零供关系研究 [J]. 生产力研究，2009（15）：162–164.

③ 崔忠付. 中国物流与供应链信息化发展特点与趋势 [J]. 物流技术与应用，2021，26（6）：64–65.

④ 陈志祥，马士华，陈荣秋. 精细化供应链的研究 [J]. 计算机集成制造系统 –CIMS，1999（5）：11–16.

能够更好地满足个性化需求，提高供应链的灵活性和迅速响应能力。通过细致监控和评估供应链各个环节的关键指标，企业可以在供应链协同、库存控制、运输和仓储等方面实现精细化管理，提高整体运营效率。

（3）强调可持续发展和社会责任[①]。随着环境保护和社会责任意识的增强，供应链评价指标体系将越来越注重可持续发展和社会责任的管理。从环境影响、劳工权益到供应链反腐等方面，企业在供应链管理中需承担相应的责任。未来，中国供应链评价指标体系将更加关注企业在可持续发展和社会责任方面的表现，通过量化和评估相关指标，推动企业履行社会责任，构建可持续供应链。

（4）强化供应链风险管理[②]。供应链风险的管理对于企业运营的稳定性至关重要。无论是自然灾害、供应商关停、政策变化还是品牌形象受损，都会影响供应链的正常运行。因此，未来供应链评价指标体系的发展将更加强调供应链风险的管理。通过建立供应链风险评估体系、监测关键指标、实施风险应对措施，企业可以更好地应对各种风险挑战，增强供应链的抗风险能力。

（5）强调供应链伙伴合作与信任[③]。供应链管理涉及多个参与方，伙伴合作与信任是供应链运作顺利的重要基础。未来供应链评价指标体系的发展将更加强调伙伴间的合作与信任。通过建立共同的指标体系、共享信息、协同决策和追求共同目标，企业与供应商、物流服务商等伙伴之间可以建立更紧密的合作关系，提高供应链的整体效益。

（6）全球化和地区特色发展。供应链评价指标体系在全球化背景下将呈现出更多的地区特色和差异化发展[④]。不同地区的市场、文化、政策等因素会影响到供应链的运作模式和管理方式。因此，供应链评价指标体系的发展将更加注重地区特色，根据不同地区的需求和特点，制定相应的指标和管理方法。

---

① 洪群联.中国产业链供应链绿色低碳化转型研究[J].经济纵横，2023（9）：56-66.
② 王丽杰，刘宇清.浅议绿色供应链风险管理[J].社会科学战线，2014（7）：255-256.
③ 曹玉珊，陈哲.混合所有制改革、供应链协作与企业高质量发展——基于国有上市公司的实证分析[J].财经理论与实践，2023，44（4）：10-17.
④ 周飞，王雪微，曹卫东，等.基于地理探测器的长江经济带汽车零部件供应网络研究[J].资源开发与市场，2023（10）：1278-1285.

5.2 绿色供应链成效评价指标体系研究梳理

绿色供应链的概念自 20 世纪 90 年代提出以来，已逐渐受到世界各国政府和企业的关注及重视，由一个抽象的概念逐步成为日常经济活动的指南。欧美和亚洲发达国家的各类组织和企业都纷纷在理论和实践上深入研究绿色供应链[①]。

绿色供应链成效评价研究是指通过对绿色供应链的各项指标进行评价，来确定绿色供应链的发展成效和可持续性，其动机在于推动企业实施绿色供应链，减少环境污染，提高企业社会责任感、合规性和可持续性。针对绿色供应链成效评价，可从评价指标体系、评价方法、评价模型三个方面进行梳理，如图 5-4 所示。

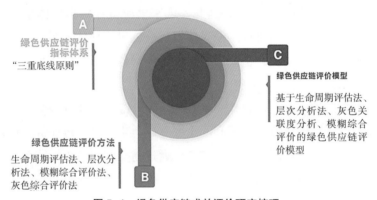

图 5-4　绿色供应链成效评价研究梳理

5.2.1　评价方法

绿色供应链成效评价的方法较为复杂，当前主要采用定量评估和定性评估两种方法。定量评估主要包括生命周期评估法、环境风险评估、成本效益分析等。定性评估主要包括专家评价法、模糊综合评价法（fuzzy comprehensive evaluation method）等。以下是几种比较典型的绿色供应链评价方法。

---

① 方炜，黄慧婷，刘新宇 . 实施绿色供应链的成功标准与关键因素分析 [J]. 科技进步与对策，2007（12）：125–128.

1. 生命周期评估法

生命周期评估法主要是考虑绿色供应链中整个生命周期的环境影响。该方法通过对产品的整个生命周期进行评价，包括原材料采集、生产、运输、使用和废弃处理等阶段的环境影响，从而确定绿色供应链中存在的环境问题以及制定相应的措施①。

基于该方法的评价模型通常包括以下几个步骤。①确定产品的生命周期：确定产品从原料采购到废弃处理的全过程，评估每个环节的环境影响。②评估对环境的影响：分别评估生产、运输、使用、维护和废弃处理环节中对环境产生的影响。③制定评价指标：根据评估结果，制定合适的评价指标，常用的指标有碳足迹、水足迹、能源消耗等。④确定权重：根据不同环节对环境影响的贡献和评价指标的重要性，确定每个环节和评价指标的权重。⑤综合评估：对供应链中的每个企业进行评估，将各环节和指标的得分乘以相应权重并汇总得到最终分数。⑥制订改进方案：根据评估结果，制订相应的改进方案，帮助企业实现环境可持续发展。

2. 层次分析法

层次分析法（Analytic Hierarchy Process，AHP）是一种基于结构层次理论的多层结构模型，可以很好地解决绿色供应链中多维度和多目标的评价问题。该方法可以将绿色供应链的各个层面分解为一系列的因素和指标，然后确定各因素和指标的权重，最终得出绿色供应链的评价结果②。

基于层次分析法的绿色供应链评价模型包括以下几个步骤。①确定层次结构：将绿色供应链评价分为若干个层次，按照功能划分为生产、运输、销售、使用、回收或者按照传递路径划分为供应商、生产、运输和用

---

① 张亮，滕云，侯垚.浅析电子电气产品绿色设计与生命周期评价国际标准化进展 [C]// 绿色制造产业技术创新战略联盟（The Strategic Alliance of Industry Technology Innovation for Green Manufacturing）（SAIHGM），中国机械工程学会（Chinese Mechanical Engineering Society）（CMES），英国机械工程师学会（Institution of Mechanical Engineers）（IMechE），美国机械工程师学会（American Society of Mechanical Engineers）（ASME），香港安乐工程集团（Analogue Group of Companies）（ATAL）.2014 年绿色制造国际论坛报告文集（分册二：专题论坛报告）.[出版者不详]，2014：307–315.

② 孙薇，张汝佳.基于模糊层次分析法的智能电网综合效益评价 [C]//Singapore Management and Sports Science Institute，Singapore，Information Technology Application Research Association，Hong Kong. Proceedings of 2017 2nd BEM International Conference on Modern Education and Social Science(BEM–MESS 2017）. Singapore Management and Sports Science Institute，2017：175–179.

户等，确定每个层次之间的关系和相互影响。②设定指标体系：对每个评价层次，确定需要考虑的评价指标，包括环境、社会和经济等方面的指标。其中，环境指标包括能源消耗、废物排放和水资源使用等，社会指标包括员工健康和社区关系等，经济指标包括成本和效率等。③制定指标权重：根据实际情况和专家判断，制定指标的权重，反映了各个指标对绿色供应链的重要程度。④建立判断矩阵：构建各评价层次之间的判断矩阵，评估各个层次之间的相对重要性和影响程度。⑤计算权重和得分：通过计算矩阵的特征向量和各个层次和指标权重，得出各评价层次和指标的得分，反映了各个评价层次和指标对绿色供应链的贡献度和影响力。⑥分析评价结果：通过对得分的分析和比较，确定绿色供应链中的问题和不足，并提出改进措施和优化方案，促进企业实现可持续发展。

3. 模糊综合评价法

模糊综合评价法是一种基于模糊数学理论的评价方法，可以解决绿色供应链评价中存在的信息不完备和不确定性的问题。该方法主要是将各个指标进行模糊化处理，然后通过对各指标的模糊权重进行综合评价，得出绿色供应链的评价结果[1]。

基于模糊综合评价的绿色供应链评价模型包括以下几个步骤。①确定评价指标体系，如环境管理、产品质量、社会责任等评价指标。②对每个评价指标进行模糊化处理，即将指标划分为几个隶属度不确定的模糊集合。③确定各个评价指标的权重，可以采用层次分析法、专家打分法等方法进行权重分配。④对每个供应商的绿色供应链进行评价，将每个评价指标的模糊集合转化为数值，并计算加权平均值作为供应商的综合评价值。⑤根据综合评价值对供应商进行排名，选出效果最好的供应商进行进一步合作。

4. 灰色综合评价法

灰色综合评价法（gray comprehensive evaluation method）是一种基于灰色系统理论的评价方法，主要是评估绿色供应链的可持续性。该方法需要

① 李树丞，胡芳. 基于模糊多层次综合评价的绿色供应商选择 [J]. 湖南大学学报（自然科学版），2006（3）：137–140.

通过建立绿色供应链的评价指标体系和评价模型，然后综合考虑各因素的重要性，最后得出绿色供应链的可持续发展程度。

基于灰色综合评价法构建绿色供应链评价模型包括以下几个步骤：①确定评价指标体系：根据供应链的特点和环境相关法律法规，建立评价指标体系，包括环境保护、资源利用、社会责任等方面。②数据采集和处理：采集供应链的相关数据，并进行加工处理，如数据标准化、正态化等。③灰色关联度计算：利用灰色关联度分析方法，对采集到的数据进行比较和计算，得到各评价指标之间的关联程度。④权重分配：根据各评价指标之间的关联程度和重要性，确定各指标的权重。⑤综合评价：将各评价指标的得分乘以相应的权重，得到各供应链的综合评价分数，从而对供应链的绿色程度进行综合评估。

绿色供应链评价方法的应用案例非常丰富，在电子、汽车、纺织、化工等众多领域得到了广泛的应用和验证。例如，在电子行业，一些企业已经成功地将绿色供应链评价方法应用到了供应链管理中，通过推动供应商实施环保措施，业务范围和收入都得到了大幅度的提升。

综上所述，绿色供应链评价方法有多种，各有特点，不同的方法可以对绿色供应链在不同方面进行评价，综合运用不同的方法可以得到更准确的评价结果。

5.2.2　评价模型

绿色供应链评价模型是目前研究较为广泛的话题之一，其主要目的是为企业提供一种可行的评价方法，以便实现绿色供应链的可持续发展。近年来，国内外学者提出了许多绿色供应链评价模型，比较典型的有以下几种。

1. 基于生命周期评价法的绿色供应链评价模型

绿色供应链管理带来的环境和社会效益越来越受到企业的重视。生命周期评价作为一种全面的评价方法，在绿色供应链管理中起着重要的作用。该模型主要考虑了绿色供应链中整个生命周期的环境影响，包括原材料采集、生产、运输、使用和废弃处理等方面，并通过制定相应的指标体系和评价标准对绿色供应链进行评价。

例如，有学者首先分析了生命周期分析与绿色供应链管理的概念及两者之间的并行性关系，然后对生命周期分析在绿色供应链管理的应用领域、模式及设计进行了分析研究①。

还有学者在其研究中使用了全寿命周期评价体系，通过量化建筑材料从生产至回收各阶段的物质输入与输出情况来评估该建材造成的环境负荷，并给出了建筑材料绿色度评价模型②。同时有学者基于可持续发展的原则和绿色供应链特点，结合汽车全寿命周期理念，从设计、采购、生产、销售、回收五个环节构建汽车绿色供应链评价指标体系，以"绿"贯穿汽车产品的全寿命周期，为科学准确评价汽车产品绿色供应状况提供参考③。

还有一种基于生命周期评价的绿色供应链评价模型，该模型将生命周期成本、环境影响和社会责任纳入评价指标体系，从多方面评价了绿色供应链的可持续性。

综上可知，基于生命周期评价的绿色供应链评价模型在绿色供应链管理中发挥着重要作用。未来的研究可以从模型应用、指标构建和方法改进等方面展开，以更好地指导企业实施绿色供应链管理。

2. 基于层次分析法的绿色供应链评价模型

随着环保意识的提升和绿色供应链管理理念的兴起，绿色供应链评价模型逐渐成为企业实现环境可持续性的关键工具之一。层次分析法是一种常用的多指标决策方法，被广泛应用于构建绿色供应链评价模型，该模型主要通过构建层次结构模型和权重分配来评价绿色供应链的综合效益。

（1）许多学者在绿色供应链评价模型中采用了层次分析法。例如，在研究汽车绿色供应链管理的基础上，运用层次分析法，得到汽车绿色供应链风险评价体系，再通过模糊综合评判法对风险进行评估，从而进行有效的风险预防与控制④。

---

① 彭娟. 基于生命周期分析的绿色供应链管理研究 [J]. 物流科技，2009，32（2）：77-79.
② 曲鹏. 房地产绿色建材供应链构建及建材绿色度评价模型 [J]. 工程建设与设计，2019（1）：42-44.
③ 张彩霞，张天黎. 基于全生命周期的汽车产品绿色供应链评价指标体系研究 [J]. 河北经贸大学学报（综合版），2019，19（2）：37-40，74.
④ 王志宏，王小桐，李丹. 汽车绿色供应链风险评价研究 [J]. 应用泛函分析学报，2017，19（4）：442-451.

（2）部分学者将 AHP 与其他方法相结合，进一步提升了绿色供应链评价模型的准确性。例如，采用网络层次分析法和熵权法对评价指标赋予权重，以模糊综合评价法为依据，构建装配式建筑 PC 构件（预应力混凝土结构）供应商优选模型，对备选供应商进行综合优选。最后通过实证分析验证了该模型的科学合理性和可行性，为绿色供应链下装配式建筑 PC 构件供应商的优选提供理论支持和决策参考 [①]。还有学者根据绿色供应链的特征，构建了汽车零部件供应商评价指标体系，并采用阈值法和灰色关联法建立了评价模型，通过算例具体分析了选择供应商的过程，证实了该评价模型的有效性 [②]。

（3）一些文献对 AHP 进行了改进和拓展，以便更好地适应绿色供应链评价的特点。例如，采用 AHP 与模糊理论相结合，对绿色供应链中供应商的评价与选择进行了分析，建立了绿色供应链供应商评价指标体系，并且结合实例具体分析了采用模糊 AHP 综合评价选择供应商的过程 [③]。

综上所述，基于层次分析法的绿色供应链评价模型在绿色供应链管理领域具有广泛应用，但是该方法仍需不断完善和拓展。随着技术的不断进步和数据的丰富，绿色供应链评价模型必将得到更好的发展和应用。

3. 基于模糊综合评价的绿色供应链评价模型

该模型主要采用模糊综合评价法，考虑到绿色供应链中的不确定性和模糊性，依据预设的指标和评价标准对绿色供应链的可持续发展水平进行综合评价。

首先，某学者结合传统供应链绩效评价，针对绿色供应链管理的特征，通过分析绿色供应链绩效的影响因素及评价原则，设计出一套绩效评价指标体系，并通过建立模糊综合评价模型对绿色供应链整体绩效进行了评价 [④]。同时，有学者从绿色供应链的概念和内容出发，基于模糊理论设计

---

① 李强年，陈文清. 基于 ANP- 熵权法的装配式建筑 PC 构件供应商优选 [J]. 项目管理技术，2023，21（3）：38–45.

② 李小鹏，路忻. 面向绿色供应链的汽车零部件供应商选择研究 [J]. 物流工程与管理，2014，36（2）：73–74，78.

③ 刘志峰，刘红，宋守许，等. 基于模糊 AHP 方法的供应商绿色评价研究 [J]. 机械科学与技术，2007（10）：1249–1252.

④ 冯艳飞，蔡璐. 绿色供应链绩效的模糊综合评价模型及方法研究 [J]. 中国集体经济，2008（Z2）：90–91.

出一套绿色供应链绩效评价体系，建立了相应的评价模型，并以实例进行了相应的验证①。

而有的学者则利用模糊综合评价法对绿色供应链中环境管理绩效进行研究，并且给出较为详细的计算方法，且以跨国公司宜家为例，利用模糊综合评价法对其绿色供应链中环境管理绩效进行实例运算，结果表明对绿色供应链进行环境管理，可以明显改善企业的整体综合绩效②。

综上所述，基于模糊综合评价的绿色供应链评价模型能够直观地反映出不同供应商的绿色供应链水平，为企业在选择供应商时提供有效支持，促进了绿色供应链的可持续发展。

4. 基于灰色关联度分析的绿色供应链评价模型

灰色关联度分析是一种基于灰色系统理论和统计学方法的综合评估技术，能够在不确定和信息不完全的情况下对多个因素进行比较、排序和评估。该模型主要采用灰色关联度分析方法，从环境、经济和社会三个方面评价绿色供应链，对不同的指标进行分析和权重分配，综合评价绿色供应链的可持续发展水平。

有学者针对绿色供应链的特征，给出了绿色供应链绩效评价的指标体系。并在此基础上，运用多层次灰色关联分析法，建立了指标体系的评价模型，最后通过实例验证了该评估模型的有效性和正确性③。

针对绿色供应链的特征，有学者提出了基于约束理论（TOC）的绿色供应链绩效评价指标体系。并在此基础上，运用灰色关联分析法建立了评价体系的模型，最后通过对四个模拟绿色供应链节点企业的实际数据进行分析，验证了该评价模型的有效性和正确性④。

针对影响乳业绿色供应链绩效的诸多因素具有的灰色性，有学者引入灰色系统理论对其进行评价，从绿色采购、绿色生产和绿色销售选择三个

① 周晓辉. 基于模糊方法的绿色供应链绩效评价模型研究 [J]. 中国市场, 2008（49）: 118–119, 124.
② 焦瑞. 基于模糊综合评价法的绿色供应链中环境管理绩效研究 [J]. 西南师范大学学报（自然科学版）, 2020, 45（9）: 71–77.
③ 李静芳, 余松, 黄芳. 基于多层次灰色关联模型的企业绿色供应链绩效评价 [J]. 物流工程与管理, 2009, 31（12）: 80, 89–91.
④ 李洁. 绿色供应链绩效评价模型研究——基于 TOC 和灰色关联分析法视角 [J]. 中国商贸, 2011（34）: 232–233.

因素提出乳业绿色供应链绩效评价的指标体系，并通过构建灰色层次分析模型（Grey-AHP）对其进行评价[①]。

还有学者结合灰色聚类和模糊综合评价构建了农产品供应链绩效评价模型。该模型克服了模糊综合评价隶属度难以确定的问题。研究结果表明，该方法不仅能够客观评价供应链整体绩效，还可以分层次、多角度进行评价，指出不同方面存在的问题及改进方向[②]。

综上所述，基于灰色关联度分析的绿色供应链评价模型能够帮助企业全面了解和评估供应链的环境绩效，为企业制定更有效的环保措施和策略提供决策支持。

通过对有关绿色供应链评价模型的研究进行梳理，可以发现绿色供应链评价模型的研究涵盖了多方面的问题，但是目前还存在一些问题和挑战，比如如何选择合适的评价方法、如何确定指标体系和评价标准等问题，这些问题需要进一步研究和探讨。

5.2.3 评价指标体系

绿色供应链评价指标体系的研究在近十几年得到了较快的发展。绿色供应链的评价指标体系，涵盖了环境、社会和经济三个方面。其中，环境方面考虑到资源的利用率、环境污染等；社会方面考虑到企业的员工关系、企业社会责任等；经济方面考虑到供应链成本、效率等。1997 年，英国学者 John Elkington（约翰·埃尔金顿）提出了"三重底线原则"（Triple Bottom Line），他认为当商业发展达到经济繁荣、环境质量和社会公正的"三重底线"时，它就是可持续的，这三者相互关联、相互依存。所以现有的研究中关于绿色供应链评价体系的构建大多遵循这一原理，这要求企业在实现经济价值或获取资源的同时注重环境和社会效益。

在国际上，许多学者对绿色供应链评价指标体系进行了研究，例如：1998 年，Scott D. Johnson 在接受 Kaplan 和 Norton 的平衡计分法的思想上，

---

① 陈红莉. 基于灰色多层次评价模型的乳业绿色供应链绩效研究 [J]. 石河子科技，2019（6）: 22-25.
② 王凯旋，杨玉中. 绿色农产品供应链绩效评价的灰色聚类——模糊综合模型及应用 [J]. 数学的实践与认识，2020，50（2）: 111-119.

加入环境指标建立新的评价体系，其他指标包括学习创新、增长与人力、内部流程、财务、顾客。2006年，Joseph Sarkis 利用网络分析法对绿色供应链进行评价，他提出绿色供应链在合理的评价指标下可以减少对环境的危害并能够提升企业的综合竞争能力。2019年，Huang Haiyu 应用平衡计分卡（BSC）并结合专家访谈方法，设计了绿色旅游供应链阶段性的绩效评价体系。2020年，Shan Lu 运用 BSC 模型，采用数据包络分析方法（DEA）对零售企业绿色供应链进行绩效评价，Pulansari 则提出基于生态平衡计分卡（EBSC）的绿色供应链绩效评价模型，EBSC 包括财务、客户、学习与成长和内部业务流程四个视角，他将环境作为第五视角构建相应模型①。

国内关于绿色供应链指评价标体系的研究起步较晚，但也引起了不少学者的关注，例如：有学者在总结国内外绿色供应链研究的相关理论和发展现状的基础上，在供应链管理综合绩效评价的关键指标中引入反应环境绩效的能源消耗量、碳排放强度、环境影响度、废旧物的回收利用率等相关的概念，再加上投资回报率、负债比率等财务相关指标，构成了具有经济特性和环境特性的综合指标体系，进行综合评价研究②。有的学者则对该评价指标体系做了修正和补充，将企业总目标逐级细化，详细设计了包含四级指标在内的指标体系，其研究结果为企业实践提供了较高的参考价值③。还有学者参照环境管理标准 ISO 14000 系列，提出以环境管理为核心、企业其他经营活动为其辅助的管理原则，设计了包含管理水平、绿色水平及核心企业经济效益水平三个方面在内的二级指标，同时涵盖 25 个三级指标。然后运用层次分析法建模，分析绿色供应链管理的综合绩效④。除此之外，还有学者提出绿色供应链构建的核心在于提升企业的创新能力，以降低其在生产经营过程当中的能源资源的浪费。因此分别从财务、信息化、科技创新和能源利用率五个层面构建指标体系；并且针对五个层面

① PULANSARI F，PUTRI A. Green supply chain operation reference（Green SCOR）performance evaluation（case study：steel company）[J]. Journal of physics：conference series，2020，1569（3）：032006.
② 赵丽娟，罗兵.绿色供应链中环境管理绩效模糊综合评价[J].重庆大学学报（自然科学版），2003（11）：155-158.
③ 张敏顺，吴洪波.模糊评价方法对绿色供应链绩效的评价[J].科技与管理，2005（3）：23-25.
④ 张华伦，冯田军，董红果.绿色供应链管理的绩效评价[J].统计与决策，2006（8）：57-59.

重要性的不同，利用 AHP 计算每个指标的权重，然后参照模糊三角函数方法来确定各指标的隶属度矩阵，采取模糊综合评定的方法对其开展评价研究 [1][2]。

也有不少学者对电力行业绿色供应链指标体系进行了研究，例如：有学者对电力需求侧管理实施效果的评价指标进行研究，在确定评价指标体系的过程中，加入一部分绿色供应链中的评价指标，并提出基于效益共享的电价联动机制 [3]。也有学者提出在电力物流的可持续发展中要加强电力物流的全能效体系建设和绿色化流程建设 [4]。更有学者分析了发电企业绿色物流供应链的特点，建立了绿色物流供应商选择的评价指标体系，并用网络层次分析法对发电企业绿色物流供应商的选择方法进行了研究 [5]。还有学者以绿色供应链管理理论为指导，结合电力企业物资管理的实际，提出了电力企业物资绿色供应链管理体系框架，围绕体系中的供应链决策机制进行了较为深入的探讨，并且运用突变级数法对某省电力企业物资绿色供应链综合绩效进行评价分析，对电力企业物资绿色供应链决策提供了一定的借鉴作用 [6]。此外，国内外其他学者的研究也都大大丰富了绿色供应链指标体系的基础理论。

5.3 国家电网绿色供应链评价指标体系构建

本书将围绕供应链绿色低碳发展，以国家电网战略为引领，结合绿色供应链整体现状及发展趋势，综合运用指标体系构建方法，构建国家电网绿色供应链评价指标体系，本节将具体阐述评价指标体系的构建原则、评价指标的确定（包括评价指标的选择依据和理论意义）、指标权重的确定以及评价模型的构建。

① 阮略成 . 绿色供应链综合绩效评价体系研究 [D]. 武汉：武汉理工大学，2007.
② 孙晓博 . 基于绿色供应链的绩效评价体系研究 [D]. 武汉：武汉科技大学，2007.
③ 张媛 . 长春电力市场电力需求侧管理研究 [D]. 保定：华北电力大学，2008.
④ 刁宏 . 保障电力物流的可持续发展 [J]. 华北电业，2013（6）：60–61.
⑤ 施泉生，苏白莉，叶盛凯 . 网络层次分析法在火电企业绿色供应商选择中的应用 [J]. 上海电力学院学报，2011，27（2）：193–196.
⑥ 刘杰 . 电网企业物资绿色供应链决策机制研究 [D]. 保定：华北电力大学，2015.

5.3.1 构建原则、方法与步骤

由于无法将复杂的现象完全呈现，所以，在进行相关研究时有必要选取一些指标用于反映这个现象的核心特征及其内在规律。而单个指标很难完整地反映出现象的全部特征，所以，必须将多个指标整合在一起，构成指标体系，用以呈现社会现象的特征及具体数值。

1. 构建原则

绿色供应链是在传统供应链的基础上，加入环境保护元素进行的更加深入、更利于可持续发展的研究，其不仅具备传统供应链的一些基本特征，更有其独特性[1]。构建绿色供应链可以发挥供应链上核心企业的主体作用，一方面有利于做好自身的节能减排和环境保护工作，不断扩大对社会的有效供给；另一方面可以引领带动供应链上下游企业持续提高资源能源利用效率，改善环境绩效，实现绿色发展。因此，构建国家电网绿色供应链评价指标体系应参照以下原则[2]，如图 5-5 所示。

图 5-5　国家电网绿色供应链评价指标体系构建原则

1）全面性[3]

国家电网绿色供应链评价指标体系的建设，不仅要选取电力企业所有者权益、负债率、固定资产总值等能够反映其财务状况的经济指标，同时还要能够反映文化、理念、环境指标等非财务指标，以便为管理层全面了解国家电网绿色供应链管理运营状况提供更加全面的决策支持信息。

---

① 宋书洋. 省级电网绿色供应链管理绩效综合评价研究 [D]. 保定：华北电力大学，2017.
② 董千里. 供应链管理 [M]. 北京：人民交通出版社，2012：22-34.
③ 顾蕾. 基于 BSC 的农村生活污水治理绩效评价体系的设计与构建研究 [J]. 环境科学与管理，2022，47（9）：85-89.

2）科学性①

评价指标的设计要符合国家电网运营客观实际，是指标体系建设最基本的要求。评价指标的设计不仅要有科学依据、符合理论规律，更重要的是要与国家电网的企业客观实际条件相结合，符合实际情况。评价指标是对电网绿色供应链建立、管理成效客观事实的高度概括，具有简洁性。所以越是能够直指现象本质，越凝练的指标，就越能够抓住客观事实的核心，越能够将抽象事物具体化，这样的指标也就更有科学性，更有价值②。

3）系统优化③

国家电网是电力行业供应链的核心企业，在其上下游有很多企业也是供应链的重要节点。所以在进行绿色供应链评价指标体系构建的时候，不能忽视供应链节点之间的相互影响和联系，应当从整个供应链的战略角度出发，不能只单纯地评价单个企业的经营状况④。因此，构建国家电网绿色供应链评价指标体系应当遵循整体性和系统性的原则，设计的指标既能凸显国家电网的自身特性，又能反映整个供应链系统的特征⑤。

4）层次性⑥

如果要尽可能全面地对国家电网绿色供应链建立与管理进行评价，那么就需要用若干个指标进行衡量，才有可能反映出国家电网绿色供应链运营的真实情况。如果不加整理，将各评价指标按照其内在联系和规律分门别类，就用以绩效评价，则容易造成评价过程混乱，使评价结果出现偏差和谬误⑦。所以，必须采用系统分解法、层次分析法等科学方法对国家电网绿色供应链绩效评价指标体系进行分层，建立树状结构的指标体系，使体

① 戴君，贾琪，谢琍，等.基于结构方程模型的可持续供应链绩效评价研究[J].生态经济,2015,31(4)：86–89，169.
② 彭树霞，李波，甄紫嫣.智慧供应链发展指数的构建及评价研究[J].工业技术经济，2021,40（11）：44–52.
③ 李莉.价值链视角下旅游企业集团成长模式优化[J].商业经济研究，2016（2）：86–87.
④ 徐光耀，杨超.中国人才产出能力综合评价指标体系及国际比较研究——兼论就业困境[J].科技进步与对策，2014,31（13）：145–149.
⑤ 王鲁捷，钟磊.企业经营者绩效评价研究[J].江海学刊，2004（4）：58–63，222.
⑥ 张琪，江青文，张瑞奇.基于多级模糊综合评价方法的绿色施工指标体系研究[J].施工技术，2017，46（S2）：1320–1322.
⑦ 颜金.地方政府环境责任绩效评价指标体系研究[J].广西社会科学，2018（12）：160–165.

系的各个要素及其结构能满足系统优化的要求，为取得良好的评价结果夯实基础。

5）可行性 ①

指标的可行性，就是要在保证评价结果切合实际的情况下，使设计的指标尽量简明，要考虑指标的数据可获得，以及指标能够正确表达其内在含义 ②。这就要求在建立国家电网绿色供应链评价指标体系的时候，必须根据实施的具体状况，并考虑指标量值获取的可能性，设计合理的指标体系。

6）通用性 ③

绿色供应链评价指标体系的适用性很广，不仅可以用来对生产和制造过程中的制造企业的环境负面影响评价，也可用于其他行业，例如汽车行业、钢铁行业、电子行业等。因此在构建评价指标体系的时候要遵循这个原则，即考虑到在不同地域、不同环境、不同时期、不同状态、不同行业、不同类型企业的通用性。

2. 构建方法

指标体系的构造，应当基于对省级电网建设运行的现实情况进行，既要契合理论基础，更要符合企业实践。当前国内外对于绿色供应链评价指标体系的研究不多，其研究成果较少，导致了绿色供应链评价体系的评价指标在选择上具有一定的难度。根据以下的评价指标选取方法，本书将从评价指标体系框架的三个一级层面出发，进行评价指标的选取：①根据绿色供应链的特点以及国家电网的实际需求制订相应的目标；②根据所制订的不同目标，分析影响该目标实现的关键性因素；③对这些关键性因素运用理论分析方法和专家咨询方法 ④，来分析影响国家电网绿色供应链总体绩效的关键性指标 ⑤。

---

① 姜铸，张永超 . 差异性服务化战略下制造企业创新能力的评价 [J]. 科技管理研究，2015，35（1）：60–64，69.

② 朱世蓉 . 复合型休闲农业空间布局及驱动力分析 [J]. 中国农业资源与区划，2018，39（4）：200–205.

③ 张滢 . 基于熵权和灰关联的第三方物流企业绩效评价 [J]. 中国流通经济，2008（1）：19–21.

④ 宗佺 . SCM 系统打造国华电力公司绿色物资供应链 [C]// 国家电网信息通信有限公司期刊会展中心，中国电机工程学会电力信息化专委会 .2008 年电力信息化高级论坛论文集，2008：3.

⑤ 宗佺 . 打造国华电力公司绿色物资供应链 [C]// 国家电网信息通信有限公司，中国电机工程学会电力信息化专委会 .2008 电力行业信息化年会会议论文集，2008：4.

（1）理论分析法[1]。通过文献研究，可以发现理论分析法是确定指标的一个重要的方法。本书在原有供应链绩效评价的研究成果上，查阅了大量相关文献，根据现有绿色供应链评价指标体系，结合国家电网实际，既注重经济方面的效益，又注重长远性、可持续发展性，进一步地发掘评价指标体系的特点，找出绿色供应链的一般性评价指标。

理论分析法具有以下优点：①以研究和分析已有的理论为基础，能够借鉴先进的理论成果，提高研究的准确性和可靠性；②能够将供应链中的各个环节综合考虑，将不同因素之间的关系纳入考虑范围，构建全面的评价指标体系；③能够根据实际情况进行调整和优化，使评价指标体系更加适用于不同的供应链环境。但理论分析法也存在以下缺点：①可能过于注重理论推理和数学模型构建，缺乏对实际数据的实证分析，导致评价指标体系与实际情况存在偏差；②理论分析方法所需的数据往往比较复杂，需要大量的时间和精力进行收集和整理，难以解决数据匮乏的问题。

综上所述，使用理论分析法建立绿色供应链评价指标体系具有一定的优势和劣势，需要在实际应用中合理权衡和选择，结合其他方法进行综合评估。

（2）专家咨询法[2]。在通过理论分析得到初步的指标后，从专家的意见与看法中获得启发，总结出新的指标。选择当前高校、行业内部等，对于当前评价指标的理论和实践有深刻认识与体会的专家，对国家电网绿色供应链评价指标进行商讨，通过与他们深入的探讨、分析、总结，结合当前已有的评价指标体系，进一步修正和完善，并增加新的评价指标。

使用专家咨询法建立绿色供应链评价指标体系有其优势和劣势。优势方面：①专家具有行业知识和丰富的经验，能够准确理解和评估绿色供应链的重要方面。他们能够提供准确、可靠的信息，并基于自身经验为指标体系提供专业建议。②专家咨询法可以从多个角度考虑绿色供应链的评价指标。通过邀请来自不同领域的专家，可以获得多样化的观点和理念，从

① 崔艳艳，刘晓欣，林睿，等．中国重点城市信息化评价体系应用研究 [J]．数学的实践与认识，2014，44（4）：23–32．

② 王核成，杨琳苑，朱楚芝．锂电池绿色供应链评价体系构建研究 [J]．杭州电子科技大学学报（社会科学版），2023，19（3）：1–10．

3.1.4 电工装备产业链供应链主要企业发展现状

2022年底，在国家电网招标采购中中标的电工电气装备企业，主要涉及材料线缆、开关、线圈、二次设备、新能源等多个领域，分别占比50.87%、20.10%、14.25%、10.30%、0.94%。二次设备类企业中大型企业数量最多，达61家；新能源类拥有的大型企业比重最高，占比14.63%；线圈类、开关类、材料线缆类企业中，中小微企业占比最大，如图3-6所示。

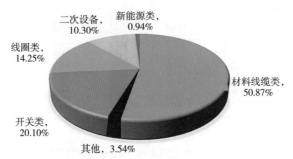

图3-6 电工电气装备行业企业分类占比

2022年，在国家电网中标的电工电气装备企业以民营企业为主，共5 215家，占比92.37%，具体分布情况如图3-7所示。

2022年，在国家电网中标的电工电气装备企业以中小微型企业为主，共5 381家，占比95.31%，具体分布情况如图3-8所示。

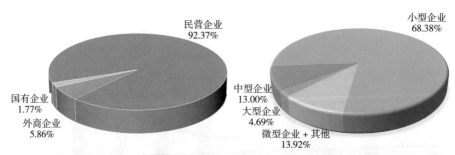

图3-7 电工电气装备行业企业性质分布情况　图3-8 电工电气装备行业企业规模分布情况

电工电气装备行业中，五类重点设备材料（35千伏及以上的变压器、组合电器、断路器、电抗器和铁塔）2020—2022年产能均呈逐年上升趋势，具体情况如表3-1和图3-9所示。

而确保指标体系的全面性和全局性。劣势方面：专家咨询法在评价指标体系时容易受到个体主观意见的影响。专家的知识和经验可能存在偏差或限制，在指标的选择和权重分配上可能存在个体差异，导致评价结果不一致或不可靠。同时可能会增加项目的成本和周期，尤其是当需要协调和整合多个专家意见时。

决策者应综合考虑这些因素，在实际应用中灵活选择和结合不同的方法，以提高评价指标体系的准确性和可靠性。

3. 构建步骤

国家电网构建绿色供应链评价指标体系的方法包括以下几个步骤，如图 5-6 所示。

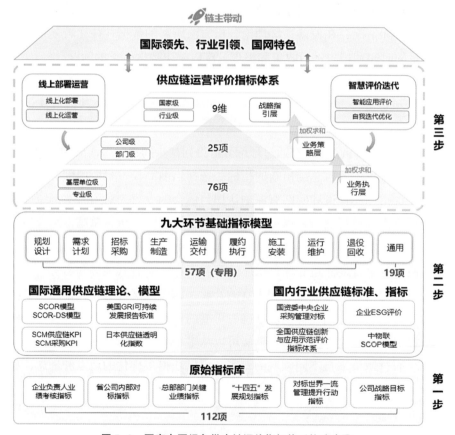

图 5-6　国家电网绿色供应链评价指标体系构建步骤

（1）明确目标与需求。通过总结绿色供应链业务实践，夯实绿色供应链理论研究基础。分析业务特性与需求，解决绿色供应链量化评价问题。

（2）形成核心关键指标体系。依托存量指标体系，开展指标的排重、删除、归并等工作；按照实际业务需求，开展指标的新增、设计等工作；进一步确定指标定义、计算方法以及数据来源，打造核心关键指标库；开展模拟运算验证，保障指标体系的权威性和科学性。

（3）构建分层分类体系框架。按照分层分类的原则，将核心关键指标库总结归纳形成体系框架；组织相关部门、各专业处室、相关单位开展研讨，广泛征求意见，根据反馈修订完善绿色供应链体系框架。

基于以上原则、方法和步骤，将紧密围绕现代供应链绿色低碳发展，深化国家电网提质增效工作要求，结合供应链整体现状及发展趋势，以供应链全量业务信息为基础要素，并借鉴相关指标分析方法及评价模型，构建绿色供应链运营多维评价指标体系，实现对供应链运营水平、社会责任担当及产业发展带动能力等方面量化评价，发挥指标"晴雨表""指挥棒"作用，为供应链绿色低碳转型升级提供精准指引，带动各单位、上下游、生态圈持续发展有力推动与公司"建设具有中国特色国际领先的能源互联网企业"战略目标相适应的卓越供应链建设。

5.3.2　评价指标的确定

（1）归集形成原始指标库。围绕供应链九大环节，全面盘点公司"六大"指标体系（企业负责人业绩考核指标、省公司内部对标指标、总部部门关键业绩指标、"十四五"发展规划指标、对标世界一流管理提升行动指标、公司战略目标指标）、《绿色现代数智供应链发展行动方案》等涉及指标，开展指标排重、删除、归并等工作，形成包含 112 项指标的原始指标库。

（2）按九大环节遴选和新增基础指标模型。参考国际供应链通用理论、模型及国内供应链标准、指标，开展指标归类遴选和新增设计。一是按照规划设计、需求计划、招标采购、生产制造、运输交付、履约执行、施工安装、运行维护和退役回收供应链九大环节对指标进行归类后遴选出

42 项指标。二是组织相关部门、各专业处室、相关单位开展研讨，结合实际新增指标 34 项。共计形成九大环节 76 项基础指标模型，其中专用指标 57 项、通用指标 19 项。（通用指标，指适用于每个业务环节的指标，包括数智转型、业务合规、业务创新、人才培养等。）具体如表 5-4 和表 5-5 所示。

表 5-4　九大环节基础指标模型（57 项专用指标）

序号	供应链环节	指标名称
1	规划设计	标准物料设计应用率
2	需求计划	需求计划准确率
3		采购成交准确率
4		采购估算金额准确率
5		紧急物资需求响应率
6		计划采购及时率
7	招标采购	年度采购金额
8		上网采购率
9		公开采购率
10		集中采购率
11		电子招标率
12		物资采购优质率
13		物资国产化供应率
14		重点物资平均供应商集中度
15		物资供应商集中度
16		服务商集中度
17		低碳产品采购占比
18		绿色产品采购占比
19		采购节资率
20		投标保证金退还及时率
21		中标供应商数量
22		评价供应商率

序号	供应链环节	指标名称
23	招标采购	抽检质量问题不良行为处理闭环率
24		不良行为处理规范率
25		中标供应商信用指数
26		低碳供应商中标占比
27		绿色供应商中标占比
28		中小微企业中标占比
29		中高竞争力企业中标占比
30	生产制造	出厂试验一次通过率
31		监造覆盖率
32		抽检合格率
33		抽检定额完成率
34		供应商产品质量合格率
35		检测资产利用率
36	运输交付	工程物资供应保障率
37		应急物资保障及时率
38	履约执行	合同签约金额
39		合同签约及时率
40		库存周转率
41		供应商寄存物资周转率
42		物资供应金额
43		合同结算及时率
44	施工安装	供货设备安装质量合格率
45		服务商调试评价合格率
46	运行维护	产品质量故障停运率
47		供应商服务保障及时率
48	退役回收	报废物资处置溢价率
49		废旧物资溢价率
50		废旧竞价处置成功率

表 5-5　九大环节基础指标模型（19 项通用指标）

序号	供应链环节	指标名称
1	通用	一码双流贯通率
2		数据采集完成率（业务标准表上线完成率）
3		数据传输完整率
4		数据质量达标率
5		链上企业数据贯通率
6		平台业务数据更新率
7		平台数据同比增长率
8		内部用户活跃率
9		外部用户活跃率
10		分析模型应用率
11		数据产品应用率
12		供应链成本效益
13		ESC 问题闭环整改率
14		业务合规率
15		公司发布的供应链管理相关标准数量
16		公司发表供应链管理相关核心期刊或 SCI、EI 收录论文数量
17		公司发布供应链管理相关专利数量
18		人才当量密度
19		员工培训率

（3）构建供应链运营评价指标体系。在国家电网绿色供应链评价指标的选取中，采用较常用的文献综合分析法和数理分析法，结合国家电网的实践经验对绿色供应链评价指标体系进行了理论综合分析，并结合绿链行动方案八大重点任务、"六级"控制塔理念，持续提高全链条运转效率、效益、效能，增强供应链的行业引领力、价值创造力与风险防控力，参考 SCOR、SCM 等通用指标体系构建模式，基于九大环节 76 项基础指标，最终构建了国家电网绿色供应链评价指标体系，建立了包含 9 个一级指标、25 个二级指标、76 个三级指标在内的国家电网绿色供应链评价指标体系，如表 5-6 所示。

表 5-6　国家电网绿色现代数智供应链运营评价指标清单

一级指标	二级指标	三级指标
业务发展指数	采购供应规模指数	年度采购金额
		合同签约金额
	供应商规模指数	物资供应金额
		中标供应商数量
阳光合规指数	阳光透明指数	上网采购率
		公开采购率
		集中采购率
		电子招标率
	合规指数	ESC 问题闭环整改率
		业务合规率
		评价供应商率
		抽检质量问题不良行为处理闭环率
		不良行为处理规范率
韧性指数	计划采购准确指数	需求计划准确率
		采购成交准确率
		采购估算金额准确率
	供应过程保障指数	物资供应保障率
		工程物资采购优质率
	全寿命周期质量指数	出厂试验一次通过率
		监造覆盖率
		抽检合格率
		抽检定额完成率
		中标供应商信用指数
		供应商产品质量合格率
		标准物料设计应用率
		供货设备安装质量合格率
		服务商调试评价合格率
		产品质量故障停运率
		一码双流贯通率

一级指标	二级指标	三级指标
韧性指数	供应商多元指数	物资国产化供应率
		重点物资平均供应商集中度
		物资供应商集中度
		服务商集中度
	灵敏性指数	紧急物资需求响应率
绿色低碳指数	产品绿色低碳指数	低碳产品采购占比
		绿色产品采购占比
	企业绿色低碳指数	低碳供应商中标占比
		绿色供应商中标占比
	供应链绿色低碳指数	废弃物资无害化处置率
数智转型指数	业务线上化指数	平台业务数据更新率
		平台数据同比增长率
		内部用户活跃率
		外部用户活跃率
	数据基础建设指数	数据采集完成率（业务标准表上线完成率）
		数据传输完整率
		数据质量达标率
		链上企业数据贯通率
	数智价值创造指数	分析模型应用率
		数据产品应用率
效率指数	物资响应指数	计划采购及时率
		图纸交付及时率
	应急响应指数	应急物资保障及时率
	供应链成本指数	采购节资率
		供应链成本效益
	供应链收益指数	报废物资处置溢价率
	设施利用指数	检测资产利用率
	物资利用指数	库存周转率
		供应商寄存物资周转率
		废旧竞价处置成功率

一级指标	二级指标	三级指标
社会责任指数	优化营商指数	中小微企业中标占比
		中高竞争力企业中标占比
	资金释放指数	投标保证金退还及时率
		合同结算及时率
社会责任指数	科技创新指数	公司发布的供应链管理相关标准数量
		公司发表供应链管理相关核心期刊或SCI、EI收录论文数量
		公司发布供应链管理相关的专利数量
	人才培养指数	人才当量密度
		员工培训率

1. 业务发展指数

综合考虑了通用供应链评价模型和绿链行动重点任务，设置了供应链业务发展指数，主要用于评价公司供应链的供应规模和链上企业规模。考虑从采购供应规模和供应商规模两个维度进行评价，设有"采购供应规模指数"和"供应商规模指数"两个二级指标。业务发展指数中的指标均为统计值，用于统计与展示供应链重要数据。

1）采购供应规模指数

采购供应规模指数用于评价公司供应链的采购规模和供应规模。

（1）年度采购金额。年度采购金额是指公司年度累计两级采购金额，该指标用于衡量公司招标采购规模。公司年度累计两级采购金额越高，反映公司业务规模越大，在供应链中的地位越核心。

（2）合同签约金额。合同签约金额是指统计周期内公司合同签约金额，该指标用于衡量公司招标采购规模。公司合同签约金额客观反映公司业务规模及在供应链中的影响与作用。

2）供应商规模指数

供应商规模指数用于评价公司供应链的链上企业规模。

（1）物资供应金额。物资供应金额是指统计周期内物资供应金额，该指标用于衡量公司供应链规模。公司物资供应金额客观反映公司业务规模及在供应链中的影响与作用。

（2）中标供应商数量。中标供应商数量是指公司在执行的中标供应商数量，该指标用于衡量公司供应链规模。公司在执行的中标供应商数量越多，反映公司业务规模越大，在供应链中的地位越核心。

2. 阳光合规指数

综合考虑了通用供应链评价模型，企业 ESG 评价体系和绿链行动重点任务，结合公司"阳光采购引领"目标要求，设置了供应链阳光合规指数，主要用于评价供应链在阳光透明招标采购、业务合规方面的水平，设有"阳光透明指数"和"合规指数"两个二级指标。

1）阳光透明指数

阳光透明指数主要用于评价招标采购中的阳光、透明、公开合规情况。

（1）上网采购率。上网采购率是指统计周期内公司通过电子商务平台实施上网采购的金额占公司采购总金额的比重，该指标用于衡量公司上网采购的执行情况。公司通过电子商务平台实施上网采购的金额越高，上网采购率越高，反映公司采购的公开化、透明化、规范化程度越高。其计算公式如下：

$$G = \frac{\sum G^i}{G^j} \times 100\%$$

其中，G^i 为电子商务平台实施采购金额；G^j 为采购总金额。

（2）公开采购率。公开采购率是指统计周期内公司实施公开采购的金额占公司采购总金额的比重，该指标用于衡量公司公开采购的执行情况。公司实施公开采购的金额越高，公开采购率越高，反映公司采购的公开化、透明化、规范化程度越高。其计算公式如下：

$$G = \frac{\sum G^i}{G^j} \times 100\%$$

其中，G^i 为公开采购金额；G^j 为采购总金额。

（3）集中采购率。集中采购率是指统计周期内公司实施两级集中采购金额占采购总金额的比重，该指标用于衡量公司集中采购的执行情况。公司实施两级集中采购金额越高，集中采购率越高，反映公司招标采购的公开化、透明化、规范化程度越高。其计算公式如下：

$$G = \frac{\sum G^i}{G^j} \times 100\%$$

其中，G^i 为公开采购金额；G^j 为采购总金额。

（4）电子招标率。电子招标率是指统计周期内公司招投标环节应用电子交易平台实施电子招标金额占招标总金额的比重，该指标用于衡量公司电子招标的执行情况。公司招投标环节应用电子交易平台实施电子招标金额越高，电子招标率越高，反映公司招标采购的公开化、透明化、规范化程度越高。其计算公式如下：

$$G = \frac{\sum G^i}{G^j} \times 100\%$$

其中，G^i 为电子招标投标交易平台实施电子招标金额；G^j 为招标总金额。

2）合规指数

合规指数主要用于评价业务合规和供应商管理规范的水平。

（1）ESC 问题闭环整改率。ESC 问题闭环整改率是指统计监控周期内完成闭环整改的 ESC 预警问题数量占全部发现的 ESC 预警问题数量的比重，该指标用于衡量 ESC 预计问题及时闭环的情况。完成闭环整改的 ESC 预警问题数量越多，ESC 问题闭环整改率越高，反映问题的整改效率和业务合规性越高。其计算公式如下：

$$G = \frac{G^i}{G^j} \times 100\%$$

其中，G^i 为 ESC 预警问题整改完成数量；G^j 为预警问题发出总数。

（2）业务合规率。业务合规率是指统计周期内公司全部监督事件中未出现异常问题事件条目数的占比，该指标从监督事件的角度评价业务合规的情况。异常问题数量越少，业务合规率越高，反映业务合规性越高。其计算公式如下：

$$G = 100\% - \left(\frac{G^i}{G^j} \times 100\% \right)$$

其中，G^i 为异常问题数量；G^j 为监督事件数量。异常问题数量是指定监控周期内，监控预警平台下发的合规问题数量。监督事件数量是指定监控周期内，监控预警平台监督的业务事件数量。

（3）评价供应商率。评价供应商率是指当年完成评价的省公司招标采购的电网主要物资和服务供应商家次数占近三年中标供应商总数的比重，该指标用于评价供应商评价覆盖情况。当年已评价供应商家次数越多，评价供应商率越高，反映供应链中对供应商的评价监督反馈的水平越高。其计算公式如下：

$$G = \frac{G^i}{G^j} \times 100\%$$

其中，G^i 为当年已评价供应商家次数；G^j 为近三年中标供应商家次数。评价供应商统计范围包括省公司招标采购的电网主要物资和服务，按年度从 ECP 取数，覆盖率达到 95% 及以上，按 100% 计算。

（4）抽检质量问题不良行为处理闭环率。抽检质量问题不良行为处理闭环率是指统计周期内已处理的不良行为条目数占抽检发现质量问题应处理的不良行为条目数的比重，该指标用于评价抽检发现质量问题已处理的不良行为的情况。已处理的不良行为条目数越高，不良行为处理闭环率越高，反映问题的整改效率和业务合规性越高。其计算公式如下：

$$G = \frac{G^i}{G^j} \times 100\%$$

其中，G^i 为抽检发现质量问题已处理的不良行为条目数；G^j 为抽检发现质量问题应处理的不良行为条目数。评价供应商统计范围包括省公司招标采购的电网主要物资和服务，按年度从 ECP（电子商务平台）取数，覆盖率达到 95% 及以上，按 100% 计算。

（5）不良行为处理规范率。不良行为处理规范率是指统计周期内未出现"不规范"处理的不良行为条目数占当年处理总条目数的比重，该指标用于衡量供应商规范处理不良行为的情况。不良行为处理不规范条目数越低，不良行为处理规范率越高，反映问题处理的规范性和业务规范性越高。其计算公式如下：

$$G = 100\% - \left(\frac{G^i}{G^j} \times 100\% \right)$$

其中，G^i 为不良行为处理不规范条目数；G^j 为当年处理总条目数。不良行为处理"不规范"包含未到处理期无正当理由提前解除、已过处理期未解除且无继续处理理由等情况。评价供应商统计范围包括省公司招标采购的电网主要物资和服务，按年度从 ECP 取数，覆盖率达到 95% 及以上，按100% 计算。

3. 韧性指数

综合考虑了通用供应链评价模型和绿链行动重点任务，结合公司"全寿命周期采购引领"，设置了供应链韧性指数，用于评价供应的准确、可靠和质量保障，以及应对风险的调整能力。其主要从计划和采购准确性、物资可靠供应、全寿命周期质量保障、供应商多元化和需求计划调整的灵活性进行考量，设有"计划采购准确指数""供应过程保障指数""全寿命周期质量指数""供应商多元指数"和"灵敏性指数"五个二级指标。

1）计划采购准确指数

计划采购准确指数主要用于评价计划、招标和采购环节的准确度。

（1）需求计划准确率。需求计划准确率是指在两级采购申请条目中，由年度计划自动生成转化的条目数占全年总申请数量的比重，统计范围为公司两级采购批次（含协议库存、授权采购）。该指标用于衡量年度计划的制订是否满足实际采购需求。年度计划自动生成转化的条目数越高，需求计划准确率越高，反映需求计划制订的前瞻性、科学性，有利于提高供应链韧性。其计算公式如下：

$$G = \frac{G^i}{G^j} \times K$$

其中，G^i 为统计周期内两级批次由年度计划在线自动生成的采购申请条目数。G^j 为统计周期内两级采购申请总条目数。K 为需求预测准确率系数，通过统计全年需求预测金额与实际采购申请计划估算金额吻合程度进行定量评价，如吻合程度达到 80% 及以上，K 取值为 100%；低于 80%，K 取值为 80%。统计范围为公司两级采购批次（含协议库存、授权采购）。

（2）采购成交准确率。采购成交准确率是指统计周期内发标的需求计划中成交的条目数的比重。电网物资采购发标需求计划行数量是指在总部集中采购项目中，发标的项目单位所有需求计划行数目之和；电网物资采购成交需求计划行数量是指发标的项目单位所有需求计划行数目减去因采购需求不准确导致的终止或流标（未成交）需求计划行数目。采购需求不准确是指项目单位对采购物资的关键技术参数、原材料组部件配置、特殊工况条件、工程建设周期、项目限价等提出市场主体难以满足的条件，或者单一来源公示与实际厂家不匹配、概算或限价不合理等原因，导致市场参与主体不足造成的采购失败，从而影响公司集中采购整体质效的情形。该指标统计范围为总部集中招标采购项目，包括公开招标、竞争性谈判、单一来源采购等采购方式。该指标用于评价计划与招标是否匹配实际的需求。其计算公式如下：

$$G = \frac{G^i}{G^j} \times 100\%$$

其中，G^i 为电网物资采购成交需求计划数目；G^j 为电网物资采购发标需求计划数目。

（3）采购估算金额准确率。采购估算金额准确率以采购金额为基准，统计估算金额是否估计得过高或过低，估算金额与采购金额相比大于或小于 10 倍被认为是不准确的。该指标用于衡量采购估算金额的准确性。估算金额与采购金额的偏差越小，采购估算金额准确率越高，说明估算金额的前瞻性科学性越高，有利于提高供应链韧性。其计算公式如下：

$$G = 100\% - \left(\frac{G^i + G^j}{G^k} \times 100\% \right)$$

$$G^i = \left(\frac{G^p}{G^q} \geqslant 10 \text{ 的统计条目数} \right)$$

$$G^j = \left(\frac{G^p}{G^q} \leqslant 0.1 \text{ 的统计条目数} \right)$$

其中，G^k 为统计周期内总条目数；G^p 为估算金额；G^q 为采购金额。统计年度等于或超过 100 条统计条目数，本项取值为 0。统计范围为公司两级采购批次（含协议库存、授权采购）。

2）供应过程保障指数

供应过程保障指数主要用于评价物资供应的可靠性和优质性。

（1）物资供应保障率。物资供应保障率是指统计周期内按计划完成供应计划到货的物资金额占供应计划总金额的比重，该指标用于衡量物资供应计划的完成情况。按计划完成供应计划到货的物资金额越高，物资供应保障率越高，反映物资供应的及时性可靠性。其计算公式如下：

$$G = \frac{G^i}{G^j} \times 100\%$$

其中，G^i 为月度物资供应计划实际到货入库金额；G^j 为月度物资供应计划总金额。

（2）物资采购优质率。物资采购优质率是指统计周期内优质供应商采购物资的占比，以供应商运行绩效评价等级为基础进行统计。该指标在选择优质供应商的层面评价供应质量的可靠性。C、D、E 级供应商中标金额越少，物资采购优质率越高，反映采购的科学性和物资质量越高。其计算公式如下：

$$G = 100\% - \left(\frac{K \sum G^i + \sum G^j}{\sum G^k} \times 100\% \right)$$

其中，G^i 为 C 级供应商中标总金额；G^j 为 D 级、E 级供应商中标总金额；G^k 为电网物资采购金额，K 为 C 级供应商金额权重系数，由国网公司确定。A、B、C、D、E 是供应商运行绩效评价等级，由国网设备部每年组织各省公司评定。指标计算所取供应商运行绩效评价等级以本单位采购批次开标前最新评定为准。统计范围为省公司配网物资招标采购批次（含协议库存）。

3）全寿命周期质量指数

全寿命周期质量指数主要结合公司"全寿命周期采购引领"，用于评价物资在各个环节的全寿命周期质量水平。

（1）出厂试验一次通过率。出厂试验一次通过率计算统计周期内全部出厂试验中一次通过的试验数量的比重。该指标在设备出厂环节评价设备质量水平。一次通过的试验数量越多，出厂试验一次通过率越高，证明产品质量越高。其计算公式如下：

$$G = \frac{G^i}{G^j} \times 100\%$$

其中，G^i 为出厂试验一次通过数量；G^j 为出厂试验总数量。

（2）监造覆盖率。监造覆盖率是指统计周期内全部出厂的主设备中执行驻厂监造的设备数量的比重，以及在 ECP 中完成 EIP "云监造" 的订单数量的比重。该指标从监造覆盖率的角度评价设备在生产环节的管控水平。其计算公式如下：

$$G = \left(\frac{G^i}{G^j} \times 50\% \right) + \left(\frac{G^p}{G^q} \times 50\% \right)$$

其中，G^i 为当年已出厂经驻厂监造的设备数量；G^j 为当年已出厂的主设备数量；G^p 为已完成 EIP "云监造" 的订单数；G^q 为在 ECP 中完成交货的 EIP 订单总数。

（3）抽检合格率。抽检合格率是指统计周期内在全部抽检试验中合格的试验的比重。该指标从抽检环节评价设备质量水平。抽检合格数量越高，抽检合格率越高，反映产品质量越高。其计算公式如下：

$$G = \frac{G^i}{G^j} \times 100\%$$

其中，G^i 为抽检合格数量；G^j 为抽检总数量。

（4）抽检定额完成率。抽检定额完成率是指 A、B、C 三类检测样品年度定额的完成比率，按 1 : 2 : 7 比例进行加权统计。该指标从抽检覆盖率的角度评价对设备质量的管控水平。三类检测样品年度定额的完成比率越高，反映产品抽检的执行度越高，有利于提高产品质量。其计算公式如下：

$$G = \left(\frac{G^i}{G^j} \times 10\% \right) + \left(\frac{G^p}{G^q} \times 20\% \right) + \left(\frac{G^m}{G^n} \times 70\% \right)$$

其中，G^i 为 A 类检测样品年度完成数量；G^j 为 A 类检测样品年度定额数量；G^p 为 B 类检测样品年度完成数量；G^q 为 B 类检测样品年度定额数量；G^m 为 C 类检测样品年度完成数量；G^n 为 C 类检测样品年度定额数量。

（5）中标供应商信用指数。中标供应商信用指数是指统计周期内公司所有中标供应商信用综合分数的平均值，基于供应商内部不良行为（黑名单、暂停中标）和外部信用异常六个维度的数据利用逻辑回归算法，分别计算出各个维度在不同风险类别上的权重系数，根据权重与风险变量值计算出各省份供应商在每个维度上的得分，最后将各维度的风险评分加总求和，计算出供应商的信用总评分。信用分数越高，各省份供应商的信用风险越低。该指标从供应商信用等级的角度评价对设备质量的管控水平。其计算公式如下：

$$G = \frac{G^i}{G^j}$$

其中，G^i 为信用综合指数；G^j 为总企业数。

（6）供应商产品质量合格率。供应商产品质量合格率以供应商的维度统计其所有产品中质量合格的产品数量的比重，对监控供应商产品质量按出厂合格率、抽检合格率、安装合格率、验收合格率、运行合格率情况进行综合统计，加权处理后得出总的供应商质量合格率情况。该指标从供应商的维度评价产品质量水平。其计算公式如下：

$$G = \frac{G^i}{G^j} \times 100\%$$

其中，G^i 为供应商产品质量合格数量；G^j 为供应商所有产品数量。对监控供应商产品质量按出厂合格率、抽检合格率、安装合格率、验收合格率、运行合格率情况进行综合统计，加权（加权值可灵活设置）处理后得出总的供应商质量合格率情况。

（7）标准物料设计应用率。标准物料设计应用率是指电网物资采购总金额中标准物料采购金额的占比。标准物料采购金额越多，标准物料设计应用率越高，反映在设计规划环节标准物料的应用率越高。其计算公式如下：

$$G = \frac{\sum G^i}{\sum G^j} \times 100\%$$

其中，G^i 为电网标准物资采购金额；G^j 为电网物资采购金额。电网物资指电网工程物资，包括一次设备、二次设备、智能变电站二次设备、装置性材料。统计范围为总部、省公司物资批次、协议库存招标采购。

（8）供货设备安装质量合格率。供货设备安装质量合格率是指设备到达现场完成安装后，现场安装试验阶段一次试验通过的成功率，具体为统计周期内供应的待安装设备中一次性试验成功的设备的占比。该指标用于衡量供应的设备质量的可靠性。一次试验通过的设备数量越多，供货设备安装质量合格率越高。其计算公式如下：

$$G = \frac{G^i}{G^j} \times 100\%$$

其中，G^i 为统计周期内设备到达现场完成安装后一次试验通过的设备数量；G^j 为统计周期内供应的待安装设备总数。

（9）服务商调试评价合格率。服务商调试评价合格率是指统计周期内提供安装调试服务的服务商中未被评价为不合规的服务商数量。该指标用于衡量服务商提供的安装调试服务的质量、水平与效果。被评价不合格的服务商数量越少，服务商调试评价合格率越高。其计算公式如下：

$$G = 100\% - \left(\frac{G^i}{G^j} \times 100\% \right)$$

其中，G^i 为统计周期内被评价不合规的服务商数量；G^j 为统计周期内提供安装调试服务的服务商总数。

（10）产品质量故障停运率。产品质量故障停运率是指统计周期内每100台在运的各类型设备中设备因产品质量故障停运的次数。该指标用于衡量设备因产品质量故障停运的情况。故障停运次数越少，产品质量故障停运率越低，反映设备的运行可靠性越高，产品质量与可靠性越高。其计算公式如下：

$$G = \frac{\sum G^i}{\sum G^j}$$

其中，G^i 为设备因产品质量故障停运次数；G^j 为该类型设备运维数量对所有类型的设备求和。统计范围为在运变电站、换流站内 500（330）千伏及以上变电设备以及 500（330）千伏及以上交流线路、±400 千伏及以上直流线路。其中，投运 3 年内的首台首套特高压交流主设备故障停运暂不统计；投运 1 年内的输电线路故障停运暂不统计；因地震、台风、持续暴雪等较大规模自然灾害等不可抗力、超设计条件造成的设备停运，因国网设备部认定的家族缺陷引起的设备故障停运，以及其他非产品质量原因造成的停运，暂不统计。

（11）一码双流贯通率。一码双流贯通率是指在规划设计环节、需求计划环节、招标采购环节、生产制造环节、产品交付环节、履约执行环节、运行维护环节和退役回收环节将实物 ID 应用于相应系统的情况，用于衡量实物 ID 的全环节应用率。其计算公式如下：

$$G = \left(\frac{G^a+G^b+G^c+G^d+G^e+G^f+G^g+G^h+G^i}{G^j} \div 9 \right) \times 100\%$$

其中，G^a 为在规划设计环节将实物 ID 应用于网上电网的重点物料数；G^b 为在需求计划环节将实物 ID 应用于 ERP（企业资源计划）的重点物料数；G^c 为在招标采购环节将实物 ID 应用于 ECP 的重点物料数；G^d 为在生产制造环节将实物 ID 应用于 ECP 和 EIP 的重点物料数；G^e 为在产品交付环节将实物 ID 应用于 ECP 和 ELP（电力物流服务平台）的重点物料数；G^f 为在履约执行环节将实物 ID 应用于 ERP 和 ECP 的重点物料数；G^g 为在施工安装环节将实物 ID 应用于 e 基建的重点物料数；G^h 为在运行维护环节将实物 ID 应用于 PMS 的重点物料数；G^i 为在退役回收环节将实物 ID 应用于 ECP 的重点物料数；G^j 为重点物料总数。

4）供应商多元指数

供应商多元指数主要用于评价供应链上游在国产化和集中度方面的情况。

（1）物资国产化供应率。物资国产化供应率是指统计周期内全部物资采购总金额中国产物资的供应金额的比重，国产化物资的定义为设备的关键、核心零部件为国产化。该指标评价供应物资中的国产化水平。国产化供应率越高，反映供应链面对国际环境变化的应对能力越强。其计算公式如下：

$$G = \frac{G^i}{G^j} \times 100\%$$

其中，G^i 为关键、核心零部件的国产化物资供应金额；G^j 为物资采购总金额。

（2）重点物资平均供应商集中度。重点物资平均供应商集中度是指统计周期内各类重点物资品类中 TOP1 供应商供应物资数量占该品类总体的比重的平均值。该指标用于衡量重点物资交易的集中度。TOP1 供应商指的是范围内交易金额最大的供应商。TOP1 供应商供应物资数量越少，供应商集中度越低，反映供应商多元化程度越高。其计算公式如下：

$$G = \frac{G^i}{G^j} \times 100\%$$

其中，G^i 为累计至统计月份该品类 TOP1 供应商供应数量占比；G^j 为重点物资品类数量。

（3）物资供应商集中度。物资供应商集中度是指统计周期内交易规模最大的前 n 家企业占总交易规模中的比重，评价市场的集中程度，比值越高，集中程度越高，采购风险越高。其计算公式如下：

$$G = \frac{G^i}{G^j} \times 100\%$$

其中，G^i 为前 n 家供应商在本行业的相关市场所占市场份额；G^j 为本行业的市场总份额。

（4）服务商集中度。服务商集中度计算统计周期内交易规模最大的前 n 家企业占总交易规模中的比重，评价市场的集中程度，比值越高，集中程度越高，反映采购风险越高。其计算公式如下：

$$G = \frac{G^i}{G^j} \times 100\%$$

其中，G^i 为前 n 家服务商在本行业的相关市场所占市场份额；G^j 为本行业的市场总份额。

5）灵敏性指数

灵敏性指数主要用于评价供应链面对紧急需求的响应能力，下设"紧急物资需求响应率"一个三级指标。

紧急物资需求响应率是指统计周期内平均每条紧急物资计划中从需求起始到完成需求响应的时间，即为紧急物资的平均响应周期。该指标用于衡量供应链应对紧急需求的快速响应能力。紧急物资的平均响应周期越短，紧急物资需求响应率越高，反映供应链应对紧急情况的反应能力越强。其计算公式如下：

$$G = \frac{\sum (G^i - G^j)}{G^k} \times 100\%$$

其中，G^i 为物资需求响应完成日期；G^j 为物资需求起始日期；G^k 为考核周期内完成需求响应的物资计划条目数。

4. 绿色低碳指数

综合考虑了通用供应链评价模型、企业 ESG 评价指标和绿链行动重点任务，结合公司绿色采购引领的目标要求，设置了供应链绿色低碳指数，主要从企业和产品两个维度对绿色采购水平进行评价，同时考虑对供应链中的其他环节的绿色水平进行评价，设有"产品绿色低碳指数""企业绿色低碳指数"和"供应链绿色低碳指数"三个二级指标。

1）产品绿色低碳指数

产品绿色低碳指数主要结合公司绿色采购与绿色低碳专班的工作成果，用于从产品维度评价供应链绿色低碳水平，并分为低碳和绿色两个阶段进行评价。

（1）低碳产品采购占比。低碳产品采购占比是指统计周期内具备低碳资质的产品的采购金额占总物资采购金额中的比重，该指标用于衡量公司选购低碳产品的情况。低碳产品采购金额越高，低碳产品采购占比越高，反映供应链绿色低碳的程度越高。其计算公式如下：

$$G = \frac{G^i}{G^j} \times 100\%$$

其中，G^i 为统计周期内具备低碳资质的物资采购金额；G^j 为统计周期内物资采购总金额。

（2）绿色产品采购占比。绿色产品采购占比是指统计周期内具备绿色资质的产品的采购金额占总物资采购金额中的比重，该指标用于衡量选购绿色产品的情况。绿色产品采购金额越高，绿色产品采购占比越高，反映供应链绿色低碳的程度越高。其计算公式如下：

$$G = \frac{G^i}{G^j} \times 100\%$$

其中，G^i 为统计周期内具备绿色资质的物资采购金额；G^j 为统计周期内物资采购总金额。

2）企业绿色低碳指数

企业绿色低碳指数主要结合公司绿色采购与绿色低碳专班的工作成果，用于从企业维度评价供应链绿色低碳水平，并分为低碳和绿色两个阶段进行评价。

（1）低碳供应商中标占比。低碳供应商中标占比是指统计周期内具备低碳资质的中标供应商的合同金额占总合同签约金额中的比重，该指标用于衡量公司选择低碳供应商的情况。低碳供应商的中标合同金额越多，低碳供应商中标占比越高，反映供应链绿色低碳的程度越高。其计算公式如下：

$$G = \frac{G^i}{G^j} \times 100\%$$

其中，G^i 为统计周期内具备低碳资质的供应商中标金额；G^j 为统计周期内合同签约总金额。

（2）绿色供应商中标占比。绿色供应商中标占比是指统计周期内具备绿色资质的中标供应商的合同金额占总合同签约金额中的比重，该指标用于衡量公司选择绿色供应商的情况。绿色供应商的中标合同金额越多，绿色供应商中标占比越高，反映供应链绿色低碳的程度越高。计算公式如下：

$$G = \frac{G^i}{G^j} \times 100\%$$

其中，G^i 为统计周期内具备绿色资质的供应商中标金额；G^j 为统计周期内合同签约总金额。绿色供应商是指发布 ESG 报告或已核实供应商绿色管理体系、绿色工厂认证、绿色产品标识、绿色采购制度、环评能评报告、污染排放报告等绿色低碳信息的供应商。

3）供应链绿色低碳指数

企业绿色低碳指数主要结合公司绿色采购与绿色低碳专班的工作成果，主要评价供应链各环节（除绿色采购以外）的绿色低碳成效，下设"废弃物资无害化处置率"一个三级指标。

废弃物资无害化处置率是指统计周期内进行无害化处置的废弃物数量占处置的废弃物总数的比重，反映废旧物资无害化处置水平。无害化处置的废弃物数量越多，物资无害化处置率越高，反映供应链绿色低碳程度越高。其计算公式如下：

$$G = \frac{\sum G^i}{G^j} \times 100\%$$

其中，G^i 为统计周期内进行无害化处置的废弃物数量；G^j 为统计周期内处置的废弃物总数。废弃物主要包括危化品废弃物（废旧蓄电池、废旧变压器油等）、破坏性检测样品。

5. 数智转型指数

综合考虑绿链行动重点任务和公司供应链数字采购引领目标，设置了供应链数智转型指数，主要用于评价供应链数字化智能化建设运营水平，从数据质量与贯通、业务线上化水平和数智产品的应用水平进行考量，设有"业务线上化指数""数据基础建设指数"和"数智价值创造指数"三个二级指标。

1）业务线上化指数

业务线上化指数主要用于评价平台数据的更新增长和用户活跃水平。

（1）平台业务数据更新率。平台业务数据更新率是指当月更新数据的业务表数量占全部业务表总数量的比重，从数据更新率的维度反映平台业务数据的活跃水平。当月更新数据的业务表数量越多，平台业务数据更新率越高。其计算公式如下：

$$G = \frac{G^i}{G^j} \times 100\%$$

其中，G^i 为当月更新数据的业务表数量；G^j 为业务表总数量。

（2）平台数据同比增长率。平台数据同比增长率是指统计周期内平台数据的当月业务表数据增长量与去年当月业务表数据增长量的比值，从同比增长的维度反映平台业务数据的活跃水平。当月业务表数据条目增长量越多，平台数据同比增长率越高。其计算公式如下：

$$G = \frac{G^i}{G^j} \times 100\%$$

其中，G^i 为当月业务表数据条目增长量；G^j 为去年当月业务表数据条目增长量。

（3）内部用户活跃率。内部用户活跃率是指统计周期内内部活跃用户占全部内部注册用户的比重，从内部用户的角度评价平台活跃用户水平。当月使用过 1 次平台功能的内部用户数量越多，内部用户活跃率越高，反映实际用户的规模。其计算公式如下：

$$G = \frac{G^i}{G^j} \times 100\%$$

其中，G^i 为当月使用过 1 次平台功能的内部用户数量；G^j 为平台注册的内部用户数量。

（4）外部用户活跃率。外部用户活跃率是指统计周期内外部活跃用户占全部外部注册用户的比重，从外部用户的角度评价平台活跃用户水平。当月使用过 1 次平台功能的外部用户数量越多，外部用户活跃率越高，反映实际用户的规模。其计算公式如下：

$$G = \frac{G^i}{G^j} \times 100\%$$

其中，G^i 为当月使用过 1 次平台功能的外部用户数量；G^j 为平台注册的外部用户数量。

2）数据基础建设指数

数据基础建设指数主要用于评价供应链业务中数据质量与贯通，以及企业内外部数据贯通的水平。

（1）数据采集完成率（业务标准表上线完成率）。数据采集完成率（业务标准表上线完成率）是指统计周期内完成上线部署的业务标准表数量占下达的业务标准表任务数量的比重，从业务标准表的维度反映线上数据采集完成情况。完成上线部署的业务标准表数量越高，数据采集完成率越高。其计算公式如下：

$$G = \frac{G^i}{G^j} \times 100\%$$

其中，G^i 为完成上线部署的业务标准表数量；G^j 为下达的业务标准表任务数量。

（2）数据传输完整率。数据传输完整率是指全年成功完成传输的二级标准表次数占全年总传输二级标准表次数的比重，反映数据成功、完整传输的情况。完成传输的二级标准表次数越多，数据传输完整率越高。其计算公式如下：

$$G = \frac{(G^i - G^j)}{G^k} \times 100\%$$

其中，G^i 为全年总传输二级标准表次数；G^j 为传输失败且未及时处理的表次数；G^k 为全年总传输二级标准表次数。全年总传输二级标准表次数是指省公司在当年内每张二级标准表每日上传的总次数。

（3）数据质量达标率。数据质量达标率按照总部发布的"二级业务标准表规范性要求"，计算统计周期内不符合规范性要求的数据字段占二级标准表条目数与全部监测字段与条目数的比重。无数据传输问题的表数量越多，数据质量达标率越高。其计算公式如下：

$$G = \frac{G^i}{G^j} \times 100\%$$

其中，G^i 为经核验无数据传输问题的表数量；G^j 为接入上传的表总数量。

261

（4）链上企业数据贯通率。链上企业数据贯通率是指统计周期内有数据接入公司绿链云网平台供应商数量占供应商总量的比重，该指标用于衡量链上企业的数据贯通水平。接入公司平台供应商数量越多，链上企业数据贯通率越高。其计算公式如下：

$$G = \frac{G^i}{G^j} \times 100\%$$

其中，G^i 为有数据接入绿链云网平台的供应商数量；G^j 为活跃供应商数量。

3）数智价值创造指数

数智价值创造指数主要用于评价平台数据的更新增长和用户活跃水平。

（1）分析模型应用率。分析模型应用率是指统计周期内投入应用的分析模型个数占公司采纳的分析模型总数的比重，该指标用于衡量供应链创造的分析模型的实际应用情况。投入应用的分析模型数越多，分析模型应用率越高。其计算公式如下：

$$G = \frac{G^i}{G^j} \times 100\%$$

其中，G^i 为已采用的分析模型应用个数；G^j 为各单位向公司推荐并被采用的分析模型总数量。

（2）数据产品应用率。数据产品应用率是指统计周期内投入应用的数据产品数量占应用商店中上架的全部数据产品数量的比重，该指标用于衡量供应链创造的数据产品的实际应用情况。投入应用的数据产品越多，数据产品应用率越高。其计算公式如下：

$$G = \frac{G^i}{G^j} \times 100\%$$

其中，G^i 为应用商店数据产品应用个数；G^j 为上架应用商店的数据产品总数量。

6. 效率指数

综合考虑了通用供应链评价模型和绿链行动重点任务，结合公司提升供应链"三效"工作要求，设置了供应链效率指数，主要用于评价供应链的快速响应能力和效率。考虑主要针对物资响应速度进行考量，并专门对应急物资的响应速度进行了评价，设有"物资响应指数"和"应急响应指数"两个二级指标。

1）物资响应指数

物资响应指数主要用于评价供应链中计划采购和合同签订的及时率，目前公司供应链管理中对这两个维度有明确的时间要求。

（1）计划采购及时率。计划采购及时率是指统计周期内及时完成闭环的计划条目数占总计划条目数的比重。该指标用于衡量计划申报到中标公示环节的效率。及时完成闭环的计划条目数越多，计划采购及时率，反映计划采购的准确性和效率越高。其计算公式如下：

$$G = \frac{G^i}{G^j} \times 100\%$$

其中，G^i 为及时完成计划闭环的采购计划条目数；G^j 为采购计划总条目数。统计范围为省公司采购批次。计划闭环时间是指从计划申报截止至中标候选人结果公示所需时间。

（2）合同签订及时率。合同签订及时率是指统计周期内及时签订的合同金额占中标金额的比重，及时签订的合同指的是中标公告发布30天内签订的合同，该指标用于衡量中标到合同签约环节的效率。及时签订的合同金额越高，合同签订及时率越高，反映合同签订的效率。其计算公式如下：

$$G = \frac{G^i}{G^j} \times 100\%$$

其中，G^i 为中标公告发布30天内合同生效金额；G^j 为中标金额。

（3）图纸交付及时率。图纸交付及时率是指统计周期内需要提交图纸的设计单位中及时提交图纸的设计单位数量的占比。未及时提交图纸的设计单位数量越少，图纸交付及时率越高，由此衡量供应链中设计单位交付图纸的及时性、可靠性和配合度。其计算公式如下：

$$G = 100\% - \left(\frac{G^i}{G^j} \times 100\% \right)$$

其中，G^i 为统计周期内未及时提交图纸的设计单位数量；G^j 为统计周期内需要提交图纸的设计单位总数。

（4）供应商服务保障及时率。供应商服务保障及时率是指统计周期内需要配合开展运行维护工作（如消缺等）的供应商中及时提供运维保障的供应商数量的占比。未及时提供运维保障的供应商数量越少，运维保障响应及时率越高，由此衡量供应链中供应商提供运维保障服务的及时性，可靠性和配合度。其计算公式如下：

$$G = 100\% - \left(\frac{G^i}{G^j} \times 100\% \right)$$

其中，G^i 为统计周期内未及时提供运维保障的供应商数量；G^j 为统计周期内需要提供运维保障的供应商总数。

2）应急响应指数

应急响应指数主要用于评价供应链中应急物资供应的及时率，下设"应急物资调拨及时率"一个三级指标。

应急物资调拨及时率是指统计周期内及时调拨的应急物资金额占调拨的应急物资总金额的比重，应急物资调拨时间指的是从调出单位接到应急物资调令到调入单位接收应急物资的时间，满足应急物资管理办法中应急物资时间调拨时间"市域2小时、跨市4小时、跨省8小时"的时限要求的为及时。该指标用于衡量应急物资调拨的效率。其计算公式如下：

$$G = \frac{G^i}{G^j} \times 100\%$$

其中，G^i 为统计周期内及时调拨的应急物资金额；G^j 为统计周期内调拨的应急物资总金额。

7. 效益指数

综合考虑了通用供应链评价模型和绿链行动重点任务，结合公司提升供应链"三效"工作要求，设置了供应链效益指数，主要用于评价供应链成本和效益的经济情况。结合绿链行动重点任务和公司供应链管理月报核心指标，主要从供应链成本控制情况以及供应链收益这两个方面进行考量，设有"供应链成本指数"和"供应链收益指数"两个二级指标。

1）供应链成本指数

供应链成本指数主要用于评价供应链中采购价格管控和供应链运营的

成本效益水平。

（1）采购节资率。采购节资率用于评价统计周期内平均每个标包的实际中标金额相较采购申请预估金额的减少率，反映实际节约采购成本的水平。其计算公式如下：

$$G = \frac{\sum \left[\frac{(G^i - G^j)}{G^i} \times 100\% \right]}{G^q}$$

其中，G^i 为采购申请评估金额；G^j 为实际中标金额；G^q 为评价周期内完成招标的标包总数。

（2）供应链成本效益。供应链成本效益用于评价统计周期内物资采购总额占物资管理费用的比重，供应链成本由招标采购、人工成本、仓储成本、物流成本等构成，反映花费单位物资管理成本所提供的物资供应成效。其计算公式如下：

$$G = \frac{G^i}{G^j}$$

其中，G^i 为物资采购总额；G^j 为物资管理费用。

2）供应链收益指数

供应链收益指数主要用于评价利用供应链创造收益、收入的水平，下设"废旧物资溢价率"一个三级指标。

废旧物资溢价率是指统计周期内平均每个标包的废旧物资处置招标批次成交金额和招标批次底价金额之间的偏离程度，偏离程度的计算方法是废旧物资处置招标批次成交金额与底价总金额之间的差值除以底价总金额。该指标反映废旧物资处置的盈利水平。其计算公式如下：

$$G = \frac{(G^i - G^j)}{G^k} \times 100\%$$

其中，G^i 为统计周期内废旧物资处置竞价批次成交总金额；G^j 为统计周期内废旧物资处置竞价批次底价总金额；G^k 为统计周期内废旧物资处置竞价批次底价总金额。

8. 效能指数

综合考虑了通用供应链评价模型和绿链行动重点任务，设置了效能指数，主要用于评价对供应链设施和物资的利用效率，从设施（仓储、检测）利用率和物资利用率两个维度进行考量。设有"设施利用指数"和"物资利用指数"两个二级指标。

1）设施利用指数

设施利用指数主要用于评价供应链仓储、检测等固定资产的利用效率。

（1）仓库资产利用率。仓库资产利用率是指统计周期内企业仓库资产的利用效率，具体为统计物资供应总金额与仓库资产的比值。单位面积的资供应总金额越高，反映仓库资产利用率越高。其计算公式如下：

$$G = \frac{G^i}{G^j}$$

其中，G^i 为统计周期内物资库日均库存金额；G^j 为仓库使用面积。统计周期内物资库日均库存金额是指在统计周期内物资库实体库每日瞬时库存金额之和 / 统计周期总天数；仓库使用面积是指物资库的库房面积、堆场面积、货棚面积之和。

（2）检测资产利用率。检测资产利用率是指统计周期内完成样品检测的物资计划条目金额与检测机构固定资产价值的比值，即单位价值的检测资产所产生的检测物资价值，用于评价检测资产的成本效益。单位固定资产完成样品检测的金额越多，反映检测资产利用率越高。其计算公式如下：

$$G = \frac{G^i}{G^j}$$

其中，G^i 为统计周期内完成样品检测的物资计划条目金额；G^j 为检测机构固定资产价值。统计周期内完成样品检测的物资计划条目金额是指在统计周期内已出具检测报告的物资供应计划条目总金额；检测机构固定资产价值是指检测场地、检测设施设备等固定资产的折旧价值或租赁价格。

2）物资利用指数

物资利用指数主要考虑对库存物资和废旧物资的利用率进行评价。

（1）库存周转率。库存周转率是指统计周期内物资出库总额与平均库存金额的比值，对结果进行百分比赋值。库存周转率越高，反映仓库资产的利用率越高。其计算公式如下：

$$G = K \times \frac{G^i}{G^j} \times 100\%$$

其中，G^i 为统计周期内物资累计出库金额；G^j 为统计周期内日均库存金额；K 为年度折算系数。

（2）库存盘活利用率。库存盘活利用率是指公司本年度结余退库物资利用金额与历年结余退库物资在库金额的比值，用于评价库存物资的利用效率。今年结余退库物资金额越多，反映库存物资的周转效率越高。其计算公式如下：

$$G = \frac{\sum G^i}{G^j} \times 100\%$$

其中，G^i 为本年度结余退库物资利用金额；G^j 为历年结余退库物资在库金额。

（3）供应商寄存物资周转率。供应商寄存物资周转率是指统计周期内在库时长小于半年的物资出库金额和在库超 1 年物资金额之差与供应商寄存物资入库总额的比值，该指标用于衡量供应商寄存物资的周转水平。供应商寄存物资累计出库金额越高，反映供应商寄存物资周转率越高。其计算公式如下：

$$G = K \times \frac{G^i}{G^j} \times 100\%$$

其中，G^i 为统计周期内供应商寄存物资累计出库金额；G^j 为统计周期内供应商寄存物资日均库存金额；K 为年度折算系数。

（4）废旧竞价处置成功率。废旧竞价处置成功率是指废旧物资处置竞价成功的标包数量与全部竞价标包总数量的比值。该指标用于衡量公司废旧物资的处置效率。竞价成功标包数量越多，反映废旧竞价处置成功率越高。其计算公式如下：

$$G = \frac{G^i}{G^j} \times 100\%$$

其中，G^i 为竞价成功标包数量；G^j 为竞价标包总数量。

9. 社会责任指数

综合考虑了通用供应链评价模型，企业 ESG 评价体系和绿链行动重点任务，结合公司科技创新采购引领目标要求，设置了供应链社会责任指数，主要用于评价在优化营商环境、科技创新等推动供应链可持续发展的能力，从优化营商、供应商款项及时发放、科技创新和人才培养这四个维度进行考量，设有"优化营商指数""资金释放指数""科技创新指数"和"人才培养指数"四个二级指标。

1）优化营商指数

优化营商指数主要用于评价优化营商环境、助力企业良性竞争的能力。

（1）中小微企业中标占比。中小微企业中标占比是指统计周期内公司所有中标供应商中中小微企业的占比，用于评价公司在扶持中小微企业方面的情况。中小微企业占比越高，反映供应链扶持中小微企业的力度越大。其计算公式如下：

$$G = \frac{G^i}{G^j} \times 100\%$$

其中，G^i 为中小微企业中标企业数量；G^j 为中标企业总数量。中小微企业指的是实缴资本小于 3 亿元且人员规模小于 3 000 人的企业，根据国家统计局《统计上大中小微型企业划分办法（2017）》简化得到。

（2）中高竞争力企业中标占比。中高竞争力企业中标占比是指统计周期内公司所有中标供应商中中高竞争力企业的占比。该指标用于衡量公司在优选中高竞争力企业的情况。中高竞争力中标企业数量越多，有助于市场良性竞争。其计算公式如下：

$$G = \frac{G^i}{G^j} \times 100\%$$

其中，G^i 为中高竞争力中标企业数量；G^j 为中标企业总数量。高竞争力企业是指行政许可数量和专利数量均大于 20；中竞争力企业是指行政许可数量和专利数量均大于 1 且小于等于 20；其他为低竞争力企业。

2）资金释放指数

资金释放指数主要用于评价服务链上企业发展、主动为链上企业减负的情况。分别从长期未履行合同清理和供应商款项支付两个维度进行考量。

（1）长期未履行合同清理率。长期未履行合同清理率计算统计周期内清理的超 1 年未履行合同金额占年初超 1 年未履行合同金额的比重，该指标用于衡量当前长期未履行合同的清理情况。长期未履行合同清理率越高，反映释放的合同额度越多，有利于活跃市场。其计算公式如下：

$$G = \frac{(G^i - G^j)}{G^i} \times 100\%$$

其中，G^i 为年初超 1 年未履行合同金额；G^j 为统计周期内超 1 年未履行合同金额。

（2）投标保证金退还及时率。投标保证金退还及时率是指统计周期内公司及时完成投标保证金退还的金额占应完成退还的金额的比重，该指标用于衡量公司及时退还投标保证金的情况。及时退还的投标保证金金额越高，投标保证金退还及时率越高，有利于提高供应链营商环境。其计算公式如下：

$$G = \frac{\sum G^i}{\sum G^j} \times 100\%$$

其中，G^i 为及时退还的投标保证金金额；G^j 为评价周期内应退还投标保证金金额。统计范围为总部及省公司物资采购合同，剔除按年度缴纳投标保证金的供应商数据。及时退还的投标保证金金额是指中标通知书下达后 35 天内退还投标保证金的金额。

（3）预付款支付及时率。预付款支付及时率是指统计周期内公司及时完成预付款支付的金额占应完成支付的金额的比重，要求应在 60 天内支付预付款。该指标用于衡量公司及时支付预付款的情况。及时完成资金支付的金额越高，预付款支付及时率越高，有利于提高供应链营商环境。其计算公式如下：

$$G = \frac{\sum G^i}{\sum G^j} \times 100\%$$

其中，G^i 为及时完成资金支付的金额；G^j 为评价周期内应完成资金支付的物资条目金额。及时完成资金支付的物资条目金额是指预付款支付日期 – 预付款起付日期 ≤ 60 的物资条目涉及的金额。

（4）到货款支付及时率（合同结算及时率）。到货款支付及时率（合同结算及时率）是指统计周期内公司及时完成到货款支付的金额占应完成支付的金额的比重，评价公司及时支付货款的情况。该指标用于衡量公司及时支付货款的情况。及时支付金额越高，到货款支付及时率越高，有利于提高供应链营商环境。其计算公式如下：

$$G = \frac{G^i}{G^j} \times 100\%$$

其中，G^i 为物资合同到货款及时支付金额；G^j 为物资合同到货款应付款金额。统计范围为总部及省公司物资采购合同。物资合同到货款及时支付金额是指供应商提交发票后 60 天内完成支付比例中到货款，并将支付完成标识正确上传至电子商务平台的总金额。

（5）投运款支付及时率。投运款支付及时率是指统计周期内公司及时完成投运款支付的金额占应完成支付的金额的比重，要求应在 60 天内支付投运款。该指标用于衡量公司及时支付投运款的情况。及时完成资金支付的金额越高，投运款支付及时率越高，有利于提高供应链营商环境。其计算公式如下：

$$G = \frac{\sum G^i}{\sum G^j} \times 100\%$$

其中，G^i 为及时完成资金支付的金额；G^j 为评价周期内应完成资金支付的物资条目金额。及时完成资金支付的物资条目金额是指当月应完成资金支付的物资条目中，投运款支付日期 – 投运款起付日期 ≤ 60 的物资条目涉及的金额。

（6）质保款支付及时率。质保款支付及时率计算统计周期内公司及时完成质保款支付的金额占应完成支付的金额的比重，要求应在60天内支付质保款。该指标用于衡量公司及时支付质保款的情况。及时完成资金支付的金额越高，质保款支付及时率越高，有利于提高供应链营商环境。其计算公式如下：

$$G = \frac{\sum G^i}{\sum G^j} \times 100\%$$

其中，G^i 为及时完成资金支付的金额；G^j 为评价周期内应完成资金支付的物资条目金额。及时完成资金支付的物资条目金额是指当月应完成资金支付的物资条目中，质保款支付日期 – 质保款起付日期 ≤ 60 的物资条目涉及的金额。

3）科技创新指数

科技创新指数结合公司科技创新引领目标要求，用于评价供应链科技创新成果的水平。

（1）公司发布的供应链管理相关标准数量。公司发布的供应链管理相关国标数量是指统计周期内国网公司发布的供应链管理相关的国标和行标数量，从发布标准的维度评价科技创新引领成果。

（2）公司发表供应链管理相关核心期刊或SCI、EI收录论文数量。公司发表供应链管理相关核心期刊或SCI、EI收录论文数量是指统计周期内国网公司发表供应链管理相关的核心论文数量，从公司各单位发表高水平论文的维度评价科技创新引领成果。

（3）公司发布供应链管理相关的专利数量。公司发布供应链管理相关专利数量是指统计周期内国网公司发布供应链管理相关的专利数量，从各单位发布专利的维度评价科技创新引领成果。

4）人才培养指数

人才培养指数主要用于评价供应链专业人才队伍的专业水平和培训水平。

（1）人才当量密度。人才当量密度是指统计周期内公司物资管理部门有副高职称以上的人员数量占公司总人数的比重，该指标用于衡量公司供应链管理专业中的人才队伍建设水平。其计算公式如下：

$$G = \frac{G^i}{G^j} \times 100\%$$

其中，G^i 为公司物资管理部门有副高职称以上的人员数量；G^j 为公司总人数。

（2）员工培训率。员工培训率是指统计周期内受训员工总人数占公司供应链管理专业员工总人数的比重，该指标用于衡量供应链培训覆盖率，反映公司提升供应链人才水平的成效。其计算公式如下：

$$G = \frac{G^i}{G^j} \times 100\%$$

其中，G^i 为受训员工总人数；G^j 为公司供应链管理专业员工总人数。

5.3.3　评价模型构建

1. 评价模型构建原则

1）客观性

在指标数据收集过程中，应确保数据的客观真实，在充分把握和理解指标体系的基本逻辑和评价标准基础上，结合企业绿色供应链运营的实际情况，公正公平地进行数据收集与数据处理，确保评价结果的真实性。

2）完整性

评价内容应当全覆盖至评价体系的各级指数，即业务规模指数、阳光合规指数、韧性指数、绿色低碳指数、数智转型指数、效率指数、效益指数、效能指数与社会责任指数等对应内容，涵盖指数下属的所有指标，且评价对象应当覆盖企业内部下设所有子公司与部门机构。

3）实效性

评价模型的主要目的在于发现企业绿色供应链运营过程中内部管理与业务流程运作现存问题，及时有效地对战略发展方向及策略进行调整，探寻适合于电力行业的绿色供应链发展路径。因此，在评价过程中应当充分理解指标对应的实际意义，基于企业关注问题和实际绿色供应链经营情况进行发掘[①]。

---

① 李金昌，史龙梅，徐蔼婷. 高质量发展评价指标体系探讨 [J]. 统计研究，2019，36（1）：4-14.

2. 同频数据评价模型构建

1）赋权前期准备

（1）组建企业内部评价小组。企业内部制订相应的评价方案，并上会通过审批流程。审批通过后，组建3人及以上的评价小组（注意：人数应当为单数），并由1人担当小组负责人。评价小组成员应当为企业内部绿色供应链建设的专业人员（有不少于3年的相关从业经验），至少包括1名企业高层管理人员、1名能源技术专业人员、1名供应链管理专业人员。评价小组人员应当对评价指标有着充分的理解，在此基础上收集相关数据材料，确保评价的客观性与准确性。评价结果回收汇总后，最终评价结果由评价小组所有成员签字同意后方可生效。

（2）组建第三方机构外部评价小组。与企业内部评价小组类似，首先制订外部评价方案，明确第三方机构的评价方式、评价用途及参与评价的人员等，并对评价机构进行授权。第三方评价机构组建3人及以上的评价小组（注意：人数应当为单数），至少包括1名高层管理人员、1名能源技术专业人员、1名供应链管理专业人员。评价小组人员应当对评价指标有着充分的理解，在此基础上进行评价，确保客观性与准确性。评价结果回收汇总后，最终评价结果由评价小组所有成员签字同意后方可生效。

2）权重设定

本书采用**德尔菲法**，即通过选择若干绿色供应链建设领域的研究学者、业界技术专家，让专家在完全匿名、完全独立的情况下对指标体系进行权重设定。在每位专家的权重设定值收集结束后进行整理与汇总，计算各个指标赋权结果的平均值。针对异常赋权进一步反馈协调，征询赋权原因，尽量确保专家之间赋权差异不大。

3）计分规则与结果评定

根据上述赋权过程，得到各个指标的权重值 α_n，其中 n 为三级指标的编号。因此，设定**三级指标得分**为 x_n，加权得分为 y_n，则有

$$y_n = \alpha_n \times x_n \qquad (5-1)$$

二级指标得分则为下属所有三级指标得分之和，设定为 y_m，m 为二

273

级指标编号。同理，一级指标得分为下属所有二级指标得分之和，设定为 y^i，i 为一级指标编号。最终，汇总所有一级指标得分，即得到企业绿色供应链运营评价最终得分，即在九大维度上的总得分 S，即

$$S = \Sigma y_i \qquad\qquad (5\text{-}2)$$

其中，设置虚拟变量 $i = 1$，2，3，4，5，6，7，8，9，分别代表业务规模指数、阳光合规指数、韧性指数、绿色低碳指数、数智转型指数、效率指数、效益指数、效能指数与社会责任指数评分结果。

本书设置评价总分为 100 分，根据 5.3.2 节的调研与优化，确定九个维度的权重。基于前文中阐述的供应链成熟度模型，根据最终得分制定相应评级[①]，如表 5-7 所示。

表 5-7　绿色供应链评价成熟度评分标准

评级结果	成熟度 I	成熟度 II	成熟度 III	成熟度 IV	成熟度 V
评级名称	反应级	预测级	整合级	合作级	生态级
最终得分	0~20分（不含）	20~40分（不含）	40~60分（不含）	60~80分（不含）	80分及以上
对应描述	绿色供应链建设过程中企业部门与各子公司各自为营，不存在专门的数据收集机制与标准，绿色供应链业务部门组成较为松散	企业已开展基础绿色供应链业务流程梳理和数据标准化与规范化管理，能对相关绿色供应链建设理论、节能减排成效进行量化	企业能将绿色转型相关重要理论成果与应用技术应用在单一的业务管理与数据分析过程中，在节能减排和全寿命周期优化管理上具有一定成效	企业能够通过准确获取绿色供应链建设数据，实现主营业务绿色供应链建设的全流程管控，建立符合绿色发展的长效运营机制	企业能够将绿色供应链建设全流程数据进行整合与共享，实现集成分析，完全实现绿色供应链生态圈建设

3.混频数据评价模型构建

1）模型选择

事实上，随着绿色供应链理论的全面拓展与信息技术的进阶迭代，企业供应链全周期管理的复杂性与数字化平台的建立极大地丰富和拓宽了绿

---

① Gartner. Demand-Driven Value Network Model.

色供应链大数据的采集渠道，也形成了数据类型的多样性。一方面，企业绿色供应链建设作为一个长期的、动态的过程，设置的评价维度和指标覆盖面广，数据来源的业务部门和相关采集设备都存在一定差异，软件编程技术的不断创新发展，进一步生成了不同频率、不同时间长度的评估数据。另一方面，学术界的绿色供应链理论模型不断优化，传统计量经济模型普遍对采集数据有着同频率的要求，限制了数据的获取和模型的精准性，最终数据的统一也是数字化进程监测的困难所在。

混频数据模型的提出恰好弥补了这一不足，相比传统的评价模型其能够充分利用更多高频数据，避免了同频化导致的样本数据缺失。混频数据模型经过长时间的发展演变，相关研究大致可分为两种：第一种是将低频数据视为高频数据，对缺失的数据采用迭代法等方式进行估计，再将缺失的数据补充到低频数据中，如此便可采用一般的回归方法。第二种是把所有低频率点与某些高频率点相联系，并给这些高频率指标加权，从而得到一个新的低频率数据。常见模型有混频数据抽样模型（Mixed Data Sampling，MIDAS）与混频向量自回归模型（Mixed Frequency VAR，MF-VAR）。

MF-VAR 模型是近年来应用较为广泛且实证分析结果较好的模型之一，其结构更为复杂，采用了贝叶斯原理，预测效果更强。本书采用 MF-VAR 模型进行测算，针对绿色供应链运营成效进行定量分析，在经典的 VAR（向量自回归模型）建模过程中，由于存在多个具有不同频次的变量，因此在建模过程中，必须对各变量的频率进行变换，转换成相同的频率，从而导致了样本信息的丢失。本书将低频率指标与高频率指标相联系，通过对高频指标的赋权得到新的低频数据。对于缺少的数据值，将使用**卡尔曼滤波器或者贝叶斯法**进行估算，在不丢失更高频多样本信息的情况下，有效地补充低频数据中的样本信息。

2）MF-VAR 模型原理与构建

VAR 模型在对经济变量之间的联系进行分析方面具有一定的优越性，通常来说，在模型最优滞后阶数确定之后，就可以通过 VAR 模型来对变量之间的关系进行估计和预测。在面对混频数据样本时，常规的 VAR 模型需要将混频数据转换成高频同频数据或者低频同频数据进行分析，但是 MF-VAR 模型可以直接使用混频数据进行分析，有效地防止了样本信息的损失。**MF-VAR模型的基本思想是**[①]：将混频数据看作有缺失值的高频数据，将其表示成一个状态空间形式，这样可以把低频数据转换成不可观测的状态变量形式，然后在同一个状态空间下使用卡尔曼滤波器进行估计和预测。

假设 y_t 表示低频指标变量，$x_t^{(m)}$ 表示高频指标变量观测值，$y_t^{(m)}$ 表示低频指标变量观测值通过时间分解和相关月度指标分解成的高频变量，那么潜在的变量 $y_t^{(m)}$ 和 $x_t^{(m)}$ 会组成一个双变量形式 VAR 模型，表示为[②]

$$\phi(L^{(m)})\begin{pmatrix} y_t^{(m)}-\mu_y^{(m)} \\ x_t^{(m)}-\mu_x \end{pmatrix} = u_x^{(m)} \tag{5-3}$$

其中，$\phi(L^{(m)}) = \sum_{i=1}^{p} \phi(L^{(i/m)})$，$L$ 表示滞后算子，且 $u_x^{(m)} \sim N(0, \Sigma)$。

$y_t^{(m)}$ 是无法观测的高频指标变量观测值，无法直接用来进行估计和预测，前式中表示出了直接进行观测的低频指标变量观测值与无法直接进行观测高频指标变量观测值之间的关系，因此有

$$\begin{pmatrix} y_t-\mu_y \\ x_t-\mu_x \end{pmatrix} = H \begin{pmatrix} y_t^{(m)}-\mu_y^{(m)} \\ x_t^{(m)}-\mu_x \\ y_{t-1}^{(m)}-\mu_y^{(m)} \\ x_{t-1}^{(m)}-\mu_x \\ y_{t-2}^{(m)}-\mu_y^{(m)} \\ x_{t-2}^{(m)}-\mu_x \end{pmatrix} \tag{5-4}$$

其中，$\mu_y^{(m)} = \mu_y$ 表示被解释变量的均值，由前两式组成了一个 MF-VAR 模型。

混频向量自回归模型是由传统的向量自回归模型演化而来的，VAR(ρ) 模型的一般表达式为

$$y_t = A_1 y_{t-1} + A_2 y_{t-2} + \cdots + A_p y_{t-p} + Bx_t\varepsilon_t, \ t=1, 2, \cdots, n \tag{5-5}$$

① GHYSELS E. Macroeconomics and the reality of mixed frequency data[J]. Journal of econometrics，2016，193（2）：294-314.
② 杨小玄，王一飞. 中国系统性风险度量指标构建及预警能力分析——基于混频数据动态因子模型 [J]. 南方金融，2019（6）：3-15.

其中，y_t 是 k 维内生变量；x_t 是 d 维外生变量；p 表示滞后阶数，样本总量为 T，$(k \times k)$ 维矩阵 A_1，$\cdots$，A_{2_p} 及 $(k \times d)$ 维矩阵 B 是待估计系数；ε_t 是误差项，设 Σ 是 ε_t 的协方差矩阵，是一个 $(k \times k)$ 的正定矩阵，上述公式可用矩阵形式代表下式，即含有 k 个时间序列的 VAR (ρ) 模型由 k 个方程组成。

$$\begin{pmatrix} y_{1t} \\ y_{2t} \\ \vdots \\ y_{kt} \end{pmatrix} = A_1 \begin{pmatrix} y_{1t-1} \\ y_{2t-1} \\ \vdots \\ y_{kt-1} \end{pmatrix} + A_2 \begin{pmatrix} y_{1t-2} \\ y_{2t-2} \\ \vdots \\ y_{kt-2} \end{pmatrix} + \cdots + B \begin{pmatrix} x_{1t} \\ x_{2t} \\ \vdots \\ x_{kt} \end{pmatrix} + \begin{pmatrix} \varepsilon_{1t} \\ \varepsilon_{2t} \\ \vdots \\ \varepsilon_{kt} \end{pmatrix} \qquad (5-6)$$

根据相关 MF-VAR 理论分析，将一般 VAR 模型修改就可以得到 MF-VAR (ρ) 模型的一般形式。本书假定高频数据是季度数据：

$$x_t = \varphi_c + \varphi_1 x_{t-1} + \varphi_2 x_{t-2} + \cdots + \varphi_p x_{t-p} + \mu_t, \quad \mu_t \sim iidN(0, \Sigma) \qquad (5-7)$$

其中，x_t 是 $n \times 1$ 维的指标变量观测值，且 $x_t = [x_{m,t}, x_{q,t}]$，$x_{m,t}$ 是 $n_m \times 1$ 维的高频指标变量观测值，$x_{q,t}$ 是 $n_q \times 1$ 维的低频指标变量观测值；φ_i（$i = 1, \cdots, p$）是 MF-VAR 模型的系数项；μ_t 是 MF-VAR 模型的随机误差项，遵从独立同分布的正态分布。

令 $x_t = [x'_t, \cdots, x'_{t-p+1}]$ 和 $\phi = [\varphi_1, \cdots, \varphi_p, \varphi_c]'_t$，那么，MF-VAR 模型的矩阵形式如下：

$$x_t = F_1(\phi) x_{t-1} + F_c(\phi) + v_t, \quad v_t \sim iidN[0, \Omega(\Sigma)] \qquad (5-8)$$

其中，$F_1(\phi)$ 是矩阵形式 MF-VAR 模型的系数项，$F_c(\phi)$ 是其常数项；v_t 是 MF-VAR 模型的随机误差项，期望为 0，方差为 $\Omega(\Sigma)$ 独立同分布的正态分布，$\Omega(\Sigma)$ 是 $n \times n$ 维的右上角矩阵等于 Σ、其余元素为 0 的矩阵。

3）数据处理及权重设置

本书采用月度和季度数据混频数据集测算绿色供应链运营效果。首先，对于**缺失数据处理**主要通过两种方式：**针对有趋势项的数据缺失**，通过对已知数据的拟合，得出具体公式并计算出缺失年份的数据；**针对无趋势项的数据缺失**，本书采用均值法或线性插值法进行补充。其次，对于样本数据中的异常值，按照缺失值进行处理，或采用平均值修正的方法，可用前后两个观测值的平均值修正该异常值；数据的自然对数不改变时间序列的性质及相关性，因此为避免时间序列中存在的异方差现象，对全部变量取对数。

最后，对所有样本数据进行 H–P 滤波得到其长期趋势值或均衡值，用原样本指标减去其长期趋势值得到其绝对缺口值，然后再用其绝对缺口值除以其长期趋势值得到相对其缺口值，计算公式为

$$GV = \frac{AV - LV}{LV} \tag{5-9}$$

其中，GV 为各变量缺口值；AV 为实际值；LV 为长期趋势值，并对各个标量进行标准化处理，消除量纲的影响。

基于以上处理进行平稳性检验，本书首先采用 **ADF 检验（增广迪基 – 富勒检验）法**对序列的平稳性进行检验。若 ADF 检验结果中所有变量都在 1% 的水平上拒绝单位根的原假设，即可判断它们都是平稳时间序列，可以用来建立 MF–VAR 模型。其次，确定**最优滞后阶数**。本书使用 VAR 模型中的滞后选择准则进行检验，来确定 MF–VAR 模型最优滞后阶数[1]。

基于上述操作，进行混频样本数据的方差分析，得到各个指标的方差分解情况与指标权重系数，并将权重系数从大到小排列，判断其综合效应情况，即直接对绿色供应链运营产生影响作用的程度。

5.4 本章小结

随着可持续发展理念的提出，绿色供应链管理得到广泛关注，使得在供应链评价指标体系的发展中，环境影响、经济效益、社会效益逐渐成为关注重点，评价指标逐渐从单一的经济因素拓展到多维度因素。

本章主要对绿色供应链评价指标体系的构建进行了阐述。首先，对供应链评价指标体系的**发展概况**进行了回顾，分析了欧美、日本、中国供应链评价指标体系的**发展现状**，指出了供应链指标评价体系面临的**发**

---

① 叶光 . 基于混频数据的一致指数构建与经济波动分析 [J]. 统计研究，2015, 32（8）：17–26.

展机遇、挑战以及发展趋势。其次，梳理了绿色供应链评价指标体系的现有研究成果，主要从**评价方法、模型、指标体系**三个维度对国内外文献进行了梳理分析，为国家电网绿色供应链评价指标体系的构建提供大量的理论支持。最后，本章重点介绍了国家电网绿色供应链评价指标体系的构建。从指标体系构建的**原则、方法、步骤**入手，构建一个包含 9个一级指标、25 个二级指标、76 个三级指标的指标体系，并设置了指标权重以及积分规则，最后建立了**同频数据和混频数据评价模型**。

总体而言，本章通过对供应链评价指标体系发展概况的回顾以及绿色供应链评价指标体系的研究成果梳理，从而为国家电网绿色供应链评价指标体系的构建奠定了现实和理论基础，为后续的绿色供应链管理提供了理论和实践参考，促进了供应链的可持续发展。

第 6 章

企业绿色供应链保障机制

　　企业绿色供应链保障机制在实现可持续发展的背景下，成为企业发展的必然选择。本章基于企业供应链管理策略的相关研究，同时结合电力企业绿色供应链管理实际情况，认为企业需要从组织保障机制[①]、人才保障机制、技术保障机制[②]和创新管理保障机制[③]四个方面进行绿色供应链的建设与完善，以确保绿色供应链的顺利运作和持续发展。只有通过多方面的保障，企业才能真正实现供应链可持续发展的目标，实现经济效益和环境效益的最大化。

6.1　组织保障机制

　　企业绿色供应链组织保障机制是为了确保企业在绿色供应链管理方面能够有效地运作和推进，从而实现可持续发展的目标。绿色、低碳、循环的含义是使生态污染最小化、能源利用最大化，发展绿色供应链则是将绿色融入供应链的各个环节，从而实现资源节约和环境友好[④]。绿色供应链

① 边展.跨国贸易企业供应链管理与优化探索——评《中国企业跨国供应链管理：方法、策略与决策》[J].国际贸易，2023（8）：96.
② 田虹，崔悦.企业管理视角下供应链风险的形成机制与应对策略分析[J].理论探讨，2018（2）：105-111.
③ 解学梅，朱琪玮.创新支点还是保守枷锁：绿色供应链管理实践如何撬动企业绩效?[J].中国管理科学，2022，30（5）：131-143.
④ 郭志芳，辛乐.考量市场需求不确定下绿色供应链融资策略及选择——兼析供应链最优生产决策与供应商最优融资方式[J].价格理论与实践，2022（4）：181-184，208.

将绿色制造理论和供应链管理技术相结合，侧重供应链节点上企业的协调与协作。构造绿色供应链，企业须实现服务模式的根本性转变，并对企业文化、战略、运营和组织结构等进行适应性变革，规范业务运行流程，改变传统落后的经营管理观念，不局限于眼前利益，把生态循环的战略发展思维融入企业的预算管理、成本管理、质量管理之中。在建立这样的机制时，企业需要进行全面的考虑和规划，从企业认知、组织结构、制度建设、监督机制和人才建设等方面进行总结和制定，如图 6-1 所示。

图 6-1　组织保障机制

6.1.1　企业认知

企业认知是企业实施绿色供应链管理的关键因素，是确保企业绿色供应链顺利运行和实现可持续发展的重要保障。企业认知会影响组织战略决策和执行。因此，通过正向积极强化企业认知，包括：提高领导层认知和增强员工意识，提高组织战略决策和执行效率，能够为企业绿色供应链的建设运营提供组织认知层面的保障，如图 6-2 所示。

图 6-2　企业认知层面保障机制

1. 提高领导层认知

从组织领导层面增强企业绿色供应链管理意识十分重要。领导层认知对企业绿色供应链的影响在于影响管理者对信息的解读和处理，进而使企业战略发生改变①，从而影响企业绿色供应链管理。在信息时代，企业往往面临海量信息与知识无法利用的困境，因而企业领导者应着重培养知识和信息识别、利用、优化能力，形成绿色供应链管理意识并提高绿色供应链管理能力，提高知识、信息吸收和利用效率，整合跨界搜寻的产出效果②。目前大多数领导尚未形成绿色供应链管理意识，甚至不知道绿色供应链管理的含义，即使部分领导了解绿色供应链管理的相关内容，但其认知往往存在偏差性。一些领导认为绿色供应链管理只适合大企业，忽视了中小企业也应承担社会责任，提升供应链管理的环境绩效。领导层对企业绿色供应链管理认知的提升有助于其更准确地识别出绿色供应链的边际影响，企业绿色供应链的影响强度又激励领导者优化配置注意力资源来主动调整其对绿色供应链的认知强度③。提高组织领导层对企业绿色供应链的认知水平，确立绿色供应链管理在企业管理中的战略地位，是其能够被有效实施的关键。

2. 增强员工意识

从员工层面增强其对企业绿色供应链的认知意识具有必要性，这有利于企业绿色供应链管理的运营实施和顺利开展。员工对企业的重要认知形式之一表现为组织认同，它体现了个体对组织的归属感等情感归依，以及对组织目标等的认可程度④。员工对企业绿色供应链的认可程度提高有利于提升组织实践的工作效率。绿色供应链管理要求企业定位长远，围绕整条供应链，不断培养员工的协作精神与"绿色"意识，这既要求企业高层管

---

① 邓新明，刘禹，龙贤义，等. 高管团队职能异质性与企业绩效关系研究：基于管理者认知和团队冲突的中介分析 [J]. 管理工程学报，2020，34（3）：32-44.

② 王庆金，石仁波，杜甜甜，等. 跨界搜寻如何促进企业管理创新——认知柔性与吸收能力的作用 [J]. 科技进步与对策，2022，39（15）：67-78.

③ 孙泽生，赵红军，王耀青. "一带一路"倡议、异质性企业反应与风险评价——基于企业调查数据的SEM 模型分析 [J]. 经济管理，2020，42（8）：34-50.

④ 孙柏鹏，贾建锋，许晟. 上级发展性反馈何以激发员工主动变革——基于社会认知理论视角 [J]. 当代财经，2022（8）：88-98.

理人员增强可持续发展意识，有机整合企业的经济目标、社会目标和环境目标，统领整条供应链的绿色发展，也需要中层管理人员和基层员工对绿色供应链管理能够长期回馈企业和社会的作用有明确了解，最终促进企业通过实践使企业文化不断融入"绿色"，以自觉行动树立"绿色形象"，打造"绿色品牌"。在实施绿色供应链管理时，应增强全体员工的社会责任感，将环保相关的内容计入成本管理。通过提升员工的绿色环保意识，共同投入环保工作，并根据环境保护管理制度和规定进行生产运营工作。

总之，作为企业绿色供应链组织保障机制的要素，企业认知要求企业分别从组织领导层面和员工层面增强企业绿色供应链的管理意识与认知意识，通过提高领导层认知影响组织战略决策，通过增强员工意识影响组织战略执行，共同促进企业绿色供应链管理的运营实施。

6.1.2 组织结构

组织结构决定了企业内部各级部门的设置以及相互之间的关系，分工则决定了各个部门的职责和任务。组织结构影响企业权力和资源的分配，战略导向与组织结构的迭代交互能够推动企业动态能力更新发展①，助力企业绿色供应链管理顺利开展。合理的组织结构和分工可以确保工作高效、有序进行，避免职责模糊和协同不畅的问题，组织结构层面的保障机制如图 6-3 所示。

> 决定企业内部各级部门的设置以及相互之间的关系
> 影响企业权力和资源的分配
> 助力企业绿色供应链管理顺利开展
> 确保工作高效有序进行
> 避免职责模糊和协同不畅的问题

组织结构

设立绿色供应链管理部门

成立实施中心、检测中心和评估中心

建立信息共享平台

图 6-3　组织结构层面的保障机制

---

① 卢艳秋，宋昶，王向阳. 战略导向与组织结构交互的动态能力演化——基于海尔集团的案例研究 [J]. 管理评论，2021, 33（9）: 340–352.

1. 设立绿色供应链管理部门

电力企业应设立专门的绿色供应链管理部门或者工作小组，统揽企业绿色供应链管理工作，研究确定绿色供应链管理路线及关键工作，协调解决管理过程中的重大问题。由于供应链存在多个利益主体介入，企业会打破传统单一企业内部的层级结构，在企业与部门之间出现跨组织的团队和机构①，在此情境下，设立绿色供应链管理部门或者工作小组具备重要性。该部门应具备专业知识和经验，由各相关部门的负责人组成，负责制定和审查绿色供应链的政策与目标，并监督和评估供应链的绿色实践。绿色供应链管理部门或者工作小组可以定期召开会议，交流经验和解决问题，确保绿色供应链的可持续发展。该部门拥有对绿色供应链的深入理解，能够通过制定明确的绿色供应链目标和制度，如减少碳排放、提高资源利用效率、降低环境影响等，将这些目标和规章制度贯穿于整个供应链中，确保企业绿色供应链管理的专业性与高效性。通过设立绿色供应链管理部门，确保企业供应链中所有环节的执行符合绿色供应链的要求，这包括：评估和选择符合环保要求的供应商，签订合同中包含环境保护条款，以及定期监督和审核供应商的绿色实践，提高绿色供应链的透明性和可控性。

2. 成立实施中心、检测中心和评估中心

绿色供应链的指标包括检测、控制、执行等众多方面，因此绿色供应链上的企业有必要成立绿色供应链制度上的实施、检测和评估机构，保障绿色供应链的管理的有效实施。公司可以建立一个绿色供应链传播与推广中心。该中心的主要工作是推广和贯彻公司的绿色供应链价值观，向员工和供应商传播环境保护的相关知识，并邀请环境保护专家前来讲学，以增强工作人员的绿色环保意识。应当成立一个环保评价中心，对员工和供应商的环保意识进行评价，查找存在的缺陷和疏漏，降低资金消耗，减少环境污染，进一步提升公司的污染治理能力以及环保管理体系的整体效果。公司需要成立一个监督与执行中心。绿色供应链中存在大量的执行主体与参与者，而各个参与者都在各自的层面上执行绿色文明举措。因此公司必

---

① 周朴雄，余以胜. 供应链企业的信息资源横向整合研究 [J]. 情报理论与实践，2009，32（5）：13-15.

须提升监管水平，推动公司的研发、设计、采购、销售、运输等部门都严格落实绿色准则，完善各个环节的绿色文明管理，保障绿色供应链有效运转。

3. 建立信息共享平台

信息公开是绿色供应链管理的重要保障，企业应建立信息共享平台，供内部各部门以及供应商之间共享环境数据和信息。信息共享平台可帮助企业低成本、高效率和更便捷地获取信息、技术等资源[①]，通过建立信息共享平台，企业可以实现供应链各环节的信息互通和协同，提高绿色供应链的管理和控制能力，这有助于降低环境风险、提高资源利用效率，并增强企业对绿色供应链的管理和治理能力。通过信息共享平台，企业可以及时获取供应链中的环境信息，如原材料的来源和环保措施的实施情况，从而更好地管理供应链的环境风险和问题。企业首先需要了解自身在绿色供应链管理中所需要共享的信息，通过与供应商、物流合作伙伴以及其他利益相关方的沟通和合作来确定信息类型、来源和用途。根据信息共享的需求，企业建立具备安全性、可靠性和易用性的信息共享平台，它可以支持不同类型的信息共享，包括供应商信息、生产信息、物流信息、环境影响信息等，同时支持数据的收集、存储、处理和分析，以便为企业的决策提供必要的信息支持。此外，企业需要明确信息共享的规则和标准，包括信息的格式、频率、权限、责任等方面。这可以通过与供应商和合作伙伴签订信息共享协议来实现。协议应该明确双方的权责和义务，以及信息共享的具体要求。此外，企业还应该确保信息共享的安全性和保密性，采取适当的措施防止信息泄露和滥用。

总之，作为企业绿色供应链组织保障机制的要素，组织结构要求企业设立绿色供应链管理部门和建立信息共享平台，确保企业组织结构的合理性和分工明确性，保证企业各项工作有序进行和绿色供应链管理的顺利开展。

---

① 刘德胜，李光红.共享平台能否成为中小企业创新资源的来源——基于信息技术的中介效应检验[J].山东社会科学，2021（10）：106–115.

6.1.3　制度建设

体制机制建设是企业进行绿色供应链管理的重要基础。企业绿色供应链管理不只是简单地对供应链进行改革，也是企业在绿色低碳目标下经营管理模式的一次大变革，需要从体制机制层面加快改革创新，构建适应绿色供应链管理的企业运行保障机制，如图 6-4 所示。制度建设能够让企业内部各项管理工作制度化、规范化和程序化，使企业绿色供应链管理变得有序、规范、精细，实现企业绿色供应链的科学、有序、规范运转。

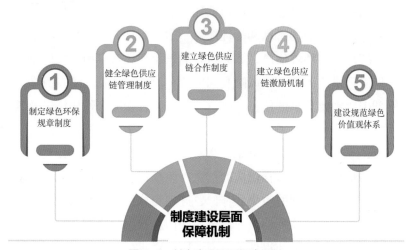

图 6-4　制度建设层面保障机制

1. 制定绿色环保规章制度

企业需要制定健全的绿色制度。企业要了解掌握有关部门出台的绿色环保规章制度，充分突出环境保护义务，引进更高的环保标准，掌握绿色环境治理的方式方法，落实环保责任。企业需要积极将环保思想纳入供应链管理中，所制定的绿色规章制度要符合公司绿色供应链的发展趋势和走向，完善公司经营管理的绿色理念，提高各部门的绿色经营管理水平，并有效检测企业的绿色供应链运营情况。落实环境保护责任包括及时向公众发布公司的环境信息及污染治理举措，检测污染治理效果是否达到了相关部门的规定。绿色环保技术标准包括控制污染水平和处理污染，以及每个供应商的原材料是否符合绿色技术的要求。绿色知识课程体系要涵盖学习内容、学习过程和学习成果。与绩效管理体系、激励制度等不同，绿色规章制度要求公司各部门在开发设计、产品加工、运输配送和回收利用等环节均秉持绿色环保价值观，提升公司的绿色管理能力。建立健全绿色规章制度，不仅能够提升公司管理层的环保意识、提高公司的污染治理水平，还能对供应商采取统一的绿色评价体系，让绿色供应链的文化渗透到研发、生产、销售等众多环节，从而创造出良好的绿色企业文化。

2. 健全绿色供应链管理制度

企业应确立绿色供应链管理的目标、流程和标准等。绿色供应链管理是围绕商品整个生命周期实现绿色管理的过程，其包含供应链上所有环节、所有主体。在制定绿色供应链管理制度之初，需要明确绿色供应链的目标和原则。目标应包括提高资源利用效率、降低环境影响、实现可持续发展等。原则应包括确保环境优先、履行社会责任、注重经济效益等。同时，制定相应的实施细则和监督机制，确保制度的贯彻执行。在实施细则方面，企业应针对绿色供应链的具体目标，制定详细的实施步骤和时间表，以确保绿色供应链管理的顺利推进。此外，企业还应明确各部门在绿色供应链管理中的职责和分工，以确保各部门之间的协调配合。在监督机制方面，企业应建立定期评估和审计机制，对绿色供应链管理实施情况进行全面评价和审核。通过评估和审计，可以发现问题并及时进行调整和完善。

3. 建立绿色供应链合作制度

企业应建立绿色供应链合作制度，与供应链各方共同推动绿色供应链的发展。绿色供应链管理的主要目标依然是供应链协作，并引入绿色管理的任务①。当供应链上下游企业之间的协作关系加强后，供应链抗风险能力明显增强，因此企业建立绿色供应链合作制度具有必要性。供应链内企业应把握绿色供应链发展趋势，以绿色供应链协调发展为导向，建立长期稳

---

① 王帅琦，李淑娟．绿色供应链管理、制度环境与零售企业环境效益关系研究 [J]．商业经济研究，2021
（24）：35–38.

定的战略合作关系，实现整个供应链的共赢①。企业可以建立供应商评估和合作机制，通过对供应商的绿色实践进行评估，选择符合环境保护要求的供应商，并与其建立长期合作关系。同时，企业还可以组织供应商培训并提供技术支持，帮助供应商提高环境管理水平，共同推动绿色供应链的建设。为提升员工和供应链合作伙伴的绿色意识和能力，企业可以组织内部培训和外部培训活动，内部培训可以使员工了解绿色供应链的重要性和相关要求，并激发他们参与绿色供应链的积极性；外部培训可以向供应商和合作伙伴传授绿色供应链的知识与技术，帮助他们改进环境管理和执行绿色实践。同时，供应链中的上下游企业应从整条供应链的绿色可持续发展角度出发，建设供应链诚信机制，强化供应链合作伙伴关系。此外，企业还应建立有效的沟通机制，与员工、供应商和其他利益相关方进行沟通与合作，共同推动绿色供应链的发展。

4. 建立绿色供应链激励机制

企业应建立绿色供应链激励机制，激励机制的建设与完善是企业实现绿色供应链高质量、可持续发展的重要保障。绿色供应链管理是在传统供应链管理中融入生态环境保护的供应链管理方式，尽管部分供应链核心企业出于承担社会责任的角度，重视生态环境保护，主动加大绿色投资力度，对上游企业和设备供应商的绿色化生产起到积极推动作用，但供应链上其他企业的"搭便车"行为会导致核心企业开展绿色供应链管理很难取得竞争优势，从而降低绿色生产的动力。为此，企业可以建立绿色供应链的绩效评估和激励机制，对积极推进绿色供应链管理的部门和个人给予一定的奖励与激励，以激励和鼓励各相关部门与供应商积极参与绿色供应链的建设及管理，对未能履行职责的部门和个人进行惩罚，以促进绿色供应链管理的有效实施。企业在优化激励机制的同时也应当辅以切实有效的内控制度与监督机制②，通过设立相关指标和考核制度，企业可以对绿色供应

---

① 郭汉丁，张印贤，张海芸. 核心企业主导下绿色建筑供应链协调发展机制建设与优化 [J]. 建筑经济，2019，40（11）：79-83.

② 盛明泉，任侨，王文兵. 激励机制错位矫正与企业全要素生产率提升研究 [J]. 管理学报，2021，18（6）：843-852.

链的实践和表现进行评估，并给予相应的奖励和激励，以提高绿色供应链的整体绩效。

5. 建设规范绿色价值观体系

企业员工的工作价值观通过他们对工作的判断直接影响其工作态度和工作行为[①]，因此员工的绿色发展观念和意识会对企业绿色供应链的整体发展产生直接影响。由此，供应链上的企业不仅应当培养完善、系统的绿色企业价值观，还应当建立规范的价值观制度，从而引导员工学习和培养绿色价值观。同时，所有工作人员也应积极响应公司的绿色发展理念，转变传统的供应链管理思路，积极向绿色供应链建设的方向转变，为企业的绿色价值观构建作出贡献。当前，绿色供应链上的公司有众多的部门，应当持续改善部门内部与部门之间的沟通制度，加强部门工作人员之间的学习与交流，整体提升各部门工作人员的绿色意识。企业可以设立绿色供应链管理培训计划，让员工和供应商更加了解绿色供应链管理的意义与目标，提高他们的环保意识和技能水平，激发员工的积极性和创新性，进一步推动绿色供应链管理的实施。在实际工作中，公司可以通过组织绿色供应链知识竞赛、邀请绿色供应链专家进行培训等方式向工作人员传播绿色价值观。公司还应当及时发布绿色价值观的相关信息，让各部门的工作人员对绿色价值观的内涵以及绿色供应链管理知识有更为深刻的理解。同时健全部门协调制度，加强绿色供应链各环节、各层面的协调工作，比如加强对原材料供应商的绿色管理与检测，并增强绿色供应链管理体系的准确性与可信度。

总之，作为企业绿色供应链组织保障机制的要素，制度建设要求企业从制定绿色环保规章制度、健全绿色供应链管理制度、建立绿色供应链合作制度、建立绿色供应链激励机制和建设规范绿色价值观体系五个方面构建适应绿色供应链管理的企业运行机制，为企业提供制度层面的保障，确保企业绿色供应链的科学、有序、规范运转。

[①] 陆玉梅，高鹏，梅强. 民企新生代员工价值观与工作行为关系研究 [J]. 财会月刊，2020（9）：124–129.

6.1.4 监督机制

企业需要建立有效的监督机制和内控措施，包括风险评估、监督检查等，其保障机制如图6-5所示。这些机制和措施能够帮助公司发现问题、纠正错误，并及时采取相应的措施，确保企业绿色供应链运营的合规性和风险控制。绿色供应链要建立包括产品的开发设计环节、采购环节、制造生产环节、运输销售和回收环节在内的监督机制，并将节能减排贯穿于供应链的全部环节，使得全过程对环境的破坏达到最低，对资源的利用率达到最高。只有如此，企业才能构建具有绿色竞争力的供应链体系，为可持续发展奠定基础，实现经济效益与环境效益双赢的目标。

图6-5 监督机制层面保障机制

1. 风险评估

供应链风险分为内部风险和外部风险[①]，内部风险主要包括管理风险，外部风险主要包括供应风险和需求风险[②]，外部风险是供应链风险的重点。基于此，绿色供应链风险控制可以分为绿色采购风险控制、绿色制造风险控制、绿色销售风险控制[③]，强调了供应链各环节风险控制的重要性。企业需要做好事前预防工作，在产品研究开发前就要进行风险评估，考虑当前

---

① 史思雨，孙静春.供应商风险规避下考虑零售商资金约束的双渠道供应链定价决策[J].预测，2019，38（2）：90–96.
② 刘学元，沈慕珍，赵先德.供应链质量风险管理对企业质量绩效的影响——供应链领导者支持的调节作用[J].华东经济管理，2019，33（2）：122–127.
③ 王晓红.碳中和视角下绿色供应链风险控制、整合水平与零售企业经营绩效[J].商业经济研究，2022（8）：45–48.

的产品制造方案是否会在后续过程中对环境产生不良的影响。在进行产品设计时，企业需要对不同设计方案可能在后续对资源利用、环境污染等方面产生的不同后果进行评估，按照消极影响最低的方案进行设计，从源头上消除高污染高能耗的可能。根据成功案例的经验，企业可以在研发过程中运用模块化，完成每个模块的风险评估，进行监测，以确保在合适的时间将高污染的材料进行替换。企业在产品选择前也应做好对应的风险评估工作。

2. 监督检查

企业绿色供应链的监督检查依据的是可持续发展的理念。一方面，企业在产品的制造过程中需要做到绿色环保；另一方面，企业要制造出后续能够实现绿色环保的产品。因此，企业在生产制造环节要严格遵守废水废气等污染物的排放标准，在机器检查维护上要保证其能够最大化发挥功率，在原材料投入上要尽可能选择能够循环使用材料的工艺方法。监督检查要求切实减少企业对资源的消耗量，减小废弃物排放对环境造成的不良影响。企业应制定和完善绿色供应链标准与指标，明确各环节的环境要求和具体操作规范，包括环境保护、能源利用、废弃物管理等方面，定期对供应链的环境表现和绿色化进程进行审核，包括对供应商的环境管理、生产过程、物料使用、废弃物处理等方面进行调查和评估。企业应对相关项目开展能源评估审查、周期性的节能监督检查、节能审计等[1]，定期进行供应链绿色管理的审核，检查是否符合环保和可持续发展的要求，通过监控数据及时发现供应链存在的环境问题并采取措施，根据核查结果不断改进和创新，提高绿色供应链的运营效率和环保性能。

总之，作为企业绿色供应链组织保障机制的要素，监督机制要求企业通过风险评估与监督检查两方面建立有效的监督机制和内控措施，提前预防和及时发现供应链各链条环节上所存在的问题并采取措施，有效避免企业绿色供应链运营风险，确保企业绿色供应链运营的合规性。

---

[1] 李继峰，常纪文 . 中国工业低碳转型的基础、路径与政策——历史述评与未来思考 [J]. 城市与环境研究，2023（2）：56-71.

6.2　人才保障机制

人才是绿色供应链发展的基础，各种绿色转型策略的实施也离不开人才支撑。人才队伍建设的推行能够有效提升企业核心竞争力。在当前的人才培养和保障机制的基础上，进一步构建绿色供应链人才培养和保障机制，政府、高校和企业需要共同努力，其人才建设机制如图 6-6 所示。

➤ 聘用适应绿色供应链的人才
➤ 建立有效的轮岗制度
➤ 提供专业的知识和技能培训
➤ 设立绿色人才的职业上升通道
➤ 完善组织结构和业务流程
➤ 吸引行业高端管理人才
➤ 加强财务人员培养力度

➤ 创新政策工具以支持保障机制
➤ 建立绿色人才预测与监控机制
➤ 加大绿色人才相关的资金保障
➤ 加强省际绿色人才交流合作
➤ 加强国际绿色人才交流合作

➤ 加强高校与产业界的合作
➤ 明确绿色人才培养的科学路径

图 6-6　企业绿色供应链人才建设机制

6.2.1　政府优化绿色人才保障机制

政府优化绿色人才保障机制如图 6-7 所示，主要包括创新政策工具以支持保障机制、建立绿色人才预测与监控机制、加大绿色人才相关的资金保障、加强省际绿色人才交流合作与加强国际绿色人才交流合作五个方面。

图 6-7　政府优化绿色人才保障机制

1. 创新政策工具以支持保障机制

人才政策的信号作用有利于企业介入政府和市场的双重资源①，能够促进企业人才建设发展和绿色供应链创新。政府可利用政策工具，鼓励高校和职业教育机构开展绿色技能人才培养。当前的绿色教育政策主要由教育部与其他部委联合通过通知、意见等形式发布，法制化和制度性较弱。首先，政府可从法律角度严明教育行政部门与各级各类学校的绿色教育的权责与义务，以提高绿色教育的权威性。政府可以从立法、行政、财政多个方面研究完善绿色人才培养的机制，立法可以为开展监督管理、宣传教育等活动提供法律依据。其次，在地方政府层面建立对区域内各级各类学校的绿色教育激励保障机制，健全激励措施。

2. 建立绿色人才预测与监控机制

目前数字化技术在企业管理、资源配置、工艺研发等领域得到较为广泛的应用，但在绿色人才发展领域应用较少。建议政府可以牵头，召集来自产业界、学术界、教育界的代表，共同组建绿色人才观测站，分析绿色供应链行业发展中对绿色技能的需求以及相关工作岗位的变动趋势，并实时预测绿色人才的供求数据，利用数字化进行信息收集和数据共享。

3. 加大绿色人才相关的资金保障

培养绿色人才需要一定的资金保障，为此政府可以实施多元化的筹资方式。比如政府可以设立奖学金、资助培训计划，激励各类知识背景的人才参加绿色技能再培训。对于高耗能产业的失业人员，各级政府可增加绿色技能培训基金的投入，确保不同行业间的技能有效转移。此外，政府可以成立高层次知识产权人才专项培养基金等，从一定程度上缓解企业用于人才培养的资金压力。

4. 加强省际绿色人才交流合作

省际绿色人才发展水平不同，且针对绿色人才的培养方案不同。应加强省际的人才交流合作，依托不同省份的人才发展项目发挥各省的优势，助力绿色人才培养机制的创新发展。例如中国西北部地区自然资源丰富，

---

① 刘春林，田玲. 人才政策"背书"能否促进企业创新 [J]. 中国工业经济，2021（3）：156-173.

具备较高的绿色发展潜力，而其在高耗能行业转型、新能源技术研发等方面对绿色人才有迫切的需求，可以通过引进中东部地区丰富的人力资源，促进人才交流，这将在很大程度上促进西部地区绿色供应链的发展，释放西部的人才红利。

5.加强国际绿色人才交流合作

首先，政府可利用中国在可再生能源技术方面的优势，结合"一带一路"的资源禀赋，设立绿色人才境外专项资金，鼓励高校和企业在"一带一路"合作伙伴设立研究中心，推动国家之间的产业对接融合，拓宽绿色人才的就业渠道，实现各国之间的优势互补。其次，在清洁能源推广与应用、能源转型战略等领域，与国际可再生能源署等知名能源机构开展高层次人才交流，从而提升中国绿色人才的国际化视野和产业化能力。在绿色供应链技术研发领域，鼓励高校、企业与世界高水平研究机构合作，推动先进技术在中国的应用。

6.2.2　高校优化绿色人才培养机制

高校优化绿色人才培养机制如图 6-8 所示，主要分为加强高校与产业界的合作、明确绿色人才培养的科学路径两个角度。

图 6-8　高校优化绿色人才培养机制

1.加强高校与产业界的合作

对于高等教育，优先考虑支持"绿色职业"的硕士和博士学位教育。设立专项资金，支持绿色供应链相关核心技术的研究投资，增强高校知识和技术的转化率。增加高校教师去相关企业兼职的机会，为其提供学习最前沿知识和技能的机会。同时高校也可以吸纳产业界的优秀人才，丰富教师队伍，提高高校绿色人才教育的水平。

开启校企结合培育新渠道，培养绿色供应链专项人才。①促进企业绿色资源转化为学校的绿色教育资源。高校应从实际出发，主动与企业沟通交流，了解企业需求以及实践中所需要的绿色人才类型。学校和企业联动设置专业、开设课程，聚焦业界需求，培养对口的绿色人才，实现产教衔接与协调，以地方应用型本科院校与企业进行产学结合。②把职业教育作为绿色人才培养的重要阵地。将职业教育与经济社会发展紧密联系，开设绿色技术相关专业，提高职业设置的前瞻性与针对性，合理规划绿色人才的培养目标与方案，以开发绿色环保技术为核心，设置跨学科、多元化的人才培养体系。③持续优化专业的科学性。在专业设置方面，对标国际行业标准，在考虑中国实际情况的同时，开设符合中国绿色供应链发展的专业课程。引进业界专业技术人才任教，优化教学方式方法，模拟绿色供应链各个环节，在夯实理论基础的同时提升实际操作能力，按照相关的职业标准要求学生。

2. 明确绿色人才培养的科学路径

绿色人才的培养是一个科学的过程，必须遵循人才成长的规律，科学合理设置人才培养路径。人才的成长存在周期过程，人才能力的发挥也需要与真实场景相结合。借鉴已有的绿色人才培养理论和实践经验，可利用实地调研、深度访谈、模型分析等综合方法，识别绿色人才培养过程中的痛点和难点，探索适应中国发展需要的绿色人才培养路径。此外，绿色人才的培养应结合国情和前沿技术，形成兼具国内外特色的人才培养平台，多与国内外院校、企业、协会交流，通过科教融合、学科融合等方式实现资源共享，借鉴国际的绿色人才培养方案、教材讲义、实践案例等推进中国绿色人才的培养进程。

6.2.3　企业优化绿色人才选用机制

随着"碳达峰、碳中和"、构建以新能源为主体的新型电力系统等重大决策部署的深入实施，社会各界围绕绿色低碳开展了一系列探索和实践。能源电力行业作为低碳转型主战场，必将加速推动能源生产多元化清洁化、能源消费高效化减量化。电力企业优化绿色人才选用机制如图6-9所示。

设立绿色人才的职业上升通道
与员工的有效沟通形成契约，建立有效的上升通道和激励机制

提供专业的知识和技能培训
采取内外协作的策略，内部帮带和外部专业机构培训相结合

完善组织结构和业务流程
根据商业环境的变化灵活转变不同阶段的业务流程，加快业务流程的标准化

建立有效的轮岗制度
推行采购、物流、仓储、对外贸易等岗位的轮岗制度

吸引行业高端管理人才
高端的管理人才有能力带领大型的组织，推动企业绿色供应链变革

聘用适应绿色供应链的人才
所引进的人才与岗位匹配度越高、专业能力越强，越能助力企业绿色人才建设.

加大财务人员培养力度
引入绿色金融人才，组建专业的绿色供应链运营团队

图6-9 电力企业优化绿色人才选用机制

1. 培育绿色供应链专业人才

企业引进的人才结构越合理、与岗位匹配度越高、专业能力越强，越能助力企业绿色人才建设[①]。绿色供应链贯穿企业运作和管理过程，包括供应商管理、生产制造、回收利用等环节。因此，电力企业必须重视对绿色供应链专业人才的挖掘与培养工作，制订人才引进和企业内部人才培养的方案及计划。一方面，可以通过人员招聘，从高校、社会中引入高素质专业人才，通过实践进一步提高和完善专业人才的技能，不断总结经验。另一方面，可以结合企业现状，加强企业内部的沟通协作，在企业中逐步组建起与自身发展规模相匹配的专业化人才团队。

2. 建立有效的轮岗制度

在员工入职之后，企业还要考虑如何充分发挥人才的能力，因此不能

---

① 朱相宇，刘雅菲，杨登才，等.企业高层次知识产权人才建设影响因素研究——基于北京高新技术企业调查数据 [J].科技管理研究，2018，38（19）：15-22.

将员工局限于单一的工作领域，而应当为他们制订合理的职业生涯发展规划。企业应当鼓励员工参与跨职能的工作，并提供跨职能的职业发展机会。针对能源电力行业的具体业务，在企业内部，可以从产品的开发设计环节开始，到采购环节，再到制造生产，最后到运输销售和回收等环节推行多种岗位的轮岗制度，让员工身处供应链管理的第一线，切实体会绿色供应链管理的全流程工作，这有助于培养能够适应复杂多变的绿色供应链管理的人才。

3. 提供专业的知识和技能培训

绿色供应链管理过程中缺少高级管理人员的根本原因是他们缺乏高度专业化的知识水平。因此在培养绿色人才的过程中，企业应当采取内外协作的策略，内部帮带和外部专业机构培训相结合，打造尖端绿色技术人才专业技能培训平台。引进行业前沿科学技术和仪器，结合中国绿色发展实际情况，推动新一轮电力产业发展高端化、智能化、特色化，确保绿色技术人才的知识与技能能够跟上时代发展和绿色经济的需求。另外，企业还可以针对内部绿色人才的发展规划和能力水平，开设有针对性的专班培训。聚焦能源电力专项技术，组织专业人才专项学习计划，提供恰当的专业化培训，以提升绿色人才的专业知识和能力，进而提高专业能力和职位需求的匹配度。

4. 设立绿色人才激励机制

为了更好地留住高端人才，企业除了要在人才培养上投入大量精力，还应当建立有效的人才激励机制。首先，明确企业绿色人才标准，设立绿色人才库。根据企业设立的绿色人才标准，通过选拔、培训、认证等程序，建立绿色人才库，为电力企业的绿色发展提供人才储备。其次，划分职业等级，定期评估与晋升。根据绿色人才的技能、知识、职责等因素，设立不同的职业等级，并为每个等级制定相应的晋升条件和福利待遇。根据评估结果和个人表现，对绿色人才进行晋升或降级调整，确保绿色人才适应企业发展需要。然后，实施绩效管理：建立绿色人才的绩效管理制度，通过对绿色人才的绩效评估，了解他们的实际工作表现和贡献，为他们的晋升和福利待遇提供依据。

5. 完善组织结构和业务流程

混乱的组织结构和模糊的业务流程不利于人才的培养。企业应当结合制造端、发电端、输电端、配电端、储能端、用电端等绿色供应链适用场景，优化企业在绿色供应链方面的组织架构，同时针对绿色供应链岗位设定标准的流程和规范。另外，企业开展绿色供应链管理工作需要建立相应的制度体系，该体系包括战略规划、管理制度、绿色生产、绿色采购、绿色供应商管理和信息公开等内容，同时也需要生产、采购、环保和销售等多部门共同参与和协同推进，将绿色供应链管理落实到企业的具体业务当中。只有完善企业在绿色供应链相关的组织结构和业务流程，才能使企业绿色人才能够更快速熟悉并掌握供应链中各个环节的工作内容和职责，使企业更系统、更高效地培养绿色供应链人才。

6. 吸引行业高端管理人才

高端的管理人才有能力带领大型的组织，为推动企业绿色供应链变革作出巨大贡献。当前很多企业缺少吸引和留住绿色供应链高端管理人才的能力，甚至大部分企业缺少绿色供应链管理人才的继任计划，一旦相关人员离职，会对采购、生产、销售等一系列环节造成不良影响。针对高端的管理人才，企业应当赋予其足够的权限去推动企业绿色供应链全链条的变革，提高其对电厂设计、物资采购、电力生产、废弃物回收、再利用和处理等环节的管理能力，从而大力推进全链条、全寿命周期绿色化管理。为他们提供更具有挑战性的工作和更有吸引力的福利待遇，促进他们将个人发展与企业发展相结合，从而建立可持续性的绿色供应链管理人才培养机制。

7. 加大财务人员培养力度

除了专业领域，绿色供应链上的企业还应关注对成本的管控，提升资金的使用效率，这就需要更加专业的人才。既精通业务又精通财务的人才能"两手都抓"。公司在前期可以选择供应链金融业务专员进行绿色理念、政策的培训，同时要引入绿色金融人才，组建专业的绿色供应链运营团队。由专业团队负责与金融机构、环保机构进行对接。同时要设置绿色专项考核，确保专事专人负责，以此提高管理效率。另外，在后期，企业应注重对专业人才进行前沿政策的普及，深入了解上下游企业的需求，及时在公司内部反应，加强客户选择、风险偏好在营销与审批双流程上的协同性。

总之，作为企业绿色供应链组织保障机制的要素，人才建设分别从政府、高校和企业三个层面对绿色人才保障机制、培养机制、选用机制作出相应的优化要求。在引进、培养绿色供应链管理高端人才的同时，企业应当赋予其恰当的权限来推动供应链的变革，促进绿色供应链人才实现综合发展，保障供应链系统有序运行。

综上所述，企业绿色供应链组织保障机制需要从企业的认知、组织结构、制度建设、监督机制和人才建设等方面进行全面的考虑和实施。只有通过有力的组织保障机制，企业才能更好地实施和推动绿色供应链管理，从而实现可持续发展的目标。通过以上组织保障机制，企业可以实现对绿色供应链的有效管理和推进，确保供应链的环境保护目标得到落实。这些机制有助于提高企业的环境责任感和可持续发展能力，同时增强企业与供应链合作伙伴之间的共识和合作水平，使企业在市场竞争中获得可持续的竞争优势。

6.3　技术保障机制

随着市场经济的突飞猛进，经济国际化的趋势日益显著，市场对企业的要求越来越高。为了能够获得更大的市场竞争优势，电力企业进行了现代化管理变革，围绕自身行业展开了供应链管理，为企业优化成本，创造更大的经济效益。信息化技术的出现，能够帮助很多行业在供应链管理上进行变革，在供应链管理中涉及的技术应用就包含物联网技术、云计算技术、人工智能技术、区块链技术、自动化技术、RFID 等。信息技术的广泛应用从企业内部经营管理的角度上改变了企业管理成本高、管理难、信息反馈不及时、管理机构繁琐复杂的局面，提高了企业在成本、供应链这方面的竞争优势，为企业的发展提供了有利的帮助。建立供应链管理的技术保障机制，可以确保供应链技术的实施和应用，从而提高供应链的效率和准确性。

6.3.1　绿色供应链技术保障机制

目前，在国家"双碳"目标的倡导下，绿色生产已成为企业正在积极践行的理念，绿色供应链也得到了广泛的发展。企业要真正实现绿色供应链管理，需要尽可能实现各环节的绿色化，对供应链全过程中运用的绿色技术进行创新。目前，在绿色供应链管理领域已经形成了由源头预防技术体系、绿色生产技术体系、绿色营销技术体系、末端治理技术体系、绿色物流技术体系五个部分组成的绿色供应链技术体系。

在绿色供应链技术体系中，包含多方面、多维度的绿色供应链技术（图6-10），绿色供应链技术的应用能够提高企业对供应链环境性能的认知和监管，提升企业绿色供应链管理的效率，同时实现企业和供应商之间的合作和共赢。本节将主要围绕以下五大绿色供应链技术阐述绿色供应链管理的技术保障机制。

图6-10　绿色供应链主要应用技术

1. 数据管理和追溯技术

通过数据管理和追溯技术，企业可以实时监测和跟踪供应链中的环境相关数据。在具体实践中，电力企业可以通过以下措施机制保障数据管理和追溯技术在绿色供应链的应用。

1）完善数据管理和追溯制度

电力企业应建立完善的数据管理和追溯制度，明确数据管理和追溯的标准和流程。在供应链的采购、生产、物流、仓储等各个环节，应当按照制度要求记录和存储相关数据，确保数据的真实性和完整性。同时，应当建立数据备份和恢复机制，防止数据丢失和灾难性损失。

2）强化数据管理和追溯能力

电力企业的供应链合作伙伴应当具备相应的数据管理和追溯能力，以确保供应链数据的共享和可追溯性。电力企业应当与供应商、物流商等相关合作伙伴共同建立数据管理和追溯体系，实现数据的共享、整合和交换。此外，电力企业还应当对供应链合作伙伴的数据管理和追溯能力进行评估和审核，确保其符合要求。

3）采用先进的数据管理和追溯技术

电力企业应当采用先进的数据管理和追溯技术，以提高供应链数据的管理和追溯水平。例如，采用物联网技术实现供应链环节的实时监控和数据采集，采用云计算技术实现数据的集中存储和处理，采用人工智能技术实现数据的智能分析和预测等。同时，电力企业还应当积极探索新的数据管理和追溯技术，不断提高数据管理和追溯的效率与准确性。

4）加强供应链数据安全保护

供应链数据的安全保护是电力企业绿色供应链管理的关键之一。电力企业应当加强对供应链数据的安全保护，采用加密技术、访问控制等措施，避免数据泄露和恶意攻击。此外，电力企业还应当定期对数据进行备份和恢复测试，以确保数据的安全性和可靠性。

2. 资源优化和节能减排技术

绿色供应链技术可以帮助企业优化能源和资源的使用，从而减少能耗和排放。以下措施可以有效保障资源优化和节能减排技术的应用。

1）制定相应战略和措施

电力企业应当制定明确的资源优化和节能减排战略，明确绿色供应链管理的目标和实施计划。在制定战略时，应当充分考虑市场需求、技术发展趋势和环境保护要求等因素，以确保战略的科学性和可行性。在战略中对采用智能调度和优化运输路线、智能能源管理系统等信息技术予以高度重视与支持，保障相关技术的有效应用。

电力企业应当采用资源优化和节能减排技术，提高资源的利用效率。

例如，在采购环节中，应当选择环保、低能耗的原材料和零部件，避免使用高污染、高能耗的原材料和零部件。在生产环节中，应当采用先进的生产技术和工艺，积极推广清洁能源和资源循环利用，利用风能、太阳能等可再生能源进行发电，采用生物质能进行供热等，如：大规模光伏发电项目利用太阳能发电，将太阳能转化为电能，供应给建筑、城市或电网使用。

2）加强科技创新

电力企业的资源优化和节能减排科技创新是推动绿色供应链管理的重要动力。应当加强对资源优化和节能减排技术的研究和开发，不断提高技术的成熟度和可靠性。同时，还应当积极探索新的管理模式和方法，将绿色理念融入电力企业的各个环节中，实现电力企业的可持续发展。

3）建立评价和持续改进机制

电力企业的绿色供应链管理应当建立资源优化和节能减排的评价与持续改进机制。应当定期对资源优化和节能减排的效果进行评估和审核，发现问题并进行改进。在评价和审核过程中，应当采用各种技术和方法，包括调查问卷、现场审核等，以全面了解资源优化和节能减排的情况，并制订相应的改进措施。

3. 可持续供应商管理技术

企业可以借助技术手段来实现对供应商的可持续管理。在具体实践中，可以通过以下措施保障供应商管理。

1）建立管理和信息共享平台

电力企业应建立可持续供应链管理和信息共享平台，提高供应链管理的效率和可持续性。通过信息技术手段，实现供应链各环节的信息共享和实时沟通，降低信息传递的成本和时间。同时，通过平台对供应链进行实时监控和管理，及时发现和解决问题，确保供应链的稳定和可持续性。此外，还可以采用供应商绩效评估和监测平台，评估供应商在环境、社会和治理等方面的可持续绩效。

2）促进技术交流和合作

电力企业应积极推动供应商之间的技术交流和合作，促进供应链的绿色升级。通过与供应商共同研发、技术转让等方式，推动供应商提高资源利用效率、减少环境影响。同时，鼓励供应商采用清洁生产技术、低碳排放等措施，提高电力企业的可持续发展水平。

3）建立供应链风险管理和应对机制

除了建立管理平台、加强技术合作之外，企业还应建立供应链风险管理和应对机制，应对可能影响供应链可持续发展的风险因素。通过风险评估和识别，确定潜在的风险源和影响程度。针对不同风险制订相应的应对措施和预案，确保供应链在遭遇风险时能够迅速响应并恢复正常运作。同时，应定期对供应链进行风险评估和审查，及时调整管理策略和方法，提升供应链的抗风险能力。

4. 绿色设计和循环经济技术

绿色设计和循环经济技术主要指在企业在产品设计和生产过程中借助技术手段实现环保与资源再利用。

1）采用绿色设计和循环经济技术

电力企业应在供应链的各个环节采用绿色设计和循环经济技术，减少资源消耗和环境影响。例如，在产品设计和制造阶段，应采用环保材料和低能耗设计，提高产品的能效比和可回收性。在生产阶段，应采用清洁生产技术和循环生产模式，减少废弃物排放和对环境的破坏。采用资源化和再利用技术，将废弃物转化为可再利用的资源。同时，应加强废旧设备和材料的回收与再利用，延长产品的使用寿命和减少资源浪费。通过废弃物资源化和再利用，实现资源的循环利用和减少对环境的破坏。在销售和使用阶段，应关注产品的可回收性和再利用价值，推广可再生能源和节能产品。

2）建立绿色物流和运输管理机制

电力企业应建立绿色物流和运输管理机制，优化物流运作和降低运输过程中的能源消耗与污染排放。在物流规划中，应合理安排运输工具、运输路线和运输方式，减少空驶率和缩短运输距离。同时，应采用清洁能源运输工具和绿色包装材料，减少运输过程中的碳排放和废弃物排放。通过绿色物流和运输管理机制的建立，实现物流效率和环保水平的同步提升。

另外，逆向物流作为绿色供应链管理的一种重要实践，也可以是企业资源再利用的一大实践。逆向物流与货物正常流动方向相反，它是指产品、零部件和物料的回收过程，目的是节约资源，实现社会可持续发展。

5. 数智化供应链平台和协作工具

通过信息系统、互联网、物联网、5G等技术，构建绿色供应链管理平台，可以实现信息共享、资源协同、业务协作，降低沟通成本、人力成本、时间成本，提升资源配置利用效率，形成了前、中、后台无缝衔接、一体化和均衡协调运转。在具体实践中，可以采取以下措施。

1）平台建设与绿色发展目标相融合

绿色供应链平台的建设应紧紧围绕企业绿色发展的战略目标，以推动供应链各方的绿色合作为核心，以提高资源利用效率、降低环境影响、实现可持续发展为宗旨。平台应定位为连接供应链各方的桥梁和纽带，通过整合信息、技术和资源，促进供应链各方的绿色转型和升级。

2）智能化自动化技术运用

借助信息化技术提高供应链管理的智能化和自动化水平。例如，采用物联网技术实现供应链各环节的实时数据采集和监控；采用大数据和人工智能技术对供应链数据进行挖掘和分析，优化生产计划和物流配送等。通过信息化技术的应用，提高供应链的透明度和效率，降低能源消耗和排放。

3）质量保障与风险管理

企业绿色供应链平台建设还需关注质量保障与风险管理。平台应提供全面的质量管理和控制功能，确保产品的质量符合环保标准和市场需求。同时，要建立健全的风险管理机制，对供应链中的潜在风险进行评估和预警，制订相应的应对措施，保障供应链的稳定和安全。

绿色供应链管理平台具有广泛的应用前景。例如，可以为电力企业提供绿色采购、供应商筛选、物流优化等服务，可以为供应商提供环保技术支持、绿色生产指导等服务，可以为政府和社会公众提供供应链环保监管、社会责任评价等服务。同时，平台还可以通过商业模式创新，实现经济效益和环境效益的双赢。

绿色供应链技术的应用能够提高企业对供应链环境性能的认知和监管，提高资源利用效率，降低环境负荷，同时实现企业和供应商之间的合作和共赢。在绿色供应链管理具体实践中，各类技术的应用各有侧重，但也有共同之处。在绿色供应链技术应用中，企业首先要树立绿色供应链技术应用的理念意识，建立起相关技术应用的规章制度，从企业层面支持和保证绿色供应链技术的应用与推广。其次，绿色供应链管理的技术应用不仅仅是单一技术的使用，更是多种信息技术的融合发展与创新应用。因此，企业还应该加强对先进技术在绿色供应链领域的科技创新。最后，对于绿色供应链技术的风险管理机制和可持续发展机制也不可或缺。

6.3.2　未来人工智能技术保障机制

目前，以数字化、网络化、智能化为特征的新一轮技术革命加速发展，对全球经济增长、产业结构、贸易格局等产生了深远的影响，为供应链带来了数字化转型的新机会。随着数字技术在供应链中的应用从引入到扩大，人工智能在构建供应链核心竞争力方面的影响越来越明显，成为推动供应链智能化转型的重要动力。数字化、人工智能、大数据和机器人应用等技术是影响企业未来可持续发展的重要因素，数字技术应用正在影响每个行业和所有供应链，数据驱动技术和软件管理流程为加强企业可持续发展的使命带来了重大希望。本节将主要从人工智能角度，研究分析未来人工智能技术在绿色供应链领域的应用，进而提出在绿色供应链领域人工智能技术应用的保障措施。

人工智能的应用和发展正在驱动供应链发生新的深刻变革，对其各方面产生革命性的影响。平台维度上，人工智能驱动供应链平台升级和信息共享；生态维度上，人工智能促进供应链组织形态演进和系统模式革新；优势维度上，人工智能强化供应链价值创新、绿色转型和应变能力[①]。

1. 人工智能技术赋能绿色供应链变革

从传统供应链向绿色供应链的转变似乎是供应链管理的一个趋势，旨

---

① 陈金晓. 人工智能驱动供应链变革——平台重构、生态重塑与优势重建 [J]. 当代经济管理，2023，45（5）：50–63. DOI：10.13253/j.cnki.ddjjgl.2023.05.007.

在促进经济增长和维持可持续社会，实现企业与环境的协调发展，在环境污染最小的情况下，确保资源利用效率最大化。随着神经网络、机器学习、边缘计算等技术的进步，人工智能正在供应链领域释放巨大潜力，为供应链的绿色转型提供更多的机会[①]。

1）机器学习

机器学习（ML）是供应链管理中最普遍的 AI 技术，广泛用于供应链流程。基于各种 ML 算法，大多数研究都集中在供应商选择上，其他人则专注于供应链风险管理；此外，一些作者专注于库存管理，也有少部分作者专注于需求预测。

在电力行业中，可以利用主成分分析和 SVM 构建电力供应链评估模型，用于对绿色供应商进行有效评估[②]。机器学习可能是碳排放和供应链绿色转型的有力工具。由于供应链可能包含许多采用不同碳排放技术的上游和下游公司，因此供应链之间也存在很多竞争。在这样一个复杂的供应链竞争体系中，任何想要升级碳排放技术的企业都可能面临寻找最佳升级策略的困难。然而，通过使用机器学习，企业可以根据供应链和绿色转型的大数据找到最佳解决方案。如果供应链能够投资机器学习技术并成功升级碳排放技术，电力企业就可以获得更多的市场份额。对于中小企业而言，可以结合人工智能深度学习技术，构建中小企业绿色供应链管理系统，完善智能算法，创建智能模型[③]。在整个生命周期的闭环中关注环保、节能、减排，包括初期研发设计、采购选材、生产、对外销售、回收和废物处理，借助深度学习技术绿色供应链管理不确定性模型，可以降低中小企业供应链的碳排放[④]。

① WU T, ZUO M. Green supply chain transformation and emission reduction based on machine learning[J]. Science progress, 2023, 106（1）: 1–15.
② ZHANG Q, SHEN H, HUO Y. An evaluation model of green coal supplier for thermal power supply chain based on PCA–SVM [J].Mathematical problems in engineering, 2021（6）: 1–8.
③ LIU B C. Integration of novel uncertainty model construction of green supply chain management for small and medium–sized enterprises using artificial intelligence[J/OL]. Optik, 2023, 273: 170411. https://doi.org/10.1016/j.ijleo.2022.170411.
④ BENZIDIA S, MAKAOUI N, BENTAHAR O. The impact of big data analytics and artificial intelligence on green supply chain process integration and hospital environmental performance[J/OL]. Technological forecasting and social change, 2021, 165: 120557. https://doi.org/10.1016/j.techfore.2020.120557.

2）神经网络

随着技术的飞速发展和社会的不断进步，人工智能作为新一轮科技革命和产业变革的重要推动力，已成为当前极其重要的科技内容。神经网络（NN）的广泛使用不仅给传统制造业带来了革命性的变化，也影响了现代制造业向更智能、更模块化的趋势过渡[1]。在科技和经济飞速发展的同时，"绿色发展"也成为社会热点，各行各业都在向绿色转型。随着反向传播神经网络（BPNN）的出现和发展，其独特的学习性、泛化性和非线性特性逐渐被挖掘出来，并在预测领域得到充分应用。BPNN算法可以根据网络中不同的输入参数和各种影响因素输出差异化信息的特征，优化物流行业的绿色供应链。利用BPNN的可预测性可以用来预测不同供应链企业的选择，从而实现最优选择[2]。

2. 人工智能技术应用保障

人工智能技术的不断发展，为绿色供应链的建设和优化提供了新的思路和方法。要保证未来人工智能技术在绿色供应链中的应用与发展，可以从以下两方面入手，如图6-11所示。

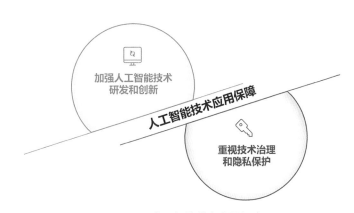

图6-11 人工智能技术应用保障

① BRITO T，QUEIROZ J，PIARDI L，et al. A machine learning approach for collaborative robot smart manufacturing inspection for quality control system[J]. Procedia manufacturing，2020，51：11-18. doi：10.1016/j.promfg.2020.10.003.

② WANG H. Green supply chain optimization based on BP neural network [EB/OL]. （2022-05-30）.https：//www.frontiersin.org/articles/10.3389/fnbot.2022.865693/full.

1）加强人工智能技术研发和创新

加强人工智能技术的研发是保障其在绿色供应链应用与发展的基础。因此，必须积极主动把握人工智能技术和绿色供应链发展机遇，认清技术发展趋势，在机器学习、深度学习、神经网络、机器智能、仿人智能、群体智能、人机混合智能技术、类脑智能、量子计算等前沿技术领域加快布局[①]。

政府要支持和鼓励企业、高校等科研机构对人工智能积极投入研发资源，加大对人工智能技术的研发和创新投入，提高人工智能技术的性能和效率，推动人工智能技术的不断更新和升级，为绿色供应链的建设和优化提供更加强大的技术支持。①加强对人工智能及配套技术的基础理论研究和研发投入支持，如神经网络、机器智能等，解决完全依靠市场而存在的研发投入不足的问题，推动人工智能的理论创新先行。②加强人工智能应用环境的建设，包括信息基础设施、数据互联互通、技术标准和数据安全等方面。③加强对人工智能在电力行业等传统行业绿色供应链转型发展上的应用，将研究成果转化为实际应用，推动绿色供应链人工智能技术协同创新发展。④加强国际合作，共同开展人工智能前沿技术的研究。

2）重视技术治理和隐私保护

要形成对绿色供应链有效驱动能力，必须加强人工智能技术的治理。作为一种智能化的信息处理技术，人工智能当前并不具备人的意识和理解能力，因此在其发展和应用中要特别关注技术本身的风险。

在数据责任方面，应对人工智能应用中的数据安全、隐私保护等问题作出具体规定。与传统的数据库数据不同，在人工智能技术实际应用过程中，由于技术瓶颈等因素，用户数据很难被及时地删除。因此，人工智能的开发要加速事关信息安全的关键技术突破，并推动应用平台与用户之间的信息对称，避免信息的过度调取和滥用，从而让技术创新真正负起数据责任。从算法角度看，虽然人工智能可以从大量的用户数据中获取用户信息，掌握用户偏好，为其提供个性化推荐服务，但是这种服务很容易将积

---

① 韩雨，韩丛英. 2021 年人工智能领域科技发展综述 [J]. 战术导弹技术，2022（2）：42–51.

极的个性化推荐转化为消极的"信息茧房";此外,从云服务器到边缘终端都会带来潜在的隐私泄露、数据泄露等风险,这一问题亟须关注。就落地责任而言,人工智能技术应用中出现了"道德洗白""机器洗白"等现象①,也就是某些企业为了转移公众注意力,通过对人工智能技术责任的宣传公关,掩盖或粉饰其技术落地过程中的不当行为与问题。因此,人工智能技术必须遵循必要性和适用性的原则,要加强对人工智能技术的伦理和道德规范的标准建设。

总之,未来人工智能技术在绿色供应链中的应用与发展需要政府、企业、科研机构等多方共同努力和支持。我们认为,政府需要加强对绿色供应链的政策支持和监管,科研机构需要加强对人工智能技术在绿色供应链领域的研究与开发,企业需要加强对人工智能技术在绿色供应链的创新应用。只有这样,才能保障未来人工智能技术在绿色供应链中的应用与发展,实现绿色可持续发展的目标。

6.4 创新管理保障机制

创新管理保障机制是企业在不断变化的市场环境中实施创新战略并取得成功的重要组成部分。如图 6-12 所示,创新数据管理、供应链协同和创新业务流程是企业创新管理保障机制的三个关键方面。创新数据管理是指企业通过将创新过程中产生的大量数据进行收集、整理和分析,以支持决策和创新活动。通过建立科学、系统的数据管理体系,企业可以更

图 6-12　创新管理保障机制

好地理解市场需求、产品和技术趋势,为创新提供有力的数据支持。供应链协同是指企业在创新过程中与供应商、合作伙伴和其他利益相关者紧密

---

① SEELE P, SCHULTZ M D.N 漂绿到机洗:类比推理的模型和未来方向 [J]. 商业伦理杂志,2022,178:1063–1089.

合作，共同促进创新的实施和推进。通过建立稳定、高效的供应链合作网络，企业可以共享资源、信息和风险，提高创新的速度和质量。供应链协同机制可以提高企业的创新响应能力和灵活性，增强企业在市场竞争中的优势。创新业务流程是企业在创新过程中规范和优化的管理程序与方法。通过建立科学、高效的创新业务流程，企业可以确保业务流程的有效组织和管理。创新管理保障机制的有效运行能够提高企业的创新能力和竞争力，为企业持续发展创造良好的条件。

6.4.1 创新数据管理

近年来，数据在经济社会发展中的作用日益突出，以互联网、大数据为代表的数字革命正在深刻改变着国民经济形态和生活方式，绿色供应链也应将数据提升到战略高度，构建数据管理体系。打造现代智慧绿色供应链平台，利用数据驱动全供应链和全要素的网络化协同，实现跨业务、跨专业、跨系统的数据融合以及供应链运营效率、效益和效果的全面提升。

1. 绿色供应链数据管理体系介绍

传统的信息化建设侧重于"业务流"，数据只是信息化建设副产品。由于不同信息系统的技术架构、数据结构不尽相同，跨系统之间工作难以协同，容易产生数据壁垒效应。数据不全或者质量不高等问题给业务的深度分析与决策带来不同程度的阻力，难以有效支撑业务问题的解决。因此，在对供应链进行信息化建设的过程中，除了考虑业务流外，还需要考虑如何把整个数据体系搭建起来，从而实现从面向"业务流"到面向"数据流"的转变。在这种背景下，绿色供应链数据管理体系应运而生。

在国内外数据管理理论的基础上，结合实际经验，以"统一管理、分级负责、专业主导、技术支撑"为准则，提出绿色供应链数据管理体系建设方法，为科学、有效地开展供应链管理工作提供依据。绿色供应链数据管理体系主要目的是从根源上优化数据传输、保障数据供给、夯实数据基础。绿色供应链数据管理体系的结构如图 6-13 所示，主要包括绿色供应链业务数据规范管理、绿色供应链业务数据目录管理、绿色供应链业务数

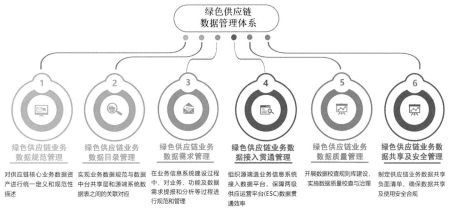

图6-13 绿色供应链数据管理体系的结构

据需求管理、绿色供应链业务数据接入贯通管理、绿色供应链业务数据质量管理、绿色供应链业务数据共享及安全管理。

1）绿色供应链业务数据规范管理

数据规范管理是绿色供应链数据管理体系的起点，需要结合供应链上各业务的数据结构对具有价值的核心业务数据资产进行统一的定义和规范性描述，将供应链上各部门数据、目录、职责高效协同联结，形成一整套数据管理规则及标准[①]。此外，将"谁生产、谁负责"作为基本原则，用来明确权威的数据源和数据责任主体，为数据模型的优化和完善奠定统一的基础。

2）绿色供应链业务数据目录管理

数据目录是一种树状结构，它具有层次性、可伸缩性、可扩展性、科学性等特征。通过数据目录管理，利用目录控制和资源目录数据技术，可以将绿色供应链上的业务数据与公司的数据资源目录建立映射关系，实现业务数据规范与数据中台共享层和源端系统数据表之间的关联对应，进而支撑绿色供应链上的数据溯源。

3）绿色供应链业务数据需求管理

供应链的业务数据需求管理主要包括三个重点问题：如何获取数据

---

① 刘瑞. 演化博弈下农产品电商供应链收益分配机制研究 [J]. 商业经济研究，2022（22）：111-114.

需求、如何集成数据需求以及如何分析数据需求。以这三个重点问题为起点，通过业务数据需求管理探究供应链上数据的感知与获取、组织与整合、分析与服务等一系列服务的构建路径。在此基础上，可对跨机构、跨行业、跨区域的资源进行整合与配置，促进业务流程的升级再造。参照绿色供应链业务数据规范，在业务信息系统建设过程中，规范和管理对业务、功能及数据需求的提报和分析过程。

4）绿色供应链业务数据接入贯通管理

业务数据接入贯通管理是指把来自企业内外部的大量数据根据业务需求进行加工、整合，通过灵活、高效的方式为决策人员提供各种类型的数据分析与决策依据。通过实现供应链上不同主体之间数据信息、管理流程等标准化快速对接，增加效益[①]，提高数据接入贯通管理的效率。同时，将技术部门的常态化业务信息系统接入数据中台，通过各级数据中台实现数据的上传与下载，确保数据接入的时效性。

5）绿色供应链业务数据质量管理

数据质量管理主要针对使用数据过程中存在的定义不清晰、内容不真实等问题。数据质量不局限于数据库技术，而是拓展为支持开展各种管理活动的信息系统中以数据形式呈现的信息资源。以绿色供应链业务数据规范为基础建设数据核查库，利用核查规则分析数据问题产生的根本原因，协同进行数据传输路径的优化，确保供应链中传输的数据具备一致性；对端源业务数据进行治理，从源头上确保数据质量。

6）绿色供应链业务数据共享及安全管理

数据安全与隐私保护是供应链数字化转型的重要内容，而供应链中任何一个环节出现纰漏，都将会给供应链数据安全带来致命影响[②]，供应链上的各主体应在供应链内部进行数据共享和使用的基础上，确保各项环节的安全合规性，保证供应链各项业务稳定、有序运行。数字技术创新能够推动供应链数据整合与利用，但在数据共享流动过程中容易诱发数据安全风险，因此强调绿色供应链业务数据共享及安全管理的重要性。企业应在保

---

① 王静. 新发展格局下中国产业链供应链安全稳定战略的逻辑转换 [J]. 经济学家，2021（11）：72-81.
② 冯登国，连一峰. 网络空间安全面临的挑战与对策 [J]. 中国科学院院刊，2021，36（10）：1239-1245.

证数据隐私性和安全性的基础上，打破供应链数据壁垒，完成安全多维度的数据融合和数据共享①。

2. 绿色供应链数据管理体系建设思路

绿色供应链具有业务链条长、数据来源复杂等特点，涉及众多传输环节、部门、信息化团队，数据管理责任不易清晰界定，相关工作的开展亦需要多方进行协调。为更好地构建数据管理体系，打造智慧绿色化供应链平台，采取以下的建设思路，如图 6-14 所示。

图 6-14　绿色供应链数据管理体系建设思路

1）建立数据管理机制

绿色供应链的传输节点众多，数据在链上进行传输时可能遇到复杂多变的问题，可能是涉及技术方面的问题，也可能是涉及业务和管理方面的。为此，应当建立统一的数据管理机制，确保供应链上各级数据管理工作条理清晰、协同高效、联通顺畅。同时，为了保障数据管理机制切实执行，保障数据的完整性和准确性，需要配备数据管理工作制度体系和管理责任矩阵。从标准管理、需求管理、质量管理、安全管理、应用管理、考核管理等角度对数据管理工作进行细化和规范，划分责任主体，为数据管理提供制度保障。

---

① 陈合营. 隐私计算赋能供应链金融 [J]. 中国金融，2021（24）：66-68.

2）制定数据标准

为保证数据管理体系各数据库与各功能模块之间的数据分类、编码、命名的系统性和唯一性，需要制定数据标准，从而更好地满足系统正常运行及协同运作的要求，实现系统的兼容与信息共享。数据标准适用于业务数据描述、信息管理及系统开发，它可以作为供应链中数据的规范化定义和统一解释，也可以作为管理数据信息的基础以及定义数据的依据。目前，不同环节的数据标准不统一甚至相互矛盾会导致供应链内外部数据交换、共享困难，建立统一的数据标准对消除数据壁垒、方便数据共享意义重大。同时，科学合理的数据标准也能够规范业务流程。由此可见，需要建立一套绿色供应链数据标准，为数据质量的进一步提升提供支撑。

3）培育数字文化

为推进绿色供应链数字化转型升级，需要解决传统人才知识结构相对单一的问题。提高工作人员的数字化思维和数字文化，培养既懂业务又懂数据的数字化人才。可采取多元化方式向员工普及数据专业知识，丰富员工的知识结构，帮助员工从全供应链视角和数据视角思考和解决问题，养成"用数据说话、用数据决策、用数据创新"的数字化思维习惯。

3. 绿色供应链数据管理体系实施路径

为了保证绿色供应链数据管理体系的落地效果，需制定具体的实施路径，通过规范引领、统筹联动、专业主导、技术赋能、应用牵引、考核激励等方面保证绿色供应链数据管理体系有效运行，如图 6-15 所示。

利用考核激励

通过定期的评估确定企业当前的数据管理能力，构建数据管理能力改进程序；提高相关工作人员的数据管理思维、理念与意识、创新能力

强化应用牵引

运用数据开展业务分析、诊断和预测，开展数据共享服务，形成系统化的指标体系、专题化的共享成果

利用技术赋能

既要利用应用创新对数据管理中的问题进行快速治理，又要通过管理创新积累应对复杂问题的技术手段和措施

数据规范化

加强数据规范性要求在供应链各项业务中的执行力度，实现绿色供应链业务数据跨系统、跨区域的融合贯通

加强统筹联动

制定绿色供应链数据管理协同工作机制、准则与程序，将工作内容细化，将具体责任落实到人

专业化引导

专业化部门需向业务用户提供数据管理标准化、数据应用视图化、数据使用轻量化的智能数据服务环境

图 6-15　绿色供应链数据管理体系实施路径

1）数据规范化

为了充分发挥数据资产的价值，需要对供应链中的数据进行规范化。数据规范化不仅能够对面向各类决策的应用产生直接影响，而且能在很大程度上推动数据共享、促进业务贯通融合。与"书同文、车同轨"类似，进行数据管理需要对各类数据形成统一的成文规定，要加强绿色供应链各环节的数据标准化、规范化顶层设计。数据规范化是从业务、管理、技术三个方面对绿色供应链中的数据进行全方位、多角度的定义与规范，是供应链中各项工作顺利开展的基础。

进行数据规范化管理需要突出实用实效、强化落地实施。首先，加强数据规范性要求在供应链各项业务中的执行力度，强化对各类源头数据的规范性管理，引导系统从根源对数据进行规范性管控，着力解决数出多源、重复录入、系统与业务不对应等问题，推动系统实现应用单轨制。其次，在业务数据规范化的基础上，进一步提出优化和完善公司统一数据模型的要求，实现绿色供应链业务数据跨系统、跨区域的融会贯通。结合数据的各类应用场景，向业务上下游延伸，不断拓展绿色供应链数据规范化的深度和广度，用数据规范化推动供应链数字化转型以及构建数字生态。

2）加强统筹联动

绿色供应链的数据管理系统涉及多家企业、多个业务信息系统，具有责任主体多、链路环节复杂等特点，任何一个环节、一个业务、一家企业出现问题都会对整体的管理效果造成影响。因此，需要供应链上各个组织加强联动、统筹兼顾、明确责任，实现部门内部各环节、跨部门之间各环节的横向协调以及跨层级之间的纵向协调，形成整体合力，协同推进数据管理体系发展。

强化统筹联动需要制定绿色供应链数据管理协同工作机制、准则与程序，将工作内容细化，将具体责任落实到人，通过闭环管控实现内部管理与外部协同合理衔接，实现对数据管理资源的优化配置。此外，可以对重难点问题制定专门的解决机制，实现日常管理和应急管理的协调补充，从整体上提升数据管理工作的效率。

3）专业化引导

为对数据进行科学管理，还需要充分发挥专业部门的引导作用，必要时需要发挥主导作用。专业化部门需向业务用户提供数据管理标准化、数据应用视图化、数据使用轻量化的智能数据服务环境。在实践应用中，国家电网较好地发挥了专业主导作用，值得借鉴。首先，国家电网的供应链数据管理责任由物资管理部门主动负责，在数据中台的基础上开展数据共享工作，并主导供应链数据规范的制定、数据的接收与核实、数据质量的核查、数据的治理等工作，严格落实数据共享与安全合规的要求，有效提升供应链中数据的利用效率。

4）利用技术赋能

基于数据中台进行绿色供应链数据管理是一项全新的业务，缺乏现成的经验，企业需要在实践中总结经验，以问题为导向推动数据管理工作的进程。因此，在管理过程中，既要利用应用创新对数据管理中的问题进行快速治理，又要通过管理创新积累应对复杂问题的技术手段和措施。一方面，充分利用互联网技术构建供应链数据安全受控专区和脱敏数据专区，开发自动对比数据一致性的工具，研究全链路数据检测工具，以此提升供应链各环节的数据问题排查能力和数据挖掘利用效率。另一方面，应当以利用数据地图、数据资源目录等功能为基础进行二次开发，完善绿色供应链数据管理信息化支撑功能，保证链上数据可视、可控、可用。此外，应当积极进行前瞻性探索研究，建立以业务数据规范为基础的绿色供应链智能样本数据库，运用大数据、人工智能提升供应链的数据管理能力，保证供应链上业务完整、内容规范、流程连续、数据准确。

利用技术赋能绿色供应链数据管理贯穿了数据全寿命周期。如图6-16所示，首先开展核心字段数据质量标准和核查规则梳理，构建数据质量规则库，并结合应用反馈情况，迭代完善数据质量标准及数据质量规则库。其次通过建立数据资源目录、数据质量监控、数据一致性比对等管理工具，基于数据平台统一进行数据的清洗、转换和整合，保障数据传输过程的一致性。再次以实用性为导向有序地核验、应用数据，从源头上提升数

图 6-16　技术赋能供应链数据管理

据质量。最后利用核查工具和规则，形成问题清单与报告，推进问题的核实与整治。

5）强化应用牵引

应积极识别绿色供应链运营的热点数据和高价值应用，运用数据开展业务分析、诊断和预测，开展数据共享服务，形成系统化的指标体系、专题化的共享成果。通过核心数据和重点应用推动供应链数据服务标准化，减少各专业应用构建的工作量和复杂度，实现数据服务快速共享，为业务应用场景的构建提供基础，进一步提升绿色供应链数据服务能力。

6）利用考核激励

数据管理工作具有投入高、时间长、见效慢等特点，需要相关工作人员具备足够的耐心，因此需要制定合理的考核激励制度来激发工作人员的积极性。首先，应当通过定期的评估确定企业当前的数据管理能力，找到差距、加强引导，鼓励先行试点，构建一套体系、多个试点的数据管理能力改进程序。其次，提高相关工作人员的数据管理思维、理念与意识，提升数据管理创新能力，大力培养复合型数字化人才。

4. 绿色供应链网络安全建设

《关键信息基础设施安全保护条例》已于 2021 年 9 月正式施行，这标志着国家完成了对关键信息基础设施保护的制度设计。绿色供应链的正常稳定运行也离不开关键信息基础设施的支撑，通过互联网平台等信息服务系统时时互联，方便链上企业沟通的同时，承载大量的重要数据与信息。

供应链网络结构节点会互相作用和影响，如基础设施共享性、节点脆弱性相似性等，导致单个节点安全风险控制的投入会影响整个供应链网络的安全风险水平[①]。在此背景下，供应链网络安全的重要性也日益突出，一旦受到攻击，会给各个组织带来严重危害。为了进一步保障绿色供应链网络安全，提出包括运维安全建设、技术安全建设和制度安全建设的网络安全体系，如图 6-17 所示。

图 6-17　绿色供应链网络安全建设

1）运维安全建设

网络安全事故可以划分为内部和外部两类，统计数据显示，80% 以上的安全事故与内部人员有关。因此，应当建立规范的身份管理与权限分配机制，用以避免数据的泄露与窃取、违规的越权访问、恶意的破坏的问题。在运维管理过程中，对于账号、密码等敏感信息，应根据身份的不同设置相对应的访问策略，对用户可使用的资源进行合理分配，实现不同权限的用户享用不同资源的使用权限，从而建立规范、完善的监督管理制度。同时，制定合理的管理制度对运维人员进行监督，及时监测并上报运维过程中的违规行为，加强对运维工作人员的规范化管理，进一步保障运维安全，有效地保障绿色供应链中的数据安全，从而保障整个供应链系统的正常运行。

2）技术安全建设

通过加强技术安全建设，采用技术手段以防范侵入者对供应链网络的攻击、干扰和破坏，为绿色供应链网络提供安全环境[②]。技术安全管理包括平台安全和传输安全两个方面。其中，平台安全能够为用户提供基础的安全保障，分为平台基础安全层面和用户网络安全层面。根据行业要求以及

---

① 郭捷. 考虑交易安全风险控制投入的在线旅游供应链网络均衡模型 [J]. 中国管理科学, 2020, 28（6）: 137-145.

② 郭春镇, 张慧. 中国家电网络安全法治中的国家能力研究 [J]. 江海学刊, 2021（1）: 163-170, 255.

相关的规定标准，通过平台控制访问身份、平台安全监控等方式保障整个供应链的平台安全管理水平。用户安全服务以平台安全服务为基础，为用户提供安全保护，主要包括用户网络安全、用户应用安全、用户数据安全等层次。用户可以根据自身的具体需求构建相应的安全防护模式，满足业务安全需求与合规需求。

传输安全主要是为供应链上数据的传输安全提供保障。数据安全在绿色供应链网络安全中占据核心地位，实践中链上数据具有种类繁多、内容量大、结构复杂等特点，数据在整个供应链中频繁传输，在传输和使用的过程中容易面临被监听、篡改、窃取等问题，想要建立完善的绿色供应链网络安全体系，就必须解决数据安全相关问题。针对数据的来源及应用领域的不同，可以将数据划分不同的类别，根据类别进行安全等级分类，比如将数据分为一般数据、重要数据、核心数据，按照数据的密级要求和分类等级采用不同级别的加密技术进行处理。其次，应当加快建设数据的标识与溯源系统，杜绝伪造或被篡改的数据进入供应链系统，对整个系统的运行造成不良影响。最后，绿色供应链的网络安全系统应当具有完备性，若出现数据传输错误、中断等问题，系统能够在最短时间内恢复连接，具备快速重传数据的能力，能够保障供应链的数据传输过程的准确性、完整性、有效性。

3）制度安全建设

面对复杂的环境和严峻的网络安全风险挑战，仅仅依靠技术手段无法全面保障绿色供应链的网络安全。因此还需要完善网络安全制度，针对企业的实际情况和未来发展计划，明确划分岗位并规定具体责任，确保网络安全体系稳定、有序运行。完备的制度体系是绿色供应链网络数据安全管理的前提，推进网络安全立法能够促进运用公权力对网络安全风险的遏制[1]。应当不定期组织安全能力培训以增强工作人员的安全意识，动态完善企业的安全制度，提高绿色供应链网络安全寿命周期风险监测能力。与政府、科研院所等机构进行合作，深化重点行业、企业绿色供应链安全防

---

[1] 林伟. 人工智能数据安全风险及应对 [J]. 情报杂志，2022，41（10）：88，105–111.

护，建设方、运营方、监督方、使用方多方合作的安全管理机制，协调解决网络安全问题。遇到网络安全威胁时，及时向相关部门通报，以获取问题解决方案。企业应建立绿色供应链网络安全问题解决库，提高网络风险预警与防御效率，建立制度可靠、稳定高效的绿色供应链网络安全保障体系。

总之，作为企业绿色供应链创新管理保障机制的要素，创新数据管理要求企业理清数据管理机制、数据标准、数字文化三个方面的绿色供应链数据管理体系建设思路，从数据规范化、加强统筹联动、专业化引导、利用技术赋能、强化应用牵引、利用考核激励六条路径实施数据管理体系建设，从运维、技术和制度三个维度构建网络安全体系，实现企业跨业务、跨专业、跨系统的创新数据管理，推进全供应链的数据驱动和全要素的网络化协同。

6.4.2　供应链协同

企业内外部驱动是绿色供应链协同创新模式形成的主要影响因素之一[①]。供应链以客户需求为导向，以提高质量和效率为目标，以整合资源为手段，实现产品设计、采购、生产、销售等全过程的高效协同[②]。综合当前企业绿色供应链的运作情况，形成了图6-18所示的绿色供应链协同运作机制。

绿色供应链的特征是在供应链协同的基础上增加了环境因素的影响。图6-18中的核心企业是行业的龙头企业，在绿色供应链中发挥着引领作用。2017年起，中国工业和信息化部就展开了绿色制造业创新试点示范遴选工作，旨在通过示范企业带动全行业绿色发展水平。绿色供应链管理在较长时期内会保持较快创新扩散速度，绿色理念受到更多企业的重视[③]。目前重点支持行业已扩展至零售业、服务业等领域。

---

① 梅强，佴红，刘素霞，等.面向中小制造企业的绿色供应链协同创新模式多案例研究 [J]. 科学学与科学技术管理，2023，44（5）：50-61.

② 樊佩茹，李俊，王冲华，等.工业互联网供应链安全发展路径研究 [J]. 中国工程科学，2021，23（2）：56-64.

③ 刘娜，周敏.绿色供应链管理创新扩散趋势研究——基于中国省际面板数据 [J]. 管理现代化，2018，38（4）：37-40.

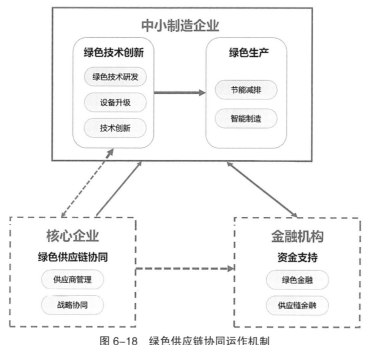

图 6-18　绿色供应链协同运作机制

　　核心企业通过制定战略协同机制、供应商管理系统等保障绿色供应链协同运作。比如华为制定了"绿色管道、绿色运营、绿色伙伴和绿色世界"的环境可持续发展战略，将生态设计和循环经济理念纳入产品全寿命周期管理。华为成立了可持续发展委员会与节能减排分委员会以指导绿色供应链管理实践。委员会的成员来自研发、制造、采购、交付等主要职能部门，负责制定可持续发展战略、协调跨部门工作、部署及执行绿色环保工作，引导公司可持续发展方向。华为绿色供应链管理坚持市场导向，将环保要求融入商业战略，通过环保创新优化产品设计和生产过程。例如，国家电网建设"国家电网应急库－省周转库－市县终端库"三级仓储网络，物资出入库、盘点、装卸、补库实施智能化作业，深化与链上供应商、物流企业的协同，共享港口、航空、铁路、仓储等基础设施资源。同时，通过供应链上下游合作提升竞争优势，通过行业标准化工作推广绿色供应链最佳实践。

中小制造企业是供应链上产品的生产者、原材料的消费者①，因此需要核心企业通过供应商管理系统对中小企业进行选择、认证、审核等操作②。比如华为从2006年开始发布绿色采购宣言，优先选用环保表现更好的供应商，将绿色理念融入采购战略和采购业务流程之中。建立绿色采购认证管理体系，对采购产品和服务进行绿色认证，推动和促进上游产品的绿色化。与此同时，中小企业在管理模式转型中会面临资金、技术、人才等多重压力③，核心企业应不断完善对中小制造企业的要求，推动其不断完善绿色供应链管理。核心公司可通过绿色培训、供应商环保峰会等形式为中小企业提供绿色技术创新支持，帮助其进行技术研发、设备升级，在此基础上进行绿色生产。从而使中小制造企业为核心企业提供更加环保的产品，共同促进供应链可持续发展。中小企业应积极与供应链上的大企业、核心企业等具有先进绿色管理水平的企业展开合作，确立绿色供应链共建联盟，打造绿色环保企业，营造绿色企业文化，在企业内部灌输全员绿色行动理念，科学制定以绿色供应链为基础的生产经营方式，制造绿色低碳产品，向消费者推广绿色消费理念，满足市场多样化的绿色需求，树立良好的绿色企业形象。

绿色供应链在核心企业与中小企业协同创新中运行，能够破解中小企业技术、人才匮乏等难题。在实践中有很多成功的案例，比如罗氏企业会与上下游的中小企业共同探寻创新解决方案，并为中小企业提供专业支持。国家电网制定新型电力系统创新贡献度"三维三级"评价体系，加强跨工程、跨单位的需求整合，驱动头部企业加大创新力度，带动电工装备与技术突破。通用电器公司通过市场方式与中小企业协同制订绿色发展方案，并有偿为中小企业提供节能减排技术与方案，从中获取收益。

总之，作为企业绿色供应链创新管理保障机制的要素，供应链协同要求中小企业、核心企业和金融机构三方协力，形成产品设计、采购、生

① 孟庆春，张夏然，郭影."供应链+多元主体"视角下中小制造企业污染共治路径与机制研究[J].中国软科学，2020（9）：100-110.
② 梅强，俚红，刘素霞，等.面向中小制造企业的绿色供应链协同创新模式多案例研究[J].科学学与科学技术管理，2023，44（5）：50-61.
③ 刘燕华，李宇航，王文涛.中国实现"双碳"目标的挑战、机遇与行动[J].中国人口·资源与环境，2021，31（9）：1-5.

产、销售等全过程的绿色供应链企业协同创新运作机制，有效整合供应链资源，实现企业绿色供应链协同创新内外部驱动，保障企业绿色供应链创新管理的实施。

6.4.3　创新业务流程

绿色创新是实现企业可持续发展目标的重要战略，创新业务流程是提高绿色供应链经济效益和环境效益的重要手段。绿色供应链注重环保的概念，使得其与传统供应链最大的不同是它在传统供应链的每一个环节都加入了对环境的思考。因此，绿色供应链相关的企业不仅要实现既定的经济效益，还要实现相应的环境效益。供应链管理的范围从上游原材料供应商、生产商开始，到下游的分销商、零售商和最终用户[①]。这就意味着绿色供应链要从产品的开发设计环节开始，到采购环节，再到制造生产，最后到运输销售和回收等环节，都要考虑到节能减排，应当将节能减排贯穿于供应链的全部环节，使得全过程对环境的破坏达到最低、对资源的利用率达到最高。只有如此，才能构建具有绿色竞争力的供应链体系，为可持续发展奠定基础，实现经济效益与环境效益双赢的目标。

因此，根据商品的制造流程，绿色供应链创新业务流程通常可以分为四个方面：绿色设计与采购、绿色制造、绿色营销和绿色回收，如图 6-19 所示。

1. 绿色设计与采购

根据产品的生产周期，供应链的上游通常是进行产品的设计与原材料的采购等工作，因此绿色供应链的第一环节的业务是绿色设计与采购。

绿色设计决定原材料的备择、生产工艺的特质、产品的性能、废旧产品的回收利用能力等方面，推动后续的采购、制造、营销、回收等环节的低碳运作[②]。绿色设计的主体主要是企业自身，其要求企业在对产品进行

---

① 赵璐. 基于供应链周期战略管理的绿色食品包装体系构建 [J]. 食品与机械，2020，36（12）：115–118，126.

② 毛蕴诗，RUSTEM K，韦振锋. 绿色全产业链评价指标体系构建与经验证据 [J]. 中山大学学报（社会科学版），2020，60（2）：185–195.

绿色设计与采购
供应商绩效评估制度
供应商环境定期审核
供应商科学碳目标设置

绿色回收
绿色包装
回收机制
技术研发

绿色制造
制定绿色制造相关规章制度
升级绿色制造硬件设施
建立绿色制造监测系统

绿色营销
绿色物流：零库存仓储模式、绿色物
流技术、绿色运输方式
绿色销售：塑造自身绿色品牌的形象、
提高顾客的节能环保意识

图 6-19　企业绿色供应链创新业务流程

研究开发时，考虑当前的产品制造方案是否会在后续过程中对环境产生不良的影响。绿色设计要求从起始到最终的阶段都应该追求达到最环保的目标。在进行产品设计时，企业需要对不同设计方案可能在后续对资源利用、环境污染等方面产生的不同后果进行评估，按照消极影响最低的方案进行设计，从源头上消除高污染高能耗的可能。根据成功案例的经验，企业可以在研发过程中运用模块化，对每个模块进行监测以确保在合适的时间将高污染的材料进行替换。比如海尔公司运用了模块化，通过设计环节的预先替换大幅度减少了回收简单废弃物的排放，也为回收再利用打好了基础。在对包装物进行设计时选择绿色包装，选择具有降解性的原材料制作包装物，降低不易降解材料对环境的污染。此外，材料还应具备易拆解性，便于在后续回收阶段对包装物进行分拆与整理，提升资源利用率。

　　绿色采购的主体是供应链上的供应商。一方面，企业需要选择绿色环保的原材料；另一方面要选择合适的供应商。绿色原材料是指消耗能源较少且对环境污染较少的材料。目前，中国对环境保护问题高度重视，已将污染较大的材料列入禁用名单，企业应当避免使用名单中的材料。除了考虑使用污染较少的材料之外，还需要加大对可再生环保材料的使用，为后续的回收再利用奠定基础。企业进行绿色采购需要与绿色供应链上下游企

324

业建立长期的战略合作关系①，对于供应商的选择，除了需要考虑材料的价格和质量外，还需要考虑有绿色环保理念。国家电网率先发布首个央企绿色采购指南，落实国资委"实施绿色采购，鼓励采购节能低碳环保材料、产品、设备和设施"工作要求，制定22项具体举措和4项保障措施，为公司系统性开展绿色采购提供根本遵循，为推动链上企业和供应链全链绿色低碳发展明确目标任务。在实践中，惠普公司对供应商采取了以下切实可行的绿色管理措施。

1）供应商绩效评估制度

为供应商制定可持续发展计分卡，用于衡量供应商在社会和环境责任方面的绩效，评分项目包括审计评分、产品和材料合规性、环境管理、矿物采购、劳动力管理、科学碳目标以及具备第三方查证的温室气体盘查数据。通过持续完善计分卡标准，提升环境管理要求，推动供应商绿色环保能力的提升。可持续发展计分卡制度能够使企业在采购过程中更重视社会和环境责任。

2）供应商环境定期审核

对供应商进行定期审核确保其社会和环境责任的落实。同时，根据公众环境研究中心的资料对违规的供应商进行检查，要求并确保其完成改善。

3）供应商科学碳目标设置

为帮助供应商科学设置碳目标，与世界自然基金会（WWF）等环境保护组织合作举办科学碳目标研讨会。通过交流学习让供应商了解碳目标的制订标准、实施方法。邀请企业代表分享应对气候问题以及构建绿色供应链的经验，让供应商合理设置温室气体排放减排幅度和速度。

2. 绿色制造

生产制造是产品全寿命周期中最重要的环节，因此绿色制造也是整条供应链的核心环节。建设绿色制造体系，促进绿色供应链智能化与绿色化

---

① 覃朝晖. 企业绿色采购行为动态演化博弈研究——基于利益相关者的视角：以制药企业为例 [J]. 中国矿业大学学报，2020，49（3）：609–614.

协同发展①。要实现绿色制造，企业需要在制造过程使用保护环境、节约资源的技术，运用先进的制造工艺和技术，制造出符合绿色环保要求的产品。这一环节不仅是为了使产品能耗最小，还应当使后续包装运输和回收利用环节均能最大化环境效益。

绿色制造是一种提升资源效率、降低环境负面影响的可持续制造模式②，依据的是可持续发展的理念。一方面，企业在产品的制造过程中需要做到绿色环保；另一方面，企业要制造出后续能够实现绿色环保的产品。

因此，企业在生产制造环节要尽可能减少废水废气等污染物的排放，在机器选择上要尽可能使用能够最大化利用原材料的设备，在原材料投入上要尽可能选择能够循环使用材料的工艺方法（图6-20）。绿色制造能够切实减少企业对资源的消耗量、减小废弃物排放对环境造成的不良影响。结合实际案例，企业可以采用以下措施将绿色制造落地执行。

图6-20　绿色制造实施措施

1）制定绿色制造相关规章制度

实施绿色制造首先需要科学合理地制定法规和标准，让绿色制造各项措施和技术推广做到有章可循③。要对制造环节进行绿色创新改进，首先要从思想上予以重视。企业不仅要严格遵守国家发布的相关法律法规要求，还应结合实际情况制定切实可行的规章制度。比如北京汽车股份有限公司将绿色供应链管理制度贯穿于产品开发和生产流程中，要求以禁止采用污染环境、危害人体健康的材料及加工工艺，优先考虑使用环保节能材料为基本原则，以闭环运作的方式，在产品全寿命周期过程中综合考虑材料的

① 田华文.“双碳”目标下数字经济赋能绿色低碳发展论析 [J]. 中州学刊, 2023（9）: 30-39.
② 刘培基, 刘飞, 王旭, 等. 绿色制造的理论与技术体系及其新框架 [J]. 机械工程学报, 2021, 57（19）: 165-179.
③ 曹华军, 李洪丞, 曾丹, 等. 绿色制造研究现状及未来发展策略 [J]. 中国机械工程, 2020, 31（2）: 135-144.

回收再利用及对环境的影响，提高资源利用率，减少对环境的污染。国家电网编制发布近 20 项供应链绿色技术标准，引导全环节绿色低碳升级，深化绿色设计、绿色制造、绿色物流、绿色包装，推进再生资源循环利用和回收处置。海尔公司也对制造过程中产生的废水废气制定了相应的处理规则。针对废水排放，海尔设置了标准化排放口，制造环节产生的废水不会被直接排出，而是被统一收集起来，在经过一定的处理达到既定的标准之后才会被排放。

2）升级绿色制造硬件设施

要进行绿色制造，企业还需要创新技术、硬件设施做支撑。信息基础设施可以促进企业绿色技术创新提升，升级绿色制造硬件设施有利于提高绿色制造的效率。目前应用广泛的是绿色工厂，如北京汽车股份有限公司建设智能化生产工厂，进行清洁制造。通过绿色工厂实现了涂料 VOC（有机挥发物）排放控制，减少了水溶性涂料的 VOC 排放，实现了机器人喷涂技术，提高了涂料利用率。海尔公司为了减少废气的排放，投入资金改良了焊接和注塑的工艺线，让此环节产生的废气指标能够符合国家的标准。此外，企业还应当不断引进新技术，对现有技术和设备进行改造，发挥大数据、云计算、物联网等技术在资源有效利用和环境保护方面的作用，逐步形成低消耗、低排放和高效率的节约型增长方式。

3）建立绿色制造监测系统

绿色制造是个动态的过程，因此需要建立监测系统对制造过程的资源消耗与污染排放进行监测，以便及时进行升级改进。绿色制造技术创新水平提升，监测技术装备不断改良升级，数智化、大数据、云计算、人工智能等推动绿色制造监测系统不断优化[1]。企业在提高大数据监测分析能力的同时，建立健全碳排放动态核算与智能监测体系[2]，加强绿色制造监测系统的建设。海尔公司的绿色制造监测系统效果较为显著。海尔公司依托智慧能源系统建设对废水的监测系统，系统能够全天候工作且及时给出预警，

---

① 田潇潇，郭克莎．绿色制造技术创新对制造业绿色发展的影响［J］．经济理论与经济管理，2023，43（8）：4-17.
② 田华文．"双碳"目标下数字经济赋能绿色低碳发展论析［J］．中州学刊，2023（9）：30-39.

对制作过程安装废气处理与监测设施，并对废气进行定期清理与检查。此外，可以依靠专业的监测机构对制造环节进行监测。海尔公司每年均会委托第三方机构对废气的产生量和污染程度进行监测，为监测系统增加一条防线，确保符合规定后再排放。最后对于产生的废弃物，企业也应该实行全流程监测管理。前期对废弃物的产生量进行严格把控，在能力范围内尽可能减少危险废弃物的产生；中期需要安排特殊的存放仓库对危险废弃物进行安置，转运过程中细心把控，避免转运过程中泄露的可能性；后期可以与多家废弃物处理单位合作，审查它们的资质是否合规，保证废弃物得到规范处理。

3. 绿色营销

作为一种全新的营销理念，绿色销售与传统供应链中的营销不同，它是一种哲学理念，也是绿色供应链中非常重要的一个环节。绿色营销包括产品的物流运输环节和销售环节两个部分，如图 6-21 所示。在当前的社会大背景下，绿色环保的理念已深入人心，越来越多的消费者在选择产品时会考虑绿色环保等因素，节能环保型产品在市场上越发受欢迎。在以上背景下，绿色营销应运而生。绿色营销要求企业将绿色环保的理念应用到运输与售卖的整个销售过程中，不仅要满足社会合理有序发展的要求，还要引导公众了解企业对环境保护做出的努力。

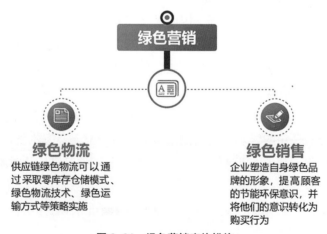

图 6-21　绿色营销实施措施

1）绿色物流

在绿色物流方面，通过增强供应链绿色物流上的管理，引导绿色低碳的产业集群化发展[1]。企业在制定物流方面的管理条例时，需要将与物流环节相关的环境规章制度加入其中，这样可以使物流运输环节原本有可能对环境产生的影响被缩减到最小，优化运输环境，更加合理地利用物流资源。绿色物流技术产品应用是物流资源配置优化的必要前提[2]，因此，首先要利用先进的物流技术对整个物流过程进行规划，将技术运用到产品的包装、仓储、运输和装卸等活动中。比如，联想的物流部门致力于用技术使得运输方式更加环保，减少运输设备的温室气体排放，并聘请外部监督机构落实改善措施。其次，采用新型信息技术推进绿色物流智能化创新[3]，利用绿色运输的实施为企业降低环境成本。在传统的运输过程中，未考虑环保因素的配送过程可能会造成道路拥挤、空气污染和噪声污染等一系列问题，不仅严重影响效率，还会对环境造成破坏，导致企业对以上的影响支付环境费用。绿色支付能够帮助企业减少环境成本，从而降低总成本。最后，降低商品保管过程中的损失率。货物的仓储需要进行一定的养护操作，而传统的化学养护方法可能对环境造成破坏，甚至出现爆炸或泄露等问题，对环境造成污染。绿色运输采用绿色存储方式，不仅可以降低保管过程中损失的概率，还可能降低因泄露对环境造成污染的风险。根据实践经验，在绿色物流方面，企业可采取如下的策略。

（1）零库存仓储模式。在产品销售出去之前的仓储时期，必定会随着产品量的增加引起仓储费用的增加，也可能随着货物的挤压造成潜在风险，因此采用零库存模式是非常必要的。零库存模式有两个限制条件——达到零库存，不影响产品及时销售。因此企业需要根据零售商的订单对产品生产所有需要的原材料进行估算，然后根据估算采购当期的原材料，减少由于采购原材料过多造成的仓储费用。

---

① 路正南，张超华，罗雨森."双碳"目标下制造企业绿色供应链绩效评价研究 [J]. 生态经济，2023，39（7）：58-66.
② 连捷.基于供应链管理的绿色物流发展路径探析 [J]. 商业经济研究，2021（9）：94-96.
③ 苏欣.绿色供应链视角下的中国物流企业创新发展路径探讨 [J]. 商业经济研究，2021（8）：110-113.

（2）绿色物流技术。在商品运输过程中，企业应创新绿色物流技术，用科技提升运输水平。比如在运输车辆上安装定位装置，与后台控制中心连接，保证企业及时对运输路径进行指导，也能够在发生意外时以最快速度进行支援，防止能耗和污染量随着运输时间的增长而增加。此外，企业需要对运输工具进行定期检测与维护，保障工具的安全，减少能耗。企业还应对员工进行统一培训，保障员工对设施的操作水平，杜绝因操作不当造成的意外。

（3）绿色运输方式。要减少能耗，实现绿色物流，需要改变运输方式，提高运输效率。企业可以整合运输将产品直接发送至客户或者距离最近的分销中心，增大运输密度，减少所需空中运输的总里程，进而减小对环境的影响。优化物流结构，采用绿色运输方式，大力推广多式联运，充分整合分散的运输、仓储、配送等方式，减少迂回、空驶等低效或无效物流[①]。航空运输是温室气体排放强度最大的运输方式，因此减少对航空运输的使用可以有效地减少温室气体排放量。

2）绿色销售

在商品销售环节，企业一方面要塑造自身绿色品牌的形象，让对环保产品有需求的顾客了解企业的绿色优势；另一方面要提升顾客的节能环保意识，并将他们的意识转化为购买行为。首先，企业可以采取广告宣传、促销活动等营销行为提升产品的知名度。其次，销售人员可以在沟通的过程中启发顾客，将其提高生活质量的想法转变为助力改善环境的实际行为。最后，企业在对产品进行分销时，需要按照产品特点合理划分分销渠道，尽量减少不同的分销渠道，以此提高分销环节对资源的利用，避免分销途径过多造成的污染。

企业进行绿色营销，不仅能够降低物流环节的成本，增加退货时的产品竞争力，还能为企业树立绿色环保的形象，提高消费者的满意度与忠诚度，增加客户黏性。从整个供应链的角度进行绿色营销，能够减少上下

---

① 毛涛.中国制造业绿色物流体系构建初探——以碳达峰碳中和为视角[J].环境保护，2023，51（Z2）：10-13.

游的经营风险，有助于上下游企业之间的长期合作，增加供应链的竞争优势。

4.绿色回收

产品全寿命周期的最后阶段是对产品进行回收，因此绿色回收也是绿色供应链的最后环节。绿色回收包括两方面的含义：一是在产品回收过程中尽可能实现回收再利用，实现产品有可能的一切价值。二是要尽可能减少在产品回收过程中支出的回收费用、废物处理费用、废弃物对环境造成的不良影响等。

目前，产品包装废弃物已成为主要的环境污染物之一，它们的难降解性不仅给自然环境造成负担，也严重影响到人们的正常生活。同时，包装废弃物的低回收性和高污染性也增加了企业的污染治理成本。为减少企业的污染治理成本和废弃物回收成本，企业可以采取以下几个措施（图6-22）。

技术研发
增加对内部业务流程末端的产品绿色回收，物料再利用等技术攻关，搭建回收再利用的物流渠道、绿色再生产平台

绿色包装
在绿色包装的原料采购、加工制造和后续使用等全过程阶段都贯彻循环经济理念

回收机制
企业应设置或完善回收渠道，投入一定的资金、人力以及时间等成本，建立完整的回收机制

图 6-22　绿色回收实施措施

1）绿色包装

绿色回收是在产品的回收环节贯彻绿色环保的理念，企业可以通过采用绿色包装来实现，在绿色包装的原料采购、加工制造和后续使用等全过程阶段都贯彻循环经济理念。绿色包装是涵盖了环保意识的包装物，这类包装物在设计的过程中考虑了环境保护的问题，减少了资源的用量。这样

企业在绿色回收环节就可以大大减少处理污染物所消耗的成本，也可以通过绿色包装的回收增加企业的利益，并为环境保护作出贡献。

2）回收机制

企业应实施更多的回收机制，增强消费者的回收再利用意识，让消费者有更多的平台和途径处理能够回收再利用的产品或包装。①企业应建立更高效、更便捷的废弃旧产品的回收系统，搭建用户入口体系和废弃产品预测体系，方便挑选出能够回收再利用的产品，实现资源的整合。②企业可搭建回收物流服务网络与分拣中心，方便收集可回收产品，并系统地运输到需要的环节。③企业应落实生产者责任延伸制度，保证报废的产品得到无害化处理，指导回收拆解企业高效、安全地完成拆解工作，科学、环保地处理废物，提升产品回收拆解行业的环保水平和回收能力。

3）技术研发

中小企业可以增加对内部业务流程末端的产品绿色回收、物料再利用等技术攻关，搭建回收再利用的物流渠道、绿色再生产平台。根据绿色工艺创新和绿色产品创新的技术差异，优化配置绿色回收技术研发的战略组合。摒弃落后的产品工艺和技术创新能力，增加对一些绿色核心技术的研发投入或直接引进先进技术进行改造升级，采取闭循环的绿色供应链管理模式，建立消费末端产品环保回收再利用制度，提高中小企业在成本竞争中的优势。

总之，作为企业绿色供应链创新管理保障机制的要素，创新业务流程对商品制造流程包括设计与采购、制造、营销和回收的四个环节均要求节能减排，以实现绿色供应链经济效益和环境效益的最大化，企业通过创新业务流程提高资源的利用率，达成可持续发展的目标。

6.5 本章小结

企业绿色供应链保障机制需要从组织保障、人才保障、技术保障和创新管理保障四个方面全面建立和完善，以实现企业绿色供应链的可持续发展和环境效益最大化。

首先，本章内容以企业组织结构为落脚点，分别从企业认知、组织结构、制度建设、监督机制和人才建设五个视角对组织保障展开分析。最终得出：企业应该加强企业高层和普通员工对绿色供应链管理重要性的认识和支持；建立专门的绿色供应链管理团队或部门，明确责任和权力，形成有效的沟通和协作机制；制定绿色供应链管理的相关制度和规范，确保绿色供应链的实施；建立监督和评估机制，对绿色供应链管理过程进行监控和评价；培养和选拔具备绿色供应链管理知识和能力的人才，建立人才储备和培训计划。

其次，本章主要立足于数据管理和追溯技术等五大技术，分别从管理制度、技术创新、评估机制等几个方面提出绿色供应链主要应用技术的保障机制；人工智能技术驱动绿色供应链变革，本章主要基于人工智能技术研发与创新、技术治理和隐私保护两大角度，探讨未来人工智能技术应用于绿色供应链的保障措施。此外，本章从企业管理的视角出发，对企业绿色供应链的创新管理保障机制进行了深入梳理、研究与总结，最终发现：创新数据管理方面，可以建立完善的信息系统和数据管理体系，对供应链中的环境数据、能源数据和物流数据进行集中管理和分析；对供应链协同来说，可以促进供应链中各环节之间的合作和协同，共享信息和资源；从创新业务流程来看，可以优化供应链中的环节，寻找和应用环境友好的技术和方法，实现资源的高效利用和环境的减排。

第 7 章

绿色供应链应用推广及展望

　　绿色发展是高质量发展的底色，新质生产力本身就是绿色生产力。发展绿色生产力就是要完整、准确、全面贯彻新发展理念，努力打造绿色低碳供应链，构建绿色低碳循环经济体系，推动实现更高质量、更有效率、更加公平、更可持续、更为安全的发展。本章对绿色供应链如何应用推广提出多方面建议，并对其未来发展进行展望。

7.1　社会推广策略

　　从博弈分析[①]和消费者行为的角度，首先，政策支持是推广绿色供应链的重要手段。政府可以通过立法和财政手段，对采用绿色供应链管理的企业给予政策优惠和资金支持[②]。同时，可以通过严格的环保法规，对污染严重的企业进行惩罚，从而鼓励更多的企业转向绿色供应链管理。其次，教育也是推广绿色供应链的重要途径。在各级教育系统中，应增加与绿色供应链相关的课程内容，让学生从小就对绿色环保有深刻的理解。针对企业和供应链管理者，可以提供专业培训和绿色供应链管理的课程，帮助他们了解并实施绿色供应链管理[③]。绿色供应链的推广还可以借助科技的力量。通过研发和应用新的环保技术与设备，提高绿色供应链的效率和

---

①　江世英，方鹏骞. 基于绿色供应链的政府补贴效果研究 [J]. 系统管理学报，2019，28（3）：594-600.
②　陈慧斌. 基于博弈分析的电动汽车供应链中定价和推广策略研究 [D]. 南京：南京航空航天大学，2014.
③　党春阁，刘铮，吴昊，等. 以清洁生产促进绿色供应链建设的研究 [J]. 环境保护，2019，47（5）：52-54.

效果。借助大数据、人工智能等先进科技，实现对供应链的实时监控和优化，进一步提高绿色供应链的社会效益。最后，绿色供应链的推广应注重提高公众意识[1]。通过媒体宣传、公益广告和社区活动等方式，提高公众对绿色供应链的理解和接受程度。政府和企业可以设立环保奖励和绿色供应链示范项目，以鼓励更多的社会力量参与进来。

7.1.1 政策引导与支持

政策引导在推动绿色供应链指标体系的社会应用中扮演着至关重要的角色。在可持续发展的时代，政府政策和法规不仅可以引导企业行为，还可以塑造市场、鼓励创新、降低绿色供应链的实施成本，从而推动可持续供应链的发展，如图 7-1 所示。

图 7-1　绿色供应链的社会推广策略：政策引导与支持

1. 制定绿色供应链法律法规

政府的法律法规在绿色供应链的建设中发挥着关键作用[2]。这些法规可以涵盖多个方面，包括环境保护、社会责任、采购规范等。例如，政府可以要求企业在采购材料时优先选择环保材料，确保生产过程中减少能源消耗，并规定废弃物管理标准以减少环境污染。这些法规的制定不仅为企业提供了明确的指导，也强调了可持续供应链的必要性。

① 纪静娜 . 考虑消费者行为的低碳供应链运作策略研究 [D]. 广州：华南理工大学，2018.
② 佚名 . 完善绿色供应链管理的法律保障 [J]. 人民政坛，2017（3）：45.

2. 提供财政激励措施

对中国多数生产商来说，要实施有效的绿色供应链管理存在诸多制约：一方面缺少资金和技术能力；另一方面由于中国消费者的环境偏好较低，开展绿色供应链管理生产环保产品也难以赢得市场竞争优势[①]。财政激励措施是政府用来鼓励企业采取绿色供应链实践的有效方式之一。政府可以通过减税、补贴、贷款支持等方式来降低企业的绿色供应链成本[②]。例如，政府可以为企业提供税收抵免，以鼓励其投资于环保技术和设施。这些激励措施降低了企业实施可持续供应链的财务风险，促使更多的企业积极参与。

3. 完善绿色采购政策

绿色供应链的发展机制中的绿色采购标准和核准认证制度尚不完善，缺乏统一性[③]。政府采购政策是另一个政策引导的方面，可以通过这一途径推动绿色供应链的发展。政府可以规定政府部门采购环保和可持续产品与服务，创造市场需求[④]。这不仅为企业提供了商业机会，还促使供应商改进其产品和服务，以满足政府的需求。政府采购政策的制定可以加速整个供应链向绿色方向的演进。

4. 支持绿色技术研发和创新

政府的支持也可以体现在对绿色技术研发和创新的投资上。政府可以设立绿色创新基金，资助研究项目，提供知识产权保护和市场准入支持等。这将鼓励企业采用新的环保技术和解决方案，推动绿色供应链的创新和发展[⑤]。对于电力企业来说，政府支持可以帮助其开发和采用更具可持续性的电力生产和传输技术，从而降低环境影响。

综上所述，政策引导在绿色供应链指标体系的社会应用中具有不可或缺的作用。政府的政策、财政激励措施、采购政策和技术创新支持都有助于推

---

① 朱庆华，窦一杰.基于政府补贴分析的绿色供应链管理博弈模型 [J].管理科学学报，2011，14（6）：86–95.

② 洪群联.中国产业链供应链绿色低碳化转型研究 [J].经济纵横，2023（9）：56–66.

③ 傅京燕，程芳芳.推动"一带一路"沿线国家建立绿色供应链研究 [J].中国特色社会主义研究，2018（5）：80–85.

④ 傅京燕，章扬帆，乔峰.以政府绿色采购引领绿色供应链的发展 [J].环境保护，2017，45（6）：42–46.

⑤ 段炼，袁柳洋.绿色供应链技术创新与合作伙伴选择决策研究 [J].计算机集成制造系统，2023，29（9）：3086–3099.

动绿色供应链的发展。这些政策措施不仅促使企业改善其环境和社会责任表现，也有助于提高市场竞争力，实现可持续发展的目标。企业应积极响应政策引导，积极采取可持续供应链实践，为社会和环境作出积极贡献。

7.1.2 意识培训与教育

　　绿色供应链管理已成为现代企业不可或缺的组成部分，尤其对于国家电网这样的大型能源供应企业。它不仅有助于提高环境可持续性，还能够减少成本、提高效率、降低风险以及满足越来越关注可持续性的利益相关者的需求。然而，绿色供应链的实施需要全体参与者的理解、协作和承诺[①]。在这个过程中，意识培训与教育策略是至关重要的一环，有助于推动绿色供应链指标体系的社会应用。

　　通过举办绿色供应链培训班和研讨会等学习活动，推动供应链相关从业人员知识水平与业务能力提升，吸纳行业头部企业和科研高校优秀人才，打造开放的学习型组织，提高企业和供应链参与者的意识水平，如图7-2所示。这些活动可以涵盖绿色供应链的基本概念、最佳实践案例以及如何实施绿色供应链管理。

图7-2　绿色供应链的社会推广策略：绿色供应链培训

　　1. 培训内容的设计与定位

　　绿色供应链理念的介绍：全面解析绿色供应链的内涵，让参与者理解其对环境保护与资源利用的重要性。绿色供应链在企业运作的角色：强调企业在绿色供应链中的引领地位，突出其对环保事业的积极贡献。法规政

---

① 赵建军，徐敬博. 绿色供应链助力乡村振兴战略实施 [J]. 环境保护，2022，50（7）：38-44.

"意识培训与教育"作为推动绿色供应链指标体系社会应用的重要策略，通过精心设计培训内容、个性化教学、多渠道多形式的培训手段、激励机制与认证体系建设以及持续跟踪与反馈机制等多方面入手，将有力地促进绿色供应链的发展与实施，推动电力企业走向可持续发展的新高度。

7.1.3　内部激励与认证

通过金融激励、奖励和认证、合同奖惩三个方面的激励措施来有效地推动绿色供应链的社会应用，实现可持续发展的目标，如图 7-3 所示。

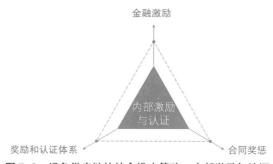

图 7-3　绿色供应链的社会推广策略：内部激励与认证

1. 金融激励

金融激励措施可以在这一进程中发挥重要作用。企业可以设立财务奖励计划，以奖励采取可持续和环保做法的供应商与合作伙伴。这可以包括提供一次性奖金、奖励金或者提供更有竞争力的贷款利率等方式，从而降低采取绿色供应链举措的成本，鼓励更多的公司参与。

（1）企业可以考虑提供一次性奖金。这些奖金可以作为激励，以帮助供应商和合作伙伴采取环保措施。例如，当供应商成功实施一项环保项目时，企业可以向其提供一笔奖金，这可以是一种直接的激励，鼓励供应商积极参与绿色供应链倡议。

（2）奖励金也可以是一种有效的激励方式。企业可以设立奖励金基金，用于奖励那些表现出色的供应商。这可以是一个长期的激励机制，激励供应商在持续改进其环保实践方面保持高水平的表现。

（3）企业还可以考虑与绿色金融机构合作，提供绿色贷款和投资。这些金融机构专注于支持可持续和环保项目，为供应商提供低利率的绿色贷款，或者投资于采用绿色供应链实践的公司。这种合作可以为供应商提供更多的融资选择，鼓励他们采取更多的绿色举措[1]。

（4）一些企业还可以考虑发行绿色债券，以筹集资金来支持绿色供应链的发展。这些债券的收益可以专门用于资助绿色供应链项目，包括供应商培训、环保技术研发和可持续采购。这不仅有助于推动绿色供应链的发展，还可以提高可持续融资能力。

2. 奖励和认证体系

奖励和认证体系也是一种有力的激励方式。企业可以建立绿色供应商认证体系，鼓励供应商采取环保措施并获得认证。这不仅有助于提高环保标准，还可以提升供应商的竞争力。同时，设立最佳实践奖项，以表彰在绿色供应链方面表现卓越的供应商，可以激励其他供应商效仿。

3. 合同奖惩

在合同方面，企业可以引入奖励性合同条款，对于符合绿色标准的供应商提供额外奖励，例如提前支付或者合同延期。另外，也可以引入惩罚性合同条款，对于未达到环保指标的供应商进行罚款或者合同终止，以推动供应商更积极地履行责任。

7.1.4　信息共享与透明度

信息共享与透明度是绿色供应链成功实施的基石。它涵盖了供应链的各个环节，包括原材料采购、生产、物流、销售和废弃物处理等方面。通过信息共享，企业可以更好地了解其供应链中的各种活动，并确保这些活动符合可持续和环保的标准[2]。

（1）确保供应商提供准确、全面的信息。企业可以采用供应商问卷、第三方审核和数字化平台等方法，以便了解供应商的环境政策、社会责

---

[1] 范建昌，陈双双，陈威，等.供应链绿色低碳审查与激励策略研究 [J].供应链管理，2021，2（12）：36-49.

[2] 杨海志.供应链信息共享、产融结合与企业资本配置效率 [J].财会通讯，2021（15）：85-89.

任、生产流程和碳排放数据等方面的信息。

（2）货物追溯与可追溯性也至关重要。通过区块链技术和RFID，企业可以建立产品追溯系统，确保产品的生产和供应过程可追溯，以防止非法活动和资源滥用 [1]。

（3）数据共享与分析是信息共享和透明度策略的核心。大数据分析和实时监控可以帮助企业更好地管理其绿色供应链，识别潜在的可持续性问题和改进机会 [2]。

（4）透明度与可持续发展目标紧密相关。企业应确保绿色供应链的目标与联合国可持续发展目标一致，同时定期发布可持续报告，向利益相关者提供关于绿色供应链进展的详细信息。

（5）与利益相关者的积极互动也是信息共享与透明度策略的一部分 [3]。与供应商合作、向消费者传达可持续性努力以提高他们的环保意识，都是关键步骤。最后，法规合规与执法是不可或缺的。定期进行合规审核，建立惩罚和奖励机制，确保信息共享与透明度策略的合规性。

7.1.5　技术支持与创新

1. 数字化供应链管理

数字化技术是推动绿色供应链管理的关键驱动力之一。企业可以通过建立数字化供应链管理系统，实现对供应链各个环节的实时监控和数据收集。这不仅有助于提高供应链的透明度，还可以更好地识别环境和可持续性问题 [4]。例如，使用物联网传感器，可以监测能源消耗、废物排放和运输效率，从而实现更精确的数据收集和分析 [5]。这些数据将有助于企业更好地了解供应链的绿色性能，为改进和优化提供有力支持，如图7-4所示。

---

① 李玉民. 基于RFID的曲轴再制造逆向物流信息系统构架分析 [J]. 物流技术，2012，31（17）：384-386.

② WILIAMSON E A，HARISON D K，JORDAN M.Information systems development within supply chain management[J].International journal of information management，2004，24（5）：375-385.

③ 李晓翔，刘春林，谢阳群. 供应链信息工厂：一种供应链信息共享的新架构 [J]. 情报理论与实践，2011，34（5）：15-18.

④ 崔秀梅，王家辉. 基于数据智能化的绿色供应链路径重构 [J]. 绿色财会，2021（4）：50-54.

⑤ 郑琼华. 基于5G-IoT和区块链的乳制品供应链安全监测研究 [J]. 食品安全导刊，2022（26）：170-174.

图 7-4　绿色供应链的社会推广策略：技术支持与创新

2. 区块链技术的应用

区块链技术不仅在金融领域有广泛应用，还在绿色供应链管理中具有巨大潜力[①]。通过区块链，企业可以建立去中心化、不可篡改的数据记录系统，确保供应链信息的安全和可追溯性。例如，可以使用区块链来跟踪能源来源，确保其来自可再生能源，从而提高绿色供应链的可信度。此外，区块链还可以用于验证供应商的环保认证和社会责任承诺，降低绿色供应链中的风险。

3. 可持续创新与研发

技术支持与创新策略的一个重要方面是通过研发和创新推动绿色供应链的发展[②]。企业可以投资于可持续技术和解决方案的研究，以降低能源消耗和环境影响。这包括：开发更高效的电力传输和分配系统，采用更环保的材料，以及推动可再生能源的采用。通过在可持续创新方面取得突破性进展，企业可以不断提高绿色供应链的可持续性水平，并在市场上获得竞争优势。

4. 数据分析与预测

数据分析是推动绿色供应链管理的关键工具之一。企业可以利用大

---

① 徐春凤. 区块链技术在绿色供应链中的发展现状及应用 [J]. 现代工业经济和信息化，2023，13（7）：140-141，144.

② 高玉蓉. 农产品物流供应链数据化经营的管理创新——评《农产品供应链与物流管理》[J]. 中国农业气象，2023，44（2）：165.

数据分析来识别潜在的可持续性问题和改进机会。通过收集和分析供应链数据，可以更好地了解供应商的性能，监测碳排放和废物管理，以及预测供应链风险。这使企业能够采取及时的措施，确保供应链的绿色性能符合预期。此外，数据分析还有助于优化供应链的效率，降低资源浪费。

5. 开展落地应用

绿色供应链的特征之一是敏捷、高效，供应链的数字化和智能化是绿色供应链体系实施绿色运营的重要抓手[1]。以国家电网为例，由于国家电网数字化基础良好，端到端的供应链管理平台已普遍应用，基本实现招标采购电子化和在线化，取消了纸质投标文件。后期，应重点加强供应链系统数智化建设，融合应用云计算、大数据、物联网、人工智能、区块链、数字孪生等新技术，构建绿色供应链技术图谱，广泛开展新技术场景化应用，不断增强供应链系统支撑能力，增强供应链的敏捷性和韧性，提高供应链整体效能，以数智化赋能绿色供应链高速发展。国家电网也可以积极推动与高校以及科研机构的合作，为其提供具体的应用场景，通过高校以及科研机构的高科技人才为公司创造数智化成果，将技术创新主体与应用主体紧密结合，推动技术要素在不同主体间的转移。

7.1.6 发展合作伙伴关系

绿色供应链的社会推广策略：发展合作伙伴关系如图7-5所示。

1. 供应商协作与合作

首要的合作伙伴关系是与供应商之间的协作和合作。企业可以积极与其供应链中的关键供应商合作，以确保他们共同致力于绿色供应链的目标[2]。这包括与供应商共享最佳实践、技术创新和可持续性目标。通过建立紧密的合作伙伴关系，企业可以推动供应商采取更环保的生产和运营方

① 刘冠辰.数字经济背景下的绿色供应链发展——以苹果公司绿色供应链模式为例[J].中国信息化，2022（11）：17-19.
② 黄梦娇，马辉，余强，等.绿色建筑供应链主体合作环境营造与制度建设[J].施工技术，2019，48（2）：142-147.

式，从而提高整个供应链的可持续性。

2. 行业合作与倡导

除了与供应商的合作，企业还可以积极参与行业合作和倡导组织。这包括加入行业协会、联合研究项目和可持续性倡导组织。通过与其他行业参与者共同努力，企业可以推动行业内的绿色供应链标准和最佳实践的制定与推广。这有助于确立行业的可持续性标杆、提高整个行业的可持续性水平。

3. 创新生态系统的建立

发展创新生态系统是推动绿色供应链的

01 供应商协作与合作

02 行业合作与倡导

03 创新生态系统的建立

04 政府和监管机构的合作

05 增强社会责任

图 7-5　绿色供应链的社会推广
策略：发展合作伙伴关系

另一重要方面。企业可以与创新型企业、初创公司和研究机构建立合作关系，共同开发和推广绿色供应链技术与解决方案。这包括能源效率改进技术、可再生能源集成方案和环境监测工具等。通过支持创新生态系统，企业可以获得新的可持续性解决方案，同时也有机会在市场上获得竞争优势[1]。

4. 政府和监管机构的合作

政府和监管机构是绿色供应链推广的关键利益相关者。企业可以积极与政府合作，参与可持续性政策的制定和执行。这包括环保法规的遵守、能源效率标准的满足和环保奖励计划的参与[2]。通过与政府和监管机构建立紧密的合作关系，企业可以确保其绿色供应链实践得到政府的支持和认可。

5. 增强社会责任

以国家电网为例，市场化改革到底采用哪种路径，要结合行业的特点，参考国外的经验进行科学设计[3]。同时，也可以对上下游全产业链进行拓展，建设全产业链服务体系，在全产业链中通过数字化技术将数据进行

---

① 吉利，陶存杰. 供应链合作伙伴可以提高企业创新业绩吗？——基于供应商、客户集中度的分析 [J]. 中南财经政法大学学报，2019（1）：38-46，65，159.
② 王莉. 基于政府干预和企业合作的供应链绿色技术投资研究 [J]. 投资与合作，2023（5）：30-33.
③ 高雅楠. 国家电网公司企业社会责任履行与对策研究 [D]. 宜昌：三峡大学，2022.

流通共享，汇集投资、设计、施工、采购、制造、金融服务、特色地产等各类服务型企业，赋能形成企业数字化发展的生态圈。通过数字技术对全产业链进行协同发展，实现企业数智化转型的共赢。

7.1.7　监测与评估机制

（1）监测与评估机制的建立将有助于提高绿色供应链的透明度。透明度是推动绿色供应链的关键因素之一。通过监测，企业可以跟踪它们供应链中的环境和社会绩效数据。这包括供应商的能源使用、废物处理方式、碳排放量、劳工条件等。评估机制将这些数据转化为可衡量的指标，使企业和政府能够更好地了解供应链中的环境与社会影响。

（2）有助于改进供应链的可持续性。通过监测和评估，企业可以识别出现有的环境和社会问题，并采取措施解决这些问题[1]。例如，如果监测发现某个供应商的碳排放量很高，企业可以与该供应商合作，寻找减排的解决方案。这将有助于降低供应链的环境和社会风险，提高可持续性。

（3）可以鼓励供应链参与者采取更多的可持续性措施。当供应链中的企业知道它们的绩效将受到监测和评估的影响时，它们更有动力采取可持续性措施。这将推动供应链中的企业竞相提高绿色供应链绩效，从而推动绿色供应链的发展和实施。

（4）可以增强消费者和投资者的信心。随着可持续发展问题日益重要，消费者和投资者越来越关注企业的社会和环境绩效。建立监测与评估机制可以提供可靠的数据，证明企业在绿色供应链方面的努力和成就。这将有助于吸引更多的消费者和投资者，支持可持续性发展。

（5）可以促进政府监管。政府在推动绿色供应链方面扮演着重要的角色，监测与评估机制可以为政府提供数据，帮助它们更好地监管和规范供应链。这将有助于确保企业遵守环境和社会法规，促进可持续性。

（6）可以促进知识共享和最佳实践的传播。通过监测和评估，企业可以学到哪些可持续性措施最有效、哪些供应商表现出色，从而促进知识共

① 李政，王思霓.产业链安全风险评估与预警监测体系构建研究[J].创新科技，2022，22（1）：11-20.

享和经验传递。这将有助于整个供应链共同进步，推动可持续性发展。

要实施建立监测与评估机制的策略以推广绿色供应链指标体系的社会应用，需要采取以下关键步骤，如图7-6所示。

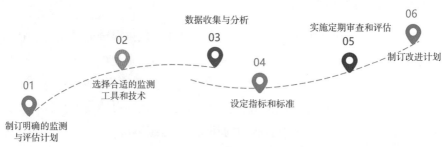

图7-6　建立监测与评估机制的关键步骤

1. 制订明确的监测与评估计划

这个计划应该包括监测的频率、评估的范围、数据收集方法等细节。确保计划与绿色供应链指标体系的要求相一致，并与供应链参与者进行共同协商，以达成共识。

2. 选择合适的监测工具和技术

选择合适的监测工具和技术对于有效实施监测与评估机制至关重要。这可能包括使用传感器技术来监测能源消耗、废物产生等数据，或者使用数字化平台来收集和管理供应链数据。确保所选工具和技术满足监测需求，并提供准确的数据。

3. 数据收集与分析

建立数据收集和分析系统是实施监测与评估机制的核心。数据可以通过多种途径获得，包括供应商报告、现场检查、传感器、调查等。数据分析的目标是将原始数据转化为有用的信息，用于评估供应链的绩效。这可能需要使用数据分析工具和方法，以识别趋势、问题和机会。

4. 设定指标和标准

为了进行有效的评估，需要设定指标和标准。这些指标和标准应该与绿色供应链指标体系的要求一致。例如，可以设定碳排放、水资源利用、可再生能源比例等指标，以衡量供应链的环境绩效。标准可以包括国际标准、行业标准或企业标准，根据具体情况进行选择。

5. 实施定期审查和评估

定期审查和评估供应链的绩效是确保监测与评估机制持续有效的关键步骤。这可以包括内部审核、第三方审查或自我评估。审查的目的是验证数据的准确性，并确保供应链符合指标和标准。如果发现问题，应采取纠正措施。

6. 制订改进计划

基于监测与评估的结果，制订改进计划是推动绿色供应链的关键。识别问题和机会，然后制订具体的行动计划来改进供应链的绩效。这可能包括与供应商合作减少碳排放、提高能源效率、改进劳工条件等措施。

7.1.8　社会宣传与影响力

应多措并举让消费者和企业真正认识到绿色消费、绿色生产服务的重要性、紧迫性以及他们与其自身发展的息息相关性，引导他们从根本上转变思想、改变生产消费方式，使社会应用的推广工作能够顺利进行[①]，如图 7-7 所示。

图 7-7　绿色供应链的社会推广策略：社会宣传与影响力

1. 制定明确的传播策略

要成功推广绿色供应链指标体系，首先需要制定明确的传播策略。这包括确定目标受众，制订传播计划，明确传播渠道和媒体，以及规划传播

---

① 李淑叶. 邮政业绿色供应链构建研究 [D]. 北京：北京邮电大学，2021.

活动的时间表。确保传播策略与绿色供应链指标体系的核心信息和价值观相一致。

2. 发展强有力的品牌形象

一个强有力的品牌形象可以增强绿色供应链指标体系的认可度和可信度。建立一个鲜明的品牌标识，包括标志、口号和品牌信息，以使人们能够轻松识别和与之联系。品牌形象应突出绿色可持续性价值观，以吸引关注。

3. 利用社交媒体和在线平台

应充分运用信息化技术，多渠道进行宣传。从消费者角度看，消费者对于自身健康越来越重视，企业的销售模式也随着消费者需求的转变而转变——从传统的供应链到绿色供应链的发展[①]。应通过报纸、电视、微信公众号、短视频平台及街道宣传栏等多种方式加强对环保知识、环保法律法规、回收处理方法的宣传，提升群众、企业环保意识和环保知识水平。相关数智化应用的推广都需要大量资金的投入，企业在做出相关数智化产品的成果时，可以通过加大资金投入的方式，通过互联网等相关网站向外界迅速进行推广；同时，由于企业数智化转型也是未来发展的趋势，政府等有关部门对其具有极大的支持力度，因此也可以通过政府部门以及相关媒体，对供应链数智化转型成果进行有效的宣传，营造积极的环保舆论氛围，利用社会舆论的激励作用引导群众绿色消费、企业绿色生产。由于企业数智化转型还处于探索阶段，企业需要在众多成果中不断学习和适应，数智化转型也是全行业协同发展的助推器，企业需要多交流，实现创新成果在电力企业间的信息同步，因此在数智化转型的过程中，做出优秀成果的链上企业可以通过举办讲座等相关方式向其他企业进行宣传，使社会应用的推广工作顺利进行。此外，政府相关部门也应联合高校定期举办一些主题论坛，宣传绿色回收、绿色环保理念，电力行业协会也应多组织、举办行业可持续发展研讨会、绿色展览等活动，向企业家传递绿色服务理念，提升高层管理者的绿色服务意识。

---

① 尚文芳，陈优优. 基于消费者环保意识的绿色供应链策略研究 [J]. 工业技术经济，2018，37（8）：103–108.

4. 合作伙伴关系和联盟

与其他组织、机构和利益相关者建立合作伙伴关系与联盟，以扩大社会宣传的影响力。合作伙伴可以共同宣传绿色供应链指标体系，共享资源和专业知识，共同推动可持续供应链的议程。这种合作可以增强信誉和可信度。

5. 举办宣传活动

举办各种宣传活动是吸引人们关注和参与的有效方式。这可以包括绿色供应链研讨会、网络研讨会、培训课程、绿色供应链成果发布等。这些活动不仅可以提供信息，还可以建立社区，促进合作和互动。

6. 定期报告和公开透明

定期发布绿色供应链的报告和公开透明度是建立信任的关键。报告应包括绿色供应链的绩效数据、进展、成功故事和挑战，以及未来的目标和承诺。这有助于保持透明度，并让利益相关者了解到实施的进展。

7.2 绿色供应链优化措施

中国电力碳排放在国家总排放中占比近 50%，推动电力行业绿色转型是实现碳达峰、碳中和目标的重中之重。随着能源供给和能源需求的不断深入，能源系统的形态正在发生重大而深刻的变革，为行业数字化转型提供丰富的需求和应用场景。2021 年 3 月 15 日，习近平总书记在中央财经委第九次会议上提出，构建以新能源为主体的新型电力系统[1]。这是自2014年6月习近平总书记提出"四个革命、一个合作"能源安全新战略[2]以来，再次对能源电力发展作出的系统阐述，明确了新型电力系统在实现"双碳"目标中的基础地位，为能源电力发展指明了科学方向、提供了根本遵循。传统能源体系正在被现代能源体系取代，电力能源供给将由主要依靠

---

[1] 习近平主持召开中央财经委员会第九次会议 [EB/OL].（2021-03-15）[2023-09-26]. https://www.gov.cn/xinwen/2021-03/15/content_5593154.htm#.

[2]《新时代的中国能源发展》白皮书 [EB/OL].（2020-12-21）[2023-09-26]. https://www.gov.cn/zhengce/2020-12/21/content_5571916.htm.

传统煤电逐渐转变为更多依靠风电、光伏等低碳排放的新能源发电，呈现出从集中式向分布式、从计划性向预测性、从源随荷动到源网荷储多向互动的特征。能源生产将从主要依靠资源转变为更多依靠装备，电力装备成为落实"双碳"目标、实现能源强国建设目标的重要基础和支撑。

电力领域绿色发展立足新发展阶段，完整、准确、全面贯彻新发展理念，构建新发展格局，坚持市场主导、政府引导、创新驱动、产业升级，以高端智能绿色发展为方向，以绿色低碳科技创新为驱动，以应用创新及示范推广为抓手，加快构建支撑能源清洁生产和能源绿色消费的装备供给体系①。绿色供应链有助于实现政府提出的碳达峰和碳中和目标，推动电力领域各环节企业高质量发展，如图 7-8 所示。未来，以新能源为主体的新型电力系统将成为中国能源系统的核心，以坚强、柔性的绿色供应链为重点，可持续发展原则为导向，助力中国全面推进能源供给侧结构优化和新型能源体系建设。由此，电力领域绿色供应链的优化成为重中之重。

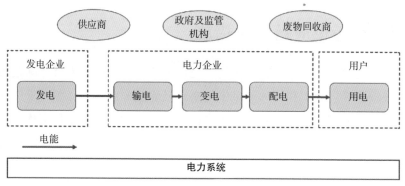

图 7-8　电力供应链

7.2.1　电力企业

作为电力行业绿色供应链的关键节点，电力企业是承接上游供应商、发电企业的角色，对高压电进行变电、输电和配电，确保电能的可用性，

---

① 工业和信息化部 财政部 商务部 国务院国有资产监督管理委员会 国家市场监督管理总局关于印发加快电力装备绿色低碳创新发展行动计划的通知 [EB/OL]. （2022-08-24）[2023-09-26]. https：//www.gov.cn/zhengce/zhengceku/2022-08/29/content_5707333.htm.

同时也是下游用户的直接对接者，可完成相关问题的收集、资源回收处理等工作，在供应链中扮演着重要的角色。在供应链分析中应基于电力企业自身，进行内部供应链（即电力企业自身的物资管理、业务流程管理、各部门协同管理等）与外部供应链（即与设备供应商、废料回收商、政府机构等合作交流，形成以电力企业为核心的集成供应链）的分别分析，因此对电力企业的优化措施建议也从这两个层面出发进行解读。

1. 内部供应链

在企业自身物资管理方面，①各级履约管控主体应改变思维模式，形成主动管控意识，在需求分配前主动了解供应商产能情况，调查供应商是否能满足项目供货要求，按供应商产能宽紧情况分配订单[①]。②合同签订时主动沟通项目、物资信息紧急需求的协调供应商提前生产备货。③主动加强重点物资监控，对供货量大、金额大的物资实行重点监控，对出现问题的重点物资采用专项约谈、驻厂催交、终止合同、重新采购等多样化处理方式快速解决。④主动加强供应商核查，对供应商的订单情况、经营状况、产能情况、物流状况等与供货相关的内容进行定期核查，核实供应商生产状态是否良好，对存在问题的供应商给予法律范围内的帮助，对持久未能改善的供应商及时采取防控措施。另外，电力企业需完善仓储物流管理、优化采购策略，并加强物资结算，由此优化因外因型风险（意外风险、市场风险、社会风险、技术进步风险、供应商风险等）和内因型风险（计划风险、决策风险、合同风险、运输风险、验收风险等）带来的内部管理问题[②]，如图7-9所示。

在企业业务流程管理方面，①电力企业应当贯彻执行国家有关电力可靠性管理规定，制定本企业电力可靠性管理工作制度，如对电力供应及安全风险进行预测，对运行数据开展监测分析并评估电力系统满足电力电量需求的能力。在系统稳定破坏事件、影响系统安全的非计划停运事件和停电事件发生时，电力企业应当依据《电网调度管理条例》[③]果断快速处置，

① 谢宇浩. 浅析电网企业农网项目物资管理存在问题与解决措施 [J]. 广西电业，2020（4）：23-24.
② 郭德强. 电网企业电力物资采购风险管理研究 [J]. 企业改革与管理，2022（5）：22-24.
③ 电网调度管理条例 [EB/OL].（2012-01-04）[2023-09-26]. http://www.nea.gov.cn/2012-01/04/c_131262812.htm.

外因型风险
意外风险、市场风险、社会风险、技术进步风险、供应商风险等

内因型风险
计划风险、决策风险、合同风险、运输风险、验收风险等

图 7-9　电力企业可能面临的风险

随后开展事后评价，对发现的风险进行闭环管控。②电力企业应当建立电力可靠性管理工作体系，落实电力可靠性管理相关岗位及职责[①]。③电力企业应当基于业务流程管理，实现以客户为中心的端到端业务流程与公司价值链增值流的全面打通。

在企业各部门协同管理方面：①引领和统筹电力企业技术应用和发展，全面提升电力企业技术水平。应用电力系统管理平台整合资源、统一标准、集中攻关，解决企业技术应用和发展过程中的突出问题，全面引领和统筹企业各部门技术应用与发展。②通过企业内部管理平台实现业务集成融合，从而规范有效开展流程驱动型的能力打造过程管理，实现过程管理动态优化，通过能力建设、运行和优化实现现有业务效率提升、成本降低、质量提高，并有效拓展延伸业务。③充分发挥电力行业技术特点，助力电力企业绿色供应链优化升级，实现精细化、标准化管理等多方面变革。充分发挥数字技术帮助企业实现全流程监测，消除跨部门、跨企业的数字鸿沟，从而实现对环境、社会与经济效益的精细化管理，如通过物联网，企业可以对碳排放、水资源利用等环境数据进行实时监测，制订更精细化的评估和解决方案。④通过对各个业务层数据进行整合与评估，实现绿色供应链的可追溯性。通过管理平台挖掘、汇总、分析数字资源，数据的可视化能够将绿色供应链建设现状与问题清楚地呈现，最终实现降本增效，形成电力企业的市场核心竞争力。

---

① 电力可靠性管理办法（暂行）[EB/OL].（2022-04-16）[2023-09-26]. https://www.gov.cn/zhengce/zhengceku/2022-04/25/content_5687101.htm.

2. 外部供应链

电力企业的外部供应链的范围从上游设备供应商、生产商开始，到下游的废料回收商、零售商和最终用户，包括政府机构，如图 7-10 所示。电力企业通过构建供应链指标体系，帮助企业优化供应链的各个环节，提升供应链的效率。企业可以基于该指标体系分析指标数据，从而发现瓶颈和问题，并采取相应的措施，如优化库存管理、改进物流运作等，以实现更快速、更灵活、更可靠的供应链运作。

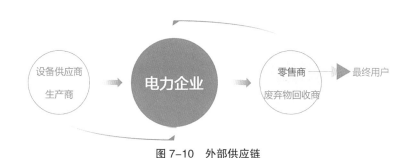

图 7-10　外部供应链

对于外部供应商采购，应当审慎评估、选择与合作。①在选择供应商时，应深入市场对产品及渠道进行仔细研究，对供应商的服务水平、产品质量及供货能力等方面进行综合比对。例如，在可再生能源采购中，多元化能源来源是关键的绿色措施。不仅仅依赖于一种可再生能源，而是结合太阳能、风能、水能、地热能等不同来源的能源，以确保可持续的能源供应。这种多元化降低了依赖性，有助于稳定电力供应，即使某一来源在某个时刻不可用，也不会中断供应。②将绿色采购的理念传递渗透到企业内部各个部门，以达成绿色采购的共识，从绿色采购品目的编制、采购计划的编制和审批等方面全面落实绿色产品采购政策，推动绿色采购向标准化、法制化方向发展。例如，与可再生能源供应商签订长期合同是绿色供应链的另一个关键措施。这些合同可以为供应商提供稳定的收入，从而鼓励他们投资于新的可再生能源项目。此外，长期合同可以锁定电价，降低电力成本的不确定性。企业也可以通过购买可再生能源证书（如绿色标签、可再生能源证明书等），确保所购买的电力确实来自可再生能源。这些证书充当了电力的可追溯性和可证明性的工具，使公司能够证明其电力供应的可再生性，同时支持可再生能源项目的发展。③为了确保可再生能源的连续供应，公司可以建立能源储备和备用供应计划①。这包括在天气条件不利或可再生能源生产不足时，使用备用电源或储能系统来满足电力需求，以确保供应的可靠性。④与可再生能源供应商建立合作伙伴关系，要求它们符合环保标准和可持续经营实践，确保它们的能源生产过程符合公司的可持续性目标。这包括供应商的环境政策、社会责任和治理方面的考量。最后，企业监督审计部门要加强对绿色采购政策执行情况的监督检查，确保绿色采购制度落实到位。外部供应链优化措施如图 7-11 所示。

图 7-11　外部供应链优化措施

通过这些绿色措施，可再生能源采购可以帮助企业减少碳足迹，降低环境影响，同时促进可再生能源产业的增长，为可持续能源未来打下坚实基础。这对于实现可持续供应链和满足环保法规和消费者的需求至关重要。

与政府机构的合作交流方面，则应该始终以习近平新时代中国特色社会主义思想为指导，全面贯彻党的二十大精神，完整、准确、全面贯彻新发展理念，遵循电力运行规律和市场经济规律，适应碳达峰、碳中和目标的新要求②，更好统筹发展和安全，努力推动优化电力市场总体设计，健全

---

① 张媛媛，何剑，屠竞哲，等．IEC 63152 灾害下智慧城市电力可持续供应标准的解析与思考 [J]．电力系统自动化，2021，45（10）：9-16.
② 国家发展改革委 国家能源局关于加快建设全国统一电力市场体系的指导意见 [EB/OL]．（2022-01-18）[2023-09-26]．https://www.gov.cn/zhengce/zhengceku/2022-01/30/content_ 5671296.htm.

多层次统一电力市场体系，统一交易规则和技术标准，破除市场壁垒，推进适应能源结构转型的电力市场机制建设，加快形成统一开放、竞争有序、安全高效、治理完善的电力市场体系。

7.2.2 发电企业

作为电力行业绿色供应链的上游，发电企业所涉及的能源转化这一过程对于实现整个供应链的能源、资源消耗最少、环境污染最小至关重要，只有在供给端实现了绿色生产技术和绿色工艺，才能从源头上减少能源消耗和环境污染（图7–12）。

图7-12 发电企业优化措施

（1）摒弃传统的高能耗、高污染、高排放的工业化发展模式，并通过调整电力结构、合理利用电力、提高用电效率、开展电力需求侧管理等措施，加快技术革新和设备改造，降低设备闲置率，提高设备利用率，最终促进电力企业发电效率有效提升[①]。既可以进行绿色电力技术创新，也可以多技术融合促进绿色发展，如利用大数据、人工智能等技术赋能企业高效与绿色生产核心技术，开展多学科交叉技术创新研究，重视企业创新发明专利申报工作，搭建技术融合发展创新平台，坚持绿色电力技术创新与应用，打造自主技术路线，多路径助力企业绿色低碳发展。

（2）优化产业结构，实现产业协同发展。在结合国家"双碳"目标及

---

① 李宏舟，邹涛. 我国电力行业发电技术效率及影响因素：2000~2009年[J]. 改革，2012（10）：44-50.

电网建设的前提下，规划落实好火电、水电、风电、核电等一系列能源产业结构，统筹优化谋实创新，并分省份差异化实施节能减排政策，减少二氧化碳、氮氧化物等温室气体的排放，加强能源需求侧管理和碳排放约束，提高能源利用效率，从而全面提高可持续发展能力[1][2]。

（3）加快新能源开发和电力系统改造升级。发电企业需要加大力度规划建设以大型风光电基地为基础、以其周边清洁高效先进节能的煤电为支撑、以稳定安全可靠的特高压输变电线路为载体的新能源供给消纳体系，将新能源开发、节能减排等贯穿至整个供应链[3]，以"绿色供应链"服务于绿色发展，形成全链条协同减排、可监控、可量化。另外，企业应当在保证电力供应安全和高质量、高效的前提下，以更低成本建设或更新更多输电线路、变电站等基础电力设施，淘汰老旧的设备，降低输电过程中出现的损耗。

（4）在优化产业结构的基础上，发电企业应继续以扩展新能源产业为长期战略目标，坚定不移地走绿色低碳发展道路，稳中求变，优化业务模式，侧重于业态创新，如增加综合智慧能源项目和分布式光伏项目等。结合自身发展特色，坚持绿色低碳发展理念，有选择性地扩展企业发电能源种类的多样性，以绿色能源贯穿企业生产线，稳定运行企业发电业务，走好绿色低碳转型路。同时，还应重视二氧化碳排放率、二氧化硫排放率、氮氧化物排放率、烟尘排放率等减排指标数据，减排成效向国内领先企业看齐，不定期开展专项减排降碳行动，确保企业减排降碳目标的实现。

（5）积极参与碳交易，锤炼企业碳交易管理能力。发电企业应熟悉相关碳交易渠道，结合企业新能源项目的开发与推广，创新发展路径，保障企业在全国碳市场上的履约率，积极参与 CDM（清洁发展机制）项目、CCER（中国核证自愿减排量）项目开发与交易及碳排放权交易等[4]，

① 蒯鹏，李巍，成钢，等.系统动力学模型在城市发展规划环评中的应用——以山西省临汾市为例 [J].中国环境科学，2014，34（5）：1347-1354.
② 杨春玉，林潇，董战峰，等.中国电力行业氮氧化物排放的时空分布特征与类群分析 [J].生态环境学报，2018，27（9）：1688-1697.
③ 国家发展改革委.《关于促进新时代新能源高质量发展的实施方案》政策解读 [EB/OL].（2022-05-30）[2023-09-26]. http://www.nea.gov.cn/2022-05/30/c_1310608538.htm.
④ 赵爽，窦琳.林业碳汇权质押融资法律问题研究 [J].华北电力大学学报（社会科学版），2019（4）：18-25.

通过发行碳中和相关金融产品、进行新能源投资等碳资产经营管理方式为企业增创效益，铺垫更全面的"双碳"背景下发电企业绿色竞争力提升之路。

7.2.3 供应商

供应商作为绿色采购环节及整个供应链运作的重要参与者，为电力企业的生产基建、维护抢修等业务提供相应产品和服务，需要积极响应电力企业的环保要求。其在产品中采用环保型材料、绿色工艺等技术和方法，从根源上提高产品的环保性能，积极参与电力企业的供应商培训、技术交流、环保公益活动等，为绿色供应链建设提供支持和帮助（图7–13）。

建立全面的绿色采购管理和评价体系推动供应商减排

提高供应商物资管理水平

供应商碳排放"双控"检测平台助力绿色供应链减排

图 7–13　供应商优化措施

（1）建立全面的绿色采购管理和评价体系推动供应商减排。研究建立低碳供应商评价体系、绿色物料控制和多层次的电网物资碳足迹，在原有质量管理体系基础上完善绿色采购标准制度和供应商绿色认证体系，充分利用对上下游产业链的影响力，倒逼绿色生产，实现协同减排[1]。

（2）供应商碳排放"双控"检测平台助力绿色供应链减排。结合大数据、云计算、人工智能为代表的新一代数字技术，建立全方位的大数据监测平台，对碳监测、碳账户、碳校码、碳资产等进行管理[2]。通过大数据碳监测和管理平台，电力企业可随时掌握各供应商累计碳排放数据及历史趋势，通过技术改造等方式实现减排。

---

[1]　于晓辉. 绿色供应链为电力行业低碳可持续发展注入新活力 [J]. 华北电业，2022（10）：74–75.
[2]　帅丹丹. 能源大数据与碳排放监测 [J]. 企业管理，2021（12）：104–105.

（3）提高供应商物资管理水平。供应商将目光投向合理优化物流采购、仓储、运输、配送等物流环节，减少流通、采购和存储成本，提升增值能力，实现资源优化配置，降低供应链运营总成本。

7.2.4　用户

电力企业的用户也是绿色供应链建设的重要参与者，客户可以通过购买来自绿色供应链的产品和服务，实现对环境的保护和可持续发展的支持，同时也可以提升客户的社会责任感和品牌形象。

（1）消费者在政府鼓励下多用绿色能源。碳达峰、碳中和目标下的能源生产者与消费者的关系，不再是能源从供到需、单向流动的关系，而是随着消费侧能源科技的进步，消费者主动改变自身行为，为能源供应侧提供更多支撑。同时，消费者还可以变身成为能源生产者，生产能源并满足自身需求。能源消费侧供需互动的新趋势将驱动新的应用场景和商业模式出现，具有广阔的发展空间。用户签订绿色电力交易合同，在用电的最后一环实现绿色消费[①]。

（2）消费者在绿色消费的大环境中，充分考虑对社会可持续发展的影响，有意识地自发选择对环境友好的产品或环保行为。近年来，绿色消费行为呈现个性化特征，消费者对绿色产品期望值不断攀升，在环境保护的趋势下，用户也应当选择使用清洁能源发电形式提供的电力，购买使用新能源作为储备电力的物品，如新能源汽车。

（3）绿色消费逐渐成为一种生活方式，绿色消费逐渐成为新的社会责任感。探索应用新技术，以科技创新引领绿色消费发展，加快绿色低碳技术攻关和先进适用的技术研发及推广应用[②]，以数字化、智能化等新技术支撑绿色技术革命。企业应从供给端为消费者提供更好的绿色产品和绿色服务，同时充分利用 AI、大数据、智能 App 等技术手段，不断优化消费

---

① 全面促进重点领域消费绿色转型 [EB/OL].（2022–02–14）[2023–09–26]. https：//www.gov.cn/zhengce/2022–02/14/content_5673400.htm.

② 习近平主持中共中央政治局第三十六次集体学习并发表重要讲话 [EB/OL].（2022–01–25）[2023–09–26]. https：//www.gov.cn/xinwen/2022–01/25/content_5670359.htm.

者绿色消费体验，通过数字化碳标签帮助消费者追踪绿色碳足迹，鼓励引导更多消费者接触、认识、参与绿色消费行为。推动可持续消费理念及绿色消费知识在大众身边的普及，引导公众形成可持续消费的习惯。消费者或用户逐渐凝聚生态环境保护的共识，塑造绿色价值的认知认同。持续开发新的绿色消费场景，充分利用社交媒体传播绿色消费理念，提高大众对绿色出行、光盘行动、电子交易等绿色行为的积极性和社会责任感[①]，如图7-14所示。绿色消费带来的正面反馈已经不断发生，人们对绿色消费、可持续行为越发重视，消费者参与使用绿色能源的积极性也在不断增强。

消费者在政府鼓励下多用绿色能源

让绿色消费成为一种生活方式

消费者自发选择对环境友好的产品或环保行为

图7-14　用户优化措施

7.2.5　政府和监管机构

政府和监管机构是绿色供应链建设的重要推动者与监管者，通过出台环保政策和法规，促进企业采取环保措施，加强对企业的监督和管理，从而实现对环境的保护和可持续发展的支持。

1.政府

（1）政府应当继续推进低碳试点工作，在省级层面实现碳排放控制目标。据此引导电力企业进行绿色技术创新，提升当地电力企业的能源效率，促进电力企业加大节能减排力度，并推动电力企业进行绿色低碳转型，从而减少当地电力企业的碳排放活动。此过程也能进一步催生企业的技术革新，推动企业迭代原有技术，研发出有助于节能降碳的新技术，由

---

① 张益岗，王小君，孙庆凯，等.基于复杂网络演化博弈的可再生能源技术扩散仿真分析[EB/OL]. [2023-10-04].https://doi.org/10.13335/j.1000-3673.pst.2023.0886.

此为企业带来更高的生产效率，最终获得更理想的经济收益，使得电力企业更有动力进行绿色技术创新和产业结构升级，推动改善现有的污染状况，从而获得更加良好的环境绩效。

（2）为进一步扩大风电、水电、核电、太阳能发电等绿色电力的规模，政府应持续加大财政投入，制定更具针对性的政策，实施更加优惠的税收政策，拓宽其发展空间，增强资金支持，以期望能够有效地减轻绿色电力企业的融资困境，帮助绿色电力企业获得充足的信贷支持。同时开展绿色电力交易试点，推动绿色电力在交易组织、电网调度、价格形成机制等方面体现优先地位①，为市场主体提供功能健全、友好易用的绿色电力交易服务②。建立完善新能源绿色消费认证、标识体系和公示制度。完善绿色电力证书制度，推广绿色电力证书交易，加强与碳排放权交易市场的有效衔接。加大认证采信力度，引导企业利用新能源等绿色电力制造产品和提供服务。鼓励各类用户购买新能源等绿色电力制造的产品③。

（3）为有效促进绿色技术创新，政府有关部门要持续加强对创业板、科创板市场的注册制改革，并大力支持环境友好型的绿色电力企业在主板、中小板、创业板等场内交易市场上市，以便充分激发资本市场的活力，为绿色电力行业发展带来源源不断的资金驱动力。另外，政府应当引入国际先进的节能技术，结合本地电力企业的实际情况，有效整合各种技术资源，以提升电力企业的发展优势。

（4）建立清洁低碳能源产业链供应链协同创新机制。推动构建以需求端技术进步为导向，产学研用深度融合、上下游协同、供应链协作的清洁低碳能源技术创新促进机制④。依托大型新能源基地等重大能源工程，推进上下游企业协同开展先进技术装备研发、制造和应用，通过工程化集成应

---

① 工业和信息化部 发展改革委 生态环境部关于印发工业领域碳达峰实施方案的通知 [EB/OL].（2022–07–07）[2023–09–26].https：//www.gov.cn/gongbao/content/2022/content_5717004.htm.

② 锚定"双碳"目标，绿色电力交易方案蓄势出台——《绿色电力交易试点工作方案》解读 [EB/OL].（2021–09–28）[2023–09–26]. https：//www.ndrc.gov.cn/fggz/fgzy/xmtjd/202109/t20210928_ 1298058.html?code=&state=123.

③ 国务院办公厅转发国家发展改革委国家能源局关于促进新时代新能源高质量发展实施方案的通知[EB/OL].（2022–05–30）[2023–09–26]. https：//www.gov.cn/zhengce/content/2022–05/30/content_5693013.htm.

④ 国家发展改革委 国家能源局关于完善能源绿色低碳转型体制机制和政策措施的意见 [EB/OL].（2022–01–30）[2023–09–26]. https：//www.gov.cn/zhengce/zhengceku/2022–02/11/content_5673015.htm.

用形成先进技术及产业化能力。加快纤维素等非粮生物燃料乙醇、生物航空煤油等先进可再生能源燃料关键技术协同攻关及产业化示范。推动能源电子产业高质量发展，促进信息技术及产品与清洁低碳能源融合创新，加快智能光伏创新升级。依托现有基础完善清洁低碳能源技术创新服务平台，推动研发设计、计量测试、检测认证、知识产权服务等科技服务业与清洁低碳能源产业链深度融合。建立清洁低碳能源技术成果评价、转化和推广机制。

（5）为促进社会资源的优化配置，政府应完善相关政策规定，鼓励社会各界优先将资源投向那些致力于绿色项目技术创新的电力企业，充分利用市场限制产能过剩、技术落后的电力企业进入市场，从而鼓励和引导电力企业走上创新发展之路，并要求电力企业技术水准达标，提高资源利用率。

（6）落实新增可再生能源和原料用能不纳入能源消费总量控制要求，统筹推动绿色电力交易、绿证交易①。引导用户签订绿色电力交易合同，并在中长期交易合同中单列。鼓励行业龙头企业、大型国有企业、跨国公司等消费绿色电力，发挥示范带动作用，推动外向型企业较多、经济承受能力较强的地区逐步提升绿色电力消费比例②。加强高耗能企业使用绿色电力的刚性约束，各地可根据实际情况制定高耗能企业电力消费中绿色电力最低占比。各地应组织电力企业定期梳理、公布本地绿色电力时段分布，有序引导用户更多消费绿色电力。在电网保供能力许可的范围内，对消费绿色电力比例较高的用户在实施需求侧管理时优先保障。建立绿色电力交易与可再生能源消纳责任权重挂钩机制，市场化用户通过购买绿色电力或绿证完成可再生能源消纳责任权重。加强与碳排放权交易的衔接，结合全国碳市场相关行业核算报告技术规范的修订完善，研究在排放量核算中将绿色电力相关碳排放量予以扣减的可行性。持续推动智能光伏创新发展，大力推广建筑光伏应用，加快提升居民绿色电力消费占比。

---

① 国家发展改革委等部门关于印发《促进绿色消费实施方案》的通知 [EB/OL]. （2022–01–18) [2023–09–26]. https://www.gov.cn/zhengce/zhengceku/2022/01/21/content_5669785.htm.

② 华中能源监管局组织召开重庆电网 2022 年电力调度交易与市场秩序厂网联席会议 [EB/OL]. （2022–03–23) [2023–09–26]. http://hzj.nea.gov.cn/adminContent/initViewContent.do?pk=DADFFFA5E6EFE38EE050A8C0C1C83D5E.

2. 监管部门

在电价监管方面，由于电价调整容易陷入低电价陷阱，虽利于短期经济发展，但长期来看高耗能产业将加大电力消耗，不利于产业结构调整和经济平稳增长。因此，为了更有效地减少能源消耗，监管部门应当禁止实行优惠电价，协同省级发改委对高耗能企业实施差别电价政策，并加强对制造业中高能耗行业的监管，以及更加积极地实施差别电价政策，以期达到节能减排的目的[①]。

在电力监督方面，监管机构参与制定发电企业技术、安全、定额和质量标准并监督检查，在发电竞争环节负责审查批准市场设计和价格形成机制，监控市场的有效运行，有利于绿色供应链的优化发展[②]。

在制度标准建设方面，电力监管部门应当制定能源消耗量与排放标准，加强监测与评估体系建设。重点监测评价各地区能耗强度、能源消费总量、非化石能源及可再生能源消费比重、能源消费碳排放系数等指标，评估能源绿色低碳转型相关机制、政策的执行情况和实际效果。完善能源绿色低碳发展考核机制，按照国民经济和社会发展规划纲要、年度计划及能源规划等确定的能源相关约束性指标，强化相关考核。健全清洁低碳能源相关标准体系，加快研究和制修订清洁高效火电、可再生能源发电、核电、储能、氢能、清洁能源供热以及新型电力系统等领域技术标准和安全标准。推动太阳能发电、风电等领域标准国际化[③]。

7.2.6　废弃物回收商

产品设备广泛应用于生产生活各个领域，是保障经济社会发展的重要工具。统筹节能降碳和回收利用，加快重点领域产品设备更新改造[④]，对加快构建新发展格局、畅通国内大循环、扩大有效投资和消费、积极稳妥推

---

① 李强，刘瑞丰，刘静，等 . 西北地区绿色电力交易实践与思考 [J]. 中国电力企业管理，2022（10）：30-32.

② 中国电力监管机构能力建设 [EB/OL].（2007-11-04）[2023-09-26]. http：//ynb.nea.gov.cn/front/article/100054.html.

③ 两部门：加强新型电力系统顶层设计 大力推进智能配电网建设 [EB/OL].（2007-02-14）[2023-09-26]. http：//www.chinapower.com.cn/xw/gnxw/20220214/133521.html.

④ 国家发展改革委环资司组织召开全国发改环资系统视频会议 部署 2023 年工作 [EB/OL].（2022-12-30）[2023-09-26]. https：//www.ndrc.gov.cn/fzggw/jgsj/hzs/sjdt/202212/t20221230_1345002.html.

进碳达峰碳中和具有重要意义。电力行业的废弃物回收商是指专门从事电力行业废弃物回收的企业或机构，包括输电、配电设备回收，以及煤灰、煤渣等废弃物的处理机构，主要包括分类、分离、加工等过程，通过对废弃物的分离与分类，将其中可回收的资源采用环保处理技术进行有效利用，并开展废弃物资源化利用，将其转化为可再生能源或其他资源，而对于无法回收的废弃物则进行安全处理和再利用。

（1）废弃物回收商应当加快构建废弃物循环利用体系，推动废旧产品设备物尽其用，实现生产、使用、更新、淘汰、回收利用产业链循环，推动制造业高端化、智能化、绿色化发展，形成绿色低碳的生产方式和生活方式，为实现碳达峰碳中和目标提供有力支撑。取得环保认证，确保废弃物回收和处理过程符合环保标准和法律法规。积极遵守各项规定，确保业务的合法性、合规性和环保性。

（2）以节能降碳为重要导向，以能效水平为重要抓手，聚焦重点、先易后难、统筹有序推进产品设备更新改造。尤其是对于示范带动作用较强的电机、电力变压器等电力产品设备。同时，以《重点用能产品设备能效先进水平、节能水平和准入水平（2022 年版）》①和现行能效强制性国家标准为基本依据，推动废弃物回收商实施产品设备更新改造，鼓励更新改造后达到能效节能水平（能效二级），并力争达到能效先进水平（能效一级）。另外，优化废弃物的运输和物流，采用绿色运输方式，如电动车辆、混合能源运输等，以降低碳排放。同时，减少包装材料的使用，推广可再利用的包装。

（3）按照市场化法治化原则，坚持"规范化、规模化、精细化"导向，组织开展废旧产品设备回收处置供需对接，推动产品设备生产、使用单位与规范化资源循环利用企业加强信息共享和业务合作。支持发展废旧产品设备回收、运输、拆解、利用一体化模式，减少中间环节。鼓励各级公共资源交易平台开设专栏、开辟绿色通道，畅通废旧产品设备资产交

---

① 国家发展改革委等部门关于发布《重点用能产品设备能效先进水平、节能水平和准入水平（2022 年版）》的通知 [EB/OL].（2022-11-10）[2023-09-26]. https://www.gov.cn/zhengce/zhengceku/2022-11/18/content_5727693.htm?eqid=b8a34af600001ed20000000664632ef9.

易。支持发展"互联网+"模式，培育废旧产品设备线上交易平台。充分发挥资产评估机构作用，提升废旧产品设备资产评估工作水平和效率。落实国务院国资委《关于企业国有资产交易流转有关事项的通知》要求，完善国有废旧产品设备资产处置制度，推动企业高效、规范处置相关资产。

（4）推动再生资源高水平循环利用。强化再生资源先进加工利用技术装备推广应用，支持现有加工利用项目提质改造，提高机械化、信息化和智能化水平[①]。加强技术装备研发，引进废旧产品设备精细拆解、复合材料高效解离、有价金属清洁提取、稀贵金属再生利用等先进技术，加强大型成套装备研发应用。采用先进的资源管理系统，监控和控制能源的使用。通过节能减排技术和方法，降低废弃物处理过程中的能耗和排放，提高资源利用效率。

7.2.7　绿色供应链整体

（1）可持续能源采购。为了建设绿色供应链，电力企业可以优先选择购买可再生能源。通过与可再生能源供应商建立长期合作关系，电力企业可以确保电力的可持续性和环保性。此外，公司还可以通过签署购买合同，鼓励供应商采用清洁能源技术，推动整个供应链向低碳发展。可持续能源采购不仅有助于减少碳排放，还可以提升企业形象和可持续发展信誉。通过为可再生能源支付溢价，电力企业可以支持可再生能源发展，促进清洁能源的普及和使用。

（2）能源效率优化。电力供应链中的能源效率是一个关键领域，可以通过多种方式进行优化。①电力企业可以提升发电设备的效率，升级和更新老化设备，以减少能源消耗和提高能源利用率。②优化输电线路和变压器，减少能源在输送过程中的损耗。使用先进的监控和控制系统，实时监测能源使用情况，并进行调整和优化，以提高能源利用效率。此外，培训员工并提高员工能源意识也是提高能源效率的重要一环。通过鼓励员工采取节能措施和行为，可以减少能源浪费和不必要的能源消耗。

---

① 国家发展改革委等部门关于加快废旧物资循环利用体系建设的指导意见 [EB/OL].（2022-01-17）[2023-09-26]. https://www.gov.cn/zhengce/zhengceku/2022-01/22/content_5669857.htm.

（3）碳排放管理。电力企业可以通过制定和执行碳排放管理策略来减少其供应链中的碳排放量。①进行碳排放的测量和监测，了解主要的碳排放来源和区域。②制订减排目标和相应的措施来减少碳排放。这些措施可能包括使用清洁能源、提高能源效率、改变燃料组合、推动碳捕集和储存技术的发展等。③与供应商合作，鼓励它们减少碳排放，倡导供应商提高透明度、及时发布碳排放报告，以监测和评估碳排放减少的效果。

（4）循环经济和废弃物管理。电力企业可以与供应商合作，推动废弃物的再利用和循环利用。例如，废弃的发电设备可以回收和再加工，将其中可用的零部件重新利用，并对不可再利用的部分进行环保处理。同样地，在电力生产和输送过程中产生的废弃物也可以进行分类与回收。建立完善的废物管理系统，确保废物得到正确处理，减少对环境的负面影响。

（5）供应链合作和伙伴关系。从供应链整体的角度出发，供应链中的各个环节的合作和协同对于实现绿色供应链至关重要。电力企业可以与供应商和合作伙伴建立紧密的合作关系，共同制订并实施可持续发展目标。定期举行会议和协作活动，分享最佳实践和经验，共同解决环境和可持续性挑战。此外，还可以制定供应商评估标准和绩效指标，评估供应商的环保和可持续性能力。与那些积极推动环保行动的供应商建立长期合作关系，共同推动绿色供应链的发展。

通过采取这些绿色供应链优化措施，电力行业可以为可持续发展贡献力量，减少环境影响，同时提升企业声誉和竞争力。这些措施将促进清洁能源的使用和推广，推动低碳经济的发展，并为未来的电力供应打下坚实的环保基础①。

7.3　社会责任

ESG 是关注环境、社会责任和公司治理的可持续发展新理念，ESG 将企业社会责任和公司治理表现综合考虑，是对 CSR 概念的延续和拓

---

① 王永利，向皓，李淑清.考虑冷热电三联供系统耦合特性的区域综合能源系统运行优化 [J].科学技术与工程，2023，23（18）：7787–7797.

展①。目前，中国经济已进入高质量发展阶段，之前因经济快速增长而被掩盖的深层次治理问题日益显现。

在企业层面，首先，高污染和高能耗的生产方式变得难以维持，企业价值创造所带来的环境问题已经成为社会的热议话题。其次，在不断追求利润和市值的过程中，企业社会责任方面存在缺失，商业道德下滑导致非系统性风险在资本市场不断积累，损害了市场的健康运作。现实情况表明，强化企业社会责任治理并建立完备的长期激励和监督机制，已成为中国经济高质量发展阶段必不可少的重要课题②。

在电力领域，由于电力产业是现代社会的关键基础设施之一，对社会、经济和环境产生广泛而深远的影响，相关企业的社会责任更是显现出不可忽视的重要性，它不仅影响到经济和环境的可持续性，还涉及社会公平和道德责任。通过积极履行社会责任，电力领域相关企业可以为社会的整体利益作出贡献，并确保自身的长期可持续性。

7.3.1　认清责任

企业社会责任首先是契约问题，其次才是道德问题③。企业社会责任与商业契约和法律规定密切相关，企业首先有责任履行合同、遵守法律法规，并满足与股东、客户、员工等相关方之间的合同义务。同时，企业社会责任也涉及道德问题，企业超越法律要求，主动采取行动，以关心社会、环境和社会公众的利益。因此，企业社会责任不仅是法律遵从，还包括对社会、环境和道德价值的积极关注与践行，将商业与社会责任有机地结合起来，以实现可持续发展和社会共赢。

企业社会责任所涉及的范围较广，一般来说，企业的社会责任涵盖企业对政府的责任、企业对员工的责任、企业对消费者的责任、企业对合作

---

① GILLAN S, HARTZELL J C, KOCH A, et al. Firms' environmental, social and governance（ESG）choices, performance and managerial motivation[Z]. Unpublished working paper, 2010.

② 戴利研，李超. 高质量发展下的企业社会责任治理——国际 ESG 理念与中华优秀传统文化的耦合 [J]. 经济发展研究，2022（4）：3-12.

③ 马卫红，苏寻. 企业社会责任的"责任"究竟是什么 [EB/OL]. [2023-09-26]. http://kns.cnki.net/kcms/detail/45.1066.C.20230628.1438.004.html.

伙伴和股东的责任以及企业对环境的责任五个类型①，如图 7-15 所示。

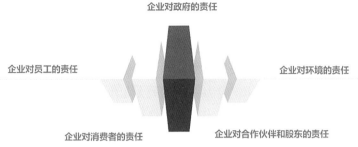

图 7-15 企业社会责任

（1）企业对政府的责任。在当今的时代背景之下，企业与政府的关系日趋复杂，不再是简单的管理者与被管理者的关系，尤其是在政府规制理论的引领之下，政府能够对企业形成有效的监督和帮助，能够推动企业更加和谐地发展。如此，企业经营环节中需要遵纪守法，依法纳税，履行自身的责任和义务，接受政府的监督和指导，杜绝偷税漏税行为，电力领域相关企业的经营要以合法合规为原则，保证自身的道德责任得到落实。

（2）企业对员工的责任。从资本主义早期的各种各样工人维权、组织工会、集体谈判的各种运动，到如今的员工尊重、职业发展、参与管理的需要等，都体现出企业履行对员工的社会责任的合理性和必要性②。一般来说，企业对员工的责任包括基本权益保护、薪酬福利、平等雇佣、职业健康与安全、员工发展、员工关爱等，这不仅有助于提升员工的幸福感和满意度，还有助于企业实现可持续发展和社会共赢。

（3）企业对消费者的责任。企业对消费者承担社会责任主要表现为：企业需要制造美价廉以及耐用的产品，并提供安全、舒适的服务，尽力满足消费者的精神和物质需求，提高消费者对产品的满意程度等③。在电力领域相关企业在发展过程当中需要对人民群众负责，满足群众对用电，以及绿色消费的需求。

① 乔金毅.政府规制下A市国家电网企业履行社会责任研究[D].长春：吉林大学，2023.
② 殷和全.国有发电企业对员工社会责任与员工满意度关系研究[D].北京：首都经济贸易大学，2019.
③ 汪梦园.企业承担社会责任的绿色供应链政府补贴机制[D].徐州：中国矿业大学，2022.

（4）企业对合作伙伴和股东的责任。此即电力领域相关企业在发展过程当中，必须兼顾其合作伙伴，最大限度与其形成共同利益目标，在此基础之上遵守承诺，相互信任。

（5）企业对环境的责任[①]。电力领域相关企业对环境的责任涵盖了减少污染、提高能源效率、支持可再生能源、生态系统保护和社区参与等方面。通过积极履行这些责任，电力领域相关企业可以为减少环境影响、推动可持续发展和减缓气候变化作出贡献。这也就要求相关企业积极采取优化措施，使电力领域中绿色供应链切实以科学发展为指导，提升公司员工思想认识。

7.3.2　履行责任

电力领域相关企业要认清形势，总揽全局，科学地制订近期、中期、远期的规划发展途径，不被动、不拖拉，把履行社会职责纳入企业管理清单，提升核心竞争力，同时通过履行责任的过程不断提高企业知名度和社会信任度。要将社会责任目标逐级逐层分解到每一位职工，树立企业文化意识和全面意识，树立典型，丰富履行社会责任的行为，让员工参与到履行行为当中，让员工感受到履行后带来的企业变化。

（1）探索社会责任考核评价[②]。制定社会责任相关考核细则，明确评价工作的主要负责部门及职责，设置评价指标，评估各单位在社会责任管理、社会责任实践、社会责任价值传播、社会公益等方面的成就与价值。将社会责任管理成效纳入年度绩效考核，量化重点工作指标，形成具有企业特色的社会责任管理和评价指标体系，激发员工将社会责任理念融入工作的能动性，鼓励各部门、各单位切实贯彻落实全面社会责任管理推进工作。

（2）清洁能源社会推广。一方面，向群众推广，通过清洁能源开放日、清洁能源宣传片等手段，使外部利益相关方亲身体验绿色清洁能源，

---

① 王宇菲．企业环境责任对企业可持续发展的影响研究 [D]．长春：吉林大学，2022.

② 李春华，王若溪．省级电网企业基于社会责任视角的品牌建设 [C]//《中国电力企业管理创新实践（2020 年）》编委会．中国电力企业管理创新实践（2020 年）．北京：中国质量标准出版传媒有限公司，2021：3.

认知清洁电力的价值。另一方面，自身企业内部推广，积极支持配合四大燃气热电中心、光伏发电、风电等清洁能源项目的开发与利用，积极推进"煤改电"工程，有效提升居民的生活环境质量。

（3）透明运营和接受社会监督①。自觉接受政府监管和社会监督，保证重大决策公开、透明，全面推动利益相关方参与，建设可持续发展伙伴关系，以沟通赢信任、增共识、促合作，不断增进社会各界对公司的情感认同、价值认同。

7.3.3　约束监管

习近平总书记主持召开企业家座谈会时指出，"企业家要带领企业战胜当前的困难，走向更辉煌的未来，就要弘扬企业家精神，在爱国、创新、诚信、社会责任和国际视野等方面不断提升自己，努力成为新时代构建新发展格局、建设现代化经济体系、推动高质量发展的生力军"②。在市场经济条件下，企业不仅是独立的经济实体，也是具有独立人格的伦理实体，具有"经济人"与"道德人"两种属性。企业社会责任是人们对于企业基于期待而加于其身的一种道德责任。除了企业本身需要深刻认识并做出行动外，还应有外部监管机制监督其社会责任的承担，如图7-16所示。

从政府监管机构角度出发，各级政府要加大对地区及行业企业社会责任的监管力度，制定相应的地方和行业法规，建立地方政府及行业主管部门责任制，对那些不主动承担社会责任的企业采取必要的惩罚措施。同时强化对企业的社会监督，充分发挥新闻舆论、行业组织、国际组织的作用，形成多层次、多渠道的监管体系，以完善企业承担社会责任的社会环境。

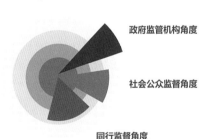

图7-16　企业外部约束监管与社会责任

---

① 高志星. 从国家电网看央企社会责任 [J]. 现代国企研究，2021（5）：80-83.
② 习近平：激发市场主体活力弘扬企业家精神 推动企业发挥更大作用实现更大发展 [EB/OL].（2020-07-21）[2023-09-26]. http://www.qstheory.cn/yaowen/2020-07/21/c_1126267590.htm.

从社会公众监督角度出发，公众作为最庞大的企业利益相关者群体，不仅是企业社会活动的参与者，也是企业社会活动的监督者。随着中国经济的不断发展，公民对企业社会责任意识的要求也在不断提高，实行有奖举报制，提高公众监督企业社会责任履行情况的积极性，让公众参与到企业社会责任履行情况的监督中来①。

从同行监督角度出发，企业履行社会责任是一种义务，进行同行监督是一种权利。采取同行审查、同行复核、同行评议、同行竞争以及参与国家管理决策等方式评估企业履行社会责任过程中是否出现违规行为，检举方式具备多样性②，能从多角度监督企业是否履行社会责任，更具有针对性。

7.3.4 实践与风险管理

1. 绿色供应链建设实践

国家电网全面社会责任管理工作坚持问题导向、多方协同、创新管理形成"电网＋生态"的绿色供应链企业社会责任管理模式，以电力安全、绿色惠民、生态保护三个方面为着力点，结合"共同性、公平性、持续性"，平衡安全、经济、环境三大支柱之间的联系，构建起电力设施保护、经济发展、生态环境建设协调共存的格局。

电力领域相关企业可采取的措施主要涵盖以下五个方面：①确保采购的材料和设备符合环保与社会责任标准。这包括选择供应商，关注其环保政策、员工待遇和社区参与等方面。②供应商合规审查③。企业可以进行供应商合规审查，以确保供应链中的各个环节都遵守法律法规和道德准则。这有助于降低与不法行为或违规操作相关的风险。③建立透明的供应链系统。让企业和消费者能够跟踪产品的来源和生产过程。这有助于减少潜在的环境和社会责任问题。④优化产品包装和运输方式，以减少废弃物和碳排放。选择环保运输方式，如电动车辆或可再生能源供电的运输方式，这

① 曹华林，李成珍，景熠. 构建政府监管下公众参与监督的企业社会责任进化博弈模型 [J]. 财会月刊，2017（11）：3-9.
② 李炎炎. 外部监督对企业社会责任信息披露影响研究 [D]. 郑州：郑州大学，2016.
③ 虞思明. 涉案企业合规整改第三方评估标准研究 [C]// 上海市法学会.《上海法学研究》集刊 2023 年第 2 卷——律师法学研究文集. [出版者不详]，2023：7.

是串联绿色供应链的重要举措。⑤减少对少数供应商的过度依赖[1]，建立多样性的供应链，以减少因供应链中断或问题导致的风险。

绿色供应链上的相关企业想要完善自身社会责任，需要采取一系列关键举措。首先，积极选择与环境友好和社会可持续性价值观一致的供应商，建立透明的供应链，确保供应链的各个环节都遵守道德、法律和环保准则。其次，投资于可持续采购、环保包装和运输，以减少环境足迹。同时，关注劳工权益、社会责任和人权问题，确保供应链中的员工和社区受到公平对待。合法合规也是关键，企业必须遵守相关法规，积极管理与法规合规有关的风险。最重要的是，建立紧密的供应链合作关系，与供应商一起解决问题、制订可持续发展计划，以确保整个供应链都朝着社会责任和绿色目标迈进。通过这些努力，企业可以提高其社会责任形象，满足消费者和利益相关者的期望，同时促进可持续发展并降低潜在的风险。

2. 绿色供应链风险管理

一般来说，绿色供应链上企业可能面临的风险包括以下五点：①环境风险管理，电力企业应识别和评估供应链中的环境风险，如气候变化、自然灾害和资源短缺，制订应对计划，降低这些风险对供应链的影响。②社会风险管理，企业应当关注供应链中可能存在的社会风险，如劳工权益、人权问题和社区关系，同时需要与供应商建立沟通机制，解决潜在的社会责任问题。③法规合规风险管理，企业需要保持对法规和法律法规的遵守，特别是与环保、劳工和消费者权益相关的法规，另外企业也应确保供应商符合这些法规。④供应链中断风险管理，通过开发应急计划或建立备用供应商和库存，以应对供应链中断的情况。⑤声誉风险管理，在企业运转的过程中需要维护企业声誉，及时应对供应链中出现的问题以及可能出现的问题，以避免负面问题的产生。

绿色供应链上的相关企业应当主动构建绿色供应链风险管理手段，探索建立适合自身业务发展的绿色供应链风险管理系统。绿色供应链风险管理平台应当对接多来源多维度数据，在功能上具备绿色金融项目识别、绿

---

[1] 房国忠，孟繁波，左石. 供应链集中度对企业违约风险的影响研究 [J]. 工业技术经济，2023，42（9）：102–110.

色金融客户信用评级、环境效益监测等基础功能，并基于自身特点和情况，开发诸如 ESG 评级模型和绿色客户识别模型等绿色供应链风险管理模型①。供应链上企业应当依托以往业务风险管理经验，结合绿色业务特点，不断沉淀风险识别经验，逐渐探索出与其自身业务发展相符的绿色金融风险管理模式，基于企业特色风险管理系统，形成一套完善的风险管理流程。

综合来说，电力企业在建设绿色供应链和风险管理方面的实践与策略旨在实现可持续发展，降低环境和社会责任风险，提高企业的竞争力和可持续性。通过积极关注供应链的社会和环境影响，企业不仅可以提高效率和可持续性，还可以增强声誉和满足消费者对可持续性的需求。

7.4 未来展望

绿色供应链的整个供应链都处于政府部门和相关非营利组织的监管环境内，因此健全的监管制度、合理的惩罚力度和补贴都会起到规范供应链成员行为的作用，特别是供应链是从消费者出发逐级向上传递市场信息，体现了以消费者需求为导向的经营理念②。从绿色供应链管理角度出发，结合政府、企业和消费者的理念③，绿色供应链将会有**五大发展趋势**。

7.4.1 国家战略引领

政府的政策指导对中国绿色供应链的推广起到巨大的作用。近年来，关于绿色供应链的政策文件陆续出台，一方面，法律规定的污染物排放标准、能耗限额等生态环境利用的"红线"，通常也是企业绿色供应链管理的"底线"；另一方面，政府推出的正向激励措施，比如绿色采购、绿色信贷、试点示范、资金奖励等，则是核心企业在环保合规基础上提高绿色

---

① 陈紫璇 . 江苏银行绿色金融风险管理案例研究 [D]. 保定：河北金融学院，2023.
② 王彦阳，钟天映 . 绿色食品可持续供应链结构、利益关系及发展趋势探讨 [J]. 食品安全导刊，2022（17）：25-28.
③ 单明威，谢园园，张理 . 中国绿色供应链发展 20 年现状与趋势 [J]. 信息技术与标准化，2019（12）：66-72.

供应链管理要求的"润滑剂"①。中国首先制定了《中华人民共和国环境保护法》《中华人民共和国清洁生产促进法》《中华人民共和国循环经济促进法》《中华人民共和国节约能源法》等多部法律，为企业打造绿色供应链起到法律保障作用。在政策方面，2015年首次明确提出打造绿色供应链，2017年国务院印发《关于积极推进供应链创新与应用的指导意见》提出打造全过程、全链条、全环节的绿色供应链发展体系；2021年，构建绿色供应链被纳入中国绿色低碳循环发展经济体系的重要内容。在企业层面，工业和信息化部在2016年制定了《绿色供应链企业评价要求》指标体系，从绿色供应链管理战略、实施绿色供应商管理、绿色生产、绿色回收、绿色信息平台建设、绿色信息披露六大类20项指标开展评价②。短期内政府仍将是推动绿色供应链管理发展的重要力量，绿色供应链管理的顶层设计制度文件，以及各行业、环节的配套政策文件和标准将纷纷出台。另外，在中国建设绿色"一带一路"，参与和领导全球环境治理和应对气候变化以及促进全球双多边可持续贸易与合作关系的过程中，绿色供应链都将发挥重要作用③。与此同时，在国内长江经济带、长三角一体化、粤港澳大湾区等重点区域的可持续发展与建设中，绿色供应链也将成为重要的市场手段④。

7.4.2　企业主动布局

在"双碳"目标提出后，在中国产业结构和能源结构新变化趋势下，在政策和市场的双轮驱动下，内地企业对绿色供应链管理已从被动应对转向主动布局，很多头部企业提出碳达峰和碳中和时间节点，例如，华为提出2025年前将会推动它们的TOP100供应商设定碳减排目标；隆基2021年初发布的《绿色供应链减碳倡议》也得到150家供应商的积极响应⑤。

---

① 毛涛.碳达峰碳中和背景下绿色供应链管理的新趋势[J].中国国情国力，2021（11）：12-15.
② 中国绿色供应链管理发展呈现六大发展趋势[N].现代物流报，2021-11-17.
③ 丁金光，王梦梦.绿色"一带一路"建设的成就与挑战[J].青海社会科学，2020（5）：62-69.
④ 董文，佐赫.供应链数字化对商贸流通业绿色全要素生产率的影响——基于长江经济带沿线省域的实证[J].商业经济研究，2023（8）：23-26.
⑤ 中国绿色供应链管理发展呈现六大发展趋势[N].现代物流报，2021-11-17（1）.

2023 年 12 月 29 日,工业和信息化部节能与综合利用司公示了 2023 年度绿色制造名单,这是自推行绿色制造体系遴选以来公布的第八批绿色制造名单,其中包括 205 家绿色供应链管理企业 [①],从企业数量上看,自 2017 年第一批绿色制造示范名单的 15 家绿色供应链管理企业到 2023 年发展至 601 家,反映出企业主动打造绿色供应链和申报国家示范的积极性在提高。

7.4.3　金融力量推动

绿色供应链的核心是运用市场的手段,以订单和采购的议价优势,促进产业链条上下游相对弱势的企业提升环境表现。但是在当前产业分工明确的新时期,某一单独环节企业很难形成产业链的绝对核心优势,而资本市场的力量就变得尤为重要。不难发现,绿色供应链的推广工作在其董事长、大股东、银行、证券、私募基金、风投基金等投资者环境意识较强的公司更为成功。一方面,投资者的决策约束下可以推动企业重视环保工作。同时,绿色金融可以降低绿色生产和环保投入的资金压力。另一方面,绿色供应链也可以帮助金融机构追踪企业环境信息,降低"信用风险"。供应商和被投资企业的环境合规与绿色品牌也能保障投资者和采购商稳定的回报与供货,从而保障商业利益。美国环保协会与兴业经济研究咨询有限公司开展了绿色供应链金融的研究工作,未来将有更多的金融机构参与并推动绿色供应链的发展 [②]。

7.4.4　智能技术应用

2019 年 3 月,Gartner 在发表的《2019 年八大供应链战略性技术趋势报告》中第一次定义了数字供应链孪生的概念 [③],并从 2019—2022 年连续 4 年把它作为八大供应链战略性技术趋势之一(表 7-1)[④]。数字孪生可解决

---

① 工业和信息化部办公厅关于公布 2023 年度绿色制造名单及试点推行"企业绿码"有关事项的通知 [EB/OL].(2023-12-29).https://www.gov.cn/zhengce/zhengceku/202401/content_6924504.htm.

② 单明威.多方参与下的绿色供应链金融模式研究 [J].环境与可持续发展,2019,44(3):64-67.

③ 不容忽视的 8 大战略性供应链技术趋势 [EB/OL].(2019-11-07)[2023-09-26].https://zhuanlan.zhihu.com/p/84476070.

④ 唐隆基:值得关注的最新顶级战略性供应链技术趋势 [EB/OL].(2023-07-21)[2023-09-26].https://www.sohu.com/a/704778026_757817.

物流领域的多个问题：可结合物流现场业务场景，提供统一的运营可视化管理平台，对流通中的货品、人员、车辆等进行三维建模和可视化呈现，构建数字化运营中心；可在元宇宙中模拟物流配送全过程，导入以配送总成本最低、配送时间最短或综合效益最大的算法模型，设计出最理想的配送路线，并根据路况、天气等多维反馈信息实时对配送调度进行动态调整；监控数字孪生物流全要素场景，发掘痛点难点，设计风险预警程序，做好风险管理的同时针对性地仿真改造，不断推演升级之路[①]。

表 7-1　高德纳关于"数字供应链孪生"概念的变化（2019—2022 年）

年份	Gartner 数字供应链孪生的概念
2019[③]	数字孪生是真实世界实体或系统的数字表示。数字供应链孪生是物理（通常是多企业）供应链的数字表示。它是数据对象之间各种关联的动态、实时和分时的表示，这些关联最终构成了物理供应链的运营方式。它是供应链的本地和端到端决策的基础，并确保该决策在整个供应链水平和垂直两个维度上保持一致。数字供应链孪生来源于整个供应链及其运营环境的所有相关数据
2020[④]	数字供应链孪生（DSCT）是物理供应链的数字表示。它来源于供应链及其运行环境中的所有相关数据。这使得 DSCT 成为所有本地和端到端决策的基础。Gartner 的研究副总裁 Christian Titze 先生补充道："DSCT 是数字主题的一部分，它描述了数字世界和物理世界的日益融合。""将两个世界联系起来可增强态势感知能力，并支持决策"
2021[⑤]	DSCT 是物理供应链的数字表示。它是本地和端到端（E2E）决策制定的基础，因为它确保每个决策在整个网络中水平和垂直对齐。DSCT 由整个供应链及其运营环境的所有相关数据组成。然后需要以有意义的方式关联数据，以便可以应用预测性和规范性分析来创建和判断和批准不同的计划、场景和订单
2022[⑥]	DSCT 是数据对象之间各种关联的动态、实时和分时段的表示，这些关联最终构成了物理供应链的运作方式。它是通过确保决策水平和垂直对齐来确保决策具有相关 E2E 上下文的基础。DSCT 源自整个供应链及其运营环境的相关数据

---

① 欧阳宏虹. "元宇宙 + 物流"创新耦合发展与应用风险探讨 [J]. 商业经济研究，2022（21）：101–104.

② The 2019 top supply chain technology trends you can not ignore[EB/OL].（2019–03–11）[2023–09–26].https：//www.gartner.com/doc/3904266.

③ Gartner top 8 Supply chain technology trends for 2020 [EB/OL].（2020–07–20）[2023–09–26].https：//www.gartner.com/smarterwithgartner/gartner–top–8–supply–chain–technology–trends–for–2020.

④ CSCO 供应链技术创新指南 [EB/OL].（2021–07–28）[2023–09–26].https：//baijiahao.baidu.com/s?id=1706650943469206734 0&wfr=spider&for=pc.

⑤ 洞察 | Gartner 公布八大供应链技术趋势 [EB/OL].（2022–12–02）[2023–09–26].https：//www.sohu.com/a/612641013_609301.

在 2023 年的八大供应链技术趋势中，人工智能是供应链应用中更接地气的技术趋势，智能运营应该涵盖前面的智能技术（包括数字供应链孪生）①。

人工智能利用计算机和机器来模仿人类解决问题与决策的能力。作为起点，人工智能增强了决策制定，而人类仍在验证、监控系统行为，再发展为可操作的人工智能（actionable artificial intelligence）的循环中。然后，可操作的人工智能通过从过去的人类和机器经验中学习行为模式，在部署后允许模型行为发生变化，从而更快地自主适应不断变化的现实世界环境。可操作的人工智能针对众多供应链用例，在这些用例中，它可以根据人类与解决方案的互动方式进行调整、发展和学习。这种适应性得到供应链的计划到执行的支持。在日益不可预测的环境中，剧烈的破坏对供应链组织产生了重大影响。对于其中的许多人来说，这些变化需要弹性设计和可操作的人工智能。因此，决策制定是一项日益复杂的核心能力。决策有着更强的关联度、相关性、连续性，因此必须重新设计决策规则，这些规则作为未来构建可操作的、通常是自动化系统的一部分，使组织能够利用数据来获得洞察力、决策和战略行动。可操作人工智能的价值在于能够在供应链组织的不同用例中快速开发、部署、调整和维护人工智能。鉴于工程的复杂性和对更快上市时间和快速投资回报的需求，在 AI 模型中构建适应性服务至关重要。

7.4.5　行业可持续发展

2020 年 5 月 18 日，国家主席习近平在第 73 届世界卫生大会开幕式致辞中强调 "维护全球产业链供应链稳定畅通，尽力恢复世界经济"。2022 年 9 月 19 日，习近平向产业链供应链韧性与稳定国际论坛致贺信中指出，维护全球产业链供应链韧性和稳定是推动世界经济发展的重要保障。然而，日益增强的不确定性所带来的挑战导致产业链供应链可持续发展难以得到

---

① 唐隆基：值得关注的最新顶级战略性供应链技术趋势 [EB/OL].（2023-07-21）[2023-09-26].https：//www.sohu.com/a/704778026_757817.

有效保障。因此，在应对供应链自身和外部因素带来的威胁时，进一步增强产业链供应链的可持续发展能力是未来发展的关键①。可持续发展是大势所趋，是企业发展的正确战略导向，以华为为例，其关注供应链对社会、经济、环境的影响，关注供应保障和供应风险以及供应链的合规性和可持续性，并打造了一个成熟的可持续供应链发展体系，构建了一条可持续的供应生态链②。可持续性提供数字化响应，以对与公司、政府或全球可持续性、影响和授权指令相关的活动使用治理、数据捕获和预测分析。这些工具可以提高数字化、协作和可见性水平，这些水平通常对于建立基础至关重要，这些基础可以使可持续发展计划的逐步发展确立的流程和管理纪律正规化③。

可持续性也是 2021—2022 年 Gartner 首要战略供应链技术主题的一部分。尽管从 CEO 的角度来看，可持续性仍然是许多供应链组织的优先事项，但它也是从 CFO 的角度出发，实施成本节约计划时首先削减的一项技术。示例功能包括碳管理；环境、社会和治理报告；供应商数据收集和管理；以及越来越多的工具来支持循环经济模型。这些专门构建的解决方案可提高效率、提高报告准确性，并有助于推动实现可持续发展目标的落地实施。

能源电力是我国的基础性支柱产业，关系国家能源安全和国民经济命脉。同时，能源电力又是促进我国绿色低碳发展的关键环节和重要领域，深刻影响着产业结构、能源结构、交通运输结构优化调整的节奏。能源电力行业必须深入贯彻落实能源安全新战略，坚定不移推进能源消费革命、能源供给革命、能源技术革命、能源体制革命，深化国际合作，加快建设新型能源体系、新型电力系统与新型电网，推动实现绿色低碳可持续发展，更好地支撑和服务中国式现代化，为共建清洁美丽的世界赋动能、做贡献。

---

① 刘伟华，刘宇彤，赵舒琦，等. 产业链供应链可持续发展阶段划分及关键特征研究 [J]. 工业技术经济，2023，42（9）：123-132.
② 刘嵘. 华为可持续供应链发展历程及启示 [J]. 财会月刊，2019（17）：143-149.
③ 彼德拉菲塔，孟昭青. 可持续供应链的发展 [J]. 上海质量，2021（4）：30-32.

7.5　本章小结

　　本章主要介绍了绿色供应链的社会推广策略、优化措施、社会责任和未来展望。在社会推广方面，要加大宣传力度，增强社会对绿色供应链的认同感，同时要发挥政府、行业协会和企业的合力，共同推动绿色供应链的发展。优化措施方面，要注重提升供应链的计划、执行和协同能力，并加强供应商的选择和管理。在社会责任方面，绿色供应链不仅要关注经济效益，还要关注社会效益，积极履行企业社会责任。

　　绿色供应链将迎来新的发展机遇，并将成为制造业可持续发展的重要支撑，在国家战略层面，制度环境越来越有利于企业打造绿色供应链，绿色供应链的管理动力也从"政策驱动"转向"主动布局"，绿色供应链管理也为新科技提供了应用的场所。总之，绿色供应链管理是一种综合考虑环境影响、社会效益和经济效益的供应链管理模式。只有不断加强推广、优化措施，并积极履行社会责任，才能真正实现绿色供应链的长远发展。

参考文献

[1] HANDFIELD R B.Green supply chain：best practices from the furniture industry[C]// Annual Meeting of the Decision Sciences Institute Proceedings. Houston：Decision Sciences Instiute，1996：1295-1297.

[2] 杨晓辉，游达明.考虑消费者环保意识与政府补贴的企业绿色技术创新决策研究 [J].中国管理科学，2022，30（9）：263-274.

[3] LI Q，FENG W，QUAN Y H. Trend and forecasting of the COVID-19 outbreak in China[J]. Journal of infection，2020，80（4）：469-496.

[4] 什么是气候变化？气候变化的原因是什么？ [EB/OL].（2015-11-27）. https：//www.cma.gov.cn/2011xzt/2015zt/20151127/ 2015112710/201511/ t20151127_298469.html.

[5] 175 个国家签署《巴黎协定》[EB/OL].（2016-04-23）. https：//www.gov.cn/ xinwen/2016-04/23/content_5067257.htm.

[6] 联合国.巴黎协定 [EB/OL].（2015-12-12）. https：//www.un.org/zh/climatechange/ paris-agreement.

[7] 李鸿雁，何斌，范红岗，等.国内外绿色管理研究的知识结构与动态演化 [J].技术经济与管理研究，2019（3）：50-56.

[8] 我国发布 13 种矿产资源全球储量评估数据 [EB/OL].（2023-07-10）. https：// www.mnr.gov.cn/dt/ywbb/202307/t20230710_2793488.html.

[9] 朱庆华，窦一杰.基于政府补贴分析的绿色供应链管理博弈模型 [J].管理科学学报，2011，14（6）：86-95.

[10] 方陈承，张建同.绿色供应链管理对企业绩效的影响——一项元分析研究 [J].科技管理研究，2017，37（24）：234-240.

[11] BEAMON B M. Designing the green supply chain[J]. Logistics information management, 1999, 12（4）: 332-342.

[12] 缪朝炜, 伍晓奕. 基于企业社会责任的绿色供应链管理——评价体系与绩效检验[J]. 经济管理, 2009, 31（2）: 174-180.

[13] PORTER M, VAN DER LINDE C. Green and competitive: ending the stalemate[J]. The dynamics of the eco-efficient economy: environmental regulation and competitive advantage, 1995, 33: 120-134.

[14] 李包庚, 耿可欣. 人类命运共同体视域下的全球生态治理[J]. 治理研究, 2023, 39（1）: 28-39, 157-158.

[15] 王凯, 徐瑞良. 标准化视阈下装配式建筑绿色供应链运作逻辑研究[J]. 建筑经济, 2020, 41（8）: 86-92.

[16] 王金南, 曹东, 陈潇君. 国家绿色发展战略规划的初步构想[J]. 环境保护, 2006（6）: 39-43, 49.

[17] 杨多贵, 高飞鹏. "绿色"发展道路的理论解析[J]. 科学管理研究, 2006（5）: 20-23.

[18] 任理轩. 坚持绿色发展——"五大发展理念"解读之三[EB/OL].（2015-12-22）. http://theory.people.com.cn/n1/2015/1222/c40531-27958738.html.

[19] 习近平: 决胜全面建成小康社会 夺取新时代中国特色社会主义伟大胜利——在中国共产党第十九次全国代表大会上的报告[EB/OL].（2017-10-27）. https://www.gov.cn/zhuanti/2017-10/27/content_5234876.htm.

[20] 国务院关于加快建立健全绿色低碳循环发展经济体系的指导意见[EB/OL].（2021-02-22）. https://www.gov.cn/zhengce/content/2021-02/22/content_5588274.htm.

[21] 习近平: 高举中国特色社会主义伟大旗帜 为全面建设社会主义现代化国家而团结奋斗——在中国共产党第二十次全国代表大会上的报告[EB/OL].（2022-10-25）. https://www.gov.cn/xinwen/2022-10/25/content_5721685.htm.

[22] 徐建兵, 王辉, 潘仙友, 等. 面向能源互联网的电力企业转型问题识别及策略研究[J]. 上海节能, 2021（11）: 1204-1208.

[23] 热点快评: 上半年我国绿色消费成绩突出, 消费者理念转变推动产业升级[EB/OL].（2023-07-22）. https://finance.sina.com.cn/jjxw/2023-07-22/doc-imzcpkxx1116652.shtml.

[24] 报告显示: 年轻人对绿色消费的意识觉醒程度明显提高[EB/OL].（2023-06-

16）. https://baijiahao.baidu.com/s?id=1768849239475842355&wfr=spider&for=pc.

[25] 张克勇，李春霞，姚建明，等. 政府补贴下具风险规避的绿色供应链决策及协调 [J]. 山东大学学报（理学版），2019，54（11）：35–51.

[26] 冯彬蔚. 刍议绿色供应链管理在环境管理中的作用 [J]. 环境工程，2021，39（7）：255.

[27] 李曦珍，宋锐. 全球信息技术应用的数智化转型 [J]. 甘肃社会科学，2021（6）：188–197.

[28] 刘朝. 数智化技术助力制造业绿色发展 [J]. 人民论坛，2023（11）：80–83.

[29] IBM big data platform—Bringing big data to the enterprise [Z]. 2014.

[30] 程晏萍，赵喜洋，刘卿瑜. 大数据时代下的绿色供应链管理研究 [J]. 现代商贸工业，2020，41（28）：49–51.

[31] 周丕健，周李哲. 生态系统简化粒子群算法的优化分析——基于大数据环境的研究 [J]. 环境工程，2022，40（9）：342–343.

[32] 马智亮，滕明焜，任远. 面向大数据分析的建筑能耗信息模型 [J]. 华南理工大学学报（自然科学版），2019，47（12）：72–77，91.

[33] 殷小炜. 关于固体废物应用大数据管理的优势 [J]. 低碳世界，2021，11（3）：56–57.

[34] 芦津. 大数据背景下现代物流企业管理策略优化路径探索 [J]. 中国物流与采购，2023（15）：167–168.

[35] MOLLAH M B，ISLAM K R，ISLAM S S. Next generation of computing through cloud computing technology[C]//25th IEEE Canadian Conference on Electrical and Computer Engineering. IEEE，2012：1–6.

[36] 黄美娜. 亚马逊、微软等四大公司"云计算"市场发展现状及比较分析 [J]. 电脑知识与技术，2021，17（12）：53–55，63.

[37] 铁兵. 亚马逊 AWS 云计算服务浅析 [J]. 广东通信技术，2016，36（10）：35–38.

[38] 潘晓明，郑冰. 全球数字经济发展背景下的国际治理机制构建 [J]. 国际展望，2021，13（5）：109–129，157–158.

[39] 涂子沛. 大数据 [M]. 桂林：广西师范大学出版社，2012.

[40] 李铭瑶，薛新民. 云计算数据中心动力环境监控系统研究 [J]. 信息技术与标准化，2017（Z1）：57–60.

[41] 任颖洁. 基于物联网技术的制造业与物流业联动发展——以陕南为例 [J]. 社

会科学家，2017（9）：81-86.

[42] 刘大龙，庞彦和．物联网技术在农作物种子供应链可追溯系统中的应用 [J]. 植物遗传资源学报，2022，23（6）：1868-1870.

[43] 赵同录：经济持续稳定恢复 运行态势回升向好 [EB/OL].（2024-01-08）. https：//www.stats.gov.cn/xxgk/jd/sjjd2020/202401/t20240118_1946725.html.

[44] Bitcoin：a peer-to-peer electronic cash system[EB/OL]. https：//bitcoin.org/bitcoin. pdf.

[45] WU X Y，FAN Z P，CAO B B. An analysis of strategies for adopting blockchain technology in the fresh product supply chain[J]. International journal of production research，2023，61（11）：3717-3734.

[46] KOUHIZADEH M，SARKIS J. Blockchain practices，potentials，and perspectives in greening supply chains[J]. Sustainability，2018，10（10）：3652.

[47] 闫云凤，黄灿．全球价值链下中国碳排放的追踪与溯源——基于增加值贸易的研究 [J]. 大连理工大学学报（社会科学版），2015，36（3）：21-27.

[48] 陈晓红，胡东滨，曹文治，等．数字技术助推中国能源行业碳中和目标实现的路径探析 [J]. 中国科学院院刊，2021，36（9）：1019-1029.

[49] 李勇建，陈婷．区块链赋能供应链：挑战、实施路径与展望 [J]. 南开管理评论，2021，24（5）：192-201，212，I0035，I0036.

[50] 李波，于水．基于区块链的跨域环境合作治理研究 [J]. 中国环境管理，2021，13（4）：51-56.

[51] 喻国明，苏健威．生成式人工智能浪潮下的传播革命与媒介生态——从ChatGPT到全面智能化时代的未来 [J]. 新疆师范大学学报（哲学社会科学版），2023，44（5）：81-90.

[52] 张超，张雯．数字政府视域下 ChatGPT 模型部署的全方位审视：从微观到宏观 [J]. 金融与经济，2023（10）：19-32.

[53] 杨继军，艾玮炜，范兆娟．数字经济赋能全球产业链供应链分工的场景、治理与应对 [J]. 经济学家，2022（9）：49-58.

[54] 郑柳杨．人工智能在产品设计中的应用与发展趋势 [J]. 家具与室内装饰，2019（1）：36-37.

[55] 张喆，欧阳博强．人工智能影响经济发展的理论机理与城市经验 [J]. 山东社会科学，2023（4）：94-102.

[56] 王会．人工智能赋能产业转型升级探析 [J]. 智慧中国，2023（8）：21-23.

[57] 陈俊.数字经济时代下的新型消费行为与趋势 [J]. 财讯, 2023（7）: 27-30.

[58] 余姗, 樊秀峰, 蒋皓文.数字经济发展对碳生产率提升的影响研究 [J]. 统计与信息论坛, 2022, 37（7）: 26-35.

[59] STEPHENSON N. Snow crash[M]. New York: Bantam Books, 1992.

[60] 邢杰, 赵国栋, 徐远重, 等.元宇宙通行证 [M]. 北京: 中译出版社, 2021.

[61] 李安, 刘冬璐.元宇宙品牌营销生态系统的重构逻辑与策略 [J]. 现代传播（中国传媒大学学报）, 2022, 44（12）: 161-168.

[62] 薛豆豆.基于智慧供应链的新零售供应链风险的识别与防控 [J]. 商业经济研究, 2023（16）: 34-37.

[63] 白太辉.整合与赋能: 元宇宙促进数字经济发展的路径探索——从元宇宙与数字经济之间的关系说起 [J]. 新疆社会科学, 2022（5）: 54-60.

[64] 牛英豪.元宇宙时代"智慧生态人"的法律塑造 [J]. 东方法学, 2023（3）: 121-132.

[65] The UNEP. Global impact of war in Ukraine on food, energy and finance systems[EB/OL].（2022-04-13）. https://www.unep.org/resources/publication/global-impact-war-ukraine-food-energy-and-finance-systems.

[66] 王煦.工业领域绿色供应链研究 [J]. 信息技术与标准化, 2017（Z1）: 21-24.

[67] 王曦.论美国《国家环境政策法》对完善中国环境法制的启示 [J]. 现代法学, 2009, 31（4）: 177-186.

[68] 新固废法解读（3）| 从新固废法反观国际经验 [EB/OL].（2020-09-22）. https://m.thepaper.cn/baijiahao_9296916.

[69] 李一行, 刘兴业.借鉴和反思: 美国《应急计划与社区知情权法案》介述 [J]. 防灾科技学院学报, 2011, 13（2）: 110-114.

[70] 美国包材法案要求 [EB/OL].（2021-03-02）. https://www.sohu.com/a/453532928_120853081.

[71] 于宏源.风险叠加背景下的美国绿色供应链战略与中国应对 [J]. 社会科学, 2022（7）: 123-132.

[72] 谢伟, 赵达维, 张超.绿色供应链结构优化模型研究 [J]. 浙江学刊, 2015（2）: 195-200.

[73] 孙楚绿, 慕静.产品环境足迹的供应链绿色采购政策分析——欧盟的实践与启示 [J]. 天津大学学报（社会科学版）, 2017, 19（1）: 7-11.

[74] 吴薇群, 许立杰.欧盟产品环境足迹机制及应对措施研究 [J]. 中国标准化,

2021（4）：143–147.

[75] 新形势下欧盟绿色发展之路 [EB/OL]．（2022–03–29）．http：//center.cnpc.com. cn/bk/system/2022/03/29/030063830.shtml.

[76] 欧盟供应链法，或许是严厉的新可持续发展标准 [EB/OL]．（2023–06–08）． http：//www.logclub.com/articleInfo/NjM3NDM=.

[77] 徐媛．德国绿色供应链管理得益于成熟的法律体系 [J]．环境经济，2017（18）： 48–53.

[78] 日本循环型社会法规简介 [EB/OL]．（2006–05–17）．http：//tfs.mofcom.gov.cn/ article/ba/bh/200605/20060502206495.shtml.

[79] 姜旭，王雅琪，胡雪芹．以四方联动机制推动中国绿色物流发展——日本绿 色物流经验与启示 [J]．环境保护，2019，47（24）：62–67.

[80] 日本政府．半導体・テロシ・タル産業戦略 [R]．2021.

[81] 田正，刘云．日本构建绿色产业体系述略 [J]．东北亚学刊，2023（2）：120– 134，150.

[82] 一般社団法人持続可能環境センター．『3 R 低炭素社会検定公式テキスト 』， 一般社団法人持続可能環境センター [M]．京都：ミネルヴァ書房，2020.

[83] プラスチック製品の生産・廃棄・再資源化・処理処分の状況 [EB/OL]． [2023–01–30]．https：//www.nef.or.jp/keyword/na/articles_ni_07. Html.

[84] 家電リサイクル年次報告書 [R/OL]．[2023–01–30]．https：//www. Aeha-kadenrecycle.com / pdf / report / kadennenji_2020.pdf.

[85] コンクリート資源循環システム [EB/OL]．[2023–01–30]．https：/ /www.shimz. co.jp/solution / tech272 / index.html.

[86] なぜ、日本は石炭火力発電の活用をつづけているのか？~2030 年度のエネ ルギーミックスと CO2 削減を達成するための取り組み [EB/OL]．（2018–04– 06）[2023–01–30]．https：//www.enecho.meti.go.jp/ about/special/johoteikyo/qa_ sekitankaryoku.html.

[87] 『 知財 』で見る世界の脱炭素技術 [EB/OL]．（2021–09–16）[2023–01–30]． https：//www.cnecho.meti.go.jp/about/special/johoteikyo/chizai_01.html.

[88] エネルギー基本計画について [EB/OL]．https：//www.enecho.meti.go.jp/category/ others/basic_plan.

[89] 本报独家！深入推进绿色供应链实施 助力加快新发展格局构建 [EB/OL]． （2023–09–25）．https：//www.cenews.com.cn/news.html?aid=1085286.

[90] 赵冰清，杨檬，杨宇涛 . 中国绿色供应链发展面临的主要问题及对策 [J]. 信息技术与标准化，2019（7）：72-74.

[91] 姜涛，刘瑞，边卫军 . "十四五" 时期中国农业碳排放调控的运作困境与战略突围 [J]. 宁夏社会科学，2021（5）：66-73.

[92] YANG H，WANG X，BIN P. Agriculture carbon-emission reduction and changing factors behind agricultural eco-efficiency growth in China[J]. Journal of cleaner production，2022，334：130193.

[93] 张晓萱，秦耀辰，吴乐英，等 . 农业温室气体排放研究进展 [J]. 河南大学学报（自然科学版），2019，49（6）：649-662，713.

[94] HUANG X，XU X，WANG Q，et al. Assessment of agricultural carbon emissions and their spatiotemporal changes in China，1997-2016[J]. International journal of environmental research and public health，2019，16（17）：3105.

[95] 中共中央 国务院关于全面推进乡村振兴加快农业农村现代化的意见 [EB/OL].（2021-02-21）. http：//www.lswz.gov.cn/html/xinwen/2021-02/21/content_264527.shtml.

[96] 中华人民共和国国民经济和社会发展第十四个五年规划和 2035 年远景目标纲要 [EB/OL].（2021-03-13）. https：//www.gov.cn/xinwen/2021-03/13/content_5592681.htm.

[97] 农业农村部等 6 部门联合印发《"十四五" 全国农业绿色发展规划》[EB/OL].（2021-09-09）. https：//www.gov.cn/xinwen/2021-09/09/content_5636345.htm.

[98] [光明日报]《中国农业绿色发展报告 2022》发布 [EB/OL].（2023-06-07）. https：//caas.cn/xwzx/mtxw/bfd28e7e40284b4b9c4b1a19b4135583.htm.

[99] 以更实举措 推进农业绿色发展 [EB/OL].（2023-01-12）. https：//www.financialnews.com.cn/ncjr/focus/202301/t20230112_263179.html.

[100] 农业农村部关于印发《到 2025 年化肥减量化行动方案》和《到 2025 年化学农药减量化行动方案》的通知 [EB/OL].（2022-11-18）. http：//www.moa.gov.cn/govpublic/ZZYGLS/202212/t20221201_6416398.htm.

[101] 张正炜，陈秀，黄璐璐，等 .2009—2019 年上海市推荐农药名单变化分析 [J]. 中国植保导刊，2021，41（2）：79-82.

[102] 建立绿色的农产品加工体系 [EB/OL].（2017-10-20）. https：//www.gov.cn/xinwen/2017-10/20/content_5233265.htm.

[103] 农业部：建立绿色农产品的流通体系 [EB/OL].（2017-10-19）. https：//www.

gov.cn/xinwen/2017–10/19/content_5232902.htm.

[104] 赵建军，徐敬博 . 绿色供应链助力乡村振兴战略实施 [J]. 环境保护，2022，50（7）：38–44.

[105] 工信部公布《工业绿色发展规划（2016~2020 年）》[EB/OL].（2016–07–20）. https：//www.mnr.gov.cn/dt/ywbb/201810/t20181030_2283630.html.

[106] 中共中央 国务院印发《粤港澳大湾区发展规划纲要》[EB/OL].（2019–02–18）. https：//www.gov.cn/zhengce/202203/content_3635372.htm#1.

[107] 国家统计局关于印发《三次产业划分规定》的通知 [EB/OL].（2003–05–15）. https：//www.gov.cn/gongbao/content/2003/content_62360.htm.

[108] 中国制造业规模连续 13 年居世界首位 [EB/OL].（2023–05–15）. https：//www.gov.cn/yaowen/liebiao/202305/content_6857745.htm.

[109] 绿色工厂"绿"意盎然 [EB/OL].（2023–06–28）. https：//export.shobserver.com/baijiahao/html/626892.html.

[110]《中国能源发展报告 2023》：我国能源消费仍呈刚性增长态势 [EB/OL].（2023–09–12）. https：//finance.sina.com.cn/jjxw/2023–09–12/doc–imzmmtsh4816783.shtml.

[111] 报告显示：2022 年我国非化石能源发电量占比达到 36.2%，电力绿色低碳转型步伐正在加快 [EB/OL].（2023–09–01）. https：//finance.cnr.cn/txcj/20230901/t20230901_526404363.shtml.

[112] 盛毅 . 中国式产业现代化的理论探索与战略选择 [J]. 经济体制改革，2023（2）：5–13.

[113] 王海兵，贺妮馨 . 面向绿色供应链管理的企业社会责任内部控制体系构建 [J]. 当代经济管理，2018，40（3）：13–18.

[114] 刘方涛 . 低碳经济发展视野下的绿色供应链建设 [J]. 中国商贸，2011（6）：184–185.

[115] 和征，曲姣姣，李勃 . 考虑政府奖惩的绿色供应链企业合作创新行为的演化博弈分析 [J]. 生态经济，2021，37（11）：62–70.

[116] Gartner. 2023 年全球供应链 TOP25 榜单 [R]. 2023.

[117] 施耐德电气与华北电力大学开展战略合作 共建绿色能源未来 [EB/OL].（2020–10–22）. https：//www.cet.com.cn/wzsy/cyzx/2684588.shtml.

[118] 如何在进行能源管理的同时实现经济效益和绿色发展的双赢？ [EB/OL].（2020–11–26）. https：//baijiahao.baidu.com/s?id=16844072122321100536&wfr=s

pider&for=pc.

[119] Cisco Live2023：化解数字经济时代的 IT 与业务管理难题 [EB/OL].（2023-07-04）. http：//www.linkingapi.com/archives/14480.

[120] 2023 年 Gartner 全球供应链 25 强榜单发布 [EB/OL].（2023-06-11）. http：//news.sohu.com/a/684460790_121119270.

[121] 钱莹. 供应链节点企业知识管理方法研究 [J]. 科技管理研究，2006（1）：128-131.

[122] P&G. 高露洁，把全球供应链进行到底 [J]. 计算机周刊，2002（Z2）：16.

[123] Sustainability and Social Impact Report [EB/OL].https：//www.colgatepalmolive.com/en-us/sustainability/sustainability-and-social-impact-report.

[124] 中国石油化工集团有限公司 .2020 社会责任报告 [R/OL]. http：//www.sinopecgroup.com/group/Resource/Pdf/ResponsibilityReport2022.pdf.

[125] 本刊编辑部. 建设统一大市场把握升级新机遇——中招协召开 2022 年央企会员单位交流研讨会 [J]. 招标采购管理，2022（8）：10-12.

[126] 国家电网公司印发《绿色现代数智供应链发展行动方案》[EB/OL].（2022-09-23）. https://baijiahao.baidu.com/s?id=1744745631562968843&wfr=spider&for=pc.

[127] 风雨同心 国家电网全力攻坚抢修复电 [EB/OL].（2023-08-09）. http：//www.sc.sgcc.com.cn/html/main/col9/2023-08/10/20230810163337571362522_1.html.

[128] 国家电网公司印发《绿色采购指南》[EB/OL].（2023-07-10）. http：//www.chinapower.org.cn/detail/409083.html.

[129] 国家电网公司供应链领域首个国标委工作组成立 [EB/OL].（2023-02-14）. https：//baijiahao.baidu.com/s?id=1757794197094339500&wfr=spider&for=pc.

[130] 国家电网推动构建支撑新型电力系统建设标准体系 [EB/OL].（2023-07-11）. https：//finance.sina.com.cn/jjxw/2023-07-11/doc-imzahxhs9801572.shtml.

[131] "国家电网绿色供应链"项目获第四届中国工业互联网大赛一等奖 [EB/OL].（2023-01-14）. https：//baijiahao.baidu.com/s?id=1755000223714264474&wfr=spider&for=pc.

[132] 王安. 国家标准委等十一部门关于印发《碳达峰碳中和标准体系建设指南》的通知 [EB/OL].（2023-04-01）[2023-10-05]. https：//www.gov.cn/zhengce/zhengceku/2023-04/22/content_5752658.htm.

[133] IEA.Energy efficiency—analysis [R]. 2022.

[134]《加快电力装备绿色低碳创新发展行动计划》解读 [EB/OL].（2022-08-30）

[2023–06–14]. https://www.gov.cn/zhengce/2022–08/30/content_5707401.htm.

[135] 电网运行准则: GB/T 31464—2022[EB/OL]. [2023–10–01]. https://openstd.samr.gov.cn/bzgk/gb/newGbInfo?hcno=2E138E6A6D540124290DBBA47FFA1E14.

[136] SARKIS J, ZHU Q, LAI K. An organizational theoretic review of green supply chain management literature[J]. International journal of production economics, 2011, 130（1）: 1–15.

[137] AHI P, SEARCY C. A comparative literature analysis of definitions for green and sustainable supply chain management[J]. Journal of cleaner production, 2013, 52: 329–341.

[138] TSENG M L, ISLAM M S, KARIA N, et al. A literature review on green supply chain management: trends and future challenges[J]. Resources, conservation and recycling, 2019, 141: 145–162.

[139] 但斌, 刘飞. 绿色供应链及其体系结构研究[J]. 中国机械工程, 2000（11）: 1232–1234.

[140] 蒋洪伟, 韩文秀. 绿色供应链管理: 企业经营管理的趋势[J]. 中国人口·资源与环境, 2000（4）: 92–94.

[141] HALL J. Environmental supply chain dynamics[J]. Journal of cleaner production, 2000, 8（6）: 455–471.

[142] HERVANI A A, HELMS M M, SARKIS J. Performance measurement for green supply chain management[J]. Benchmarking: an international journal, 2005, 12（4）: 330–353.

[143] 王能民, 汪应洛, 杨彤. 绿色供应链管理的研究进展及趋势[J]. 管理工程学报, 2007（2）: 118–122.

[144] LAKHAL S Y, H'MIDA S, ISLAM M R. Green supply chain parameters for a Canadian petroleum refinery company[J]. International journal of environmental technology and management, 2007, 7（1–2）: 56–67.

[145] EL SAADANY A M A, JABER M Y, BONNEY M. Environmental performance measures for supply chains[J]. Management research review, 2011, 34（11）: 1202–1221.

[146] ANDIÇ E, YURT Ö, BALTACIOĞLU T. Green supply chains: efforts and potential applications for the Turkish market[J]. Resources, conservation and recycling, 2012, 58: 50–68.

[147] 道琼斯可持续发展世界指数 [EB/OL]. [2023-06-12]. https：//www.spglobal.com/spdji/zh/indices/esg/dow-jones-sustainability-world-index/.

[148] 2023 年《财富》中国 ESG 影响力榜 [EB/OL]. [2023-06-13]. https：//www.fortunechina.com/esg/2023.htm.

[149] MSRA. 以科技之力，守护地球家园：微软亚洲研究院助力实现可持续发展 [R]. 2023.

[150] GATES B. How to avoid a climate disaster：the solutions we have and the breakthroughs we need[M].New York：Knopf Publishing Group，2021.

[151] 关于印发建立健全碳达峰碳中和标准计量体系实施方案的通知 [EB/OL]. [2023-10-01]. https：//www.gov.cn/zhengce/zhengceku/2022-11/01/content_5723071.htm?eqid=ce59c2c60002f8a2000000066465aaf7.

[152] 金书秦，MOL A P J，BLUEMLING B. 生态现代化理论：回顾和展望 [J]. 理论学刊，2011（7）：59-62.

[153] 郇庆治，耶内克. 生态现代化理论：回顾与展望 [J]. 马克思主义与现实，2010（1）：175-179.

[154] 中国现代化生态转型的理论借鉴与路径选择 [EB/OL]. [2023-06-13]. http：//theory.people.com.cn/n1/2017/0103/c40537-28995398.html.

[155] 林丽英. 生态现代化理论剖析 [J]. 理论与现代化，2017（4）：48-53.

[156] MOL A P J. The refinement of production：ecological modernization theory and the chemical industry[M].Utrecht：International Books，1995.

[157] 中共中央关于制定国民经济和社会发展第十四个五年规划和二〇三五年远景目标的建议 [N]. 人民日报，2020-11-04（1）.

[158] 薄海，赵建军. 生态现代化：中国生态文明建设的现实选择 [J]. 科学技术哲学研究，2018，35（1）：100-105.

[159] 汪应洛，王能民，孙林岩. 绿色供应链管理的基本原理 [J]. 中国工程科学，2003（11）：82-87.

[160] BOULDING K E. The economics of the coming spaceship earth[M]//JARRETT H. Environmental quality in a growing economy. New York：RFF Press，2013：3-14.

[161] 苗晓丹. 德国《循环经济和废物管理法》探析 [J]. 环境保护与循环经济，2014，34（10）：10-14.

[162] 吴季松. 落实科学发展观，发展循环经济 [J]. 技术经济，2006（1）：1-7.

[163] SHEWHART W A，DEMING W E. Statistical method from the viewpoint of quality

control[M]. Chelmsford, MA: Courier Corporation, 1986.

[164] 周宏春. 碳循环经济: 抓住重点做大"蛋糕"[J]. 中国商界, 2020 (8): 48-49.

[165] 谢海燕. 绿色发展下循环经济的现状及方向 [J]. 宏观经济管理, 2020 (1): 14-21.

[166] GRUBER W, MEHTA D, VERNON R. The R & D factor in international trade and international investment of United States industries[J]. Journal of political economy, 1967, 75 (1): 20-37.

[167] OWENS J W. LCA impact assessment categories: technical feasibility and accuracy[J]. The international journal of life cycle assessment, 1996, 1: 151-158.

[168] ISO 14001 环境管理体系 [EB/OL]. [2023-10-05]. https://www.bsigroup.com/zh-CN/iso-14001-environmental-management/.

[169] EGGLESTON H S, BUENDIA L, MIWA K, et al. Guidelines for national greenhouse gas inventories[Z]. National Greenhouse Gas Inventories Programme. IGES, Japan, 2006.

[170] ISO 14040: 2006 - environmental management—life cycle assessment—principles and framework[EB/OL]. [2023-10-06]. https://www.iso.org/standard/37456.html.

[171] 闫书琪, 李素梅, 吕鹤, 等. 基于混合 LCA 的新疆地区电力生产水足迹分析及碳中和目标下的变化 [J]. 气候变化研究进展, 2022, 18 (3): 294-304.

[172] BAUSTERT P, IGOS E, SCHAUBROECK T, et al. Integration of future water scarcity and electricity supply into prospective LCA: application to the assessment of water desalination for the steel industry[J]. Journal of industrial ecology, 2022, 26 (4): 1182-1194.

[173] KISS B, KÁCSOR E, SZALAY Z. Environmental assessment of future electricity mix-linking an hourly economic model with LCA[J]. Journal of cleaner production, 2020, 264: 121536.

[174] 李果. 低碳经济下绿色供应链管理 [M]. 北京: 科学出版社, 2019.

[175] 刘杰. 电网企业物资绿色供应链决策机制研究 [D]. 保定: 华北电力大学, 2015.

[176] DAI J, MONTABON F L, CANTOR D E. Linking rival and stakeholder pressure to green supply management: mediating role of top management support[J]. Transportation research part E: logistics and transportation review, 2014, 71:

173–187.

[177] CHEN I J, KITSIS A M. A research framework of sustainable supply chain management：the role of relational capabilities in driving performance[J].The international journal of logistics management，2017，28（3）：1454–1478.

[178] KITSIS A M, CHEN I J. Do motives matter? Examining the relationships between motives, SSCM practices and TBL performance[J].Supply chain management，2020，25（3）：325–341.

[179] GRAHAM S. The influence of external and internal stakeholder pressures on the implementation of upstream environmental supply chain practices[J].Business & society，2020，59（2）：351–383.

[180] STEPHENS S. Supply chain operations reference model version 5.0：a new tool to improve supply chain efficiency and achieve best practice[J]. Information systems frontiers，2001，3：471–476.

[181] Supply Chain Council. Supply Chain Operations Reference Model Version 10.0[Z]. The Supply Chain Council，Inc，2010：856.

[182] Fig. 2. The SCOR overall supply chain processes structure（APICS，SCOR 11.0 Overiew Booklet，2014）[EB/OL]. [2023–10–01]. https：//www.researchgate.net/figure/The–SCOR–overall–Supply–Chain–processes–structure–APICS–SCOR–110–Overiew–Booklet–2014_fig2_319339728.

[183] AKKUCUK U. Handbook of research on waste management techniques for sustainability [M]. Hershey，PA：IGI Global，2016.

[184] PULANSARI F，PUTRI A. Green supply chain operation reference（green SCOR）performance evaluation（case study：steel company）[J]. Journal of physics：conference series，2020，1569（3）：032006.

[185] SCOR Model[EB/OL]. [2023–10–01]. https：//scor.ascm.org/processes/introduction.

[186] Use the 5 level CSCO Score Supply Chain Maturity Model to support strategic planning[EB/OL]. （2021–05–26）[2023–07–25]. https：//www.gartner.com/en/documents/4001983.

[187] Assess your supply chain maturity using the seven dimensions of DDVN excellence[EB/OL]. （2013–07–03）[2023–10–06]. https：//www.gartner.com/en/documents/2539415.

[188] Inside–out versus outside–in strategy：which is better for your business?[EB/OL].

（2023–02–07）[2023–07–31]. https：//www.hypeinnovation.com/blog/inside–out–versus–outside–in–which–is–better–for–your–business.

[189] 销售与运营规划（S&OP）的全面概述 [Z]. Bizsoft360，2021.

[190] Definition of demand–driven value network（DDVN）[EB/OL]. [2023–10–01]. https：//www.gartner.com/en/information–technology/glossary/demand–driven–value–network–ddvn.

[191] WANG H, WANG J, WANG J L, et al. Graphgan：graph representation learning with generative adversarial nets[C]//Proceedings of the AAAI Conference On Artificial Intelligence, 2018, 32（1）.

[192] 严蔚敏，吴伟民 . 数据结构：C 语言版 [M]. 北京：清华大学出版社，1997.

[193] ROHBAN M H, RABIEE H R .Supervised neighborhood graph construction for semi–supervised classification[J].Pattern recognition，2012，45（4）：1363–1372.

[194] RAMALINGAM A G, REPS B T .On the computational complexity of dynamic graph problems[J].Theoretical computer science，1996，158（1–2）：233–277.

[195] YU W, LIN X, LIU J, et al. Self–propagation graph neural network for recommendation[J]. IEEE transactions on knowledge and data engineering，2021，34（12）：5993–6002.

[196] LECUN Y, BENGIO Y, HINTON G .Deep learning[J].Nature，2015，521（7553）：436.

[197] YU W, HE X, PEI J, et al. Visually aware recommendation with aesthetic features[J]. The VLDB journal，2021，30：495–513.

[198] YU W, LIN X, GE J, et al. Semi–supervised collaborative filtering by text–enhanced domain adaptation[C]//26th ACM SIGKDD International Conference on Knowledge Discovery & Data Mining，2020：2136–2144.

[199] WU F, SOUZA A, ZHANG T, et al. Simplifying graph convolutional networks[C]//International Conference on Machine Learning. PMLR，2019：6861–6871.

[200] YE W, WANG S, CHEN X, et al. Time matters：sequential recommendation with complex temporal information[C]//43rd International ACM SIGIR Conference on Research and Development in Information Retrieval，2020：1459–1468.

[201] GUO H, TANG R, YE Y, et al. DeepFM：a factorization–machine based neural network for CTR prediction[C]//Twenty–Sixth International Joint Conference on Artificial Intelligence，2017.

[202] WU L, HE X, WANG X, et al. A survey on accuracy—oriented neural recommendation: from collaborative filtering to information—rich recommendation[J]. IEEE transactions on knowledge and data engineering, 2022, 35（5）: 4425–4445.

[203] SHU J, SHEN X, LIU H, et al. A content—based recommendation algorithm for learning resources[J]. Multimedia systems, 2018, 24（2）: 163–173.

[204] WANG X, HE X, CAO Y, et al. Kgat: knowledge graph attention network for recommendation[C]//25th ACM SIGKDD International Conference on Knowledge Discovery & Data Mining, 2019: 950–958.

[205] FAN W, MA Y, LI Q, et al. Graph neural networks for social recommendation[C]// The World Wide Web Conference, 2019: 417–426.

[206] CO_2 Emissions in 2022 – Analysis – IEA[EB/OL]. [2023–10–01]. https://www.iea. org/reports/co2-emissions-in-2022.

[207] 国家能源局发布 2022 年全国电力工业统计数据 [EB/OL].（2023–01–18） [2023–06–13]. http://www.nea.gov.cn/2023–01/18/c_1310691509.htm.

[208]《2022 年主要工业行业年度经济运行报告》发布 [EB/OL].（2023–06–05） [2023–06–13]. http://lwzb.stats.gov.cn/pub/lwzb/fbjd/202306/t20230605_7490.html.

[209] 中电联发布《2023 年上半年全国电力供需形势分析预测报告》[EB/OL]. （2023–07–25）[2023–10–01]. https://cec.org.cn/detail/index.html?3-323217.

[210] 万英 . 电力供应链管理研究 [J]. 交通运输系统工程与信息，2008（2）: 114– 117.

[211] 习近平主持召开中央财经委员会第九次会议强调 推动平台经济规范健康持续发展 把碳达峰碳中和纳入生态文明建设整体布局 [EB/OL].（2021–03–15）. http://www.qstheory.cn/yaowen/2021–03/15/c_1127214373.htm.

[212] Clean by design, apparel manufacturing and pollution[EB/OL].（2015–12–30）[2023– 10–01]. https://www.nrdc.org/resources/clean-design-apparel-manufacturing- and-pollution.

[213] 快速技术变革对可持续发展的影响 [Z]. 联合国经济及社会理事会，2019.

[214] 2022 年我国能源生产和消费相关数据 [EB/OL].（2023–03–02）[2023–06–18]. https://www.ndrc.gov.cn/fggz/hjyzy/jnhnx/202303/t20230302_1350587.html.

[215] McKinsey Greater China. "中国加速迈向碳中和"电力篇——电力行业碳减排路径 [R]. 2021.

[216] 周琪，包晨，朱一木 . IIGF 两会观点 | 我国绿电交易发展情况、问题及建议 [EB/OL].（2022–04–10）[2023–06–18]. http：//iigf.cufe.edu.cn/info/1012/5050.htm.

[217] 国家电网有限公司 . 绿色现代数智供应链软技术体系研究课题方案：第三部分 国家电网绿色供应链软技术体系 [R]. 2022.

[218] 国家电网有限公司 . 能源电力产业行业级采购引领型供应链链主理论研究课题方案 [R]. 2023.

[219] ISO 14000 definition，standards，certification，and costs[EB/OL].（2023–09–11）[2023–10–01]. https：//www.investopedia.com/terms/i/iso–14000.asp.

[220] ISO 14001 环境管理体系 [EB/OL]. [2023–10–01]. https：//www.bsigroup.com/zh–CN/iso–14001–environmental–management/.

[221] ISO 14001 环境管理 [EB/OL]. [2023–08–01]. https：//www.bsigroup.com/zh–TW/ISO–14001–Environmental–Management/.

[222] 孙秀梅，高厚礼 . 基于 ISO14000 标准的绿色供应链管理研究 [J]. 生产力研究，2007（17）：127–129.

[223] ISO 20400 可持续性采购指南 [EB/OL]. [2023–10–01]. https：//www.bsigroup.com/zh–TW/iso–20400–sustainable–procurement/.

[224] GB/T 41835—2022《可持续采购 指南》国家标准解读 [EB/OL].（2022–11–02）[2023–10–01]. https：//www.cnis.ac.cn/bydt/kydt/202211/t20221102_54161.html.

[225] GRI. GRI Standards [EB/OL]. www.globalreporting.com.

[226] 最新版 GRI 标准体系介绍及应用指南 | ESG 系列二 [EB/OL].（2023–04–19）[2023–08–01]. https：//www.reach24h.com/carbon–neutrality/industry–news/gri–standard–application.

[227] GRI – GRI standards simplified Chinese translations[EB/OL]. [2023–10–01]. https：//www.globalreporting.org/how–to–use–the–gri–standards/gri–standards–simplified–chinese–translations/.

[228] GRI 可持续发展报告标准对照表 [EB/OL]. [2023–08–01]. https：//www.tdk.com.cn/zh/sustainability2021/index/gri.

[229] 企业环境信息依法披露管理办法 [EB/OL].（2021–12–11）[2023–08–01]. https：//www.mee.gov.cn/gzk/gz/202112/t20211210_963770.shtml.

[230] IPE 动态 _ 构建全球企业责任 — 2022 绿色供应链 CITI 指数、企业气候行动 CATI 指数年度评价报告发布 [EB/OL].（2022–11–03）[2023–10–01]. https：//www.ipe.org.cn/Notice/Detail_21692_4.html.

[231] 国家电网有限公司.国家电网绿色现代数智供应链发展行动方案 [R]. 2022.

[232] 国家电网有限公司.绿色现代数智供应链评价指标体系建设情况 [R]. 2023.

[233] 张靖.制造业供应链绩效评价体系与模型及其应用分析——基于平衡计分卡的方法 [J]. 企业经济，2010（3）：34-36.

[234] 郑浩然.绿色供应链绩效评价指标体系研究 [D]. 湘潭：湖南科技大学，2016.

[235] 黄浩岚，温素彬.餐饮供应链可持续发展评价指标体系研究——基于 PP-SCOR 模型 [J]. 财会通讯，2017（17）：68-73.

[236] 全球化智库（CCG）.2020 企业全球化报告——跨国公司在华发展新机遇 [R]. 2020：38.

[237] 黄莉，吴俊晖.提升中小企业融资竞争力的绩效评价体系研究 [C]//2013 AASRI International Conference on Social Sciences（AASRI ICSS 2013 V4）. American Applied Sciences Research Institute，2013：6.

[238] 程慧锦，丁浩，马有才.基于改进 SCOR 的外向型企业供应链风险评价及应用 [J]. 企业经济，2020，39（1）：80-89.

[239] 马潇宇，黄明珠，杨朦晰.供应链韧性影响因素研究：基于 SEM 与 fsQCA 方法 [J]. 系统工程理论与实践，2023，43（9）：2484-2501.

[240] 宋华，杨雨东.中国产业链供应链现代化的内涵与发展路径探析 [J]. 中国人民大学学报，2022，36（1）：120-134.

[241] 黄河，周骁.后疫情时代跨国供应链的中国布局 [J]. 深圳大学学报（人文社会科学版），2020，37（4）：82-91.

[242] 赵燊，汪鹏，王路，等.美国关键矿产战略的演化特征及启示 [J]. 科技导报，2022，40（8）：91-103.

[243] 张越，万劲波，李雅婷.美国产业链供应链政策动向及中国应对策略 [J]. 创新科技，2021，21（11）：85-92.

[244] 高浚淇，徐媛，黄琰童，等.绿色供应链管理，何妨以欧美为师 [J]. 环境经济，2016（Z7）：32-37.

[245] 范纹嘉，袁钰，曹子靖.开展绿色供应链国际合作助力绿色"一带一路"建设 [J]. 中国生态文明，2017（3）：56-59.

[246] OECD. Towards green growth: monitoring progress OECD Indicators[R].OECD Publishing，2011.

[247] 周弘.西方国家调节财富分配的机制初探 [J]. 社会保障评论，2022，6（4）：3-16.

[248] 张所续.欧盟和澳大利亚关键能源矿产战略的启示 [J]. 油气与新能源，2023，

35（3）：8-16.

[249] "中国汽车行业绿色低碳发展路径研究"项目组，赵冬昶，赵明楠，等.中国汽车产业绿色低碳发展路径研究 [J].中国能源，2022，44（12）：33-42.

[250] 郭成.发达国家物流标准化建设对中国的启示 [J].中国标准化，2003（6）：20-22.

[251] 张余庆.船舶燃用 MGO 的几点建议 [J].航海技术，2012（4）：44-45.

[252] 白玫.欧盟产业链供应链韧性政策研究 [J].价格理论与实践，2022（9）：71-77，205.

[253] 董利苹，曾静静，曲建升，等.欧盟碳中和政策体系评述及启示 [J].中国科学院院刊，2021，36（12）：1463-1470.

[254] Ministry of the Environment，Japan. Environmental Performance Indicators in Japan [R]. 2019.

[255] 田正，刘云.日本供应链安全政策动向及评估 [J].现代国际关系，2022（8）：54-61.

[256] 日本供应链战略演变及启示 ![EB/OL].（2022-10-01）. https：//t.cj.sina.com.cn/articles/view/3009742660/b365074401901gjfv.

[257] 刘海建，胡化广，张树山，等.供应链数字化与企业绩效——机制与经验证据 [J].经济管理，2023，45（5）：78-98.

[258] 王鹏，钟敏.危机冲击下产业集群韧性演化与提升路径研究 [J].经济社会体制比较，2021（6）：76-88.

[259] 方向华，王文杰，汤兵勇.供应链整合新技术——联合计划预测、补货 [J].东华大学学报（自然科学版），2007（2）：191-195.

[260] 毋修远，胡纪鹏，王雅楠，等.中国食品安全追溯体系发展现状及对策研究 [J].粮食与饲料工业，2023（4）：5-9.

[261] 薛阳，李曼竹，冯银虎.制造业企业绿色供应链管理同群效应研究——基于价值网络嵌入视角 [J].华东经济管理，2023，37（3）：107-116.

[262] 钟晓燕，欧伟强，高鹭，等.二元创新对企业绩效影响的实证研究——以物流企业为例 [J].北京航空航天大学学报（社会科学版），2021，34（6）：76-84.

[263] 彭树霞，李波，甄紫嫣.智慧供应链发展指数的构建及评价研究 [J].工业技术经济，2021，40（11）：44-52.

[264] 刘帮成.牢牢把握新一轮全面深化改革的关键抓手 [J].人民论坛，2023（4）：

23–27.

[265] 优化营商环境条例 [EB/OL].（2019–10–23）. https：//www.gov.cn/zhengce/content/2019–10/23/content_5443963.htm.

[266] 商务部等 5 部门关于印发《商贸物流发展"十三五"规划》的通知 [EB/OL].（2017–03–24）. http：//www.mofcom.gov.cn/article/zcfb/zcwg/201703/20170302540213.shtml.

[267] 中华人民共和国电子商务法 [EB/OL].（2018–08–31）. http：//www.npc.gov.cn/zgrdw/npc/lfzt/rlyw/2018–08/31/content_2060827.htm.

[268] 绿色供应链管理企业评价指标体系（2023 年 7 月更新）[EB/OL].（2023–07–21）. https://www.miit.gov.cn/jgsj/jns/lszz/art/2023/art_a2670801c4dc4e319409df648591c965.html.

[269] ECIU. Net Zero Scorecard[EB/OL]. [2022–12–25]. https：//eciu.net/netzerotracker.

[270] 王谋，潘家华，陈迎 .《美国清洁能源与安全法案》的影响及意义 [J]. 气候变化研究进展，2010，6（4）：307–312.

[271] 杨强 . 美国气候政治中的权力分立与制衡——以奥巴马政府"清洁电力计划"为例 [J]. 国际论坛，2016，18（2）：63–67，81.

[272] 刘建国，戢时雨，崔成，等 . 拜登政府气候新政内容及其影响 [J]. 国际经济评论，2021（6）：8，161–176.

[273] 张翛然，王亚会，聂铭歧，等 . 碳中和背景下海外氢能源发展新思路及对中国的启示 [J]. 新能源科技，2023，4（1）：18–22.

[274] 刘春娜 .2011 年美国锂离子电池技术动态 [J]. 电源技术，2011，35（10）：1183–1184.

[275] European Commission. 2030 climate target plan[Z]. 2020.

[276] 董一凡 . 欧盟氢能发展战略与前景 [J]. 国际石油经济，2020，28（10）：23–30.

[277] 中共中央 国务院关于完整准确全面贯彻新发展理念做好碳达峰碳中和工作的意见 [EB/OL].（2021–10–24）. https://www.gov.cn/zhengce/2021–10/24/content_5644613.htm.

[278] 国务院印发《2030 年前碳达峰行动方案》[EB/OL].（2021–10–26）. https：//www.gov.cn/xinwen/2021–10/26/content_5645001.htm.

[279] 关于印发《减污降碳协同增效实施方案》的通知 [EB/OL].（2022–06–10）. https：//www.gov.cn/zhengce/zhengceku/2022–06/17/content_5696364.htm.

策与标准要求：详细介绍与绿色供应链相关的法规、政策以及国际标准，确保参与者了解行业规范。案例分析与最佳实践分享：利用实例讲解成功的绿色供应链实践案例，激发参与者的学习兴趣，提供实践指导。

2. 受众的界定与个性化教学

内部员工：针对不同职能部门的员工，量身定制培训内容，使其能够将绿色供应链理念融入具体工作中。供应商与合作伙伴：通过专门的供应商培训，使其了解并积极响应国家的绿色供应链政策，共同实现可持续发展。利益相关者：向外界利益相关者传递绿色供应链的理念，建立起广泛的共识与支持。

3. 多渠道与多形式的培训手段

为了确保培训效果的最大化，多渠道、多形式的培训手段是必不可少的。线下面对面培训：通过专家讲解、讨论、互动等方式，实现培训内容的深入传递。在线课程与网络研讨会：利用网络平台，提供灵活的学习时间与空间，方便参与者随时随地进行学习。实地考察与实践操作：安排参观绿色供应链示范项目，让参与者亲身感受绿色供应链的实际运作。

4. 激励机制与认证体系建设

建立激励机制与认证体系，可以进一步推动"意识培训与教育"策略的实施。培训成果认证：设立合格考核标准，对参与者进行培训成果的认证，为其提供相应的证书或资质。优秀案例表彰：鼓励并奖励在绿色供应链方面取得显著成就的员工与供应商，树立榜样。

5. 持续跟踪与反馈机制

建立培训效果的持续跟踪与反馈机制，保证培训策略的有效性。定期评估与调整：对培训计划进行定期评估，根据反馈意见进行相应的调整与优化。开放式反馈渠道：为参与者提供反馈渠道，鼓励他们提出意见与建议，促进培训的不断改进。

教育活动也应该针对各级教育机构，包括大专院校。将绿色供应链的概念纳入课程中，培养年轻一代对可持续发展的关注和兴趣。

政府和企业可以合作开发信息资料，以便供应链参与者可以随时获取有关绿色供应链的信息。这可以是在线课程、电子书、指南手册等形式。

[280] 关于印发《国家适应气候变化战略 2035》的通知 [EB/OL]. （2022–05–10）. https：//www.gov.cn/zhengce/zhengceku/2022–06/14/content_5695555.htm.

[281] 省级适应气候变化行动方案编制工作动员培训顺利举办 [EB/OL]. （2022–11–05）. https：//www.mee.gov.cn/xxgk/hjyw/202211/t20221105_1001602.shtml.

[282] 高培道，朱朝勇，张扬，等 . 企业最优碳减排策略研究 [J]. 会计之友，2022（16）：61–66.

[283] 刘春香，张智光 . 绿色科技与生态文明：供应链维的驱动与支撑机理 [J]. 中国科技论坛，2016（10）：122–126.

[284] 王佳元 . 现代供应链：演变特征与发展战略 [J]. 宏观经济研究，2019（7）：98–106.

[285] 绿色经济与农产品供应链的持续发展国际研讨会成功举办 [J]. 浙江大学学报（人文社会科学版），2020，50（5）：147.

[286] 冯华，聂蕾，施雨玲 . 供应链治理机制与供应链绩效之间的相互作用关系——基于信息共享的中介效应和信息技术水平的调节效应 [J]. 中国管理科学，2020，28（2）：104–114.

[287] 韦志文，冯帆 . 数字贸易对碳排放的影响——基于"一带一路"沿线 48 国的经验证据 [J]. 现代经济探讨，2023（8）：65–77.

[288] 刘振中 . 中国供应链发展的现状与问题 [J]. 宏观经济管理，2019（5）：63–70.

[289] 李曼 . 第四次工业革命经济观念变革与企业战略调整 [J]. 河南社会科学，2017，25（8）：80–85.

[290] 石宗辉，石雅静 . 制造业产业链数字化升级的阻碍因素及赋能机制 [J]. 齐齐哈尔大学学报（哲学社会科学版），2021（11）：21–24.

[291] 李博，秦勇，徐泽水 . 管理科学领域研究现状与热点前沿的动态追踪 [J]. 中国管理科学，2023，31（7）：276–286.

[292] 袁瑞萍，刘丙午，黄锴 . 基于影响图的电力行业供应链风险评价 [J]. 物流技术，2012，31（21）：353–355，480.

[293] 梁凤霞 . 中国绿色供应链管理体系的现状及发展策略 [J]. 中国流通经济，2009，23（5）：25–28.

[294] 姜斌远，姜佳文 . 基于技术流视角下供应链创新人才培养的探讨 [J]. 江苏商论，2022（12）：94–96，103.

[295] 赵卫红 . 基于供应链管理背景下的零供关系研究 [J]. 生产力研究，2009（15）：162–164.

[296] 崔忠付. 中国物流与供应链信息化发展特点与趋势 [J]. 物流技术与应用，2021，26（6）：64-65.

[297] 陈志祥，马士华，陈荣秋. 精细化供应链的研究 [J]. 计算机集成制造系统 -CIMS，1999（5）：11-16.

[298] 洪群联. 中国产业链供应链绿色低碳化转型研究 [J]. 经济纵横，2023（9）：56-66.

[299] 王丽杰，刘宇清. 浅议绿色供应链风险管理 [J]. 社会科学战线，2014（7）：255-256.

[300] 曹玉珊，陈哲. 混合所有制改革、供应链协作与企业高质量发展——基于国有上市公司的实证分析 [J]. 财经理论与实践，2023，44（4）：10-17.

[301] 周飞，王雪微，曹卫东，等. 基于地理探测器的长江经济带汽车零部件供应网络研究 [J]. 资源开发与市场，2023（10）：1278-1285.

[302] 方炜，黄慧婷，刘新宇. 实施绿色供应链的成功标准与关键因素分析 [J]. 科技进步与对策，2007（12）：125-128.

[303] 张亮，滕云，侯垚. 浅析电子电气产品绿色设计与生命周期评价国际标准化进展 [C]// 绿色制造产业技术创新战略联盟（The Strategic Alliance of Industry Technology Innovation for Green Manufacturin）（SAIHGM），中国机械工程学会（Chinese Mechanical Engineering Society）（CMES），英国机械工程师学会（Institution of Mechanical Engineers）（IMechE），美国机械工程师学会（American Society of Mechanical Engineers）（ASME），香港安乐工程集团（Analogue Group of Companies）（ATAL）.2014 年绿色制造国际论坛报告文集（分册二：专题论坛报告）.[出版者不详]，2014：307-315.

[304] 孙薇，张汝佳. 基于模糊层次分析法的智能电网综合效益评价 [C]//Singapore Management and Sports Science Institute，Singapore，Information Technology Application Research Association，Hong Kong.Proceedings of 2017 2nd BEM International Conference on Modern Education and Social Science（BEM-MESS 2017）.Singapore Management and Sports Science Institute，2017：175-179.

[305] 李树丞，胡芳. 基于模糊多层次综合评价的绿色供应商选择 [J]. 湖南大学学报（自然科学版），2006（3）：137-140.

[306] 彭娟. 基于生命周期分析的绿色供应链管理研究 [J]. 物流科技，2009，32（2）：77-79.

[307] 曲鹏. 房地产绿色建材供应链构建及建材绿色度评价模型 [J]. 工程建设与设

计，2019（1）：42-44.

[308] 张彩霞，张天梦 . 基于全生命周期的汽车产品绿色供应链评价指标体系研究
[J]. 河北经贸大学学报（综合版），2019，19（2）：37-40，74.

[309] 王志宏，王小桐，李丹 . 汽车绿色供应链风险评价研究 [J]. 应用泛函分析学
报，2017，19（4）：442-451.

[310] 李强年，陈文清 . 基于 ANP- 熵权法的装配式建筑 PC 构件供应商优选 [J]. 项
目管理技术，2023，21（3）：38-45.

[311] 李小鹏，路忻 . 面向绿色供应链的汽车零部件供应商选择研究 [J]. 物流工程
与管理，2014，36（2）：73-74，78.

[312] 刘志峰，刘红，宋守许，等 . 基于模糊 AHP 方法的供应商绿色评价研究 [J].
机械科学与技术，2007（10）：1249-1252.

[313] 冯艳飞，蔡璐 . 绿色供应链绩效的模糊综合评价模型及方法研究 [J]. 中国集
体经济，2008（Z2）：90-91.

[314] 周晓辉 . 基于模糊方法的绿色供应链绩效评价模型研究 [J]. 中国市场，2008
（49）：118-119，124.

[315] 焦瑞 . 基于模糊综合评价法的绿色供应链中环境管理绩效研究 [J]. 西南师范
大学学报（自然科学版），2020，45（9）：71-77.

[316] 李静芳，余松，黄芳 . 基于多层次灰色关联模型的企业绿色供应链绩效评价
[J]. 物流工程与管理，2009，31（12）：80，89-91.

[317] 李洁 . 绿色供应链绩效评价模型研究——基于 TOC 和灰色关联分析法视角 [J].
中国商贸，2011（34）：232-233.

[318] 陈红莉 . 基于灰色多层次评价模型的乳业绿色供应链绩效研究 [J]. 石河子科
技，2019（6）：22-25.

[319] 王凯旋，杨玉中 . 绿色农产品供应链绩效评价的灰色聚类——模糊综合模型
及应用 [J]. 数学的实践与认识，2020，50（2）：111-119.

[320] 赵丽娟，罗兵 . 绿色供应链中环境管理绩效模糊综合评价 [J]. 重庆大学学报
（自然科学版），2003（11）：155-158.

[321] 张敏顺，吴洪波 . 模糊评价方法对绿色供应链绩效的评价 [J]. 科技与管理，
2005（3）：23-25.

[322] 张华伦，冯田军，董红果 . 绿色供应链管理的绩效评价 [J]. 统计与决策，
2006（8）：57-59.

[323] 阮略成 . 绿色供应链综合绩效评价体系研究 [D]. 武汉：武汉理工大学，2007.

[324] 孙晓博.基于绿色供应链的绩效评价体系研究[D].武汉：武汉科技大学，2007.

[325] 张媛.长春电力市场电力需求侧管理研究[D].保定：华北电力大学，2008.

[326] 刁宏.保障电力物流的可持续发展[J].华北电业，2013（6）：60-61.

[327] 施泉生，苏白莉，叶盛凯.网络层次分析法在火电企业绿色供应商选择中的应用[J].上海电力学院学报，2011，27（2）：193-196.

[328] 刘杰.电网企业物资绿色供应链决策机制研究[D].保定：华北电力大学，2015.

[329] 宋书洋.省级电网绿色供应链管理绩效综合评价研究[D].保定：华北电力大学，2017.

[330] 董千里.供应链管理[M].北京：人民交通出版社，2012.

[331] 顾蕾.基于BSC的农村生活污水治理绩效评价体系的设计与构建研究[J].环境科学与管理，2022，47（9）：85-89.

[332] 戴君，贾琪，谢琍，等.基于结构方程模型的可持续供应链绩效评价研究[J].生态经济，2015，31（4）：86-89，169.

[333] 李莉.价值链视角下旅游企业集团成长模式优化[J].商业经济研究，2016（2）：86-87.

[334] 徐光耀，杨超.中国人才产出能力综合评价指标体系及国际比较研究——兼论就业困境[J].科技进步与对策，2014，31（13）：145-149.

[335] 王鲁捷，钟磊.企业经营者绩效评价研究[J].江海学刊，2004（4）：58-63，222.

[336] 张琪，江青文，张瑞奇.基于多级模糊综合评价方法的绿色施工指标体系研究[J].施工技术，2017，46（S2）：1320-1322.

[337] 颜金.地方政府环境责任绩效评价指标体系研究[J].广西社会科学，2018（12）：160-165.

[338] 姜铸，张永超.差异性服务化战略下制造企业创新能力的评价[J].科技管理研究，2015，35（1）：60-64，69.

[339] 朱世蓉.复合型休闲农业空间布局及驱动力分析[J].中国农业资源与区划，2018，39（4）：200-205.

[340] 张滢.基于熵权和灰关联的第三方物流企业绩效评价[J].中国流通经济，2008（1）：19-21.

[341] 宗佺.SCM系统打造国华电力公司绿色物资供应链[C]// 国家电网信息通信有

限公司期刊会展中心，中国电机工程学会电力信息化专委会 . 2008 年电力信息化高级论坛论文集，2008：3.

[342] 宗佺 . 打造国华电力公司绿色物资供应链 [C]// 国家电网信息通信有限公司，中国电机工程学会电力信息化专委会 . 2008 电力行业信息化年会会议论文集，2008：4.

[343] 崔艳艳，刘晓欣，林睿，等 . 中国重点城市信息化评价体系应用研究 [J]. 数学的实践与认识，2014，44（4）：23-32.

[344] 王核成，杨琳苑，朱楚芝 . 锂电池绿色供应链评价体系构建研究 [J]. 杭州电子科技大学学报（社会科学版），2023，19（3）：1-10.

[345] 刘刚 . 提高供电企业物资需求计划准确率的方法研究 [J]. 中国高新技术企业，2017，390（3）：168-169.

[346] 刘晓，胡习权 . 提高基层物资需求计划准确率的方法及实施措施 [J]. 铁路采购与物流，2013，8（9）：112-113.

[347] 张煜，张天原，刘喜鲁 . 原材料供应商管理决策支持系统的探讨 [J]. 汽车科技，1997（1）：45-53.

[348] 顾喜云 . 现代物流概念下的仓储理论研究 [D]. 上海：上海海运学院，2000.

[349] 张卫国，谢鹏 . 京东快递物流终端服务质量的影响因素研究——697 份调研数据 [J]. 西南大学学报（自然科学版），2016，38（7）：1-12.

[350] 吴小珍，周千宇 . 基于生命周期的电商物流碳排放系统动力学模型研究 [J]. 物流工程与管理，2023，45（2）：18-22.

[351] 李兴光，周海娟 . 基于快速响应机制的应急物流系统研究 [J]. 消费导刊，2009（21）：132.

[352] 葛洪磊 . 基于灾情信息特征的应急物资分配决策模型研究 [D]. 杭州：浙江大学，2012.

[353] 董威 . 电网物资仓储和调度优化决策模型及其支持系统研究 [D]. 北京：华北电力大学，2018.

[354] 付静 . 企业物资采购价格管控系统研究 [J]. 中国商论，2019，794（19）：124-125.

[355] 黄晓尧，邓国梁 . 基于多级库存管理的电网运维物资库存管控策略研究 [J]. 物流技术，2012，31（9）：136-138.

[356] ZHU Q, SARKIS J, LAI K H. Regulatory policy awareness and environmental supply chain cooperation in China: a regulatory-exchange-theoretic perspective[J].

IEEE transactions on engineering management，2018，65（1）：46–58.

[357] ZHOU C，XIA W，FENG T，et al. How environmental orientation influences firm performance：the missing link of green supply chain integration[J]. Sustainable development，2020，28（4）：685–696.

[358] 实现低碳发展 建设美丽中国 ——中国石油天然气集团有限公司绿化工作综述 [EB/OL].（2022–10–21）[2023–05–05]. https：//www.forestry.gov.cn/lhjj/633/20 221021/145150386754185.html.

[359] 李付周，马豫，张筱鹏，等 . 云南烟草行业绿色供应链环境管理研究 [J]. 环境科学导刊，2020，39（5）：31–37.

[360] 绿色供应链管理企业评价指标体系（2022 年 9 月更新）[EB/OL].（2022–09–16）[2023–05–05]. https：//wap.miit.gov.cn/jgsj/jns/gzdt/art/2022/art_76dff5d077cc4 5e79366586529158019.html.

[361] 谢绚丽，王诗卉 . 中国商业银行数字化转型：测度、进程及影响 [J]. 经济学（季刊），2022，22（6）：1937–1956.

[362] 卡普兰，诺顿，刘俊勇，等 .《平衡计分卡：化战略为行动》[J]. 出版参考：业内资讯版，2005（1S）：19.

[363] 2021 绿色供应链 CITI 指数年度评价报告 —— 绿色供应链协同减污降碳 [EB/OL].（2021–10–21）[2023–05–05]. https：//www.ipe.org.cn/reports/report_21339. html.

[364] 张爱雪 . 基于模糊层次分析法的绿色供应链绩效评价研究 [D]. 昆明：昆明理工大学，2019.

[365] 赵建军，杨洋 . 绿色供应链的系统性特征解析 [J]. 环境保护，2021，49（5）：47–50.

[366] AHMED S S，AKTER T，MA Y. Green supply chain management（GSCM）performance implemented by the textile industry of Gazipur district，Dhaka[J]. Logistics，2018，2（4）：21.

[367] 陈永梅 . 基于生态效率的建筑绿色供应链构建与评价研究 [D]. 厦门：厦门大学，2020.

[368] 供应链风险控制管理三步骤：识别、分析和评估 [EB/OL].（2017–10–16）[2023–05–05]. https：//www.iyiou.com/news/2017101657448.

[369] RITCHIE B，BRINDLEY C. Supply chain risk management and performance：a guiding framework for future development[J]. International journal of operations &

production management，2007，27（3）：303–322.

[370] 孙诗.中小零部件企业供应链风险识别与控制研究 [D].重庆：重庆大学，2020.

[371] 马君，郭明杰.企业数字化转型、员工数字认知与创新绩效：技术为刀，我为鱼肉？[J].科技进步与对策，2023，40（22）：1–11.

[372] 万伦，王顺强，陈希，等.制造业数字化转型评价指标体系构建与应用研究 [J].科技管理研究，2020，40（13）：142–148.

[373] 工业和信息化部办公厅关于发布中小企业数字化水平评测指标（2022 年版）的通知 [EB/OL].（2022–10–05）[2023–05–05]. http：//www.gov.cn/zhengce/zhengceku/2022–11/12/content_5726411.htm.

[374] 师丽娟，马冬妍，高欣东.企业数字化转型路径分析与现状评估——以某区工业企业数字化转型为例 [J].制造业自动化，2020，42（7）：157–161.

[375] 邹慧宁.建筑企业数字化转型能力评价研究 [D].大庆：东北石油大学，2022.

[376] 加快推进产业数字化"三个全覆盖"实施方案（2022—2025 年）[EB/OL].（2022–10–09）[2023–05–05]. http：//www.jiangshan.gov.cn/art/2022/10/9/art_1229080238_59149645.html.

[377] 周剑，陈杰.制造业企业两化融合评估指标体系构建 [J].计算机集成制造系统，2013，19（9）：2251–2263.

[378] 张超.Z 公司数字化转型的成熟度研究 [D].北京：北京交通大学，2022.

[379] 李金昌，史龙梅，徐蔼婷.高质量发展评价指标体系探讨 [J].统计研究，2019，36（1）：4–14.

[380] GHYSELS E. Macroeconomics and the reality of mixed frequency data[J]. Journal of econometrics，2016，193（2）：294–314.

[381] 杨小玄，王一飞.中国系统性风险度量指标构建及预警能力分析——基于混频数据动态因子模型 [J].南方金融，2019（6）：3–15.

[382] 叶光.基于混频数据的一致指数构建与经济波动分析 [J].统计研究，2015，32（8）：17–26.

[383] 边展.跨国贸易企业供应链管理与优化探索——评《中国企业跨国供应链管理：方法、策略与决策》[J].国际贸易，2023（8）：96.

[384] 田虹，崔悦.企业管理视角下供应链风险的形成机制与应对策略分析 [J].理论探讨，2018（2）：105–111.

[385] 解学梅，朱琪玮.创新支点还是保守枷锁：绿色供应链管理实践如何撬动企

业绩效 ?[J]. 中国管理科学，2022，30（5）：131-143.

[386] 郭志芳，辛乐 . 考量市场需求不确定下绿色供应链融资策略及选择——兼析供应链最优生产决策与供应商最优融资方式 [J]. 价格理论与实践，2022（4）：181-184，208.

[387] 邓新明，刘禹，龙贤义，等 . 高管团队职能异质性与企业绩效关系研究：基于管理者认知和团队冲突的中介分析 [J]. 管理工程学报，2020，34（3）：32-44.

[388] 王庆金，石仁波，杜甜甜，等 . 跨界搜寻如何促进企业管理创新——认知柔性与吸收能力的作用 [J]. 科技进步与对策，2022，39（15）：67-78.

[389] 孙泽生，赵红军，王耀青 ."一带一路"倡议、异质性企业反应与风险评价——基于企业调查数据的 SEM 模型分析 [J]. 经济管理，2020，42（8）：34-50.

[390] 孙柏鹏，贾建锋，许晟 . 上级发展性反馈何以激发员工主动变革——基于社会认知理论视角 [J]. 当代财经，2022（8）：88-98.

[391] 卢艳秋，宋昶，王向阳 . 战略导向与组织结构交互的动态能力演化——基于海尔集团的案例研究 [J]. 管理评论，2021，33（9）：340-352.

[392] 周朴雄，余以胜 . 供应链企业的信息资源横向整合研究 [J]. 情报理论与实践，2009，32（5）：13-15.

[393] 刘德胜，李光红 . 共享平台能否成为中小企业创新资源的来源——基于信息技术的中介效应检验 [J]. 山东社会科学，2021（10）：106-115.

[394] 王帅琦，李淑娟 . 绿色供应链管理、制度环境与零售企业环境效益关系研究 [J]. 商业经济研究，2021（24）：35-38.

[395] 郭汉丁，张印贤，张海芸 . 核心企业主导下绿色建筑供应链协调发展机制建设与优化 [J]. 建筑经济，2019，40（11）：79-83.

[396] 盛明泉，任侨，王文兵 . 激励机制错位矫正与企业全要素生产率提升研究 [J]. 管理学报，2021，18（6）：843-852.

[397] 陆玉梅，高鹏，梅强 . 民企新生代员工价值观与工作行为关系研究 [J]. 财会月刊，2020（9）：124-129.

[398] 史思雨，孙静春 . 供应商风险规避下考虑零售商资金约束的双渠道供应链定价决策 [J]. 预测，2019，38（2）：90-96.

[399] 刘学元，沈慕珍，赵先德 . 供应链质量风险管理对企业质量绩效的影响——供应链领导者支持的调节作用 [J]. 华东经济管理，2019，33（2）：122-127.

[400] 王晓红 . 碳中和视角下绿色供应链风险控制、整合水平与零售企业经营绩效 [J]. 商业经济研究，2022（8）：45-48.

[401] 李继峰，常纪文 . 中国工业低碳转型的基础、路径与政策——历史述评与未来思考 [J]. 城市与环境研究，2023（2）：56-71.

[402] 刘春林，田玲 . 人才政策"背书"能否促进企业创新 [J]. 中国工业经济，2021（3）：156-173.

[403] 朱相宇，刘雅菲，杨登才，等 . 企业高层次知识产权人才建设影响因素研究——基于北京高新技术企业调查数据 [J]. 科技管理研究，2018，38（19）：15-22.

[404] 陈金晓 . 人工智能驱动供应链变革——平台重构、生态重塑与优势重建 [J]. 当代经济管理，2023，45（5）：50-63.

[405] WU T, ZUO M. Green supply chain transformation and emission reduction based on machine learning[J]. Science progress，2023，106（1）：1-15. doi：10.1177/00368504231165679.

[406] ZHANG Q, SHEN H, HUO Y. An evaluation model of green coal supplier for thermal power supply chain based on PCA-SVM[J].Mathematical problems in engineering，2021（6）：1-8.

[407] LIU B C. Integration of novel uncertainty model construction of green supply chain management for small and medium-sized enterprises using artificial intelligence[J/OL]. Optik，2023，273：170411. https：//doi.org/10.1016/j.ijleo.2022.170411.

[408] BENZIDIA S, MAKAOUI N, BENTAHAR O. The impact of big data analytics and artificial intelligence on green supply chain process integration and hospital environmental performance[J/OL]. Technological forecasting and social change，2021，165：120557. https：//doi.org/10.1016/j.techfore.2020.120557.

[409] BRITO T, QUEIROZ J, PIARDI L, et al. A machine learning approach for collaborative robot smart manufacturing inspection for quality control systems[J]. Procedia manufacturing，2020，51：11-18.

[410] WANG H.Green supply chain optimization based on BP neural network[EB/OL].（2022-05-30）. https：//www.frontiersin.org/articles/10.3389/fnbot.2022.865693/full.

[411] 韩雨，韩丛英 .2021 年人工智能领域科技发展综述 [J]. 战术导弹技术，2022（2）：42-51.

[412] SEELE P，SCHULTZ M D.N 漂绿到机洗：类比推理的模型和未来方向 [J]. 商业伦理杂志，2022，178：1063-1089.

[413] 刘瑞 . 演化博弈下农产品电商供应链收益分配机制研究 [J]. 商业经济研究，2022（22）：111-114.

[414] 土静 . 新发展格局下中国产业链供应链安全稳定战略的逻辑转换 [J]. 经济学家，2021（11）：72-81.

[415] 冯登国，连一峰 . 网络空间安全面临的挑战与对策 [J]. 中国科学院院刊，2021，36（10）：1239-1245.

[416] 陈合营 . 隐私计算赋能供应链金融 [J]. 中国金融，2021（24）：66-68.

[417] 郭捷 . 考虑交易安全风险控制投入的在线旅游供应链网络均衡模型 [J]. 中国管理科学，2020，28（6）：137-145.

[418] 郭春镇，张慧 . 中国家电网络安全法治中的国家能力研究 [J]. 江海学刊，2021（1）：163-170，255.

[419] 林伟 . 人工智能数据安全风险及应对 [J]. 情报杂志，2022，41（10）：88，105-111.

[420] 梅强，俌红，刘素霞，等 . 面向中小制造企业的绿色供应链协同创新模式多案例研究 [J]. 科学学与科学技术管理，2023，44（5）：50-61.

[421] 樊佩茹，李俊，王冲华，等 . 工业互联网供应链安全发展路径研究 [J]. 中国工程科学，2021，23（2）：56-64.

[422] 刘娜，周敏 . 绿色供应链管理创新扩散趋势研究——基于中国省际面板数据 [J]. 管理现代化，2018，38（4）：37-40.

[423] 孟庆春，张夏然，郭影 . "供应链 + 多元主体"视角下中小制造企业污染共治路径与机制研究 [J]. 中国软科学，2020（9）：100-110.

[424] 刘燕华，李宇航，王文涛 . 中国实现"双碳"目标的挑战、机遇与行动 [J]. 中国人口·资源与环境，2021，31（9）：1-5.

[425] 赵璐 . 基于供应链周期战略管理的绿色食品包装体系构建 [J]. 食品与机械，2020，36（12）：115-118，126.

[426] 毛蕴诗，RUSTEM K，韦振锋 . 绿色全产业链评价指标体系构建与经验证据 [J]. 中山大学学报（社会科学版），2020，60（2）：185-195.

[427] 覃朝晖 . 企业绿色采购行为动态演化博弈研究——基于利益相关者的视角：以制药企业为例 [J]. 中国矿业大学学报，2020，49（3）：609-614.

[428] 田华文 . "双碳"目标下数字经济赋能绿色低碳发展论析 [J]. 中州学刊，2023

（9）：30–39.

[429] 刘培基，刘飞，王旭，等．绿色制造的理论与技术体系及其新框架 [J]．机械工程学报，2021，57（19）：165–179.

[430] 曹华军，李洪丞，曾丹，等．绿色制造研究现状及未来发展策略 [J]．中国机械工程，2020，31（2）：135–144.

[431] 田潇潇，郭克莎．绿色制造技术创新对制造业绿色发展的影响 [J]．经济理论与经济管理，2023，43（8）：4–17.

[432] 路正南，张超华，罗雨森．"双碳"目标下制造企业绿色供应链绩效评价研究 [J]．生态经济，2023，39（7）：58–66.

[433] 连捷．基于供应链管理的绿色物流发展路径探析 [J]．商业经济研究，2021（9）：94–96.

[434] 苏欣．绿色供应链视角下的中国物流企业创新发展路径探讨 [J]．商业经济研究，2021（8）：110–113.

[435] 毛涛．中国制造业绿色物流体系构建初探——以碳达峰碳中和为视角 [J]．环境保护，2023，51（Z2）：10–13.

[436] 江世英，方鹏骞．基于绿色供应链的政府补贴效果研究 [J]．系统管理学报，2019，28（3）：594–600.

[437] 陈慧斌．基于博弈分析的电动汽车供应链中定价和推广策略研究 [D]．南京：南京航空航天大学，2014.

[438] 党春阁，刘铮，吴昊，等．以清洁生产促进绿色供应链建设的研究 [J]．环境保护，2019，47（5）：52–54.

[439] 纪静娜．考虑消费者行为的低碳供应链运作策略研究 [D]．广州：华南理工大学，2018.

[440] 佚名．完善绿色供应链管理的法律保障 [J]．人民政坛，2017（3）：45.

[441] 朱庆华，窦一杰．基于政府补贴分析的绿色供应链管理博弈模型 [J]．管理科学学报，2011，14（6）：86–95.

[442] 傅京燕，程芳芳．推动"一带一路"沿线国家建立绿色供应链研究 [J]．中国特色社会主义研究，2018（5）：80–85.

[443] 傅京燕，章扬帆，乔峰．以政府绿色采购引领绿色供应链的发展 [J]．环境保护，2017，45（6）：42–46.

[444] 段炼，袁柳洋．绿色供应链技术创新与合作伙伴选择决策研究 [J]．计算机集成制造系统，2023，29（9）：3086–3099.

[445] 赵建军，徐敬博.绿色供应链助力乡村振兴战略实施[J].环境保护，2022，50（7）：38-44.

[446] 范建昌，陈双双，陈威，等.供应链绿色低碳审查与激励策略研究[J].供应链管理，2021，2（12）：36-49.

[447] 杨海志.供应链信息共享、产融结合与企业资本配置效率[J].财会通讯，2021（15）：85-89.

[448] 李玉民.基于RFID的曲轴再制造逆向物流信息系统构架分析[J].物流技术，2012，31（17）：384-386.

[449] WILIAMSON E A，HARISON D K，JORDAN M. Information systems development within supply chain management[J].International journal of information management，2004，24（5）：375-385.

[450] 李晓翔，刘春林，谢阳群.供应链信息工厂：一种供应链信息共享的新架构[J].情报理论与实践，2011，34（5）：15-18.

[451] 崔秀梅，王家辉.基于数据智能化的绿色供应链路径重构[J].绿色财会，2021（4）：50-54.

[452] 郑琼华.基于5G-IoT和区块链的乳制品供应链安全监测研究[J].食品安全导刊，2022（26）：170-174.

[453] 徐春凤.区块链技术在绿色供应链中的发展现状及应用[J].现代工业经济和信息化，2023，13（7）：140-141，144.

[454] 高玉蓉.农产品物流供应链数据化经营的管理创新——评《农产品供应链与物流管理》[J].中国农业气象，2023，44（2）：165.

[455] 刘冠辰.数字经济背景下的绿色供应链发展——以苹果公司绿色供应链模式为例[J].中国信息化，2022（11）：17-19.

[456] 黄梦娇，马辉，余强，等.绿色建筑供应链主体合作环境营造与制度建设[J].施工技术，2019，48（2）：142-147.

[457] 吉利，陶存杰.供应链合作伙伴可以提高企业创新业绩吗？——基于供应商、客户集中度的分析[J].中南财经政法大学学报，2019（1）：38-46，65，159.

[458] 王莉.基于政府干预和企业合作的供应链绿色技术投资研究[J].投资与合作，2023（5）：30-33.

[459] 高雅楠.国家电网公司企业社会责任履行与对策研究[D].宜昌：三峡大学，2022.

[460] 李政，王思霓.产业链安全风险评估与预警监测体系构建研究[J].创新科技，

2022，22（1）：11–20.

[461] 李淑叶. 邮政业绿色供应链构建研究 [D]. 北京：北京邮电大学，2021.

[462] 尚文芳，陈优优. 基于消费者环保意识的绿色供应链策略研究 [J]. 工业技术经济，2018，37（8）：103–108.

[463] 习近平主持召开中央财经委员会第九次会议 [EB/OL].（2021–03–15）[2023–09–26]. https：//www.gov.cn/xinwen/2021–03/15/content_5593154.htm#.

[464]《新时代的中国能源发展》白皮书 [EB/OL].（2020–12–21）[2023–09–26]. https：//www.gov.cn/zhengce/2020–12/21/content_5571916.htm.

[465] 工业和信息化部 财政部 商务部 国务院国有资产监督管理委员会 国家市场监督管理总局关于印发加快电力装备绿色低碳创新发展行动计划的通知 [EB/OL].（2022–08–24）[2023–09–26]. https：//www.gov.cn/zhengce/zhengceku/2022–08/29/content_5707333.htm.

[466] 谢宇浩. 浅析电网企业农网项目物资管理存在问题与解决措施 [J]. 广西电业，2020（4）：23–24.

[467] 郭德强. 电网企业电力物资采购风险管理研究 [J]. 企业改革与管理，2022（5）：22–24.DOI：10.13768/j.cnki.cn11–3793/f.2022.0237.

[468] 电网调度管理条例 [EB/OL].（2012–01–04）[2023–09–26]. http：//www.nea.gov.cn/2012–01/04/c_131262812.htm.

[469] 电力可靠性管理办法（暂行）[EB/OL].（2022–04–16）[2023–09–26]. https：//www.gov.cn/zhengce/zhengceku/2022–04/25/content_5687101.htm.

[470] 侯丽霞. 关于电力企业物资采购与供应管理的可持续发展 [J]. 现代国企研究，2016（6）：43.

[471] 张媛媛，何剑，屠竞哲，等.IEC 63152 灾害下智慧城市电力可持续供应标准的解析与思考 [J]. 电力系统自动化，2021，45（10）：9–16.

[472] 国家发展改革委 国家能源局关于加快建设全国统一电力市场体系的指导意见 [EB/OL].（2022–01–18）[2023–09–26]. https：//www.gov.cn/zhengce/zhengceku/2022–01/30/content_5671296.htm.

[473] 李宏舟，邹涛. 我国电力行业发电技术效率及影响因素：2000~2009 年 [J]. 改革，2012（10）：44–50.

[474] 蒯鹏，李巍，成钢，等. 系统动力学模型在城市发展规划环评中的应用——以山西省临汾市为例 [J]. 中国环境科学，2014，34（5）：1347–1354.

[475] 杨春玉，林潇，董战峰，等. 中国电力行业氮氧化物排放的时空分布特征与

类群分析 [J]. 生态环境学报，2018，27（9）：1688–1697.

[476] 国家发展改革委 .《关于促进新时代新能源高质量发展的实施方案》政策解读 [EB/OL].（2022–05–30）[2023–09–26]. http：//www.nea.gov.cn/2022–05/30/c_1310608538.htm.

[477] 赵爽，窦琳 . 林业碳汇权质押融资法律问题研究 [J]. 华北电力大学学报（社会科学版），2019（4）：18–25.

[478] 于晓辉 . 绿色供应链为电力行业低碳可持续发展注入新活力 [J]. 华北电业，2022（10）：74–75.

[479] 帅丹丹 . 能源大数据与碳排放监测 [J]. 企业管理，2021（12）：104–105.

[480] 全面促进重点领域消费绿色转型 [EB/OL].（2022–02–14）[2023–09–26]. https：//www.gov.cn/zhengce/2022–02/14/content_5673400.htm.

[481] 习近平主持中共中央政治局第三十六次集体学习并发表重要讲话 [EB/OL].（2022–01–25）[2023–09–26]. https：//www.gov.cn/xinwen/2022–01/25/content_5670359.htm.

[482] 张益岗，王小君，孙庆凯，等 . 基于复杂网络演化博弈的可再生能源技术扩散仿真分析 [EB/OL]. [2023–10–04].https：//doi.org/10.13335/j.1000–3673.pst.2023.0886.

[483] 工业和信息化部 发展改革委 生态环境部关于印发工业领域碳达峰实施方案的通知 [EB/OL].（2022–07–07）[2023–09–26].https：//www.gov.cn/gongbao/content/2022/content_5717004.htm.

[484] 锚定"双碳"目标，绿色电力交易方案蓄势出台——《绿色电力交易试点工作方案》解读 [EB/OL].（2021–09–28）[2023–09–26]. https：//www.ndrc.gov.cn/fggz/fgzy/xmtjd/202109/t20210928_1298058.html?code=&state=123.

[485] 国务院办公厅转发国家发展改革委国家能源局关于促进新时代新能源高质量发展实施方案的通知 [EB/OL].（2022–05–30）[2023–09–26]. https：//www.gov.cn/zhengce/content/2022–05/30/content_5693013.htm.

[486] 国家发展改革委 国家能源局关于完善能源绿色低碳转型体制机制和政策措施的意见 [EB/OL].（2022–01–30）[2023–09–26]. https：//www.gov.cn/zhengce/zhengceku/2022–02/11/content_5673015.htm.

[487] 国家发展改革委等部门关于印发《促进绿色消费实施方案》的通知 [EB/OL].（2022–01–18）[2023–09–26]. https：//www.gov.cn/zhengce/zhengceku/2022–01/21/content_5669785.htm.

[488] 华中能源监管局组织召开重庆电网 2022 年电力调度交易与市场秩序厂网联 席 会 议 [EB/OL].（2022–03–23）[2023–09–26]. http：//hzj.nea.gov.cn/admin Content/initViewContent.do?pk=DADFFFA5E6EFE38EE050A8C0C1C83D5E.

[489] 李强，刘瑞丰，刘静，等.西北地区绿色电力交易实践与思考 [J].中国电力企业管理，2022（10）：30–32.

[490] 中国电力监管机构能力建设 [EB/OL].（2007–11–04）[2023–09–26]. http：// ynb.nea.gov.cn/front/article/100054.html.

[491] 两部门：加强新型电力系统顶层设计 大力推进智能配电网建设 [EB/OL].（2007–02–14）[2023–09–26]. http://www.chinapower.com.cn/xw/gnxw/ 20220214/133521.html.

[492] 国家发展改革委环资司组织召开全国发改环资系统视频会议 部署 2023 年工作 [EB/OL].（2022–12–30）[2023–09–26]. https://www.ndrc.gov.cn/fzggw/jgsj/ hzs/sjdt/202212/t20221230_1345002.html.

[493] 国家发展改革委等部门关于发布《重点用能产品设备能效先进水平、节能水平和准入水平（2022 年版）》的通知 [EB/OL].（2022–11–10）[2023–09–26]. https://www.gov.cn/zhengce/zhengceku/2022–11/18/content_5727693. htm?eqid=b8a34af 600001ed20000000664632ef9.

[494] 国家发展改革委等部门. 关于加快废旧物资循环利用体系建设的指导意见 [EB/OL].（2022–01–17）[2023–09–26]. https://www.gov.cn/zhengce/ zhengceku/2022–01/22/content_5669857.htm.

[495] 王永利，向皓，李淑清.考虑冷热电三联供系统耦合特性的区域综合能源系统运行优化 [J].科学技术与工程，2023，23（18）：7787–7797.

[496] GILLAN S，HARTZELL J C，KOCH A，et al. Firms' environmental，social and governance（ESG）choices，performance and managerial motivation[Z]. Unpublished working paper，2010.

[497] 戴利研，李超.高质量发展下的企业社会责任治理——国际 ESG 理念与中华优秀传统文化的耦合 [J].经济发展研究，2022（4）：3–12.

[498] 马卫红，苏寻.企业社会责任的"责任"究竟是什么 [EB/OL]. [2023–09–26]. http://kns.cnki.net/kcms/detail/45.1066.C.20230628.1438.004.html.

[499] 乔金毅. 政府规制下 A 市国家电网企业履行社会责任研究 [D]. 长春：吉林大学，2023.

[500] 殷和全. 国有发电企业对员工社会责任与员工满意度关系研究 [D]. 北京：首

都经济贸易大学，2019.

[501] 汪梦园. 企业承担社会责任的绿色供应链政府补贴机制 [D]. 徐州：中国矿业大学，2022.

[502] 王宇菲. 企业环境责任对企业可持续发展的影响研究 [D]. 长春：吉林大学，2022.

[503] 李春华，王若溪. 省级电网企业基于社会责任视角的品牌建设 [C]//《中国电力企业管理创新实践（2020 年）》编委会. 中国电力企业管理创新实践（2020 年）. 北京：中国质量标准出版传媒有限公司，2021：3.

[504] 高志星. 从国家电网看央企社会责任 [J]. 现代国企研究，2021（5）：80–83.

[505] 习近平：激发市场主体活力 弘扬企业家精神 推动企业发挥更大作用实现更大发展 [EB/OL].（2020–07–21）[2023–09–26]. http://www.qstheory.cn/yaowen/2020–07/21/c_1126267590.htm.

[506] 曹华林，李成珍，景熠. 构建政府监管下公众参与监督的企业社会责任进化博弈模型 [J] 财会月刊，2017（11）：3–9.

[507] 李炎炎. 外部监督对企业社会责任信息披露影响研究 [D]. 郑州：郑州大学，2016.

[508] 虞思明. 涉案企业合规整改第三方评估标准研究 [C]// 上海市法学会.《上海法学研究》集刊 2023 年第 2 卷——律师法学研究文集 .[出版者不详]，2023：7.

[509] 房国忠，孟繁波，左石. 供应链集中度对企业违约风险的影响研究 [J]. 工业技术经济，2023，42（9）：102–110.

[510] 陈紫璇. 江苏银行绿色金融风险管理案例研究 [D]. 保定：河北金融学院，2023.

[511] 王彦阳，钟天映. 绿色食品可持续供应链结构、利益关系及发展趋势探讨 [J]. 食品安全导刊，2022（17）：25–28.

[512] 单明威，谢园园，张理. 中国绿色供应链发展 20 年现状与趋势 [J]. 信息技术与标准化，2019（12）：66–72.

[513] 毛涛. 碳达峰碳中和背景下绿色供应链管理的新趋势 [J]. 中国国情国力，2021（11）：12–15.

[514] 中国绿色供应链管理发展呈现六大发展趋势 [N]. 现代物流报，2021–11–17.

[515] 丁金光，王梦梦. 绿色"一带一路"建设的成就与挑战 [J]. 青海社会科学，2020（5）：62–69.

[516] 董文，佐赫.供应链数字化对商贸流通业绿色全要素生产率的影响——基于长江经济带沿线省域的实证 [J].商业经济研究，2023（8）：23-26.

[517] 工业和信息化部办公厅关于公布 2023 年度绿色制造名单及试点推行"企业绿码"有关事项的通知 [EB/OL].（2023-12-29）.https：//www.gov.cn/zhengce/zhengceku/202401/content_6924504.htm.

[518] 工业和信息化部办公厅关于发布 2017 年第一批绿色制造示范名单的通知 [EB/OL].（2017-08-23）[2023-10-04].https：//www.miit.gov.cn/zwgk/zcwj/wjfb/zh/art/2020/art_86ea186823724500aecd3f870d3f7abb.html.

[519] 单明威.多方参与下的绿色供应链金融模式研究 [J].环境与可持续发展，2019，44（3）：64-67.

[520] 不容忽视的 8 大战略性供应链技术趋势 [EB/OL].（2019-11-07）[2023-09-26].https：//zhuanlan.zhihu.com/p/84476070.

[521] 欧阳宏虹."元宇宙 + 物流"创新耦合发展与应用风险探讨 [J].商业经济研究，2022（21）：101-104.

[522] The 2019 top supply chain technology trends you can not ignore[EB/OL].（2019-03-11）[2023-09-26].https：//www.gartner.com/doc/3904266.

[523] Gartner top 8 supply chain technology trends for 2020 [EB/OL].（2020-07-20）[2023-09-26].https：//www.gartner.com/smarterwithgartner/gartner-top-8-supply-chain-technology-trends-for-2020.

[524] CSCO 供应链技术创新指南 [EB/OL].（2021-07-28）[2023-09-26].https：//baijiahao.baidu.com/s?id=1706509434692067340&wfr=spider&for=pc.

[525] 洞察 | Gartner 公布八大供应链技术趋势 [EB/OL].（2022-12-02）[2023-09-26].https：//www.sohu.com/a/612641013_609301.

[526] 唐隆基：值得关注的最新顶级战略性供应链技术趋势 [EB/OL].（2023-07-21）[2023-09-26].https：//www.sohu.com/a/704778026_757817.

[527] 刘伟华，刘宇彤，赵舒琦，等.产业链供应链可持续发展阶段划分及关键特征研究 [J].工业技术经济，2023，42（9）：123-132.

[528] 刘嵘.华为可持续供应链发展历程及启示 [J].财会月刊，2019（17）：143-149.

[529] 彼德拉菲塔，孟昭青.可持续供应链的发展 [J].上海质量，2021（4）：30-32.

附 录

附录 A　部分符号和缩略语说明

[1]　C_{I} 与制造产品相关的间接成本

[2]　C_{L} 直接人工成本

[3]　C_{M} 直接材料成本

[4]　C_{S} 供应链管理总成本

[5]　CCT 现金周期时间

[6]　COGS 销货成本

[7]　DI 多样性和包容性

[8]　FA_{SC} 供应链固定资产

[9]　$h_{\mathrm{v}}^{(0)}$ 随机初始化的隐藏状态

[10]　I 存货

[11]　IRG 指标关系图

[12]　LT 计划提前期

[13]　M 使用的总投入材料

[14]　M_{R} 回收产品及其包装材料

[15]　M_{u} 使用的可回收投入材料

[16]　N 订单总数

[17]　N_{d} 已交付订单总数

[18]　N_{i} 企业总人数

[19]　N_{p} 特定指标类型的人数

[20]　N_{r} 退货订单总数

[21]　N_{S}　供应商交付总订单数

[22]　OAG　运营供应链敏捷度

[23]　OE　运营费用

[24]　O_{n}　新计划的订单数

[25]　O_{r}　原始订单数

[26]　P　应付账款

[27]　POR　完美订单率

[28]　PROR　完美退货订单率

[29]　PSOR　供应商完美订单率

[30]　R　应收账款

[31]　ROFA　固定资产回报率

[32]　ROWC　运营资产报酬率

[33]　R_{SC}　供应链收入

[34]　GRU　门控循环单元

[35]　S　已售产品总量

[36]　ST　所有已交付订单的实际周期之和

[37]　T　订单交付周期

[38]　T_{i}　库存供应天数

[39]　T_{P}　应付账款周转天数

[40]　TPO　完美订单总数

[41]　TPRO　完美退货订单数

[42]　TPSO　供应商完美订单数

[43]　TR　产品总收入

[44]　T_{s}　应收账款周转天数

[45]　W　可训练的网络参数

[46]　W_{c}　总耗水量表示

[47]　W_{d}　排水量

[48]　W_{dir}　直接处置的废弃物

[49]　W_{div}　从处置中转移的废弃物

[50]　W_{g}　产生的废弃物

[51]　W_{inc}　处置焚烧的废弃物

[52]　WL　工资水平

[53] WL$_e$ 入门级工资

[54] WL$_{min}$ 最低工资表示为

[55] W_{ot} 其他废弃物

[56] W_{rc} 回收废弃物

[57] W_{ru} 再利用的废弃物

[58] W_w 取水量

[59] ALS 隐式矩阵分解

[60] B2B 企业对企业

[61] B2C 企业对消费者

[62] ChebNet 切比雪夫卷积神经网络

[63] CNN 卷积神经网络

[64] DCM 数字化能力模型

[65] DDVN 需求驱动的价值网络

[66] DenseNet 密集连接网络

[67] DMU 多产出的决策单元

[68] EBIT 息税前利润

[69] ESG 环境、社会和治理

[70] GAN 生成对抗网络

[71] GCN 图卷积神经网络

[72] GHG 温室气体

[73] GNN 图神经网络

[74] IBP 集成业务计划云

[75] LCA 生命周期评估法

[76] ResNet 残差网络

[77] RNN 循环神经网络

[78] S&OP 销售与运营规划

[79] SAG 战略供应链敏捷度

[80] SCOR 供应链运作参考模型

[81] SSE 随机稳态嵌入

[82] VAE 变分自动编码器

[83] TQM（全面质量管理）技术

[84] EDI（电子数据交换）技术

[85] RF（射频）技术

[86] GPS（全球定位系统）技术

[87] PC 构件预应力混凝土结构

[88] DEA 数据包络分析方法

[89] α_n 各个指标的权重值

[90] γ_n 加权得分

[91] χ_n 三级指标得分

[92] AV 实际值

[93] GV 各变量缺口值

[94] L 滞后算子

[95] LV 长期趋势值

[96] S 九大维度上的总得分

[97] MF-VAR 混频向量自回归模型

[98] 机器学习（ML）

[99] 神经网络（NN）

[100] 反向传播神经网络（BPNN）

[101] 绿色供应链（green supply chain，GSC）

[102] 环境负责制造（environmentally responsible manufacturing，ERM）

[103] 环境意识供应链（environmentally conscious supply chain，ECSC）

[104] 环境供应链（environmental supply chain，ESC）

[105] 联合国政府间气候变化专门委员会（IPCC）

[106] EJ，艾焦，能量单位，1 EJ=1×10^{18} J

[107] IBM，国际商业机器公司或万国商业机器公司

[108] 美国国家标准与技术研究院（National Institute of Standards and Technology，NIST）

[109] 射频识别（radio frequency identification，RFID）

[110] 国际电信联盟（International Telecommunication Union，ITU）

[111] Chat GPT（Chat Generative Pre-trained Transformer，生成式预训练聊天机器人）

[112] "3C" 危机：气候变化（climate change）、新型冠状病毒感染疫情（coronavirus pandemic）、俄乌冲突（conflict between Russia and Ukraine）

[113]《国家环境政策法》（*National Environmental Policy Act*，NEPA）

[114] 美国环境保护署（Environmental Protection Agency，EPA）

[115]《资源保护与回收法案》(*Resource Conservation and Recovery Act*，RCRA)

[116]《应急计划和社区知情权法案》(*Emergency Planning and Community Right to Know Act*，EPCRA)

[117]《包装中的毒物》(TPCH/CONEG 包装材料法规，TIP)

[118] 清洁能源需求倡议(Clean Energy Demand Initiative，CEDI)

[119] 第 26 届联合国气候变化大会(COP26)

[120] 全球能源转型倡议(Energy Transitions Initiative–Global，ETI–G)

[121] 全球电力系统转型集团(Global Power System Transformation Consortium，G–PST)

[122] 能源资源治理倡议(Energy Resource Governance Initiative，ERGI)

[123] "重建更好世界"(Build Back Better World，B3W)

[124]《环境管理和审计制度》(*Environmental Management and Audit System*，EMAS)

[125] PEF：产品环境足迹，这是基于产品生命周期评价的方法，由欧盟政府建立的统一的绿色产品评价标准、审核与标识体系

[126] "欧盟绿色新政"(EU Green Deal)

[127] RoHS 指令：危险物质限制指令

[128] 联合国环境规划署(United Nations Environment Programme，UNEP)

[129] 美国交通研究委员会(Transportation Research Board，TRB)

[130] 欧洲物流协会(European Logistics Association，ELA)

[131] 欧洲供应链协会(European Supply Chain Association，ESCA)

[132] 协同规划、预测和补货(collaborative planning forecasting and replenishment，CPFR)

[133] DSCT：digital supply chain twin 数字供应链孪生

[134] E2E：end–to–end 端到端

附录 B　图表清单

图清单：